ITQ
엑셀
Excel 2016
2016

합격의 행복 ITQ 엑셀 2016 자료 다운로드 방법

다음 페이지

렉스미디어 자료 다운로드 받기

1. 렉스미디어 홈페이지(www.rexmedia.net)에 접속한 후 [자료실]-[대용량 자료실]을 클릭합니다. 그런 다음 렉스미디어 자료실 페이지가 나타나면 [수험서 관련]-[합격의 행복] 폴더를 클릭합니다.

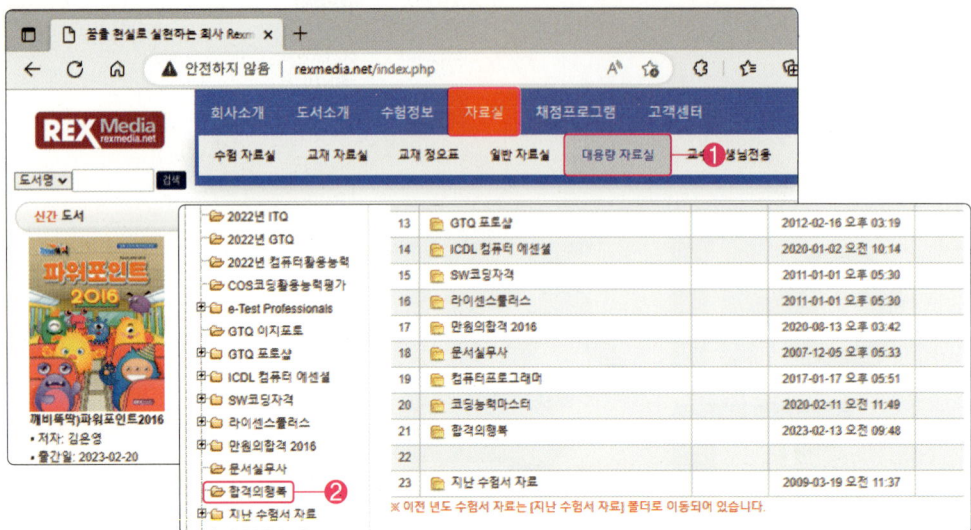

2. 합격의행복 페이지가 나타나면 [(합격의행복) ITQ 엑셀2016.zip]을 클릭합니다.

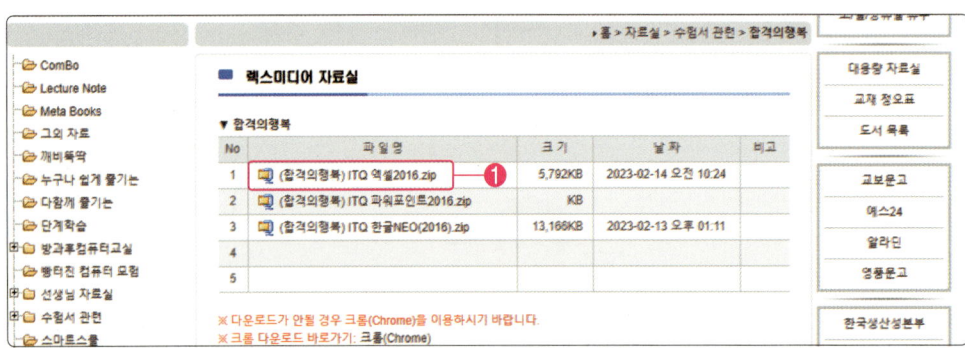

3. 파일 다운로드가 완료되면 [폴더에 표시]를 클릭합니다.

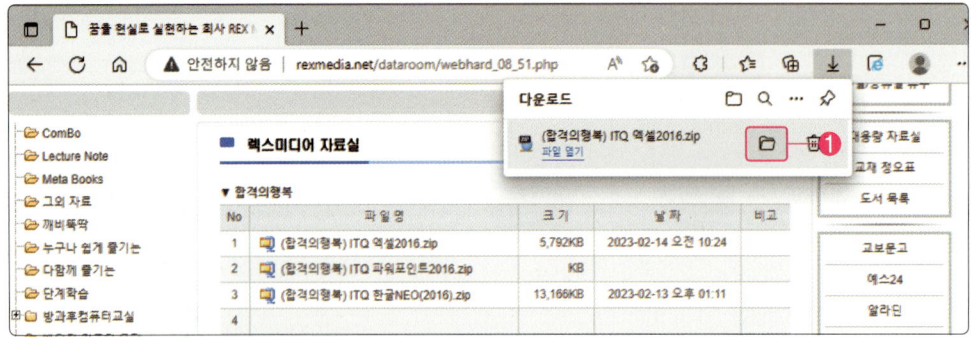

4. 파일 탐색기가 실행되면 파일을 압축 해제한 후 (합격의행복) ITQ 엑셀2016 자료를 확인합니다.

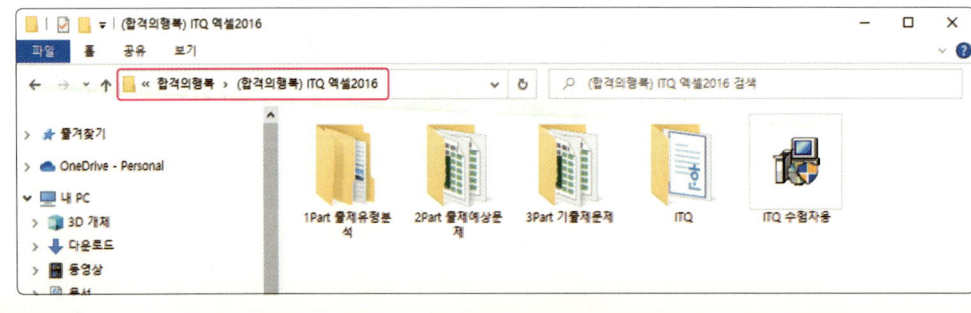

채점프로그램 다운로드 방법

1. 렉스미디어 홈페이지(www.rexmedia.net)에 접속한 후 [채점프로그램]-[ITQ]를 클릭합니다. 그런 다음 ITQ 채점프로그램 페이지가 나타나면 [(합격의행복) ITQ 엑셀2016 [ver x.x.x]]를 클릭합니다.

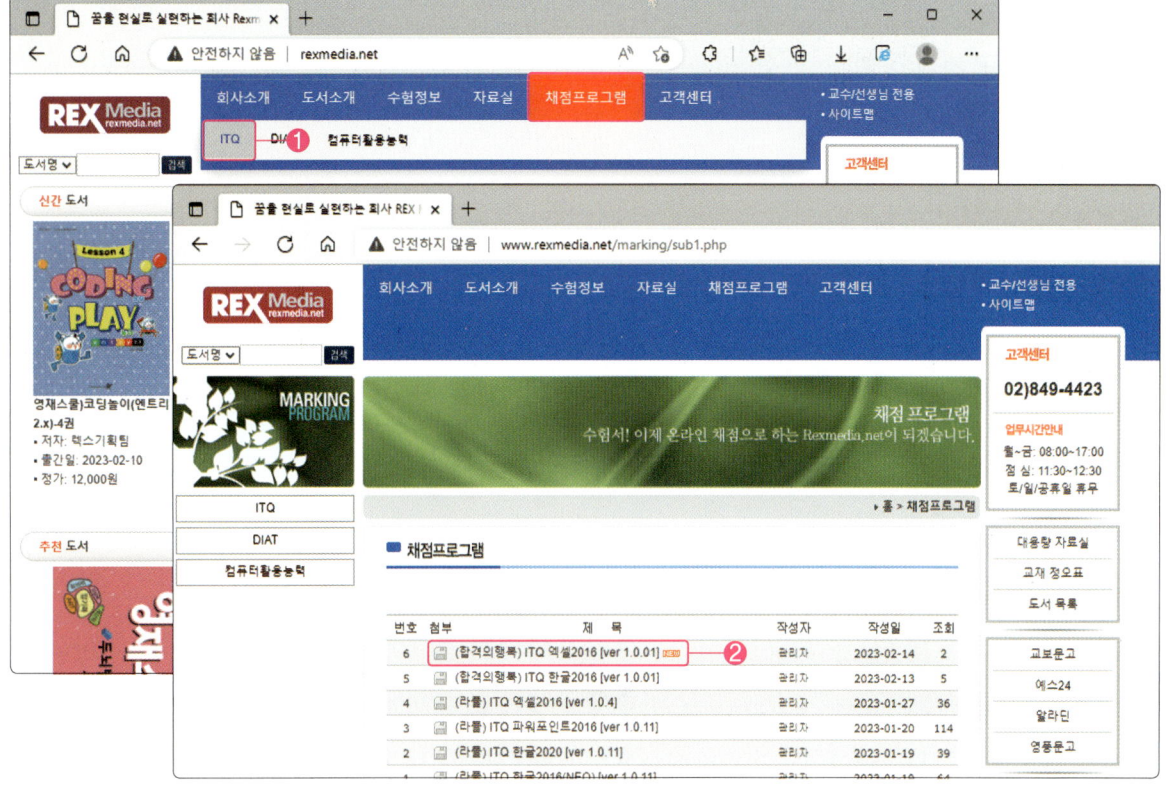

※ 채점 프로그램은 주기적으로 업데이트가 진행됩니다.

2. 채점프로그램 다운로드 및 설치를 완료한 후 채점을 진행합니다.

이 책의 차례

PART 01 출제유형 분석

Chapter 1 • 수험자 유의사항 및 답안 작성요령 ………………………… 6
Chapter 2 • 표 서식 작성 ………………………………………………… 13
Chapter 3 • 값 계산 ……………………………………………………… 24
Chapter 4 • 필터 및 서식 ………………………………………………… 37
Chapter 5 • 목표값 찾기 ………………………………………………… 43
Chapter 6 • 정렬 및 부분합 ……………………………………………… 46
Chapter 7 • 피벗 테이블 ………………………………………………… 50
Chapter 8 • 그래프 ……………………………………………………… 56

PART 02 출제예상문제

제01회 출제예상문제 …………………… 70
제02회 출제예상문제 …………………… 74
제03회 출제예상문제 …………………… 78
제04회 출제예상문제 …………………… 82
제05회 출제예상문제 …………………… 86
제06회 출제예상문제 …………………… 90
제07회 출제예상문제 …………………… 94
제08회 출제예상문제 …………………… 98
제09회 출제예상문제 …………………… 102
제10회 출제예상문제 …………………… 106
제11회 출제예상문제 …………………… 110
제12회 출제예상문제 …………………… 114
제13회 출제예상문제 …………………… 118
제14회 출제예상문제 …………………… 122
제15회 출제예상문제 …………………… 126
제16회 출제예상문제 …………………… 130
제17회 출제예상문제 …………………… 134
제18회 출제예상문제 …………………… 138

PART 03 기출제문제

제01회 기출제문제(2023년 2월 A형) …… 144
제02회 기출제문제(2023년 2월 B형) …… 148
제03회 기출제문제(2023년 2월 C형) …… 152
제04회 기출제문제(2023년 1월 A형) …… 156
제05회 기출제문제(2023년 1월 B형) …… 160
제06회 기출제문제(2023년 1월 C형) …… 164
제07회 기출제문제(2022년 12월 A형) …… 168
제08회 기출제문제(2022년 12월 B형) …… 172
제09회 기출제문제(2022년 12월 C형) … 176
제10회 기출제문제(2022년 11월 A형) … 180
제11회 기출제문제(2022년 11월 B형) … 184
제12회 기출제문제(2022년 11월 C형) … 188
제13회 기출제문제(2022년 10월 A형) … 192
제14회 기출제문제(2022년 10월 C형) … 196
제15회 기출제문제(2022년 9월 A형) …… 200
제16회 기출제문제(2022년 9월 B형) …… 204
제17회 기출제문제(2022년 9월 C형) …… 208
제18회 기출제문제(2022년 8월 A형) …… 212

ITQ Excel 2016

PART 01
출제유형 분석

Chapter 1 수험자 유의사항 및 답안 작성요령

Chapter 2 표 서식 작성

Chapter 3 값 계산

출제 함수 정리

Chapter 4 필터 및 서식

Chapter 5 목표값 찾기

Chapter 6 정렬 및 부분합

Chapter 7 피벗 테이블

Chapter 8 그래프

Chapter 01 수험자 유의사항 및 답안 작성요령

ITQ 엑셀 시험에서는 엑셀을 실행한 후 수험자 유의사항, 답안 작성요령, [제1작업]의 첫 번째 조건에 따라 답안 작성을 준비한 다음 답안을 작성하며 답안은 KOAS 수험자용 프로그램을 사용하여 감독위원 PC로 전송합니다. 그러므로 KOAS 수험자용 프로그램을 사용하는 방법과 수험자 유의사항, 답안 작성요령, [제1작업]의 첫 번째 조건에 따라 답안 작성을 준비하는 방법 등에 대해 알고 있어야 합니다.

수험자 유의사항

- 수험자는 문제지를 받는 즉시 문제지와 **수험표상의 시험과목(프로그램)이 동일한지 반드시 확인**하여야 합니다.
- 파일명은 본인의 "수험번호-성명"으로 입력하여 답안폴더(내 PC\문서\ITQ)에 하나의 파일로 저장해야 하며, 답안문서 파일명이 "수험번호-성명"과 일치하지 않거나, 답안파일을 전송하지 않아 미제출로 처리될 경우 실격 처리합니다(예:12345678-홍길동.xlsx).
- 답안 작성을 마치면 파일을 저장하고, '답안 전송' 버튼을 선택하여 감독위원 PC로 답안을 전송하십시오. 수험생 정보와 저장한 파일명이 다를 경우 전송되지 않으므로 주의하시기 바랍니다.
- 답안 작성 중에도 **주기적으로 저장하고, '답안 전송'**하여야 문제 발생을 줄일 수 있습니다. 작업한 내용을 저장하지 않고 전송할 경우 이전에 저장된 내용이 전송되오니 이점 유의하시기 바랍니다.
- 답안문서는 지정된 경로 외의 다른 보조기억장치에 저장하는 경우, 지정된 시험 시간 외에 작성된 파일을 활용할 경우, 기타 통신수단(이메일, 메신저, 네트워크 등)을 이용하여 타인에게 전달 또는 외부 반출하는 경우는 부정 처리합니다.
- 시험 중 부주의 또는 고의로 시스템을 파손한 경우는 수험자가 변상해야 하며, 〈수험자 유의사항〉에 기재된 방법대로 이행하지 않아 생기는 불이익은 수험생 당사자의 책임임을 알려 드립니다.
- 문제의 조건은 MS오피스 2016 버전으로 설정되어 있으니 유의하시기 바랍니다.
- 시험을 완료한 수험자는 답안파일이 전송되었는지 확인한 후 감독위원의 지시에 따라 문제지를 제출하고 퇴실합니다.

답안 작성요령

- 온라인 답안 작성 절차
  수험자 등록 ⇒ 시험 시작 ⇒ 답안파일 저장 ⇒ 답안 전송 ⇒ 시험 종료
- 문제는 총 4단계, 즉 제1작업부터 제4작업까지 구성되어 있으며 반드시 제1작업부터 순서대로 작성하고 조건대로 작업하시오.
- 모든 작업시트의 A열은 열 너비 '1'로, 나머지 열은 적당하게 조절하시오.
- 모든 작업시트의 테두리는 ≪출력형태≫와 같이 작업하시오.
- 해당 작업란에서는 각각 제시된 조건에 따라 ≪출력형태≫와 같이 작업하시오.
- 답안 시트 이름은 "제1작업", "제2작업", "제3작업", "제4작업"이어야 하며 답안 시트 이외의 것은 감점 처리됩니다.
- 각 시트를 파일로 나누어 작업해서 저장할 경우 실격 처리됩니다.

작업순서요약

① KOAS 수험자용 프로그램을 실행한 후 수험자를 등록합니다.
② 엑셀을 실행한 후 답안 작성을 준비한 다음 답안을 저장합니다.
③ 답안을 전송합니다.

수험자 등록하기

01 KOAS 수험자용 프로그램을 실행하기 위해 바탕 화면에서 KOAS수험자용 아이콘을 더블클릭합니다.

02 〔수험자 등록〕 대화상자가 나타나면 수험자와 수험번호를 입력한 후 수험과목(한글엑셀)을 선택한 다음 〔확인〕 단추를 클릭합니다.

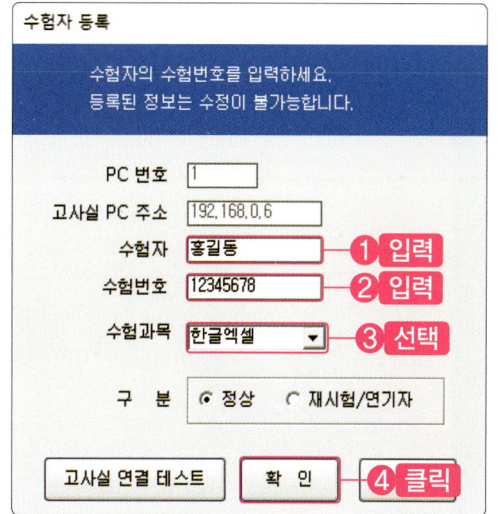

> 시험에서는 수험번호(본인의 수험번호)만 입력합니다.

03 수험번호와 구분이 맞는지 묻는 대화상자가 나타나면 수험번호와 구분을 확인한 후 〔예〕 단추를 클릭합니다.

04 〔수험자 버전 선택〕 대화상자가 나타나면 〔MS 오피스 2007 이상〕을 선택한 후 〔확인〕 단추를 클릭합니다.

05 〔수험자 정보〕 대화상자가 나타나면 수험번호, 성명, 수험과목, 좌석번호, 답안폴더를 확인한 후 〔확인〕 단추를 클릭합니다.

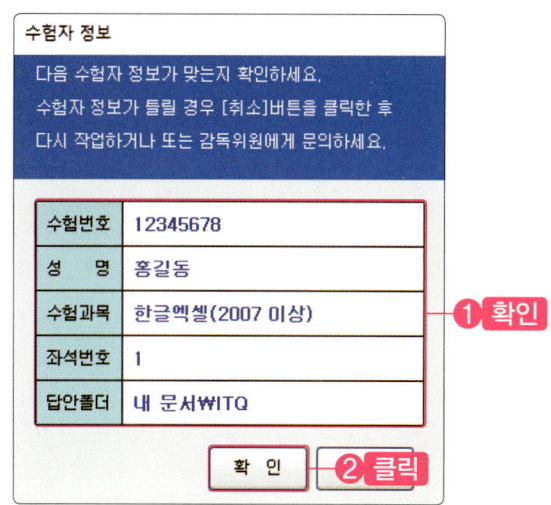

06 컴퓨터가 잠금 상태가 되면 〔확인〕 단추를 클릭합니다.

> • 시험에서는 감독위원이 시험을 시작할 때까지 대기합니다.
> • 시험이 시작되면 바탕 화면 오른쪽 위에 KOAS 수험자용 프로그램이 나타납니다.

STEP 02
답안 작성 준비하고 답안 저장하기

01 엑셀을 실행하기 위해 작업 표시줄에서 [시작(⊞)] 단추를 클릭한 후 앱 뷰에서 [Excel 2016]을 클릭합니다.

02 엑셀이 실행되면 [새 통합 문서]를 클릭합니다.

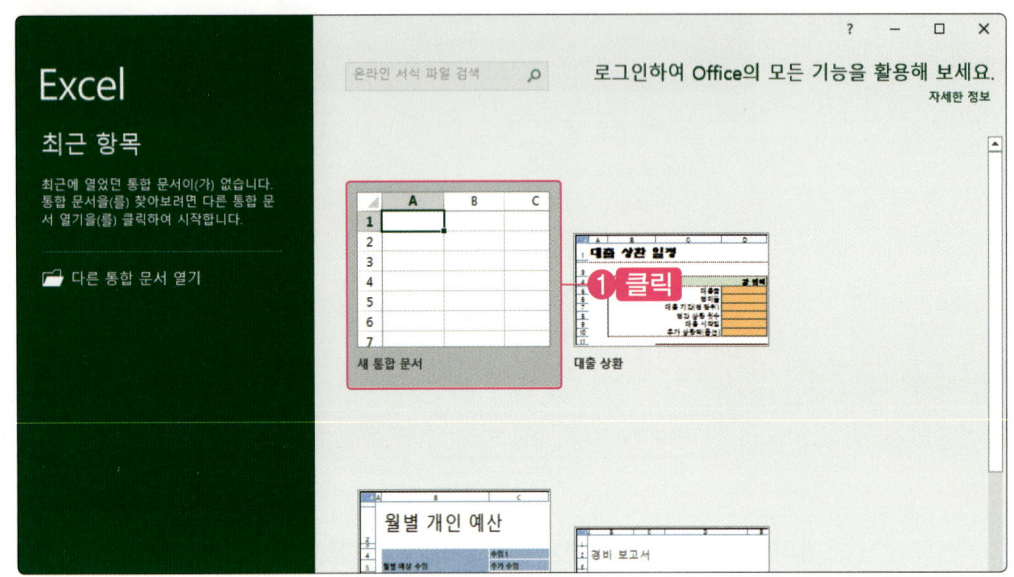

03 새 문서가 만들어지면 시트 이름을 바꾸기 위해 시트 탭에서 [Sheet1] 시트를 더블클릭한 후 '제1작업'을 입력한 다음 Enter를 누릅니다.

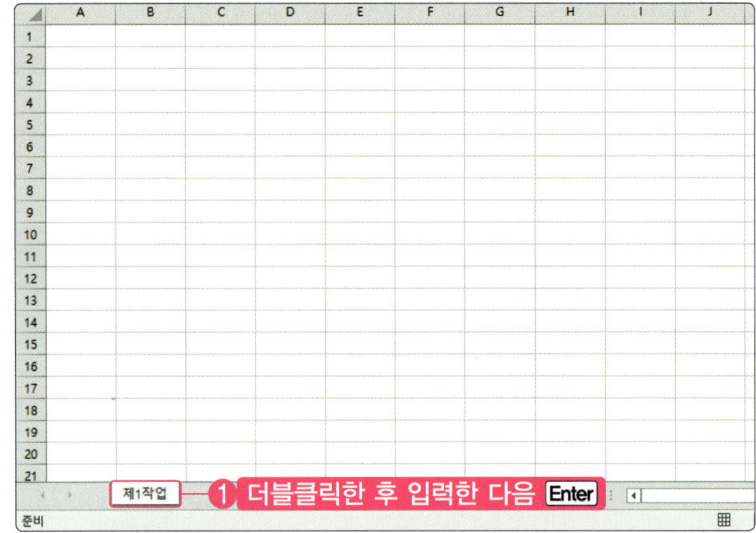

04 시트를 삽입하기 위해 시트 탭에서 [새 시트(⊕)]를 클릭합니다.

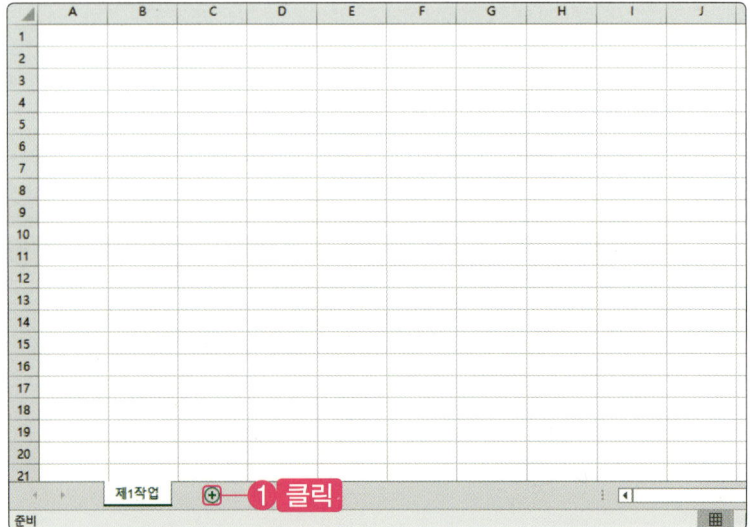

05 새 시트가 삽입되면 시트 이름을 바꾸기 위해 시트 탭에서 〔Sheet2〕 시트를 더블클릭한 후 '제2작업'을 입력한 다음 Enter를 누릅니다.

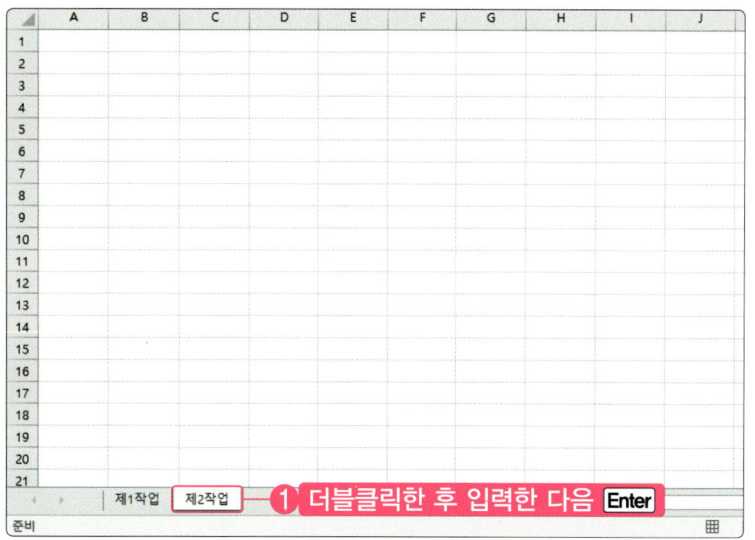

06 같은 방법으로 다음과 같이 시트를 1개 더 삽입한 후 시트 이름(제3작업)을 바꿉니다.

〔제4작업〕 시트는 시험의 '〔제4작업〕 그래프'에서 삽입합니다.

07 모든 시트의 A열 너비를 변경하기 위해 시트 탭에서 〔제1작업〕 시트를 선택한 후 Shift를 누른 상태에서 〔제3작업〕 시트를 선택한 다음 A열 머리글의 바로 가기 메뉴에서 〔열 너비〕를 클릭합니다.

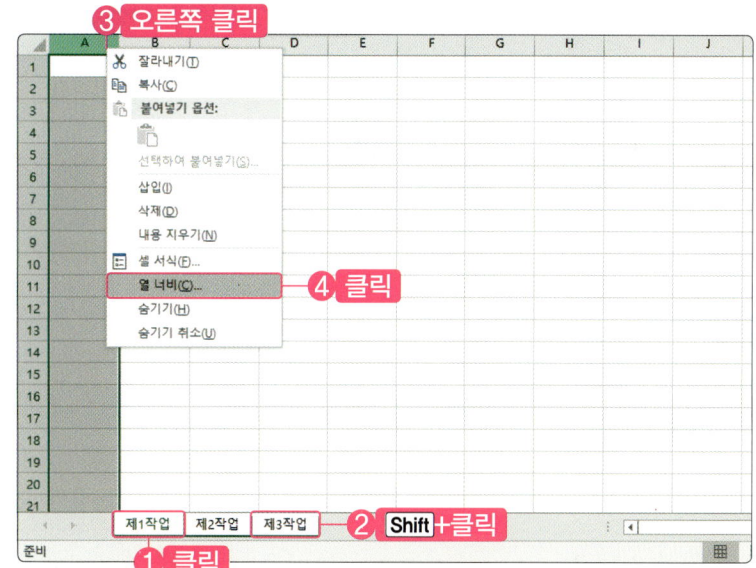

- 〔제1작업〕 시트의 바로 가기 메뉴에서 〔모든 시트 선택〕을 클릭하여 모든 시트를 그룹화할 수도 있습니다.
- 시트를 그룹화한다는 것은 여러 시트를 선택한다는 것입니다. 시트를 그룹화하면 제목 표시줄에 '〔그룹〕'이라고 표시되며 모든 시트를 그룹화한 후 하나의 시트에서 작업하면 다른 모든 시트에도 똑같이 작업됩니다. 모든 시트의 A열 너비를 변경하기 위해 모든 시트를 그룹화한 것입니다.

08 〔열 너비〕 대화상자가 나타나면 열 너비(1)를 입력한 후 〔확인〕 단추를 클릭합니다.

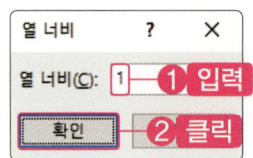

09 모든 시트의 모든 셀에 글꼴 서식과 맞춤 서식을 지정하기 위해 〔모두 선택(▲)〕 단추를 클릭한 후 〔홈〕 탭-〔글꼴〕 그룹에서 글꼴(굴림)과 글꼴 크기(11)를 선택한 다음 〔맞춤〕 그룹에서 〔가운데 맞춤(≡)〕을 클릭합니다.

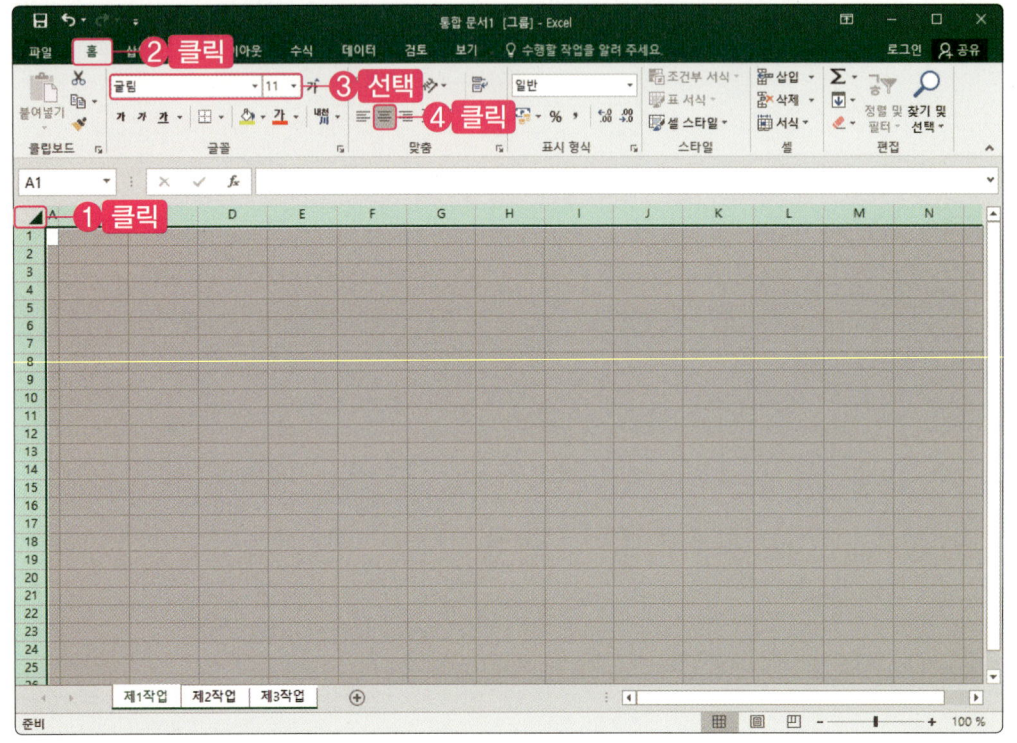

> 시험에서 〔제1작업〕의 첫 번째 조건을 보면 '모든 데이터의 서식에는 글꼴(굴림, 11pt), 정렬은 숫자 및 회계 서식은 오른쪽 정렬, 나머지 서식은 가운데 정렬로 작성하며 예외적인 것은 ≪출력형태≫를 참조하시오.'와 같이 명시되어 있습니다. 맞춤 서식은 일반적으로 가운데 맞춤이 더 많으므로 먼저 가운데 맞춤을 지정한 후 가운데 맞춤이 아닌 셀은 따로 지정합니다.

10 모든 시트의 모든 셀이 선택된 것을 해제하기 위해 A1셀을 선택한 후 시트 탭에서 〔제3작업〕 시트를 선택한 다음 〔제1작업〕 시트를 선택합니다.

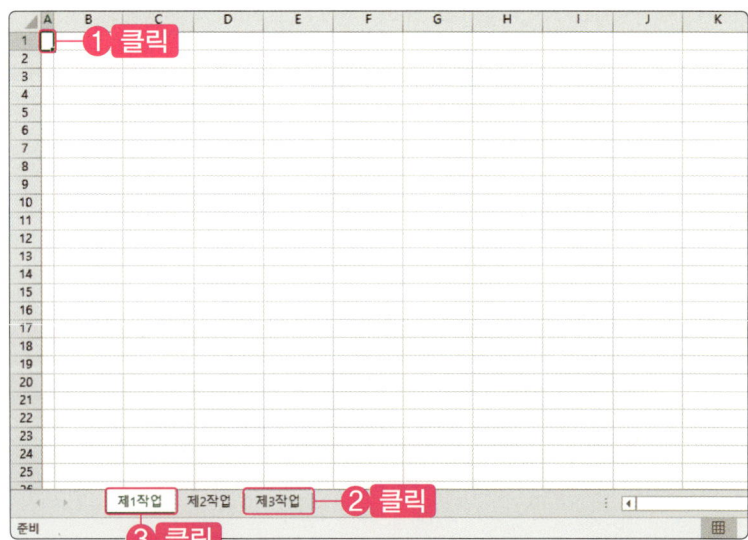

> 〔제1작업〕 시트의 바로 가기 메뉴에서 〔시트 그룹 해제〕를 클릭하여 모든 시트가 그룹화된 것을 해제할 수도 있습니다.

11 답안을 저장하기 위해 [파일] 탭에서 [다른 이름으로 저장]을 클릭한 후 [찾아보기]를 클릭합니다.

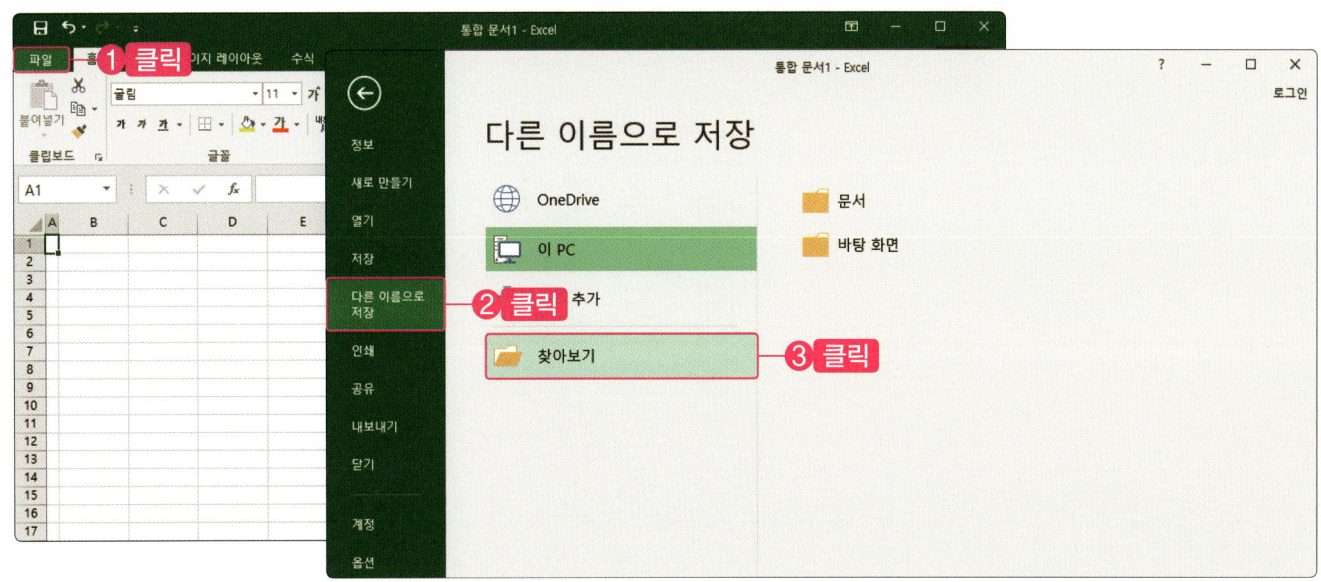

새 문서를 만든 후 답안을 작성한 경우에는 [파일] 탭에서 [다른 이름으로 저장]을 클릭하거나 Ctrl+S를 누르면 답안을 저장할 수 있습니다.

12 [다른 이름으로 저장] 대화상자가 나타나면 위치(내 PC\문서\ITQ)를 선택한 후 파일 이름(12345678-홍길동)을 입력한 다음 [저장] 단추를 클릭합니다.

시험에서는 본인의 수험번호와 성명을 조합하여 '수험번호-성명' 형식의 파일 이름을 입력합니다.

13 다음과 같이 답안이 저장됩니다.

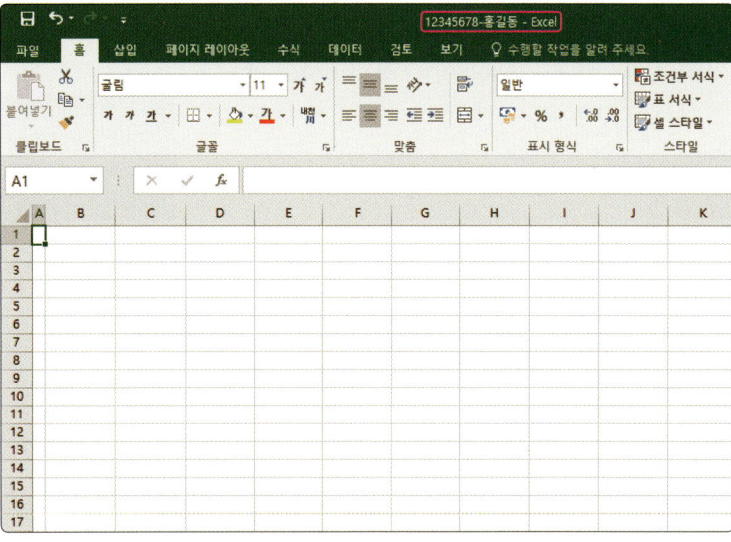

시험에서 위치를 잘못 선택하거나 파일 이름을 잘못 입력하여 답안을 저장한 경우에는 [파일] 탭에서 [다른 이름으로 저장]을 클릭하거나 F12를 눌러 답안을 다시 저장한 후 잘못 저장한 답안을 삭제합니다.

STEP 03

답안 전송하기

01 답안을 전송하기 위해 KOAS 수험자용 프로그램에서 [답안 전송] 단추를 클릭합니다.

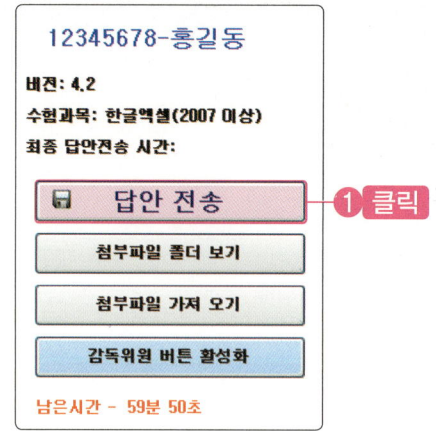

> 답안을 작성하는 도중에 주기적으로 [파일] 탭에서 [저장]을 클릭하거나 Ctrl+S를 눌러 답안을 저장한 후 답안을 전송해 두면 오류가 발생한 경우, 전송된 답안을 불러와서 복구할 수 있습니다. 전송된 답안은 KOAS 수험자용 프로그램에서 감독위원 버튼을 활성화한 후 [답안 가져 오기] 단추를 클릭하여 불러오므로 오류가 발생한 경우, 감독위원에게 문의합니다.

02 지금 전송할 것인지 묻는 대화상자가 나타나면 [예] 단추를 클릭합니다.

03 [답안전송] 대화상자가 나타나면 파일 목록(12345678-홍길동.xlsx)과 존재(있음)를 확인한 후 [답안 전송] 단추를 클릭합니다.

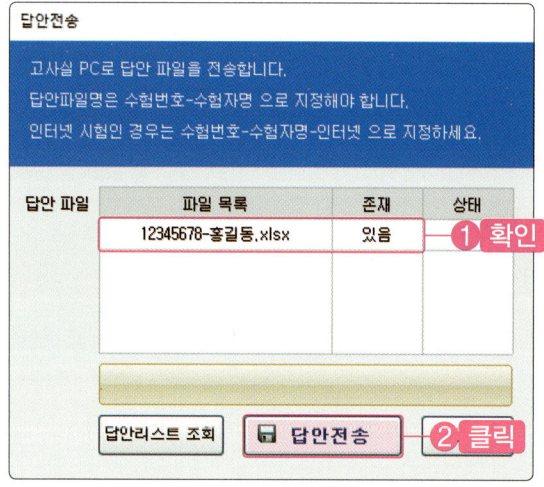

> 답안이 '내 PC\문서\ITQ' 폴더에 없는 경우, [답안전송] 대화상자의 [존재]에 '없음'이 표시됩니다.

04 답안파일 전송을 성공하였다는 메시지가 나타나면 [확인] 단추를 클릭합니다.

05 [답안전송] 대화상자가 다시 나타나면 상태(성공)를 확인한 후 [닫기] 단추를 클릭합니다.

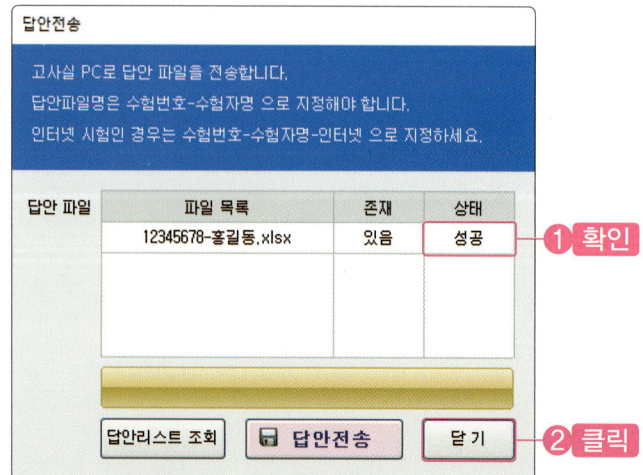

Chapter 02 표 서식 작성

'[제1작업] 표 서식 작성'에서는 데이터를 입력하는 방법, 셀 서식을 지정하는 방법, 데이터 유효성 검사를 설정하는 방법 등에 대해 알고 있어야 합니다. 입력한 데이터는 시험의 모든 작업에서 사용합니다. 그러므로 데이터는 반드시 입력해 두어야 하며 테두리 서식은 ≪출력형태≫를 보고 지정해야 합니다.

문제

☞ 다음은 '헬러윈 용품 판매 현황'에 대한 자료이다. 자료를 입력하고 조건에 맞도록 작업하시오.

≪출력형태≫

제품번호	제품명	분류	입고일	가격	재고수량 (단위:EA)	판매수량 (단위:EA)	할인율	순위
HA1025	박쥐	LED	2022-09-14	2,500	602	35	(1)	(2)
LE3045	머리띠	펠트	2022-10-07	1,300	100	45	(1)	(2)
HA1014	고깔모자	펠트	2022-08-27	2,100	200	50	(1)	(2)
FA2053	가랜드	종이	2022-08-05	2,000	350	110	(1)	(2)
LE3034	토퍼	종이	2022-09-16	500	300	230	(1)	(2)
FA2083	케노피	펠트	2022-08-11	6,500	561	46	(1)	(2)
FR2063	행잉 유령	LED	2022-09-16	5,500	500	23	(1)	(2)
FE2074	행잉 마녀	LED	2022-10-05	5,700	250	60	(1)	(2)
LED 용품 가격의 평균			(3)		최대 가격			(5)
펠트 용품의 개수			(4)		제품명	박쥐	가격	(6)

≪조건≫

- 모든 데이터의 서식에는 글꼴(굴림, 11pt), 정렬은 숫자 및 회계 서식은 오른쪽 정렬, 나머지 서식은 가운데 정렬로 작성하며 예외적인 것은 ≪출력형태≫를 참조하시오.
- 제 목 ⇒ 도형(평행 사변형)과 그림자(오프셋 오른쪽)를 이용하여 작성하고
  "헬러윈 용품 판매 현황"을 입력한 후 다음 서식을 적용하시오
  (글꼴-굴림, 24pt, 검정, 굵게, 채우기-노랑).
- 임의의 셀에 결재란을 작성하여 그림으로 복사 기능을 이용하여 붙이기 하시오(단, 원본 삭제).
- 「B4:J4, G14, I14」 영역은 '주황'으로 채우기 하시오.
- 유효성 검사를 이용하여 「H14」 셀에 제품명(「C5:C12」 영역)이 선택 표시되도록 하시오.
- 셀 서식 ⇒ 「F5:F12」 영역에 셀 서식을 이용하여 숫자 뒤에 '원'을 표시하시오(예 : 2,500원).
- 「F5:F12」 영역에 대해 '가격'으로 이름정의를 하시오.

작업순서요약

① 데이터를 입력한 후 셀 서식을 지정합니다.
② L3:O4셀 범위에 결재란을 작성한 후 결재란을 그림으로 복사하여 붙여넣은 다음 L3:O4셀 범위에 작성한 결재란을 삭제합니다.
③ 도형을 삽입한 후 도형 텍스트를 입력한 다음 도형에 글꼴 서식, 맞춤 서식, 채우기 색, 도형 효과를 지정합니다.
④ 데이터 유효성 검사를 설정한 후 데이터를 입력한 다음 이름을 정의합니다.

STEP 01
데이터 입력하고 셀 서식 지정하기

01 다음과 같이 데이터를 입력합니다.

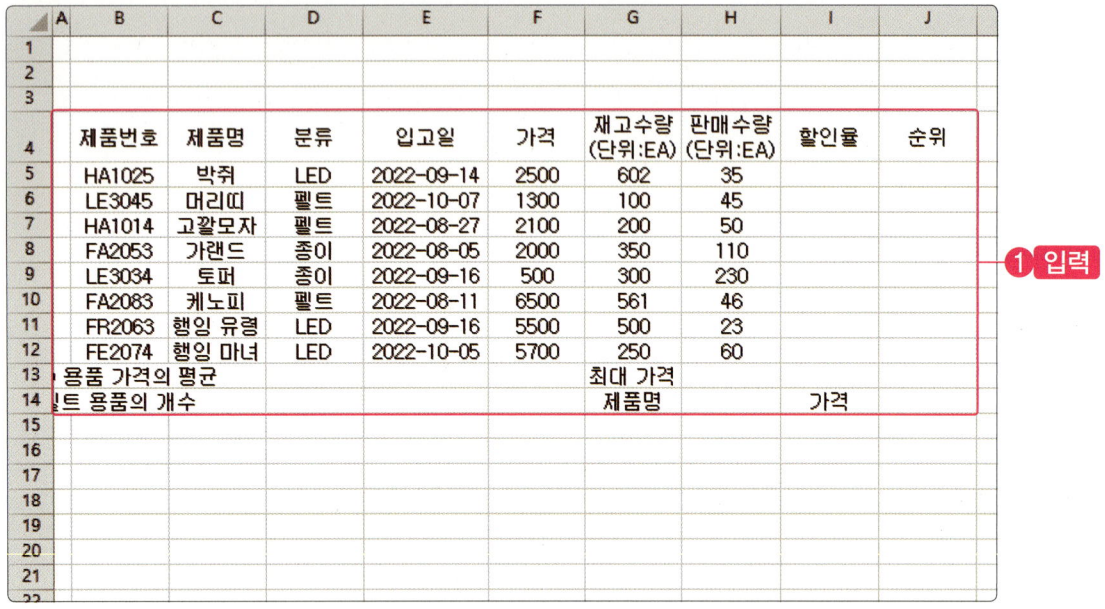

- 모든 셀에 글꼴(굴림), 글꼴 크기(11), 가운데 맞춤이 지정되어 있습니다.
- ≪출력형태≫에서 '(1)'~'(6)'이 입력되어 있는 셀은 함수를 사용하여 값을 구할 셀을 나타낸 것이고, H14셀의 데이터는 데이터 유효성 검사를 설정하여 입력하므로 여기서는 입력하지 않습니다.
- Alt+Enter를 사용하면 하나의 셀에 두 줄 이상 입력할 수 있습니다. G4셀의 데이터는 '재고수량'을 입력한 후 Alt+Enter를 눌러 줄을 바꾼 다음 '(단위:EA)'를 입력한 것입니다. H4셀의 데이터도 같은 방법으로 입력합니다.
- 'LED 용품 가격의 평균'은 B13셀, '펠트 용품의 개수'는 B14셀, '최대 가격'은 G13셀에 입력합니다.
- 셀을 선택한 후 F2를 누르거나 셀을 더블클릭하면 데이터를 수정할 수 있습니다.

02 맞춤 서식을 지정하기 위해 B13:D13셀 범위, B14:D14셀 범위, F13:F14셀 범위, G13:I13셀 범위를 선택한 후 [홈] 탭-[맞춤] 그룹에서 [병합하고 가운데 맞춤(目)]을 클릭합니다.

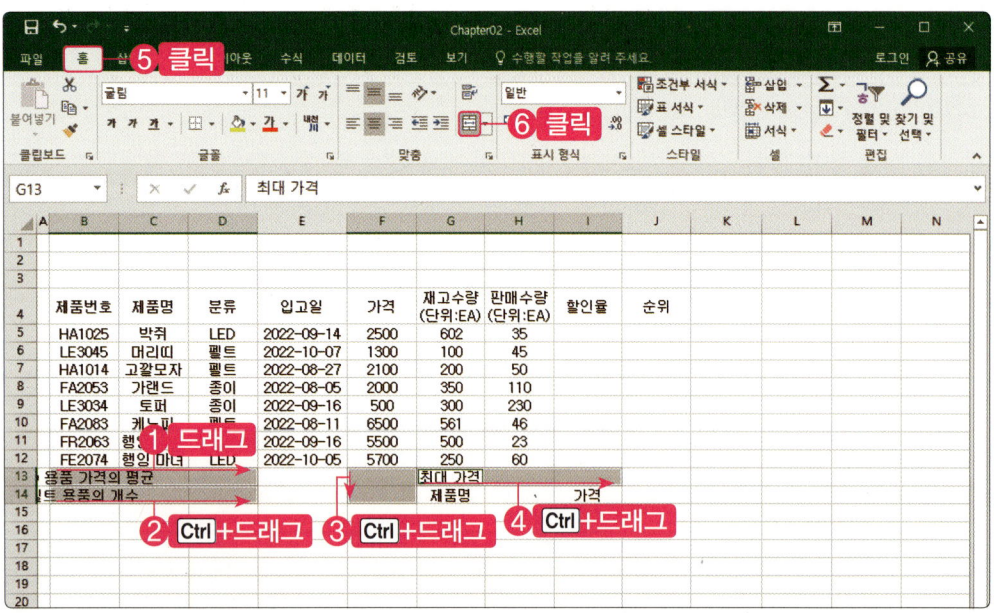

셀 서식은 셀과 데이터를 원하는 모양으로 변경할 수 있는 기능으로 글꼴 서식, 맞춤 서식, 테두리 서식, 채우기 서식, 표시 형식이 있습니다.

03 맞춤 서식이 지정되면 1:3행 높이(22), 4행 높이(36), 5:14행 높이(16), C열 너비(10), E열 너비(13), F:H열 너비(10)를 변경합니다.

> 행 머리글을 선택한 후 행 머리글의 바로 가기 메뉴에서 [행 높이]를 클릭하면 행 높이를 변경할 수 있습니다.

04 테두리 서식을 지정하기 위해 B4:J14셀 범위를 선택한 후 [홈] 탭-[글꼴] 그룹에서 [추가 옵션(□)]을 클릭합니다.

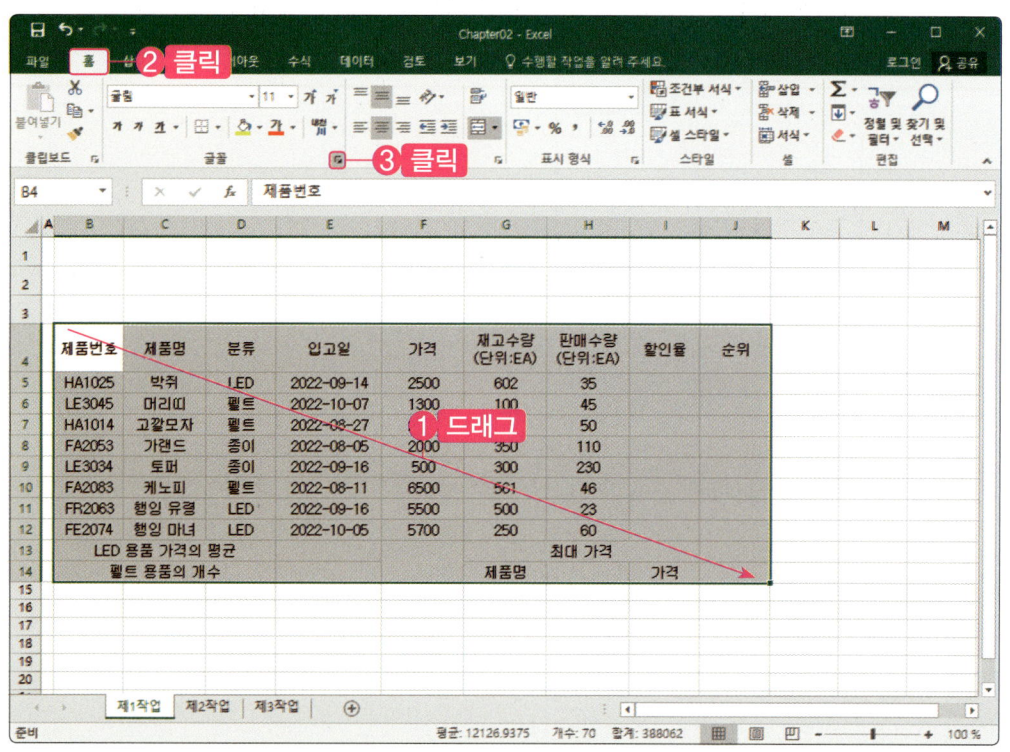

> 시험에서 테두리 서식은 《출력형태》를 보고 지정해야 합니다.

05 [셀 서식] 대화상자의 [글꼴] 탭이 나타나면 [테두리] 탭에서 선 스타일(─)을 선택한 후 [안쪽]을 클릭합니다. 그런 다음 다시 선 스타일(─)을 선택한 후 [윤곽선]을 클릭한 다음 [확인] 단추를 클릭합니다.

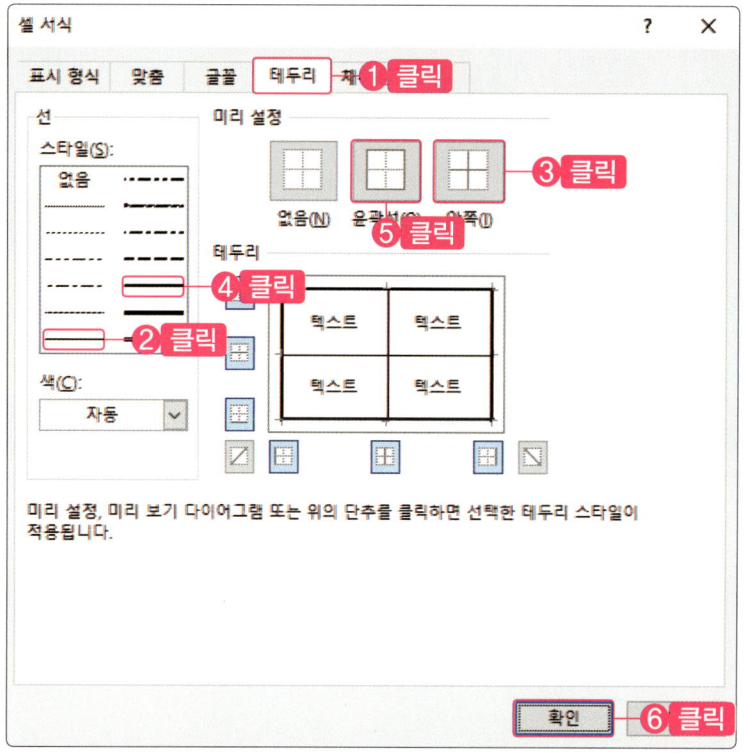

15

06 B4:J4셀 범위와 B12:J12셀 범위를 선택한 후 [홈] 탭-[글꼴] 그룹에서 [테두리(田)]의 [목록(▼)] 단추를 클릭한 다음 [굵은 아래쪽 테두리]를 클릭합니다.

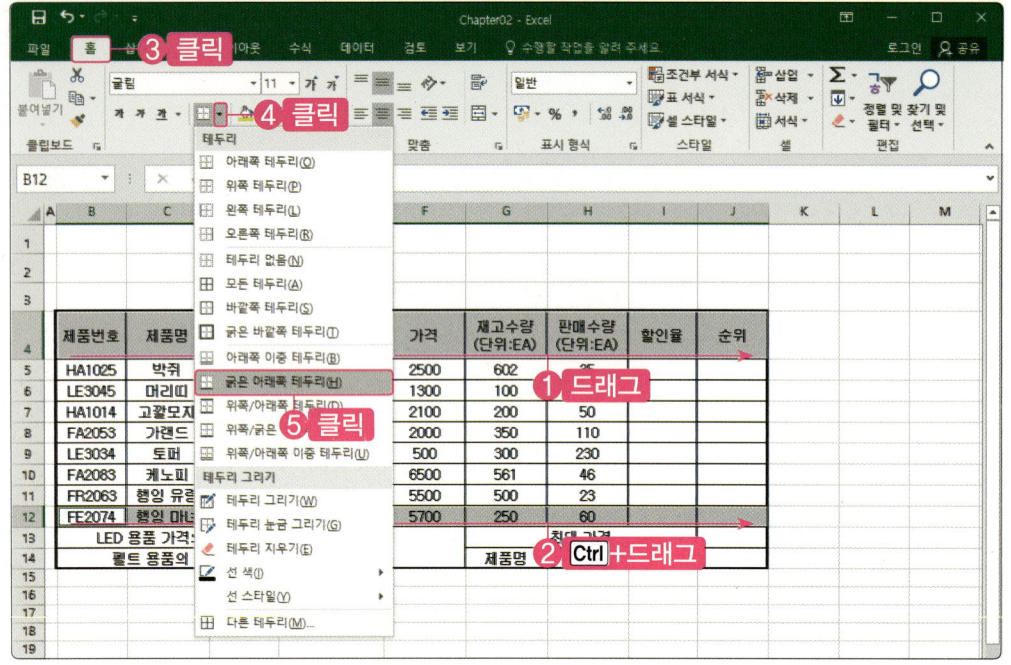

07 F13셀을 선택한 후 [홈] 탭-[글꼴] 그룹에서 [추가 옵션(🗔)]을 클릭합니다.

08 [셀 서식] 대화상자의 [글꼴] 탭이 나타나면 [테두리] 탭에서 선 스타일(─)을 선택한 후 ⬚와 ⬚를 클릭한 다음 [확인] 단추를 클릭합니다.

09 채우기 서식을 지정하기 위해 B4:J4셀 범위, G14셀, I14셀을 선택한 후 [홈] 탭-[글꼴] 그룹에서 [채우기 색(🖌)]의 [목록(▼)] 단추를 클릭한 다음 [주황]을 클릭합니다.

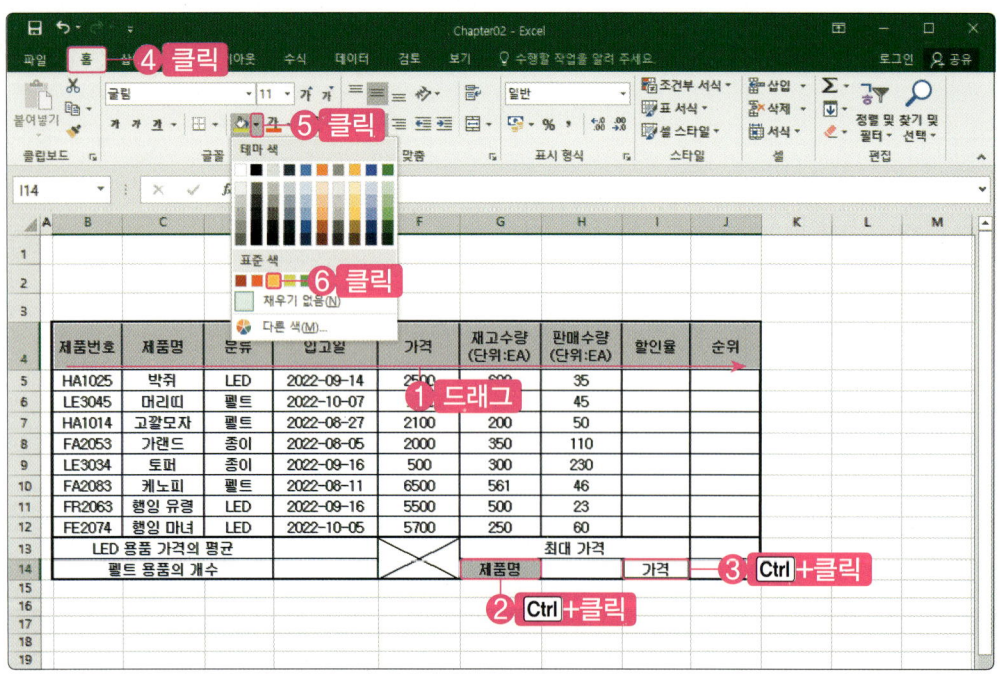

10 표시 형식을 지정하기 위해 F5:F12셀 범위를 선택한 후 [홈] 탭-[표시 형식] 그룹에서 [추가 옵션(🗔)]을 클릭합니다.

11 〔셀 서식〕 대화상자의 〔표시 형식〕 탭이 나타나면 범주(사용자 지정)를 선택한 후 형식(#,##0"원")을 입력한 다음 〔확인〕 단추를 클릭합니다.

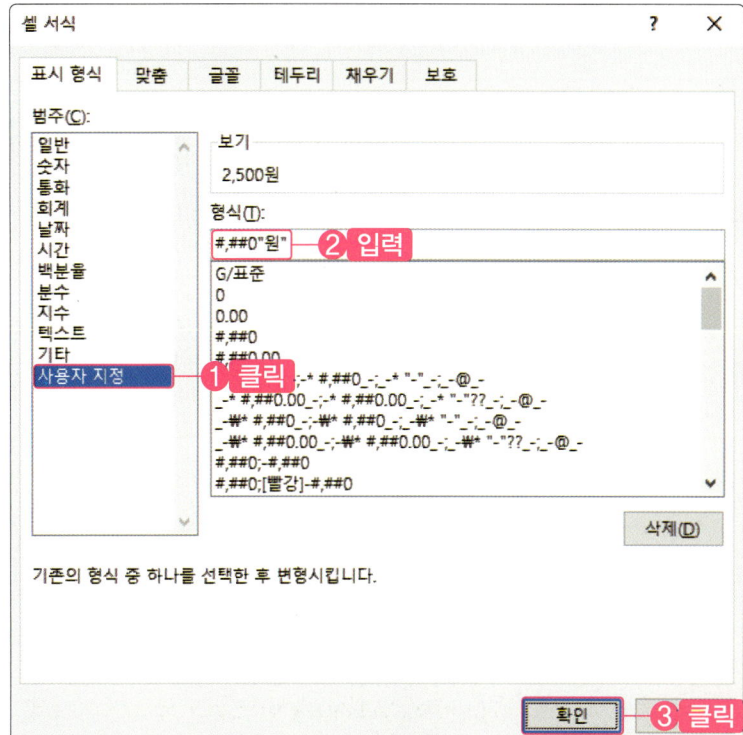

> 문자를 큰따옴표("")로 묶으면 그대로 표시합니다.

12 G5:H12셀 범위를 선택한 후 〔홈〕 탭-〔표시 형식〕 그룹에서 표시 형식(숫자)을 선택합니다.

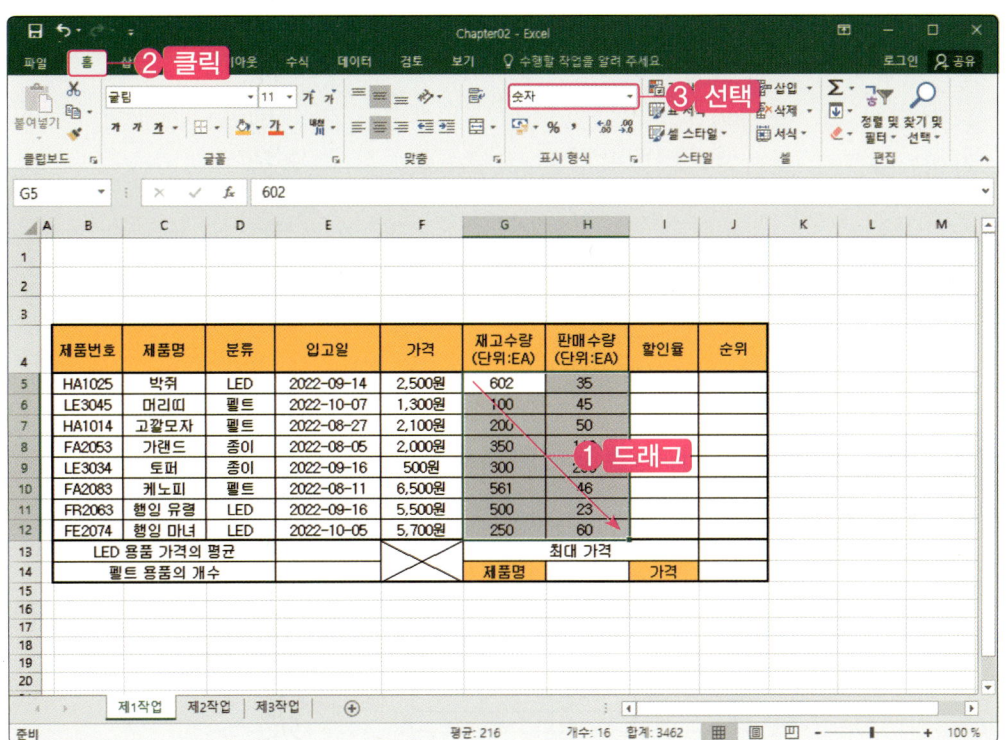

13 맞춤 서식을 지정하기 위해 F5:H12셀 범위를 선택한 후 〔홈〕 탭-〔맞춤〕 그룹에서 〔오른쪽 맞춤(≡)〕을 클릭합니다.

14 맞춤 서식이 지정됩니다.

STEP 02

결재란 작성하기

01 다음과 같이 결재란을 작성합니다. 그런 다음 결재란을 그림으로 복사하기 위해 L3:O4셀 범위를 선택한 후 [홈] 탭-[클립보드] 그룹에서 [복사(🗐)]의 [목록(▼)] 단추를 클릭한 다음 [그림으로 복사]를 클릭합니다.

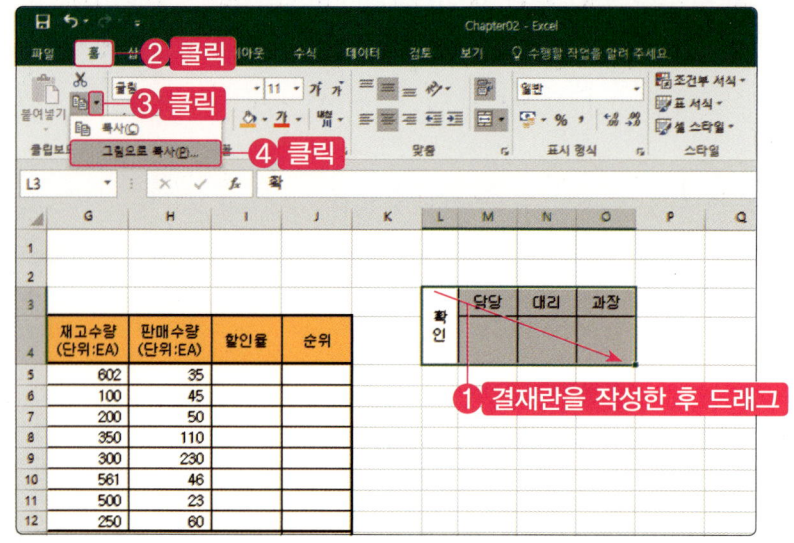

> **결재란 작성** : L3:O3셀 범위에 데이터를 입력 → L3:L4셀 범위를 선택한 후 [홈] 탭-[맞춤] 그룹에서 [병합하고 가운데 맞춤]을 클릭 → L3:O4셀 범위를 선택한 후 [홈] 탭-[글꼴] 그룹에서 [테두리(⊞)]의 [목록(▼)] 단추를 클릭한 다음 [모든 테두리]를 클릭 → L열 너비(4)와 M:O열 너비(7)를 변경

02 [그림 복사] 대화상자가 나타나면 모양(화면에 표시된 대로)을 선택한 후 형식(그림)을 선택한 다음 [확인] 단추를 클릭합니다.

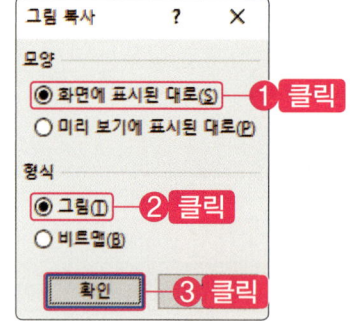

03 결재란 그림을 붙여넣기 위해 [홈] 탭-[클립보드] 그룹에서 [붙여넣기]를 클릭합니다.

04 결재란 그림이 붙여넣어지면 다음과 같이 결재란 그림의 위치를 조정합니다.

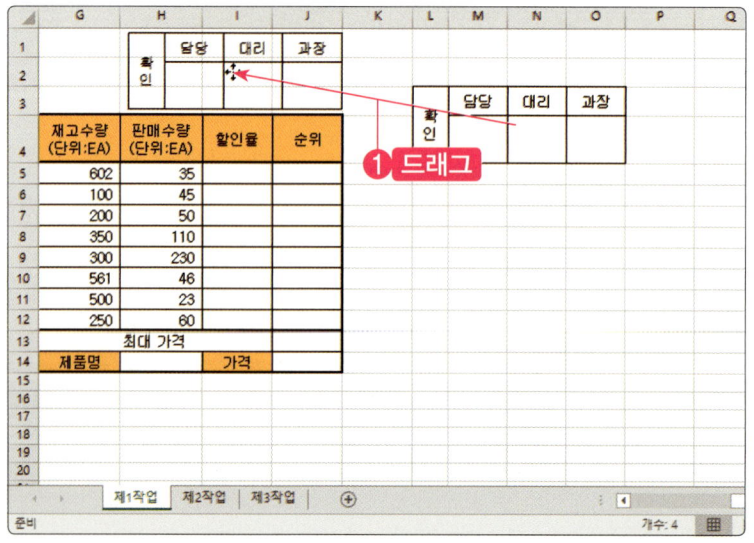

> 결재란 그림으로 마우스 포인터를 가져가서 마우스 포인터가 ⁛ 모양으로 변경되었을 때 드래그하면 결재란 그림의 위치를 조정할 수 있습니다.

05 결재란 그림에 채우기 색을 지정하기 위해 결재란 그림을 선택한 후 〔홈〕 탭-〔글꼴〕 그룹에서 〔채우기 색( )〕의 〔목록( )〕 단추를 클릭한 다음 〔흰색, 배경 1〕을 클릭합니다.

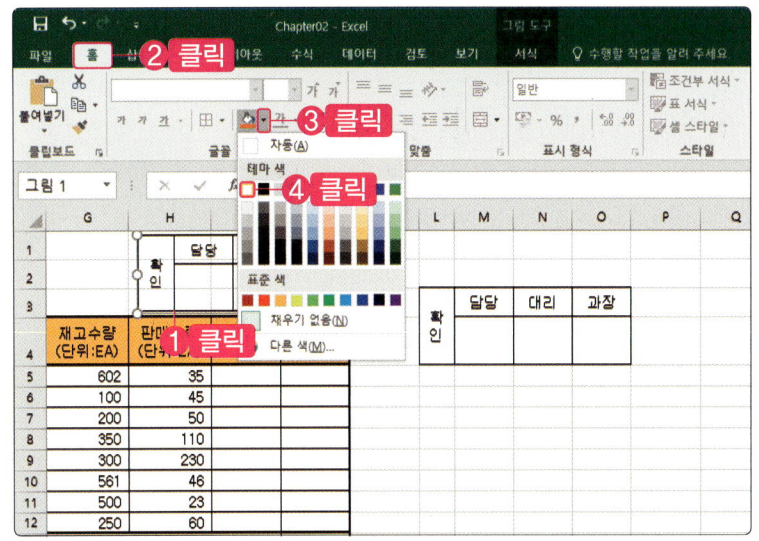

06 L3:O4셀 범위에 작성한 결재란을 삭제하기 위해 L:O열 머리글을 선택한 후 〔홈〕 탭-〔셀〕 그룹에서 〔삭제〕를 클릭합니다.

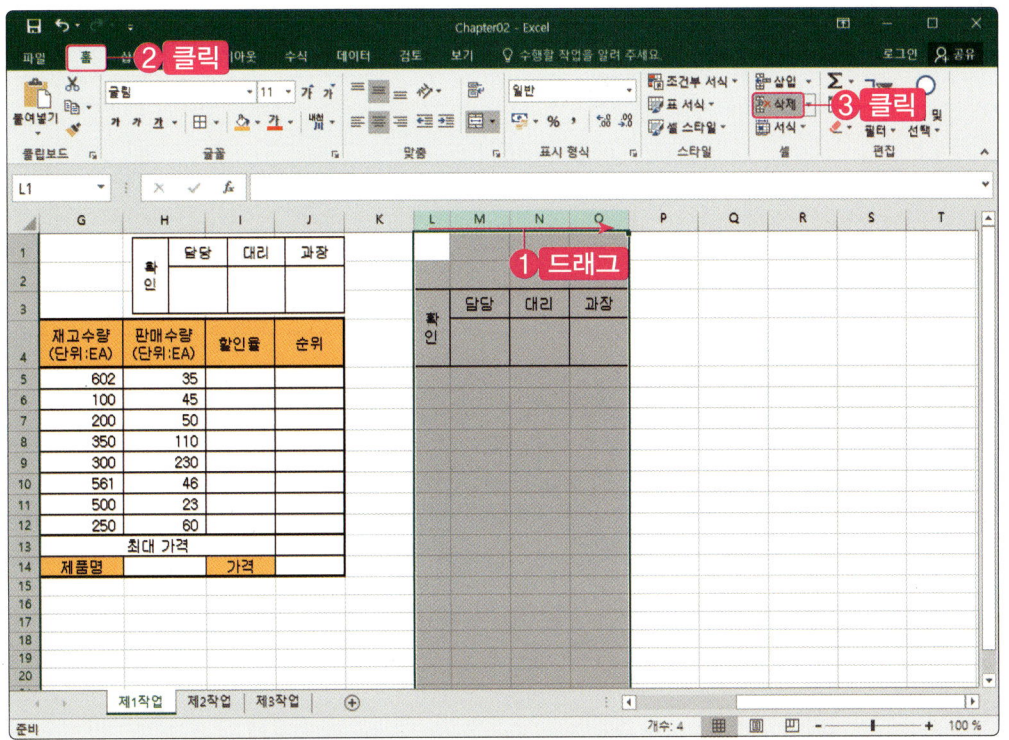

07 기존의 L:O열이 삭제됩니다.

> 기존의 L:O열이 삭제되면서 L3:O4셀 범위에 작성한 결재란도 삭제됩니다.

제목 작성하기

01 도형을 삽입하기 위해 [삽입] 탭-[일러스트레이션] 그룹에서 [도형]을 클릭한 후 [평행 사변형(▱)]을 클릭합니다.

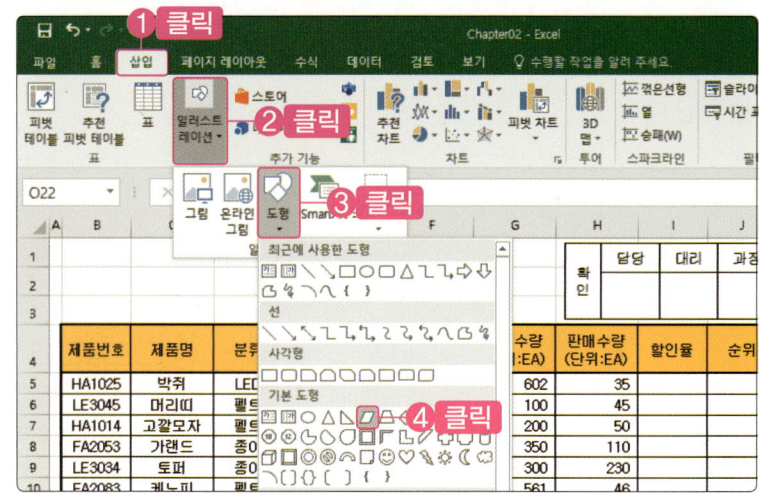

02 마우스 포인터가 + 모양으로 변경되면 다음과 같이 드래그하여 도형을 삽입합니다.

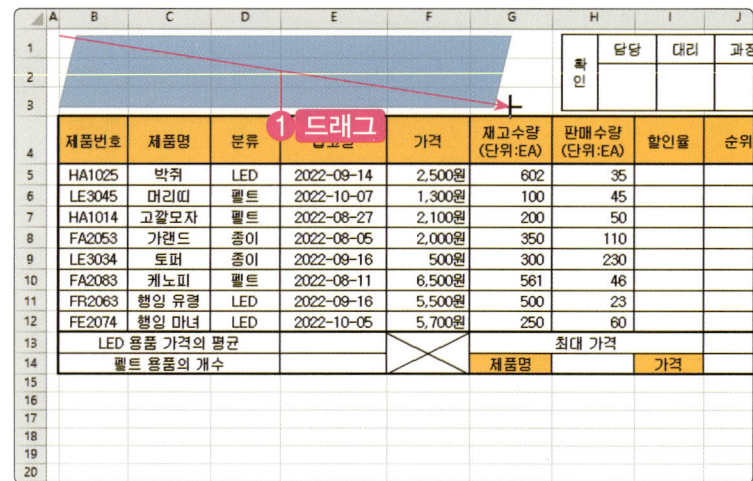

03 도형이 삽입되면 도형 텍스트(핼러윈 용품 판매 현황)를 입력합니다. 그런 다음 도형에 글꼴 서식과 맞춤 서식을 지정하기 위해 도형을 선택한 후 [홈] 탭-[글꼴] 그룹에서 글꼴(굴림), 글꼴 크기(24), 글꼴 색(검정, 텍스트 1)을 선택한 다음 [굵게(가)]를 클릭하고 [맞춤] 그룹에서 [가운데 맞춤(세로(≡))]과 [가운데 맞춤(가로(≡))]을 클릭합니다.

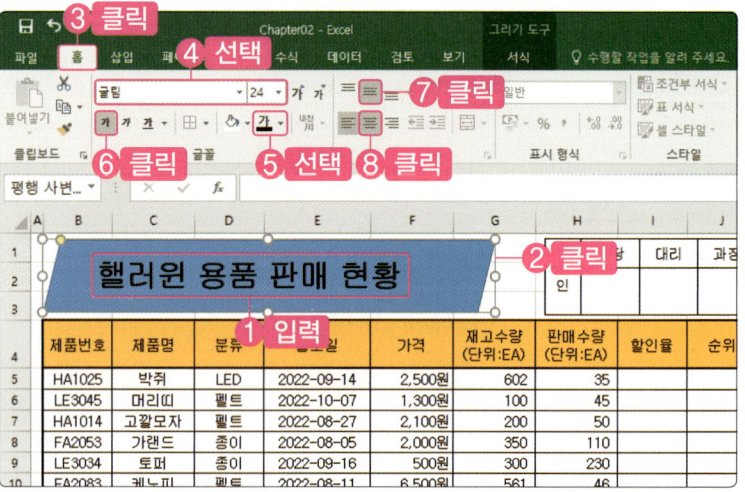

- 도형으로 마우스 포인터를 가져가서 마우스 포인터가 ✣ 모양으로 변경되었을 때 클릭하면 도형을 선택할 수 있습니다.
- 도형을 선택한 후 도형 텍스트를 입력하거나 도형의 바로 가기 메뉴에서 [텍스트 편집]을 클릭하면 도형 텍스트를 입력할 수 있고, 도형 텍스트로 마우스 포인터를 가져가서 마우스 포인터가 I 모양으로 변경되었을 때 클릭하면 도형 텍스트를 수정할 수 있습니다.
- 시험에서 ≪조건≫에 '검정'이라고 명시되어 있으면 '검정, 텍스트 1'을 선택하면 되고, '흰색'이라고 명시되어 있으면 '흰색, 배경 1'을 선택하면 됩니다.

04 도형에 채우기 색을 지정하기 위해 [그리기 도구] 정황 탭-[서식] 탭-[도형 스타일] 그룹에서 [도형 채우기]의 [목록(▼)] 단추를 클릭한 후 [노랑]을 클릭합니다.

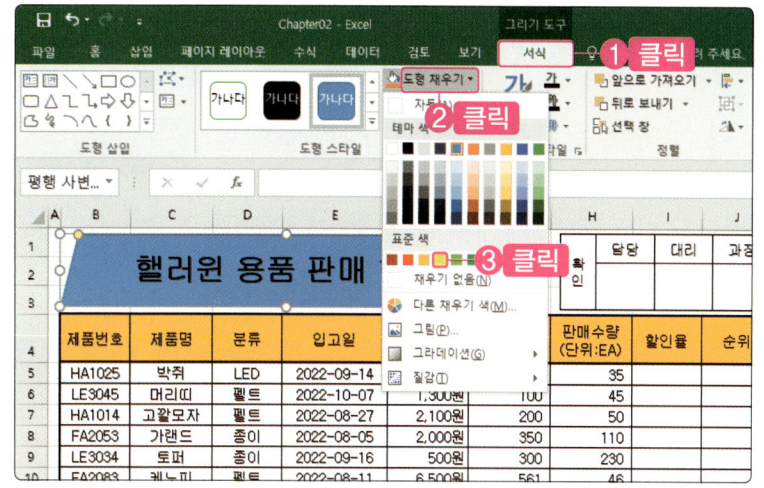

> 도형을 선택한 후 [홈] 탭-[글꼴] 그룹에서 [채우기 색(🪣)]의 [목록(▼)] 단추를 클릭한 다음 [노랑]을 클릭하여 도형에 채우기 색을 지정할 수도 있습니다.

05 도형에 도형 효과를 지정하기 위해 [그리기 도구] 정황 탭-[서식] 탭-[도형 스타일] 그룹에서 [도형 효과]를 클릭한 후 [그림자]-[오프셋 오른쪽(□)]을 클릭합니다.

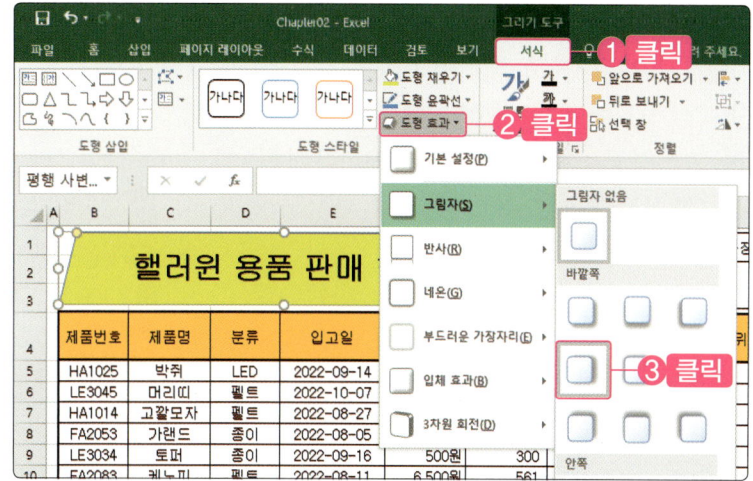

06 다음과 같이 도형에 도형 효과가 지정됩니다.

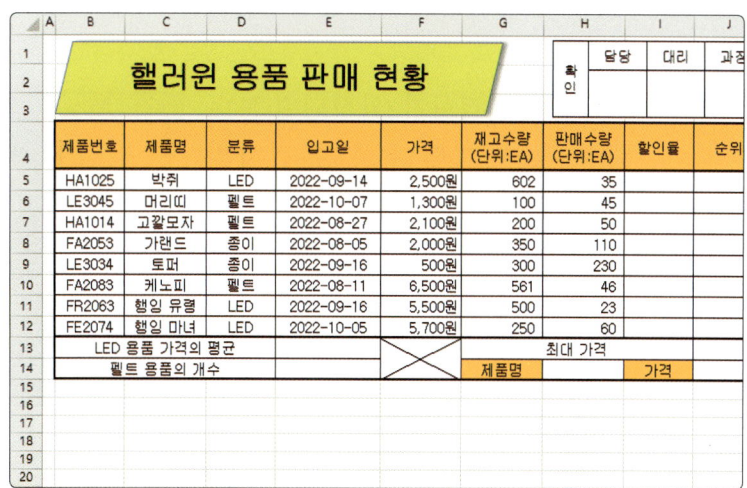

> 도형으로 마우스 포인터를 가져가서 마우스 포인터가 ✥ 모양으로 변경되었을 때 드래그하면 도형의 위치를 조정할 수 있고, 도형을 선택한 후 도형의 크기 조정 핸들(○)을 드래그하면 도형의 크기를 조정할 수 있습니다.

STEP 04
데이터 유효성 검사 설정하고 이름 정의하기

01 데이터 유효성 검사를 설정하기 위해 H14셀을 선택한 후 [데이터] 탭-[데이터 도구] 그룹에서 [데이터 유효성 검사(📋)]를 클릭합니다.

> 데이터 유효성 검사는 입력할 수 있는 데이터를 지정하여 데이터를 잘못 입력하면 입력할 수 없도록 제한하는 기능입니다.

02 [데이터 유효성] 대화상자가 나타나면 [설정] 탭에서 제한 대상(목록)을 선택한 후 원본(=$C$5:$C$12)을 입력한 다음 [확인] 단추를 클릭합니다.

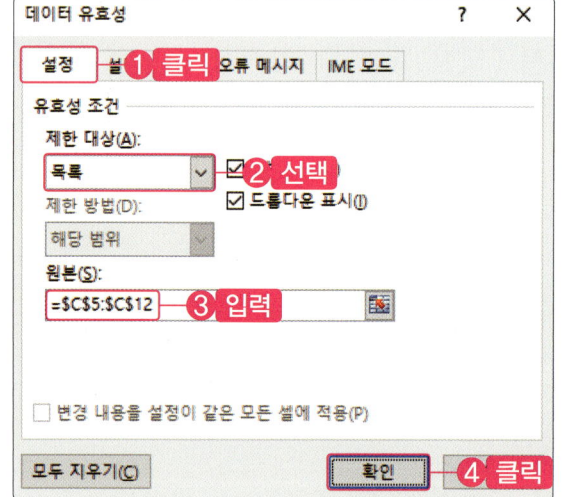

> [모두 지우기] 단추를 클릭하면 설정된 데이터 유효성 검사가 제거됩니다.

03 데이터 유효성 검사가 설정되면 H14셀을 선택한 후 데이터 유효성 검사의 [목록(▼)] 단추를 클릭한 다음 '박쥐'를 클릭합니다.

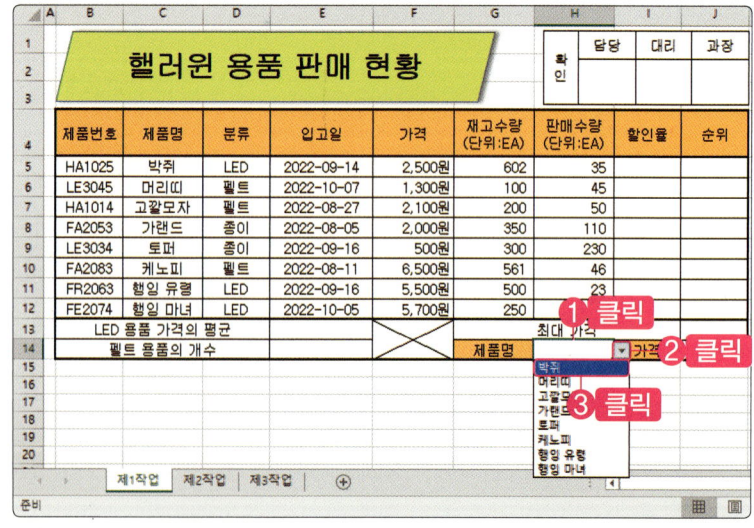

> H14셀을 선택하면 [데이터 유효성] 대화상자의 [설정] 탭에서 [드롭다운 표시]가 선택되어 있었기 때문에 데이터 유효성 검사의 [목록(▼)] 단추가 나타납니다. 데이터 유효성 검사의 [목록(▼)] 단추를 클릭하면 [제한 대상]을 '목록'으로 지정하고 [원본]에 '=$C$5:$C$12'를 입력했기 때문에 C5:C12셀 범위에 있는 데이터가 나타납니다.

04 제품명이 입력되면 이름을 정의하기 위해 F5:F12셀 범위를 선택한 후 〔수식〕 탭-〔정의된 이름〕 그룹에서 〔이름 정의〕를 클릭합니다.

- 이름 정의는 셀이나 셀 범위에 이름을 지정하여 셀이나 셀 범위를 참조할 때 정의한 이름으로 참조할 수 있도록 하는 기능입니다.
- F5:F12셀 범위를 선택한 후 이름 상자에 '가격'이라고 입력한 다음 Enter 를 눌러 이름을 정의할 수도 있습니다.

05 〔새 이름〕 대화상자가 나타나면 이름(가격)을 입력한 후 〔확인〕 단추를 클릭합니다.

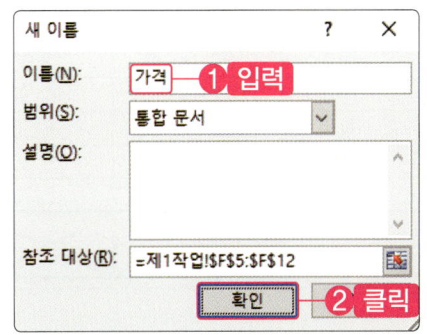

06 다음과 같이 F5:F12셀 범위를 선택하면 이름이 정의된 것을 확인할 수 있습니다.

〔수식〕 탭-〔정의된 이름〕 그룹에서 〔이름 관리자〕를 클릭하면 〔이름 관리자〕 대화상자가 나타납니다. 〔이름 관리자〕 대화상자에서 정의된 이름을 선택한 후 〔삭제〕 단추를 클릭하면 정의된 이름을 삭제할 수 있습니다.

Chapter 03 값 계산

'[제1작업] 값 계산'에서는 함수를 사용하여 값을 구하는 방법과 조건부 서식을 지정하는 방법에 대해 알고 있어야 합니다. 함수를 사용하여 값을 구해야 할 셀에 '(1)'과 같이 괄호 숫자가 입력되어 있으며 ≪조건≫에 어떤 함수를 사용하여 어떤 값을 구해야 하는지 명시되어 있습니다.

문제

☞ 다음은 '핼러윈 용품 판매 현황'에 대한 자료이다. 자료를 입력하고 조건에 맞도록 작업하시오.

≪출력형태≫

제품번호	제품명	분류	입고일	가격	재고수량(단위:EA)	판매수량(단위:EA)	할인율	순위
HA1025	박쥐	LED	2022-09-14	2,500	602	35	(1)	(2)
LE3045	머리띠	펠트	2022-10-07	1,300	100	45	(1)	(2)
HA1014	고깔모자	펠트	2022-08-27	2,100	200	50	(1)	(2)
FA2053	가랜드	종이	2022-08-05	2,000	350	110	(1)	(2)
LE3034	토퍼	종이	2022-09-16	500	300	230	(1)	(2)
FA2083	케노피	펠트	2022-08-11	6,500	561	46	(1)	(2)
FR2063	행잉 유령	LED	2022-09-16	5,500	500	23	(1)	(2)
FE2074	행잉 마녀	LED	2022-10-05	5,700	250	60	(1)	(2)
LED 용품 가격의 평균				(3)		최대 가격		(5)
펠트 용품의 개수				(4)		제품명	박쥐	가격	(6)

확인 | 담당 | 대리 | 과장

≪조건≫

☞ (1)~(6) 셀은 반드시 **주어진 함수를 이용**하여 값을 구하시오(결과값을 직접 입력하면 해당 셀은 0점 처리됨).

(1) 할인율 ⇒ 제품번호의 세 번째 글자가 1이면 '5%', 2이면 '10%', 3이면 '15%'로 구하시오 (CHOOSE, MID 함수).

(2) 순위 ⇒ 판매수량(단위:EA)의 내림차순 순위를 구한 결과값에 '위'를 붙이시오 (RANK.EQ 함수, & 연산자)(예 : 1위).

(3) LED 용품 가격의 평균 ⇒ 반올림하여 백 원 단위로 구하시오. 단, 조건은 입력데이터를 이용하시오 (ROUND, DAVERAGE 함수)(예 : 2,570 → 2,600).

(4) 펠트 용품의 개수 ⇒ (COUNTIF 함수)

(5) 최대 가격 ⇒ 정의된 이름(가격)을 이용하여 구하시오(MAX 함수).

(6) 가격 ⇒ 「H14」 셀에서 선택한 제품명에 대한 가격을 구하시오(VLOOKUP 함수).

(7) 조건부 서식의 수식을 이용하여 재고수량(단위:EA)이 '500' 이상인 행 전체에 다음의 서식을 적용하시오(글꼴 : 파랑, 굵게).

작업순서요약

① 함수를 사용하여 값을 구합니다.
② 조건부 서식을 지정한 후 눈금선을 숨깁니다.

STEP 01

함수를 사용하여 값 구하기

 Chapter03.xlsx

01 〔할인율〕을 구하기 위해 I5:I12셀 범위를 선택한 후 '=CHOOSE(MID(B5,3,1),"5%","10%", "15%")'를 입력한 다음 Ctrl+Enter를 누릅니다.

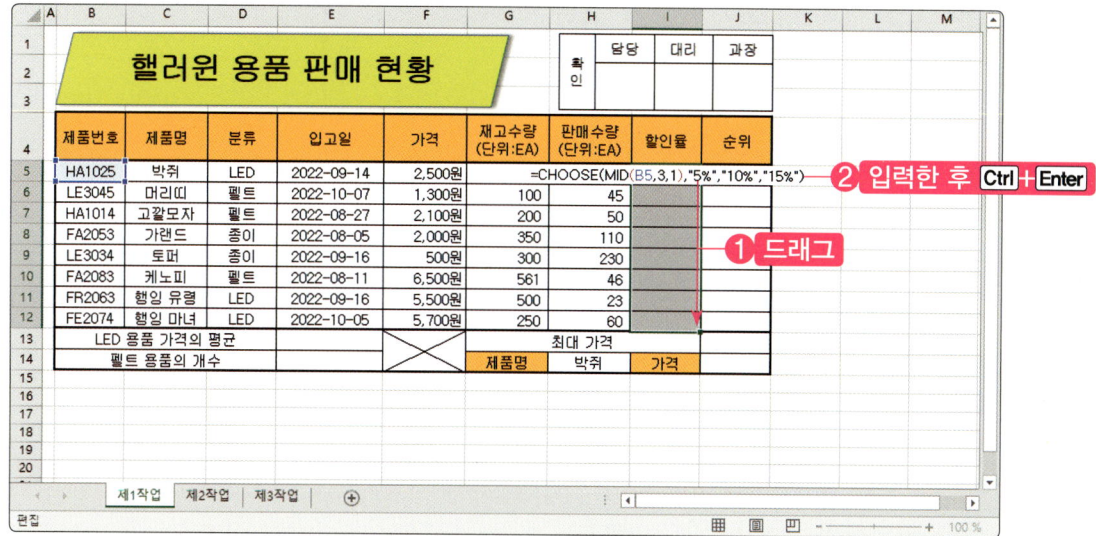

- 셀 범위를 선택한 후 수식을 입력한 다음 Ctrl+Enter를 누르면 입력한 수식이 선택한 모든 셀에 셀 주소가 상대적으로 변경되어 한 번에 입력됩니다.
- 여기에서 다루는 함수 이외의 함수는 〔출제 함수 정리(P30~P36)〕를 참고합니다.

수식 꼼꼼히 보기

CHOOSE 함수
- 구문 : CHOOSE(index_num, value1, 〔value2〕, ⋯)
- 설명 : value1, 〔value2〕, ⋯ 중 index_num 번째에 있는 값(index_num이 1이면 value1, index_num이 2면 value2, ⋯)을 구합니다.

MID 함수
- 구문 : MID(text, start_num, num_chars)
- 설명 : text에서 start_num 번째 문자부터 num_chars만큼의 문자를 구합니다.

$$=CHOOSE(MID(B5,3,1),"5\%","10\%","15\%")$$

❶ ❷에서 구한 값이 '1'이면 '5%', '2'이면 '10%', '3'이면 '15%'를 구합니다.
❷ 제품번호(B5)에서 세 번째 문자(3)부터 한 문자(1)를 구합니다.

02 〔순위〕를 구하기 위해 J5:J12셀 범위를 선택한 후 '=RANK.EQ(H5,$H$5:$H$12,0)&"위"'를 입력한 다음 Ctrl+Enter를 누릅니다.

수식 꼼꼼히 보기

RANK.EQ 함수
- 구문 : RANK.EQ(number, ref, 〔order〕)
- 설명 : ref에서 number의 순위를 구합니다. order가 0이거나 생략되면 가장 큰 number가 1위가 되고, 0 이외의 숫자이면 가장 작은 number가 1위가 됩니다. number가 같은 경우에는 가장 높은 순위를 구합니다.

$$=RANK.EQ(H5,\$H\$5:\$H\$12,0)\&"위"$$

❶ ❷에서 구한 값과 '위'를 연결(&)하여 '1위'와 같이 표시합니다.
❷ 모든 제품의 판매수량($H$5:$H$12)에서 박쥐의 판매수량(H5)이 몇 번째로 많은 판매수량인지(0)를 구합니다. 모든 제품의 판매수량($H$5:$H$12)은 J5:J12셀 범위의 모든 셀에서 변경되지 않고 참조해야 하므로 절대 참조로 입력해야 합니다.

03 〔LED 용품 가격의 평균〕을 구하기 위해 E13셀에 '=ROUND(DAVERAGE(B4:H12,F4,D4:D5), -2)'를 입력합니다.

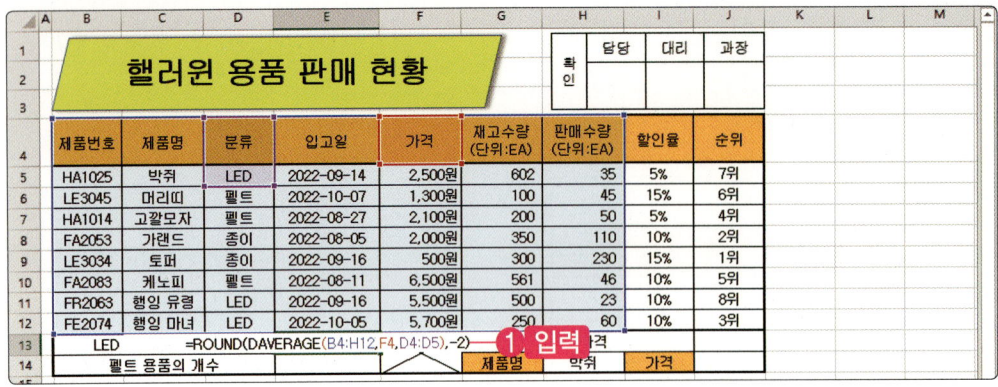

수식 꼼꼼히 보기

ROUND 함수
- 구문 : ROUND(number, num_digits)
- 설명 : number를 num_digits 아래에서 반올림하여 num_digits로 구합니다.

DAVERAGE 함수
- 구문 : DAVERAGE(database, field, criteria)
- 설명 : database에서 criteria를 만족하는 데이터의 field 평균을 구합니다.

$$=ROUND(DAVERAGE(B4:H12,F4,D4:D5),-2)$$

❶ ❷에서 구한 값을 십의 자리에서 반올림하여 백의 자리(-2)로 구합니다.
❷ 데이터베이스(B4:H12)에서 분류가 LED(D4:D5)인 데이터의 가격(F4) 평균을 구합니다. 데이터베이스는 레코드(행)와 필드(열)로 이루어진 관련 데이터 목록을 말하며 각 필드(열)의 이름(여기서는 제품번호, 제품명, 분류 등)을 '필드명'이라고 합니다.

04 〔LED 용품 가격의 평균〕에 표시 형식을 지정하기 위해 E13셀을 선택한 후 〔홈〕 탭-〔표시 형식〕 그룹에서 〔쉼표 스타일( )〕을 클릭합니다.

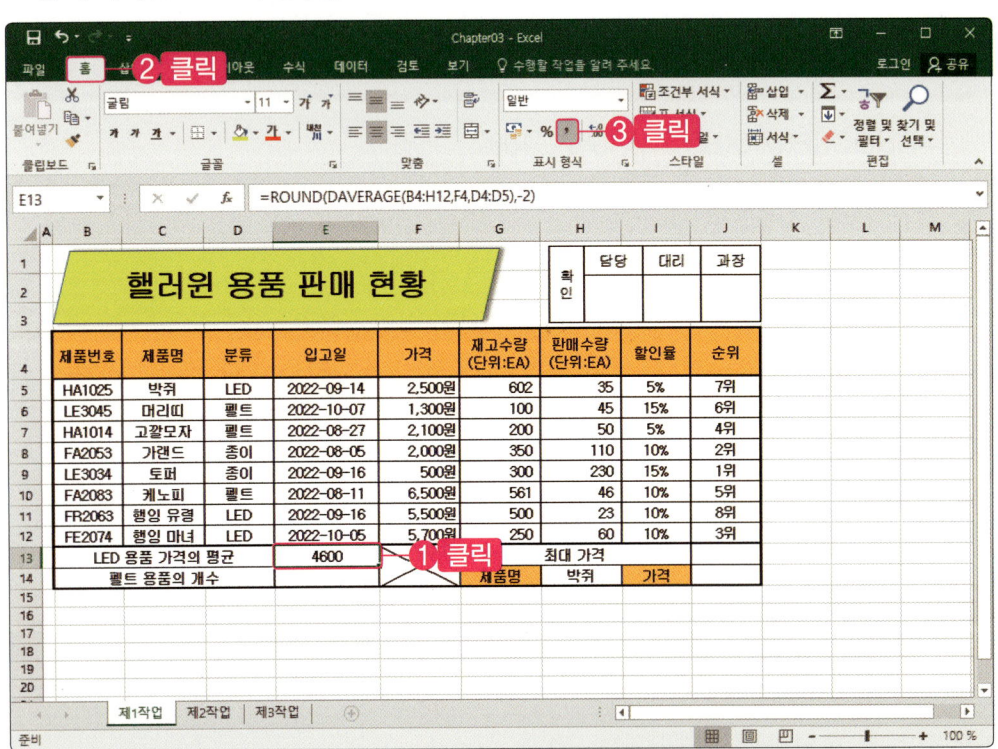

〔쉼표 스타일( )〕은 천 단위 구분 기호(,)를 사용하여 셀 값을 표시합니다.

05 〔펠트 용품의 개수〕를 구하기 위해 E14셀에 '=COUNTIF(D5:D12,"펠트")'를 입력합니다.

COUNTIF 함수
- 구문 : COUNTIF(range, criteria)
- 설명 : range에서 criteria를 만족하는 셀의 개수를 구합니다.

$$=COUNTIF(D5:D12,"펠트")$$

분류(D5:D12)에서 '펠트'인 셀의 개수를 구합니다.

06 〔최대 가격〕을 구하기 위해 J13셀에 '=MAX(가격)'을 입력합니다.

MAX 함수
- 구문 : MAX(number1, (number2), …)
- 설명 : number1, (number2), … 중 가장 큰 값을 구합니다.

$$=MAX(가격)$$

가격('가격'이라고 이름을 정의한 F5:F12셀 범위) 중 가장 높은 가격을 구합니다.

07 〔가격〕을 구하기 위해 J14셀에 '=VLOOKUP(H14,C5:H12,4,FALSE)'를 입력합니다.

VLOOKUP 함수
- 구문 : VLOOKUP(lookup_value, table_array, col_index_num, (range_lookup))
- 설명 : table_array의 첫 번째 열에서 lookup_value를 검색한 후 col_index_num에서 lookup_value와 같은 행에 있는 값을 구합니다.

$$=VLOOKUP(H14,C5:H12,4,FALSE)$$

C5:H12셀 범위의 첫 번째 열(C5:H12셀 범위에서 첫 번째 열이므로 C5:C12셀 범위(제품명))에서 박쥐(H14)를 검색한 후 네 번째 열(C5:H12셀 범위에서 네 번째 열이므로 F5:F12셀 범위(가격))에서 박쥐와 같은 행에 있는 가격을 구합니다.

08 다음과 같이 〔가격〕이 구해집니다.

STEP 02
조건부 서식 지정하기

01 수식을 사용하여 조건부 서식을 지정하기 위해 B5:J12셀 범위를 선택한 후 [홈] 탭-[스타일] 그룹에서 [조건부 서식]을 클릭한 다음 [새 규칙]을 클릭합니다.

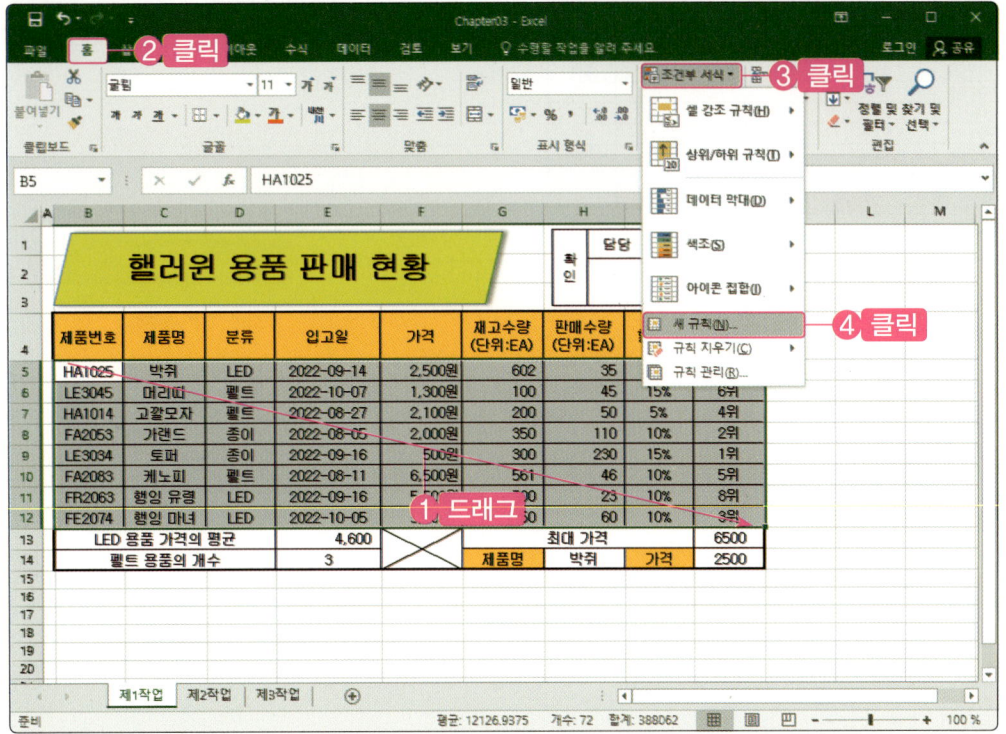

02 [새 서식 규칙] 대화상자가 나타나면 규칙 유형(수식을 사용하여 서식을 지정할 셀 결정)을 선택한 후 수식(=$G5>=500)을 입력한 다음 [서식] 단추를 클릭합니다.

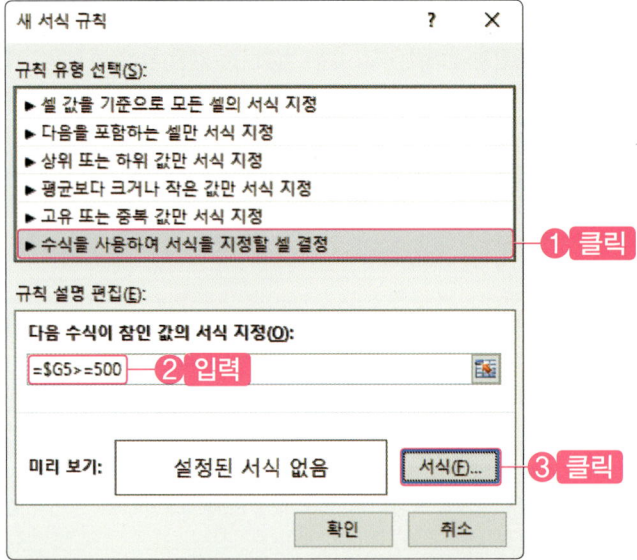

=$G5>=500 : B5:J12셀 범위에서 행별로 G열에 있는 값이 '500' 이상(>=)이면 논리값 TRUE를 구하고, 그렇지 않으면 논리값 FALSE를 구합니다. 조건부 서식은 조건을 만족하는 경우에만 서식이 지정됩니다. 즉, 논리값 TRUE를 구한 행(G열에 있는 값이 '500' 이상인 행)에만 서식이 지정됩니다.

03 〔셀 서식〕 대화상자가 나타나면 〔글꼴〕 탭에서 글꼴 스타일(굵게)을 선택한 후 색(파랑)을 선택한 다음 〔확인〕 단추를 클릭합니다.

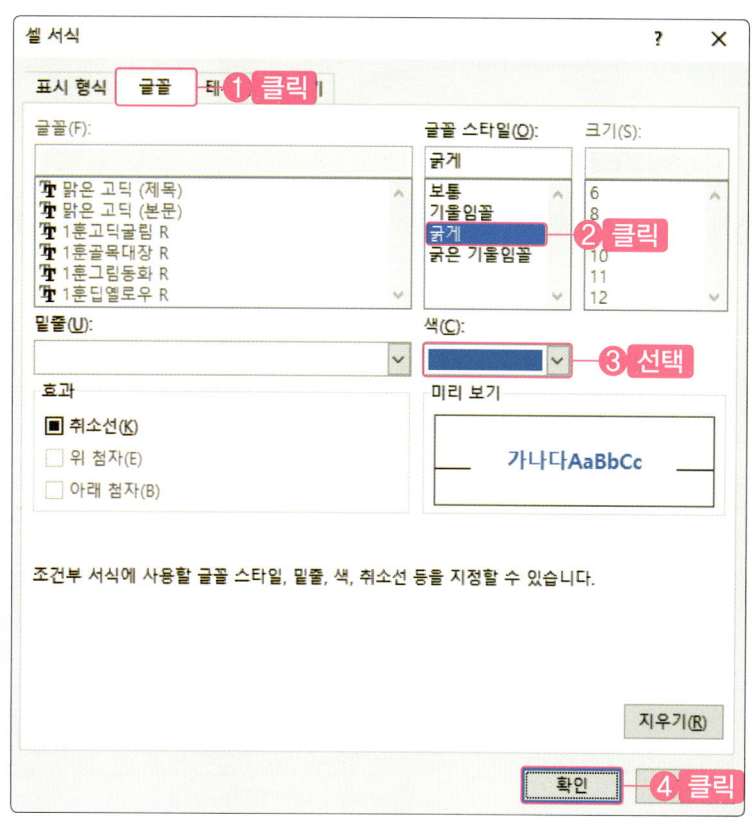

04 〔새 서식 규칙〕 대화상자가 다시 나타나면 〔확인〕 단추를 클릭합니다.

05 눈금선을 숨기기 위해 〔보기〕 탭-〔표시〕 그룹에서 〔눈금선〕을 선택 해제합니다.

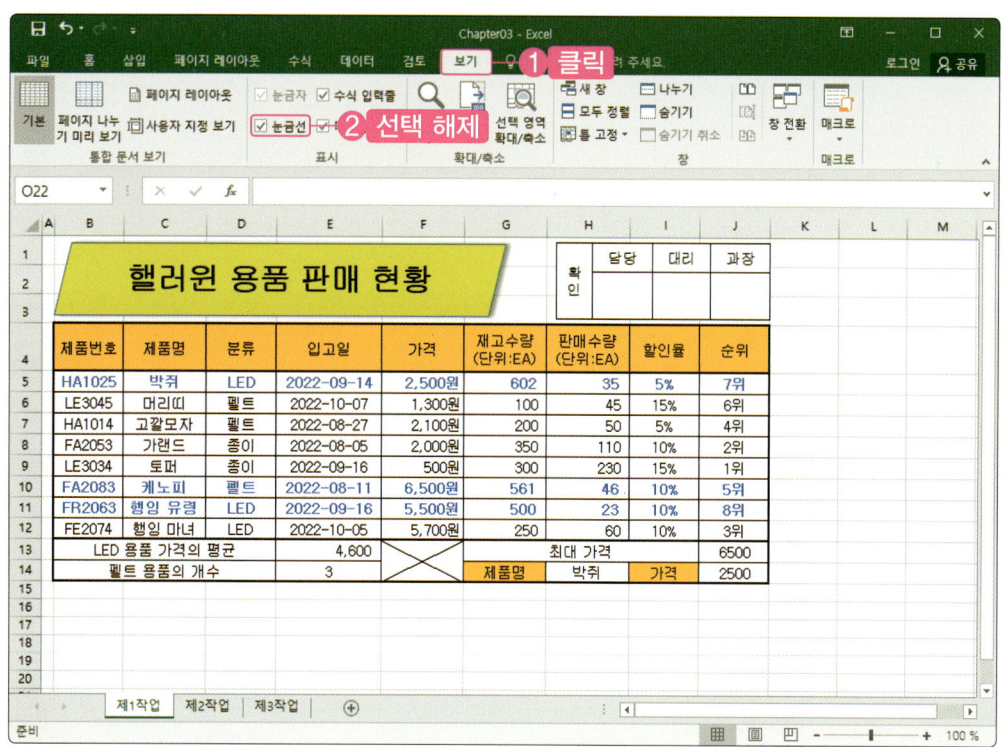

06 눈금선이 숨겨집니다.

출제 함수 정리

날짜 및 시간 함수

▶ YEAR 함수
- 구문 : YEAR(serial_number)
- 설명 : serial_number에서 연도를 구합니다.

▶ MONTH 함수
- 구문 : MONTH(serial_number)
- 설명 : serial_number에서 월을 구합니다.

▶ DAY 함수
- 구문 : DAY(serial_number)
- 설명 : serial_number에서 일을 구합니다.
- YEAR, MONTH, DAY 함수 사용 방법

	B	C	D	E
2	날짜		함수	결과값
3	2023-12-01	❶	=YEAR(B3)	2023
4		❷	=MONTH(B3)	12
5		❸	=DAY(B3)	1

❶ 2023-12-01(B3)에서 연도를 구합니다.
❷ 2023-12-01(B3)에서 월을 구합니다.
❸ 2023-12-01(B3)에서 일을 구합니다.

▶ HOUR 함수
- 구문 : HOUR(serial_number)
- 설명 : serial_number에서 시를 구합니다.

▶ MINUTE 함수
- 구문 : MINUTE(serial_number)
- 설명 : serial_number에서 분을 구합니다.

▶ SECOND 함수
- 구문 : SECOND(serial_number)
- 설명 : serial_number에서 초를 구합니다.
- HOUR, MINUTE, SECOND 함수 사용 방법

	B	C	D	E
2	시간		함수	결과값
3	13:20:35	❶	=HOUR(B3)	13
4		❷	=MINUTE(B3)	20
5		❸	=SECOND(B3)	35

❶ 13:20:35(B3)에서 시를 구합니다.
❷ 13:20:35(B3)에서 분을 구합니다.
❸ 13:20:35(B3)에서 초를 구합니다.

▶ NOW 함수
- 구문 : NOW( )
- 설명 : 현재 시스템의 날짜와 시간을 표시합니다. NOW 함수에는 인수가 필요 없습니다.

▶ TODAY 함수
- 구문 : TODAY( )
- 설명 : 현재 시스템의 날짜를 표시합니다. TODAY 함수에는 인수가 필요 없습니다.

- NOW 함수와 TODAY 함수 사용 방법

함수	결과값
❶ =NOW()	2023-12-02 20:06
❷ =TODAY()	2023-12-02

❶ 현재 시스템의 날짜와 시간을 표시합니다.
❷ 현재 시스템의 날짜를 표시합니다.

▶ WEEKDAY 함수

- 구문 : WEEKDAY(serial_number, 〔return_type〕)
- 설명 : serial_number의 요일을 나타내는 값을 구합니다. return_type은 결과값의 유형을 지정한 값으로 다음과 같이 1, 2, 3 중의 하나입니다. return_type을 생략하면 1로 간주합니다.

return_type	요일을 나타내는 값						
	일	월	화	수	목	금	토
1	1	2	3	4	5	6	7
2	7	1	2	3	4	5	6
3	6	0	1	2	3	4	5

- 사용 방법

날짜	함수	결과값
2023-12-06	❶ =WEEKDAY(B3,1)	4
	❷ =WEEKDAY(B3,2)	3
	❸ =WEEKDAY(B3,3)	2

❶ 2023-12-06(B3)의 요일을 나타내는 값을 구합니다. 2023년 12월 6일이 수요일이고 return_type이 1이므로 4를 구합니다.
❷ 2023-12-06(B3)의 요일을 나타내는 값을 구합니다. 2023년 12월 6일이 수요일이고 return_type이 2이므로 3을 구합니다.
❸ 2023-12-06(B3)의 요일을 나타내는 값을 구합니다. 2023년 12월 6일이 수요일이고 return_type이 3이므로 2를 구합니다.

▶ DATE 함수

- 구문 : DATE(year, month, day)
- 설명 : year, month, day를 조합하여 날짜를 구합니다.

▶ TIME 함수

- 구문 : TIME(hour, minute, second)
- 설명 : hour, minute, second를 조합하여 시간을 구합니다.
- DATE 함수와 TIME 함수 사용 방법

연도	월	일	함수	결과값
2024	1	5	❶ =DATE(B3,C3,D3)	2024-01-05
시	분	초	❷ =TIME(B5,C5,D5)	3:17 AM
3	17	59		

❶ 2024(B3), 1(C3), 5(D3)를 조합하여 날짜를 구합니다.
❷ 3(B5), 17(C5), 59(D5)를 조합하여 시간을 구합니다. G4셀의 데이터는 '3:17:59'이지만 사용자 지정 표시 형식으로 'h:mm AM/PM'이 지정되어 '3:17 AM'이 표시된 것입니다.

통계 함수

▶ COUNT 함수
- 구문 : COUNT(value1, 〔value2〕, ⋯)
- 설명 : value1, 〔value2〕, ⋯에서 숫자가 있는 셀의 개수를 구합니다.

▶ COUNTA 함수
- 구문 : COUNTA(value1, 〔value2〕, ⋯)
- 설명 : value1, 〔value2〕, ⋯에서 비어 있지 않은 셀의 개수를 구합니다.
- COUNT 함수와 COUNTA 함수 사용 방법

	A	B	C	D	E	F	G	H
1								
2		날짜	지점	판매량		함수	결과값	
3		12월 01일	강북점	15		❶ =COUNT(D3:D6)	2	
4			강남점			❷ =COUNTA(D3:D6)	3	
5		12월 04일	강북점	확인				
6			강남점	20				

❶ 판매량(D3:D6)에서 숫자가 있는 셀의 개수를 구합니다.
❷ 판매량(D3:D6)에서 비어 있지 않은 셀의 개수를 구합니다.

▶ MIN 함수
- 구문 : MIN(number1, 〔number2〕, ⋯)
- 설명 : number1, 〔number2〕, ⋯ 중 가장 작은 값을 구합니다.

▶ LARGE 함수
- 구문 : LARGE(array, k)
- 설명 : array에서 k 번째로 큰 값을 구합니다.

▶ SMALL 함수
- 구문 : SMALL(array, k)
- 설명 : array에서 k 번째로 작은 값을 구합니다.

▶ MEDIAN 함수
- 구문 : MEDIAN(number1, 〔number2〕, ⋯)
- 설명 : number1, 〔number2〕, ⋯의 중간값을 구합니다.
- MIN, LARGE, SMALL, MEDIAN 함수 사용 방법

	A	B	C	D	E	F	G
1							
2		부서	판매량		함수	결과값	
3		영업1부	200		❶ =MIN(C3:C7)	130	
4		영업2부	160		❷ =LARGE(C3:C7,2)	180	
5		영업3부	180		❸ =SMALL(C3:C7,2)	140	
6		영업4부	130		❹ =MEDIAN(C3:C7)	160	
7		영업5부	140		❺ =MEDIAN(C3:C6)	170	

❶ 판매량(C3:C7) 중 가장 적은 판매량을 구합니다.
❷ 판매량(C3:C7)에서 두 번째(2)로 많은 판매량을 구합니다.
❸ 판매량(C3:C7)에서 두 번째(2)로 적은 판매량을 구합니다.
❹ 판매량(C3:C7)의 중간값을 구합니다. 판매량을 오름차순 정렬하면 130, 140, 160, 180, 200 순입니다. 판매량의 개수가 홀수 개인 경우, 중간에 있는 판매량(160)을 구합니다.
❺ 판매량(C3:C6)의 중간값을 구합니다. 판매량을 오름차순 정렬하면 130, 160, 180, 200 순입니다. 판매량의 개수가 짝수 개인 경우, 가운데에 있는 두 판매량(여기서는 160과 180)의 평균을 구합니다.

▶ AVERAGE 함수
- 구문 : AVERAGE(number1, [number2], …)
- 설명 : number1, [number2], …의 평균을 구합니다.

▶ AVERAGEIF 함수
- 구문 : AVERAGEIF(range, criteria, [average_range])
- 설명 : range에서 criteria를 만족하는 데이터를 검색한 후 average_range에서 이와 대응하는 데이터의 평균을 구합니다.
- AVERAGE 함수와 AVERAGEIF 함수 사용 방법

	A	B	C	D	E	F	G	H
1								
2		날짜	부서	품목	판매량		함수	결과값
3		12월 01일	영업1부	알뜰형PC	90		❶ =AVERAGE(E3:E6)	75
4		12월 04일	영업2부	알뜰형PC	60		❷ =AVERAGEIF(C3:C6,"영업2부",E3:E6)	65
5		12월 07일	영업1부	알뜰형PC	80			
6		12월 21일	영업2부	보급형PC	70			
7								

❶ 판매량(E3:E6) 평균을 구합니다.
❷ 부서(C3:C6)가 영업2부인 데이터의 판매량(E3:E6) 평균을 구합니다.

논리 함수

▶ IF 함수
- 구문 : IF(logical_test, [value_if_true], [value_if_false])
- 설명 : logical_test가 참이면 value_if_true를 구하고, 거짓이면 value_if_false를 구합니다.
- 사용 방법

	A	B	C	D	E	F	G
1							
2		시료	흡수율(%)		함수	결과값	
3		시료A	9		❶ =IF(C3>=10,"합격","불합격")	불합격	
4		시료B	10		❷ =IF(C4>=10,"합격","불합격")	합격	
5							

❶ 시료A의 흡수율(C3)이 '10' 이상(>=)이면 '합격'을 구하고, 그렇지 않으면 '불합격'을 구합니다.
❷ 시료B의 흡수율(C4)이 '10' 이상(>=)이면 '합격'을 구하고, 그렇지 않으면 '불합격'을 구합니다.

▶ AND 함수
- 구문 : AND(logical1, [logical2], …)
- 설명 : logical이 모두 참이면 논리값 TRUE를 구하고, 하나라도 거짓이면 논리값 FALSE를 구합니다.

▶ OR 함수
- 구문 : OR(logical1, [logical2], …)
- 설명 : logical이 하나라도 참이면 논리값 TRUE를 구하고, 모두 거짓이면 논리값 FALSE를 구합니다.
- AND 함수와 OR 함수 사용 방법

	A	B	C	D	E	F
1						
2		데이터		함수	결과값	
3		3		❶ =AND(B3>=3,B4>=5)	TRUE	
4		5		❷ =AND(B3>=3,B4>=10)	FALSE	
5				❸ =OR(B3>=10,B4>=10)	FALSE	
6				❹ =OR(B3>=10,B4>=5)	TRUE	
7						

❶ logical1(B3)=3과 logical2(B4)=5가 모두 참이므로 논리값 TRUE를 구합니다.
❷ logical2(B4)=10가 거짓이므로 논리값 FALSE를 구합니다.
❸ logical1(B3)=10과 logical2(B4)=10가 모두 거짓이므로 논리값 FALSE를 구합니다.
❹ logical2(B4)=5가 참이므로 논리값 TRUE를 구합니다.

텍스트 함수

▶ LEFT 함수
- 구문 : LEFT(text, [num_chars])
- 설명 : text에서 왼쪽부터 num_chars만큼의 문자를 구합니다. num_chars를 생략하면 1로 간주합니다.

▶ RIGHT 함수
- 구문 : RIGHT(text, [num_chars])
- 설명 : text에서 오른쪽부터 num_chars만큼의 문자를 구합니다. num_chars를 생략하면 1로 간주합니다.

▶ REPT 함수
- 구문 : REPT(text, number_times)
- 설명 : text를 number_times만큼 반복한 문자를 구합니다.
- 텍스트 함수 사용 방법

	A	B	C	D	E	F
1						
2		데이터		함수	결과값	
3		MS 엑셀 2016	❶	=LEFT(B3,2)	MS	
4		대한민국	❷	=RIGHT(B3,7)	엑셀 2016	
5			❸	=REPT(B4,2)	대한민국대한민국	

❶ MS 엑셀 2016(B3)에서 왼쪽부터 두 문자(2)를 구합니다.
❷ MS 엑셀 2016(B3)에서 오른쪽부터 일곱 문자(7)를 구합니다. '엑셀'과 '2016' 사이에 있는 공백 문자열(" ")도 하나의 문자입니다.
❸ 대한민국(B4)을 두 번(2) 반복한 문자를 구합니다.

수학/삼각 함수

▶ ROUNDUP 함수
- 구문 : ROUNDUP(number, num_digits)
- 설명 : number를 num_digits 아래에서 올림하여 num_digits로 구합니다.

▶ ROUNDDOWN 함수
- 구문 : ROUNDDOWN(number, num_digits)
- 설명 : number를 num_digits 아래에서 내림하여 num_digits로 구합니다.
- ROUNDUP 함수와 ROUNDDOWN 함수 사용 방법

	A	B	C	D	E	F
1						
2		데이터		함수	결과값	
3		123.321	❶	=ROUNDUP(B3,1)	123.4	
4		789.987	❷	=ROUNDUP(B3,0)	124	
5			❸	=ROUNDUP(B3,-1)	130	
6			❹	=ROUNDDOWN(B4,2)	789.98	
7			❺	=ROUNDDOWN(B4,0)	789	
8			❻	=ROUNDDOWN(B4,-2)	700	

❶ 123.321(B3)을 소수 2자리에서 올림하여 소수 1자리(1)로 구합니다.
❷ 123.321(B3)을 소수 1자리에서 올림하여 일의 자리(0)로 구합니다.
❸ 123.321(B3)을 일의 자리에서 올림하여 십의 자리(-1)로 구합니다.
❹ 789.987(B4)을 소수 3자리에서 내림하여 소수 2자리(2)로 구합니다.
❺ 789.987(B4)을 소수 1자리에서 내림하여 일의 자리(0)로 구합니다.
❻ 789.987(B4)을 십의 자리에서 내림하여 백의 자리(-2)로 구합니다.

▶ SUM 함수
- 구문 : SUM(number1, [number2], …)
- 설명 : number1, [number2], …의 합계를 구합니다.

▶ SUMIF 함수
- 구문 : SUMIF(range, criteria, [sum_range])
- 설명 : range에서 criteria를 만족하는 데이터를 검색한 후 sum_range에서 이와 대응하는 데이터의 합계를 구합니다.
- SUM 함수와 SUMIF 함수 사용 방법

	A	B	C	D	E	F	G	H
2		날짜	부서	품목	판매량		함수	결과값
3		12월 01일	영업1부	알뜰형PC	90	❶	=SUM(E3:E6)	300
4		12월 04일	영업2부	알뜰형PC	60	❷	=SUMIF(C3:C6,"영업2부",E3:E6)	130
5		12월 07일	영업1부	알뜰형PC	80			
6		12월 21일	영업2부	보급형PC	70			

❶ 판매량(E3:E6) 합계를 구합니다.
❷ 부서(C3:C6)가 영업2부인 데이터의 판매량(E3:E6) 합계를 구합니다.

▶ PRODUCT 함수
- 구문 : PRODUCT(number1, [number2], …)
- 설명 : number1, [number2], …를 곱한 값을 구합니다.

▶ SUMPRODUCT 함수
- 구문 : SUMPRODUCT(array1, [array2], …)
- 설명 : array1, [array2], …에서 대응하는 데이터끼리 곱한 후 곱한 값의 합계를 구합니다.
- PRODUCT 함수와 SUMPRODUCT 함수 사용 방법

	A	B	C	D	E	F	G	H
2		지점	단가	판매량		함수	결과값	
3		강동점	4,000	15	❶	=PRODUCT(C3,D3)	60,000	
4		강서점	2,500	30	❷	=SUMPRODUCT(C3:C6,D3:D6)	205,000	
5		강남점	3,000	20				
6		강북점	1,000	10				

❶ 강동점의 단가(C3)와 강동점의 판매량(D3)을 곱한 값을 구합니다.
❷ 단가(C3:C6)와 판매량(D3:D6)에서 대응하는 데이터끼리 곱한 후 곱한 값의 합계를 구합니다. 즉, '4,000× 15+2,500×30+3,000×20+1,000×10'을 구합니다.

데이터베이스 함수

▶ DSUM 함수
- 구문 : DSUM(database, field, criteria)
- 설명 : database에서 criteria를 만족하는 데이터의 field 합계를 구합니다.

▶ DMAX 함수
- 구문 : DMAX(database, field, criteria)
- 설명 : database에서 criteria를 만족하는 데이터의 field 중 가장 큰 값을 구합니다.

▶ DMIN 함수
- 구문 : DMIN(database, field, criteria)
- 설명 : database에서 criteria를 만족하는 데이터의 field 중 가장 작은 값을 구합니다.

▶ DCOUNT 함수
- 구문 : DCOUNT(database, field, criteria)
- 설명 : database에서 criteria를 만족하는 데이터의 field 중 숫자가 있는 셀의 개수를 구합니다.

▶ DCOUNTA 함수
- 구문 : DCOUNTA(database, field, criteria)
- 설명 : database에서 criteria를 만족하는 데이터의 field 중 비어 있지 않은 셀의 개수를 구합니다.

▶ DPRODUCT 함수

- 구문 : DPRODUCT(database, field, criteria)
- 설명 : database에서 criteria를 만족하는 데이터의 field를 모두 곱한 값을 구합니다.
- 데이터베이스 함수 사용 방법

	A	B	C	D	E	F	G	H	I
1									
2		날짜	지점	입고량	출고량		함수	결과값	
3		12월 01일	강북점	10		❶	=DSUM(B2:E8,D2,C2:C3)	60	
4		12월 05일	강북점		5	❷	=DMAX(B2:E8,D2,C2:C3)	30	
5		12월 08일	강남점	15		❸	=DMIN(B2:E8,D2,C2:C3)	10	
6		12월 14일	강북점	20	확인	❹	=DCOUNT(B2:E8,E2,C2:C3)	2	
7		12월 19일	강북점	30	40	❺	=DCOUNTA(B2:E8,E2,C2:C3)	3	
8		12월 21일	강남점	확인	확인	❻	=DPRODUCT(B2:E8,E2,C2:C3)	200	
9									

❶ 데이터베이스(B2:E8)에서 지점이 강북점(C2:C3)인 데이터의 입고량(D2) 합계를 구합니다.
❷ 데이터베이스(B2:E8)에서 지점이 강북점(C2:C3)인 데이터의 입고량(D2) 중 가장 많은 입고량을 구합니다.
❸ 데이터베이스(B2:E8)에서 지점이 강북점(C2:C3)인 데이터의 입고량(D2) 중 가장 적은 입고량을 구합니다.
❹ 데이터베이스(B2:E8)에서 지점이 강북점(C2:C3)인 데이터의 출고량(E2) 중 숫자가 있는 셀의 개수를 구합니다.
❺ 데이터베이스(B2:E8)에서 지점이 강북점(C2:C3)인 데이터의 출고량(E2) 중 비어 있지 않은 셀의 개수를 구합니다.
❻ 데이터베이스(B2:E8)에서 지점이 강북점(C2:C3)인 데이터의 출고량(E2)을 모두 곱한 값을 구합니다.

▶ INDEX 함수

- 구문 : INDEX(array, row_num, [column_num])
- 설명 : array에서 row_num행 column_num열에 있는 값을 구합니다.

▶ MATCH 함수

- 구문 : MATCH(lookup_value, lookup_array, [match_type])
- 설명 : lookup_array에서 lookup_value의 위치를 구합니다. match_type은 검색 방법을 지정한 값으로 1, 0, -1이 있으며 생략하면 1로 간주합니다. 다음은 match_type에 대한 설명입니다.

match_type	설명
1	lookup_array에서 lookup_value보다 작거나 같은 값 중 최대값을 구합니다. lookup_array는 반드시 오름차순으로 정렬되어 있어야 합니다.
0	lookup_array에서 lookup_value와 같은 첫 번째 값을 구합니다. lookup_array는 임의의 순서여도 됩니다.
-1	lookup_array에서 lookup_value보다 크거나 같은 값 중 최소값을 구합니다. lookup_array는 반드시 내림차순으로 정렬되어 있어야 합니다.

- INDEX 함수와 MATCH 함수 사용 방법

	A	B	C	D	E	F	G
1							
2		데이터			함수	결과값	
3		5	21	❶	=INDEX(B3:C5,3,2)	34	
4		7	9	❷	=MATCH(19,B3:B5,0)	3	
5		19	34				
6							

❶ 데이터(B3:C5)에서 3행 2열에 있는 값을 구합니다. 여기에서 3행 2열은 B3:C5셀 범위를 표로 보고 새로 부여한 행 번호와 열 번호입니다. 다음 표를 보면 3행 2열이 C5셀인 것을 확인할 수 있습니다.

	1열	2열
1행	B3셀	C3셀
2행	B4셀	C4셀
3행	B5셀	C5셀

❷ 데이터(B3:B5)에서 19의 위치를 구합니다.

Chapter 04 필터 및 서식

'[제2작업] 필터 및 서식'에서는 고급필터를 사용하는 방법과 표 서식을 지정하는 방법에 대해 알고 있어야 합니다. [제1작업] 시트의 데이터를 복사하여 [제2작업] 시트에 붙여넣은 후 작업하며 고급필터 결과를 다른 위치에 표시한 후 표 서식을 지정하는 문제가 출제되고 있습니다.

문제

☞ "**제1작업**" 시트의 「B4:H12」 영역을 복사하여 "**제2작업**" 시트의 「B2」 셀부터 모두 붙여넣기를 한 후 다음의 조건과 같이 작업하시오.

≪조건≫

(1) 고급 필터 - 제품번호가 'L'로 시작하거나, 가격이 '5,000' 이상인 자료의 제품명, 가격,
　　　　　　　재고수량(단위:EA), 판매수량(단위:EA) 데이터만 추출하시오.
　　　　　　 - 조건 범위 : 「B14」 셀부터 입력하시오.
　　　　　　 - 복사 위치 : 「B18」 셀부터 나타나도록 하시오.

(2) 표 서식 - 고급필터의 결과셀을 채우기 없음으로 설정한 후 '표 스타일 보통 6'의 서식을 적용하시오.
　　　　　 - 머리글 행, 줄무늬 행을 적용하시오.

작업순서요약

① [제1작업] 시트의 B4:H12셀 범위를 복사하여 [제2작업] 시트의 B2셀에 붙여넣은 후 [제1작업] 시트의 B:H열 너비를 그대로 적용한 다음 고급필터를 사용하여 다른 위치에 조건을 만족하는 데이터만 표시합니다.
② 고급필터 결과에 채우기 색을 지정한 후 표 서식을 지정합니다.

고급필터 사용하기

01 [제1작업] 시트의 B4:H12셀 범위를 복사하기 위해 시트 탭에서 [제1작업] 시트를 선택한 후 B4:H12셀 범위를 선택한 다음 [홈] 탭-[클립보드] 그룹에서 [복사]를 클릭합니다.

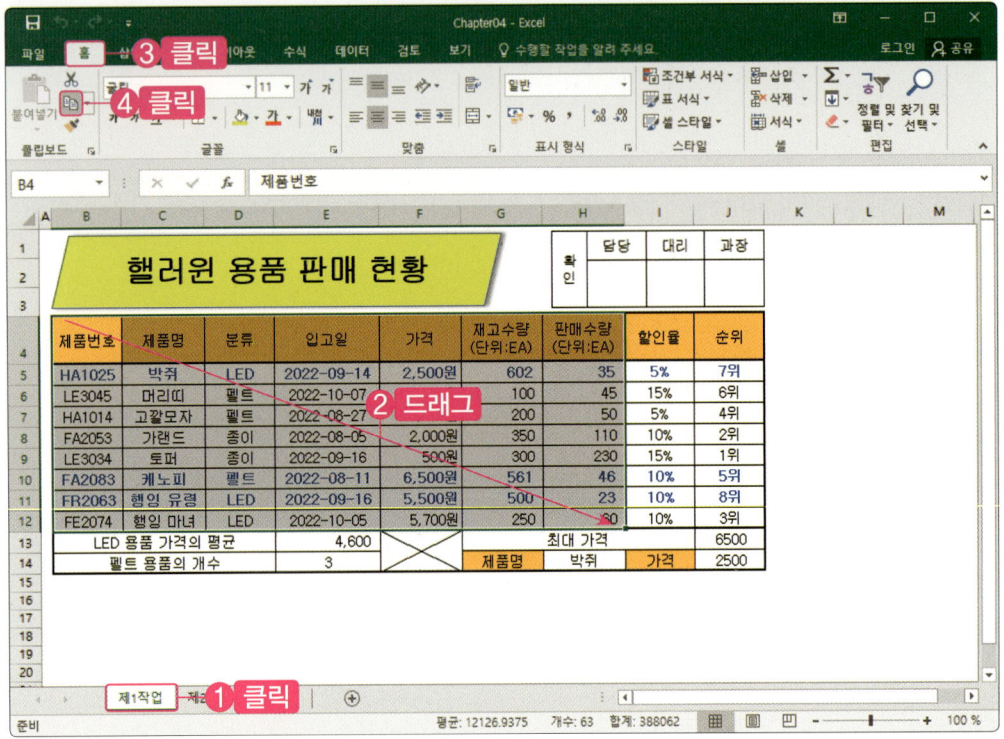

02 [제1작업] 시트의 B4:H12셀 범위를 [제2작업] 시트의 B2셀에 붙여넣기 위해 시트 탭에서 [제2작업] 시트를 선택한 후 B2셀을 선택한 다음 [홈] 탭-[클립보드] 그룹에서 [붙여넣기]를 클릭합니다.

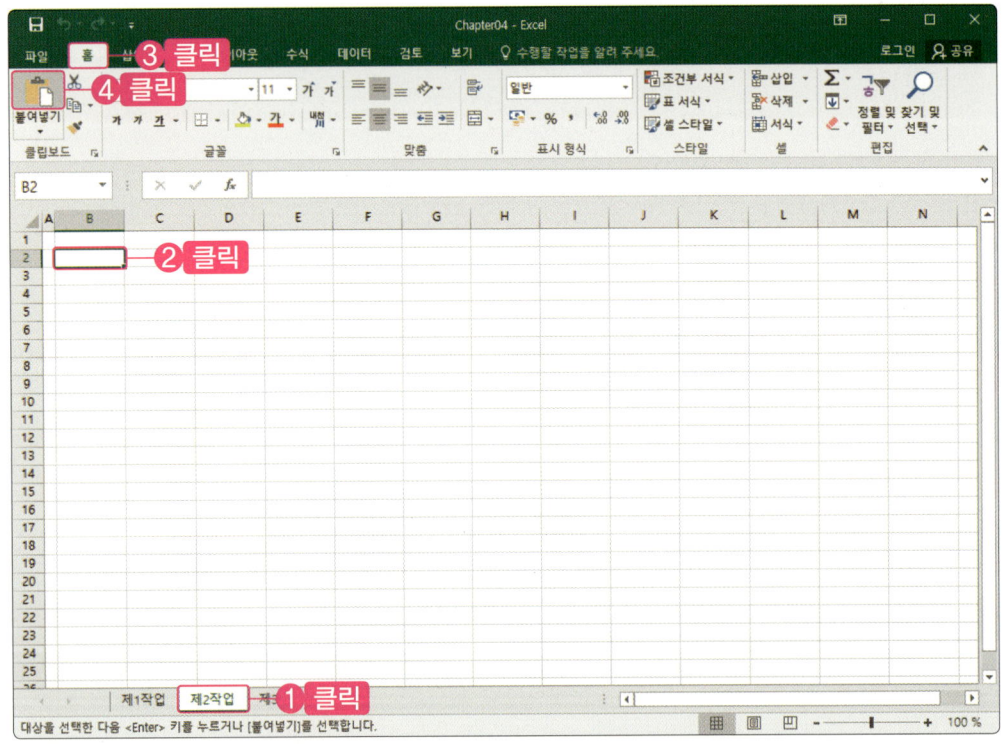

> [제1작업] 시트의 B4:H12셀 범위를 선택한 후 Ctrl+C를 누릅니다. 그런 다음 [제2작업] 시트의 B2셀을 선택한 후 Ctrl+V를 눌러 [제1작업] 시트의 B4:H12셀 범위를 복사하여 [제2작업] 시트의 B2셀에 붙여넣을 수도 있습니다.

03 [제1작업] 시트의 B:H열 너비를 그대로 적용하기 위해 [홈] 탭-[클립보드] 그룹에서 [붙여넣기]의 [목록(▼)] 단추를 클릭한 후 [선택하여 붙여넣기]를 클릭합니다.

- Ctrl+Alt+V를 눌러 [제1작업] 시트의 B:H열 너비를 그대로 적용할 수도 있습니다.
- 선택하여 붙여넣기를 사용하면 수식, 값, 열 너비 등만 선택하여 붙여넣을 수 있습니다. [제1작업] 시트의 B4:H12 셀 범위를 복사하여 [제2작업] 시트의 B2셀에 붙여넣은 후 [제1작업] 시트의 B:H열 너비를 그대로 적용하기 위해 선택하여 붙여넣기를 사용한 것입니다.

04 [선택하여 붙여넣기] 대화상자가 나타나면 [열 너비]를 선택한 후 [확인] 단추를 클릭합니다.

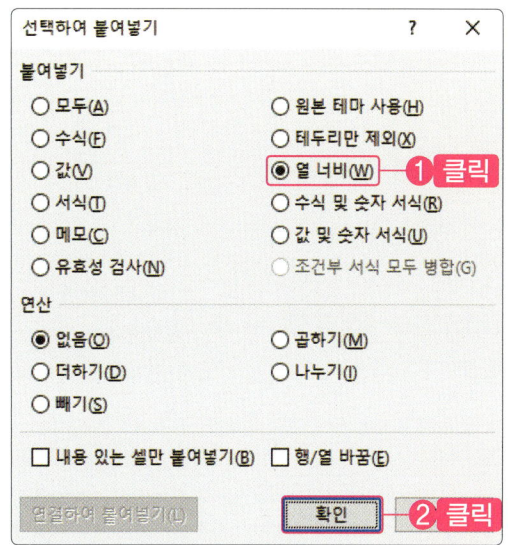

05 B2셀과 F2셀을 복사하여 B14:C14셀 범위에 붙여넣은 후 B15셀에 'L*', C16셀에 '>=5000'을 입력한 다음 C2셀과 F2:H2 셀 범위를 복사하여 B18:E18셀 범위에 붙여넣습니다.

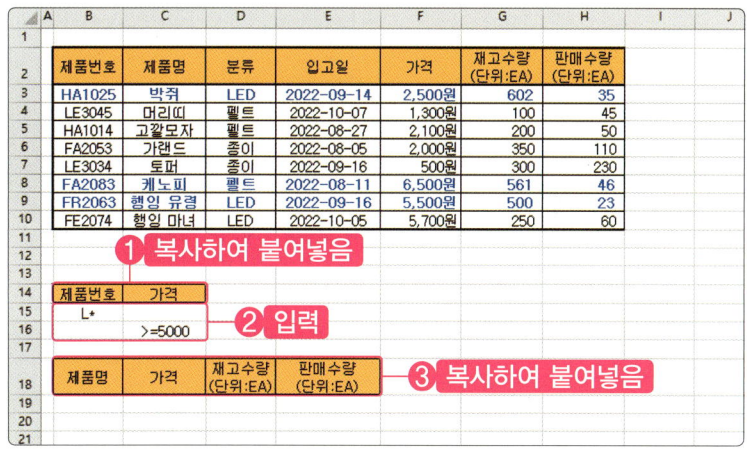

- 많은 데이터 중에서 원하는 데이터(조건을 만족하는 데이터)만 표시하는 작업을 '필터링'이라고 합니다. 고급필터는 입력한 조건을 사용하여 필터링을 할 수 있는 기능입니다. 그러므로 고급필터를 사용하려면 먼저 조건을 해당하는 필드명과 함께 입력해야 합니다.
- 시험에서 ≪조건≫에 '~ 자료의 제품명, 가격, 재고수량(단위:EA), 판매수량(단위:EA) 데이터만 추출하시오.'와 같이 명시되어 있지 않고 '~ 자료의 데이터만 추출하시오.'와 같이 명시되어 있으면 조건을 만족하는 데이터의 모든 필드를 표시해야 하며 이런 경우에는 조건을 만족하는 데이터의 원하는 필드명을 복사하여 붙여넣는 작업(여기서는 C2셀과 F2:H2셀 범위를 복사하여 B18:E18셀 범위에 붙여넣는 작업)은 할 필요가 없습니다.
- 같은 행에 조건을 입력하면 AND 조건으로 입력한 조건을 모두 만족하는 데이터만 표시하고, 다른 행에 조건을 입력하면 OR 조건으로 입력한 조건 중에서 하나라도 만족하는 데이터만 표시합니다.
- 물음표(?)는 임의의 한 문자를 의미하고, 별표(*)는 임의의 여러 문자를 의미합니다.

06 고급필터를 사용하기 위해 B2셀을 선택한 후 〔데이터〕 탭-〔정렬 및 필터〕 그룹에서 〔고급〕을 클릭합니다.

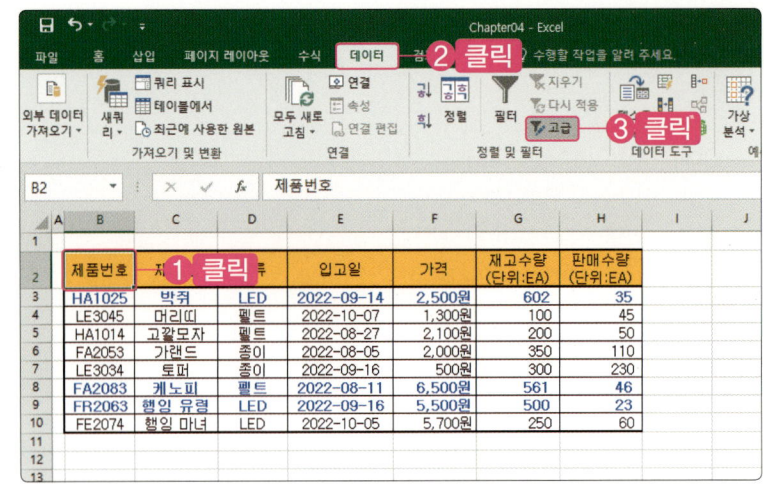

07 〔고급 필터〕 대화상자가 나타나면 〔다른 장소에 복사〕를 선택한 후 목록 범위($B$2:$H$10), 조건 범위($B$14:$C$16), 복사 위치($B$18:$E$18)를 입력한 다음 〔확인〕 단추를 클릭합니다.

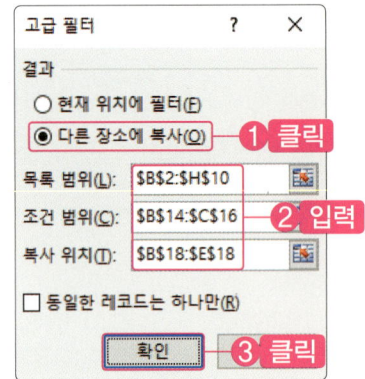

> 목록 범위는 데이터가 있는 셀 범위, 조건 범위는 조건이 있는 셀 범위, 복사 위치는 조건을 만족하는 데이터를 표시할 위치입니다.

08 다음과 같이 다른 위치에 제품번호가 'L'로 시작하거나 가격이 '5,000' 이상인 데이터의 〔제품명〕, 〔가격〕, 〔재고수량(단위:EA)〕, 〔판매수량(단위:EA)〕 필드만 표시됩니다.

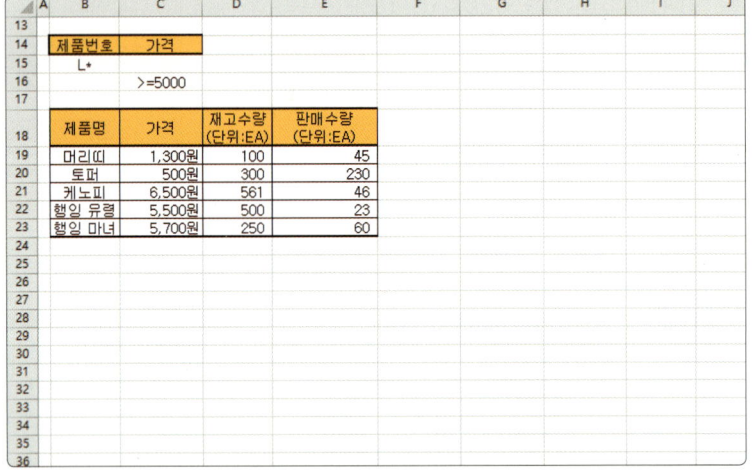

- 제품명이 '머리띠'인 데이터와 '토퍼'인 데이터는 제품번호가 'L'로 시작하기 때문에 표시된 것이고, 제품명이 '케노피', '핼잉 유령', '핼잉 마녀'인 데이터는 가격이 '5,000' 이상이기 때문에 표시된 것입니다.
- 목록 범위에 있는 필드명과 조건 범위에 있는 필드명이 서로 달라 필터링이 제대로 안 되는 경우가 있습니다. 예를 들어 '제품명'을 '재품명'과 같이 잘못 입력하거나 '제품명 '과 같이 공백을 입력한 경우입니다. 조건 범위에 있는 필드명을 직접 입력하지 않고 목록 범위에 있는 필드명을 복사하여 붙여넣으면 이런 실수를 미연에 방지할 수 있습니다.

STEP 02

표 서식 지정하기

01 고급필터 결과에 채우기 색을 지정하기 위해 B18:E23셀 범위를 선택한 후 [홈] 탭-[글꼴] 그룹에서 [채우기 색(🪣)]의 [목록(▼)] 단추를 클릭한 다음 [채우기 없음]을 클릭합니다.

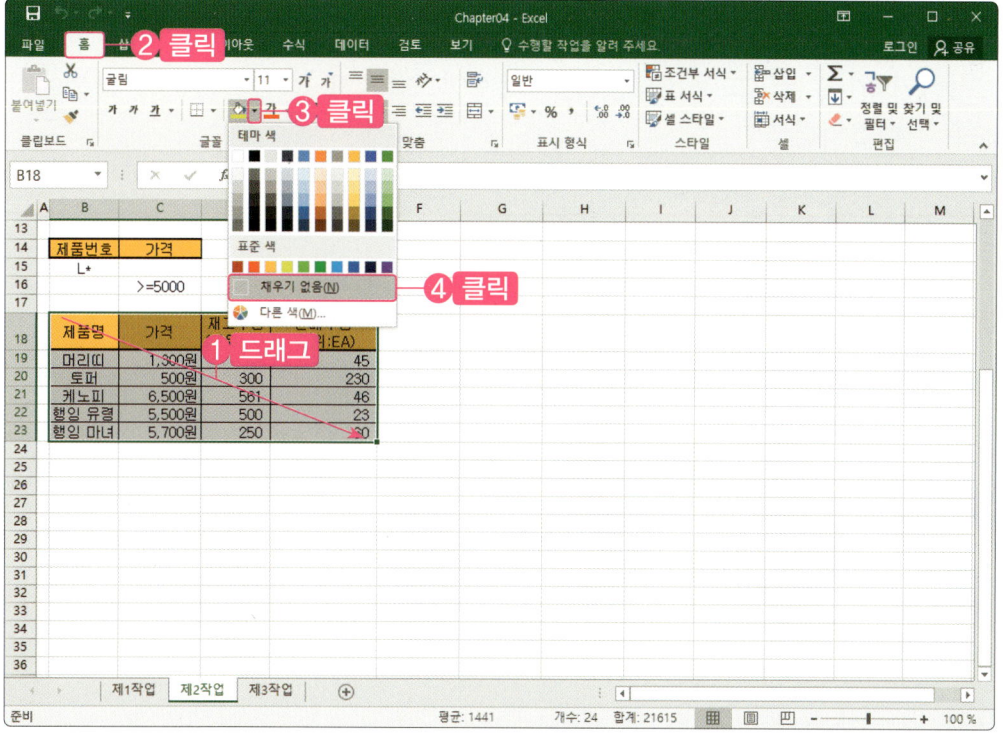

02 고급필터 결과에 표 서식을 지정하기 위해 [홈] 탭-[스타일] 그룹에서 [표 서식]을 클릭한 후 [표 스타일 보통 6(▦)]을 클릭합니다.

> 표 서식은 데이터를 표로 변환한 후 표 스타일(미리 정의되어 있는 글꼴 서식, 테두리 서식, 채우기 서식)을 지정할 수 있는 기능입니다.

03 〔표 서식〕 대화상자가 나타나면 〔확인〕 단추를 클릭합니다.

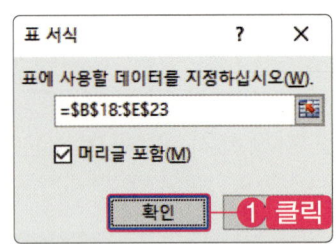

04 표 스타일 옵션을 지정하기 위해 〔표 도구〕 정황 탭-〔디자인〕 탭-〔표 스타일 옵션〕 그룹에서 〔머리글 행〕과 〔줄무늬 행〕을 선택합니다.

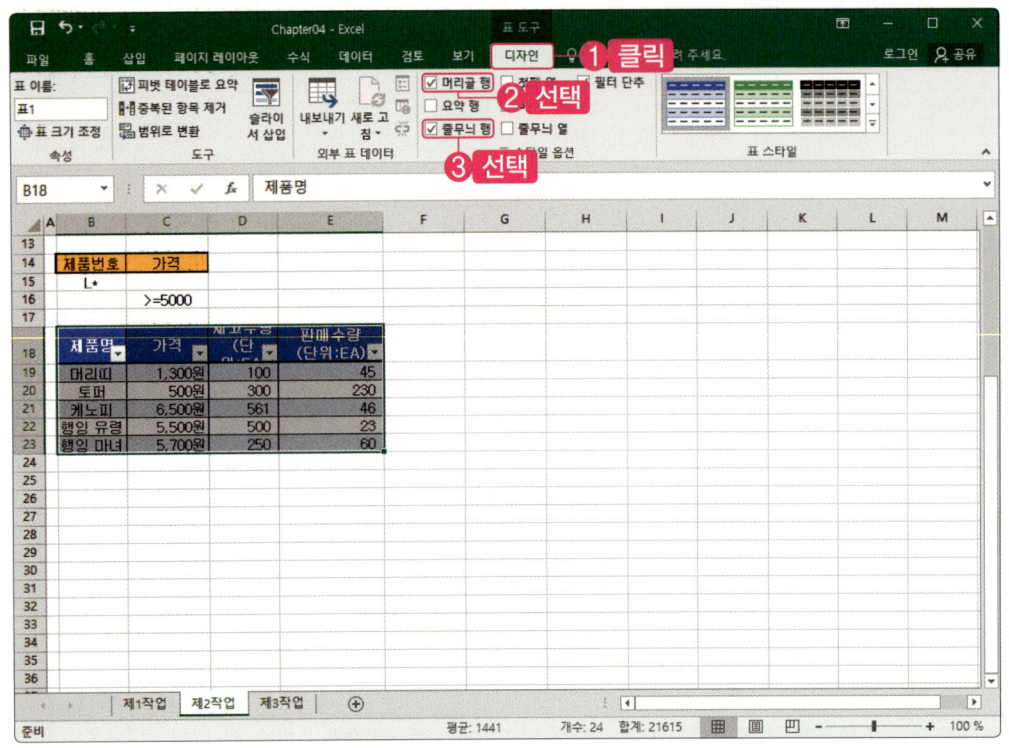

05 표 스타일 옵션이 지정되면 D:E열 너비를 변경하기 위해 D:E열 머리글을 선택한 후 E열 머리글과 F열 머리글의 경계선을 더블클릭합니다.

> 열 머리글의 경계선을 더블클릭하면 열 너비가 데이터에 맞게 변경됩니다.

06 D:E열 너비가 변경됩니다.

Chapter 05 목표값 찾기

'〔제2작업〕목표값 찾기'에서는 목표값 찾기의 수식을 입력하는 방법과 목표값을 찾는 방법에 대해 알고 있어야 합니다. 〔제1작업〕시트의 데이터를 복사하여 〔제2작업〕시트에 붙여넣은 후 작업하며 목표값을 제대로 찾으려면 먼저 목표값의 수식을 입력해야 합니다.

문제

☞ **"제1작업"** 시트의 「B4:H12」 영역을 복사하여 **"제2작업"** 시트의 「B2」 셀부터 모두 붙여넣기를 한 후 다음의 조건과 같이 작업하시오.

≪조건≫

(1) 목표값 찾기 - 「B11:G11」 셀을 병합하여 "판매수량(단위:EA)의 전체 평균"을 입력한 후 「H11」 셀에 판매수량(단위:EA)의 전체 평균을 구하시오(AVERAGE 함수, 테두리, 가운데 맞춤).
- '판매수량(단위:EA)의 전체 평균'이 '80'이 되려면 머리띠의 판매수량(단위:EA)이 얼마가 되어야 하는지 목표값을 구하시오.

작업순서요약

① 〔제1작업〕시트의 B4:H12셀 범위를 복사하여 〔제2작업〕시트의 B2셀에 붙여넣은 후 〔제1작업〕시트의 B:H열 너비를 그대로 적용한 다음 목표값 찾기의 수식을 입력하고 맞춤 서식과 테두리 서식을 지정합니다.
② 목표값을 찾습니다.

목표값 찾기의 수식 입력하기

01 〔제1작업〕 시트의 B4:H12셀 범위를 복사하여 〔제2작업〕 시트의 B2셀에 붙여넣은 후 〔제1작업〕 시트의 B:H열 너비를 그대로 적용합니다.

02 B11셀에 '판매수량(단위:EA)의 전체 평균'을 입력한 후 H11셀에 '=AVERAGE(H3:H10)'을 입력합니다.

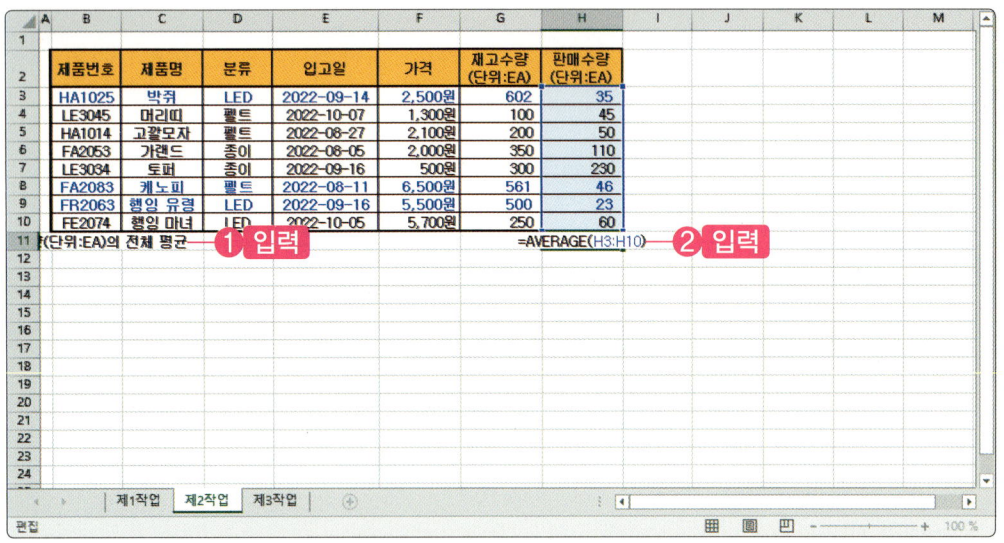

03 맞춤 서식을 지정하기 위해 B11:G11셀 범위를 선택한 후 〔홈〕 탭-〔맞춤〕 그룹에서 〔병합하고 가운데 맞춤(🗇)〕을 클릭합니다.

04 테두리 서식을 지정하기 위해 B11:H11셀 범위를 선택한 후 〔홈〕 탭-〔글꼴〕 그룹에서 〔테두리(🔲)〕의 〔목록(▼)〕 단추를 클릭한 다음 〔모든 테두리〕를 클릭합니다.

05 다음과 같이 테두리 서식이 지정됩니다.

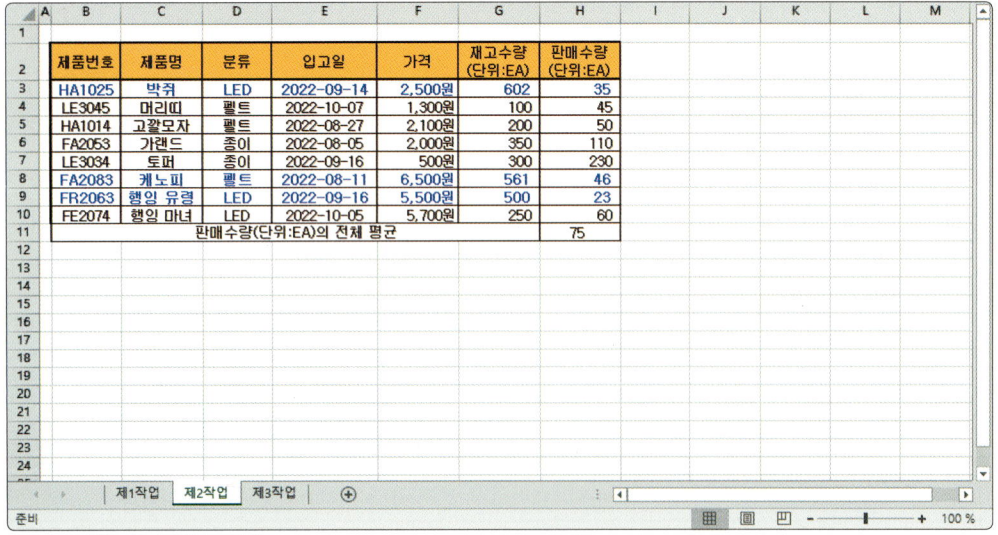

목표값 찾기

01 목표값을 찾기 위해 〔데이터〕 탭-〔예측〕 그룹에서 〔가상 분석〕을 클릭한 후 〔목표값 찾기〕를 클릭합니다.

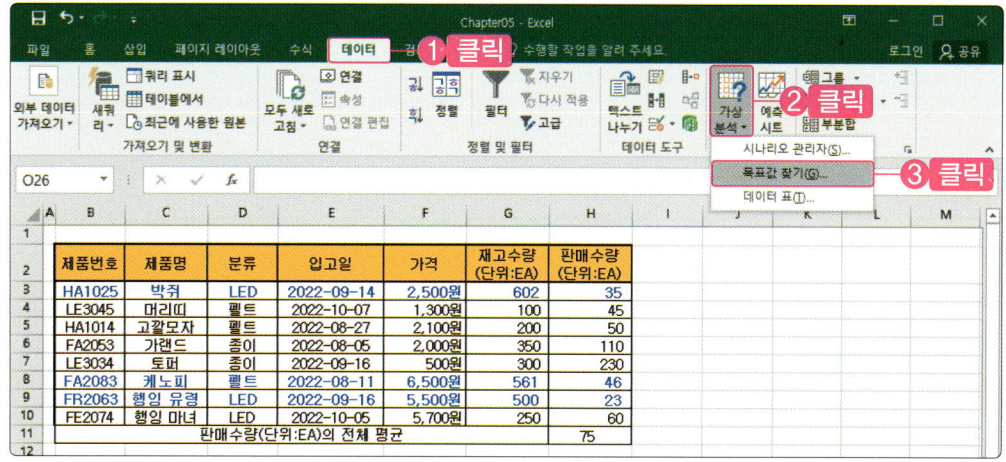

> 목표값 찾기는 결과값은 알지만 결과값을 구하는데 필요한 입력값을 모르는 경우에 사용하는 기능입니다.

02 〔목표값 찾기〕 대화상자가 나타나면 수식 셀($H$11), 찾는 값(80), 값을 바꿀 셀($H$4)을 입력한 후 〔확인〕 단추를 클릭합니다.

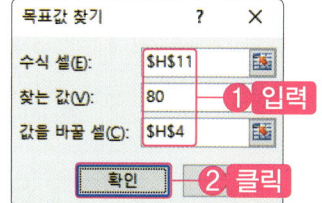

- 수식 셀에는 원하는 결과값이 표시되는 셀을 입력합니다. 수식 셀에는 반드시 수식이 입력되어 있어야 합니다.
- 찾는 값에는 원하는 결과값을 입력하고, 값을 바꿀 셀에는 원하는 결과값을 구하기 위해 변경되는 값이 있는 셀을 입력합니다.

03 〔목표값 찾기 상태〕 대화상자가 나타나면 〔확인〕 단추를 클릭합니다.

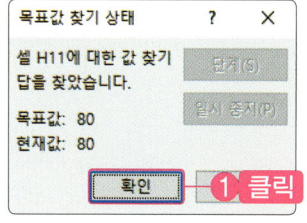

04 다음과 같이 목표값이 찾아집니다.

판매수량(단위:EA)의 전체 평균이 80이 되려면 머리띠의 판매수량(단위:EA)이 86이 되어야 한다는 것을 확인할 수 있습니다.

Chapter 06 정렬 및 부분합

'[제3작업] 정렬 및 부분합'에서는 데이터를 정렬하는 방법과 부분합을 구하는 방법에 대해 알고 있어야 합니다. [제1작업] 시트의 데이터를 복사하여 [제3작업] 시트에 붙여넣은 후 작업하며 데이터를 정렬한 후 두 종류의 부분합을 구하는 문제가 출제되고 있습니다.

문제

☞ "**제1작업**" 시트의 「B4:H12」 영역을 복사하여 "**제3작업**" 시트의 「B2」 셀부터 모두 붙여넣기를 한 후 다음의 조건과 같이 작업하시오.

≪조건≫

　(1) 부분합 – ≪출력형태≫처럼 정렬하고, 제품명의 개수와 판매수량(단위:EA)의 평균을 구하시오.
　(2) 윤곽 – 지우시오.
　(3) 나머지 사항은 ≪출력형태≫에 맞게 작성하시오.

≪출력형태≫

	A	B	C	D	E	F	G	H
1								
2		제품번호	제품명	분류	입고일	가격	재고수량(단위:EA)	판매수량(단위:EA)
3		LE3045	머리띠	펠트	2022-10-07	1,300원	100	45
4		HA1014	고깔모자	펠트	2022-08-27	2,100원	200	50
5		FA2083	캐노피	펠트	2022-08-11	6,500원	561	46
6				펠트 평균				47
7			3	펠트 개수				
8		FA2053	가랜드	종이	2022-08-05	2,000원	350	110
9		LE3034	토퍼	종이	2022-09-16	500원	300	230
10				종이 평균				170
11			2	종이 개수				
12		HA1025	박쥐	LED	2022-09-14	2,500원	602	35
13		FR2063	행잉 유령	LED	2022-09-16	5,500원	500	23
14		FE2074	행잉 마녀	LED	2022-10-05	5,700원	250	60
15				LED 평균				39
16			3	LED 개수				
17				전체 평균				75
18			8	전체 개수				

작업순서요약

① [제1작업] 시트의 B4:H12셀 범위를 복사하여 [제3작업] 시트의 B2셀에 붙여넣은 후 [제1작업] 시트의 B:H열 너비를 그대로 적용한 다음 데이터를 정렬합니다.
② 부분합을 구한 후 윤곽을 지운 다음 열 너비를 변경합니다.

데이터 정렬하기

01 〔제1작업〕 시트의 B4:H12셀 범위를 복사하여 〔제3작업〕 시트의 B2셀에 붙여넣은 후 〔제1작업〕 시트의 B:H열 너비를 그대로 적용합니다.

02 분류를 기준으로 내림차순 정렬하기 위해 D2셀을 선택한 후 〔데이터〕 탭-〔정렬 및 필터〕 그룹에서 〔텍스트 내림차순 정렬(힣↓)〕을 클릭합니다.

- 정렬은 데이터를 일정한 순서에 의해 차례대로 재배열하는 기능입니다. 정렬에는 작은 값에서 큰 값 순으로 재배열하는 오름차순 정렬과 큰 값에서 작은 값 순으로 재배열하는 내림차순 정렬이 있습니다.
- ≪출력형태≫를 보면 분류를 기준으로 내림차순 정렬(펠트, 종이, LED 순)된 것을 확인할 수 있습니다.
- D2셀을 선택한 후 〔데이터〕 탭-〔정렬 및 필터〕 그룹에서 〔텍스트 오름차순 정렬(ㄱ↓)〕을 클릭하면 분류를 기준으로 오름차순 정렬을 할 수 있습니다.

03 다음과 같이 분류를 기준으로 내림차순 정렬됩니다.

부분합 구하기

01 분류별로 제품명의 개수를 구하기 위해 B2셀을 선택한 후 [데이터] 탭-[윤곽선] 그룹에서 [부분합]을 클릭합니다.

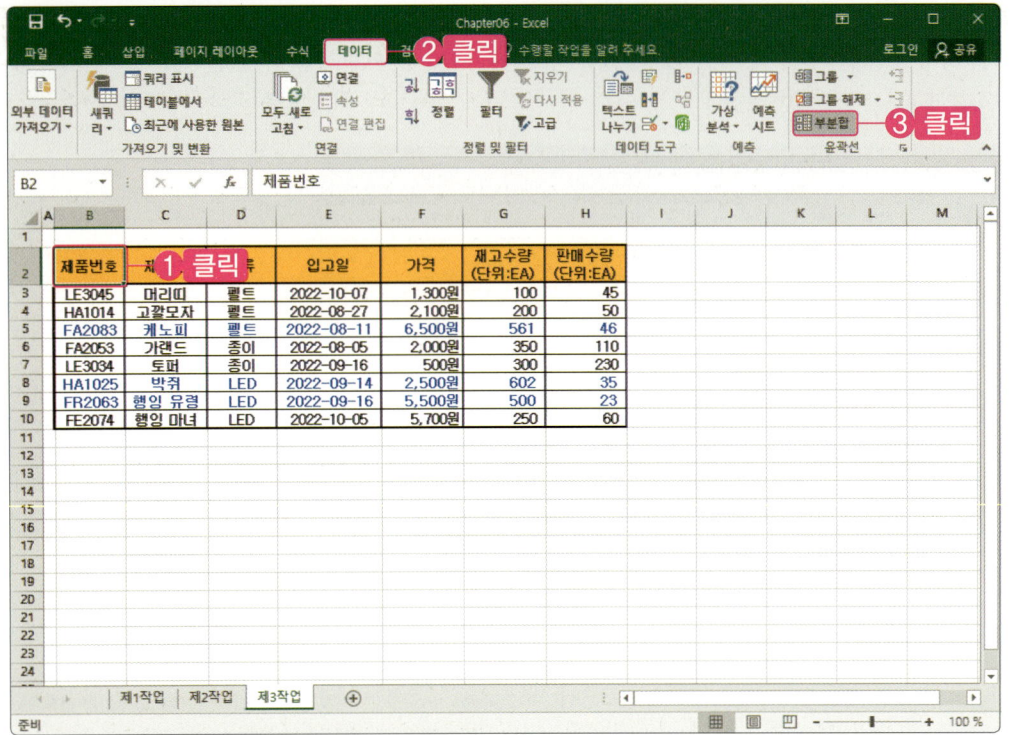

> 부분합은 데이터를 특정 항목별로 그룹화한 후 그룹별로 요약하는 기능입니다.

02 [부분합] 대화상자가 나타나면 그룹화할 항목(분류), 사용할 함수(개수), 부분합 계산 항목(제품명)을 선택한 후 [확인] 단추를 클릭합니다.

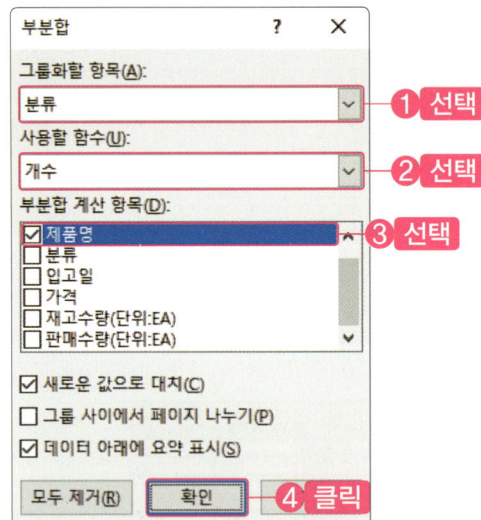

- ≪출력형태≫에서 아래에 있는 부분합(여기서는 제품명의 개수)을 먼저 구해야 ≪출력형태≫와 같이 부분합을 구할 수 있습니다.
- 그룹화할 항목은 데이터를 그룹화할 때 기준이 되는 항목입니다. 부분합을 제대로 구하려면 먼저 그룹화할 항목(여기서는 분류)을 기준으로 정렬해야 합니다.
- 사용할 함수는 그룹별로 계산할 때 사용할 함수이고, 부분합 계산 항목은 그룹별로 계산할 항목입니다.
- 부분합을 잘못 구한 경우에는 [모두 제거] 단추를 클릭하여 부분합을 제거한 후 다시 부분합을 구합니다.

03 분류별로 제품명의 개수가 구해지면 분류별로 판매수량(단위:EA)의 평균을 구하기 위해 〔데이터〕 탭-〔윤곽선〕 그룹에서 〔부분합〕을 클릭합니다.

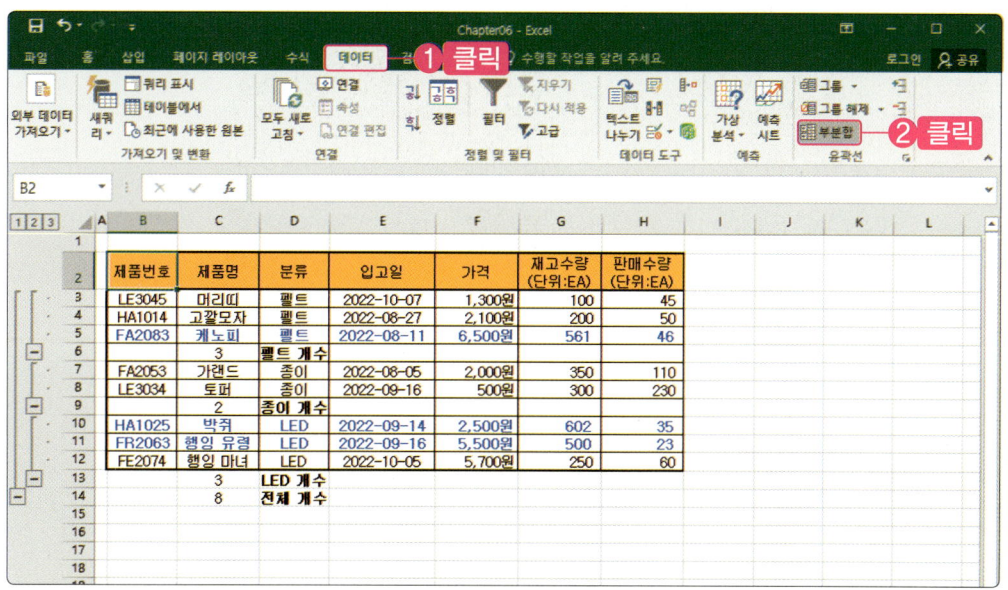

- 부분합을 구하면 워크시트 왼쪽에 하위 그룹을 숨기거나 나타나게 할 수 있는 1, 2, 3 등의 윤곽 기호가 나타납니다.
- 데이터를 그룹화할 항목인 분류를 기준으로 정렬하지 않고 부분합을 구한 경우에는 분류가 다를 때마다 다른 그룹으로 인식하여 제품명의 개수가 구해집니다.

04 〔부분합〕 대화상자가 나타나면 그룹화할 항목(분류), 사용할 함수(평균), 부분합 계산 항목(판매수량(단위:EA))을 선택한 후 〔새로운 값으로 대치〕를 선택 해제한 다음 〔확인〕 단추를 클릭합니다.

〔새로운 값으로 대치〕를 선택한 경우에는 기존에 구한 부분합(여기서는 제품명의 개수)을 제거한 후 새로 구한 부분합(여기서는 판매수량(단위:EA)의 평균)이 나타나므로 반드시 선택 해제해야 합니다.

05 분류별로 판매수량(단위:EA)의 평균이 구해지면 윤곽을 지우기 위해 〔데이터〕 탭-〔윤곽선〕 그룹에서 〔그룹 해제〕의 〔목록(▼)〕 단추를 클릭한 후 〔윤곽 지우기〕를 클릭합니다.

06 윤곽이 지워집니다.

Chapter 07 피벗 테이블

'[제3작업] 피벗 테이블'에서는 피벗 테이블을 작성하는 방법에 대해 알고 있어야 합니다. [제1작업] 시트의 데이터를 사용하여 [제3작업] 시트에 피벗 테이블을 삽입한 후 필드를 그룹화한 다음 정렬하고 피벗 테이블 옵션을 지정하는 문제가 출제되고 있습니다.

문제

☞ **"제1작업"** 시트를 이용하여 **"제3작업"** 시트에 조건에 따라 ≪출력형태≫와 같이 작업하시오.

≪조건≫

(1) 가격 및 분류별 제품명의 개수와 판매수량(단위:EA)의 평균을 구하시오.
(2) 가격을 그룹화하고, 분류를 ≪출력형태≫와 같이 정렬하시오.
(3) 레이블이 있는 셀 병합 및 가운데 맞춤 적용 및 빈 셀은 '**'로 표시하시오.
(4) 행의 총합계는 지우고, 나머지 사항은 ≪출력형태≫에 맞게 작성하시오.

≪출력형태≫

A	분류						
		펠트		종이		LED	
가격	개수 : 제품명	평균 : 판매수량(단위:EA)	개수 : 제품명	평균 : 판매수량(단위:EA)	개수 : 제품명	평균 : 판매수량(단위:EA)
1-3000	2	48	2	170	1	35
3001-6000	**	**	**	**	2	42
6001-9000	1	46	**	**	**	**
총합계	3	47	2	170	3	39

작업순서요약

① [제1작업] 시트의 B4:H12셀 범위를 사용하여 [제3작업] 시트의 B2셀에 피벗 테이블을 삽입합니다.
② 필드를 그룹화한 후 정렬한 다음 피벗 테이블 옵션을 지정하고 피벗 테이블에 맞춤 서식과 표시 형식을 지정합니다.

STEP 01

피벗 테이블 삽입하기

 Chapter07.xlsx

01 피벗 테이블을 삽입하기 위해 시트 탭에서 〔제1작업〕 시트를 선택한 후 B4:H12셀 범위를 선택한 다음 〔삽입〕 탭-〔표〕 그룹에서 〔피벗 테이블〕을 클릭합니다.

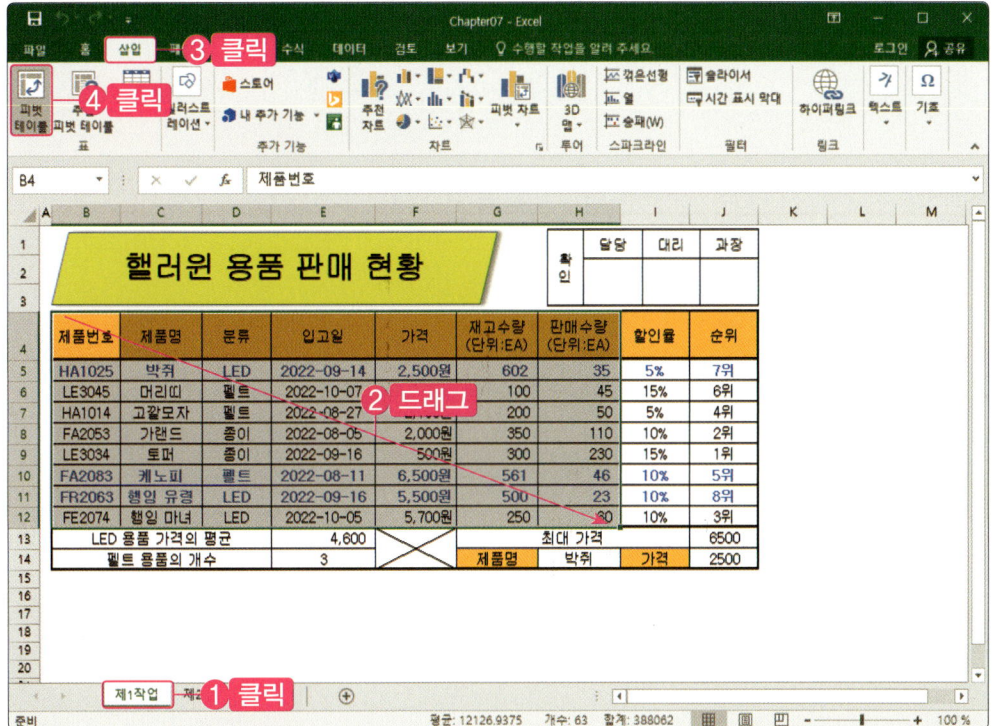

> 피벗 테이블은 데이터를 빠르게 요약하고 다각도로 분석하는데 사용하는 대화형 표입니다.

02 〔피벗 테이블 만들기〕 대화상자가 나타나면 〔기존 워크시트〕를 선택한 후 위치(제3작업!$B$2)를 입력한 다음 〔확인〕 단추를 클릭합니다.

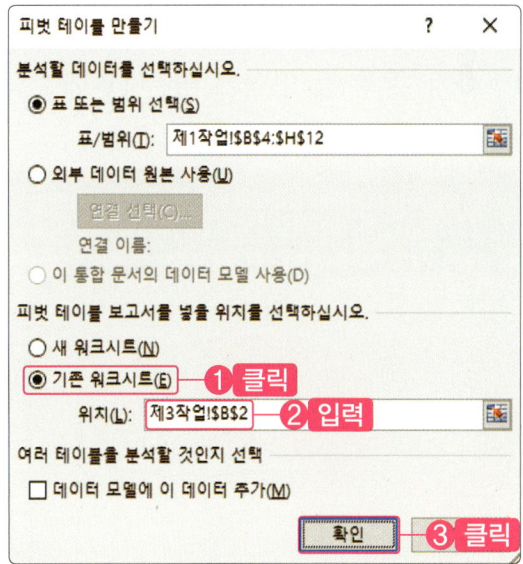

> 다른 시트의 셀을 참조하는 경우에는 '다른 시트의 이름!셀 주소' 형식으로 입력합니다.

03 〔제3작업〕 시트가 나타나면 필드 구역에 있는 〔가격〕 필드의 바로 가기 메뉴에서 〔행 레이블에 추가〕를 클릭합니다.

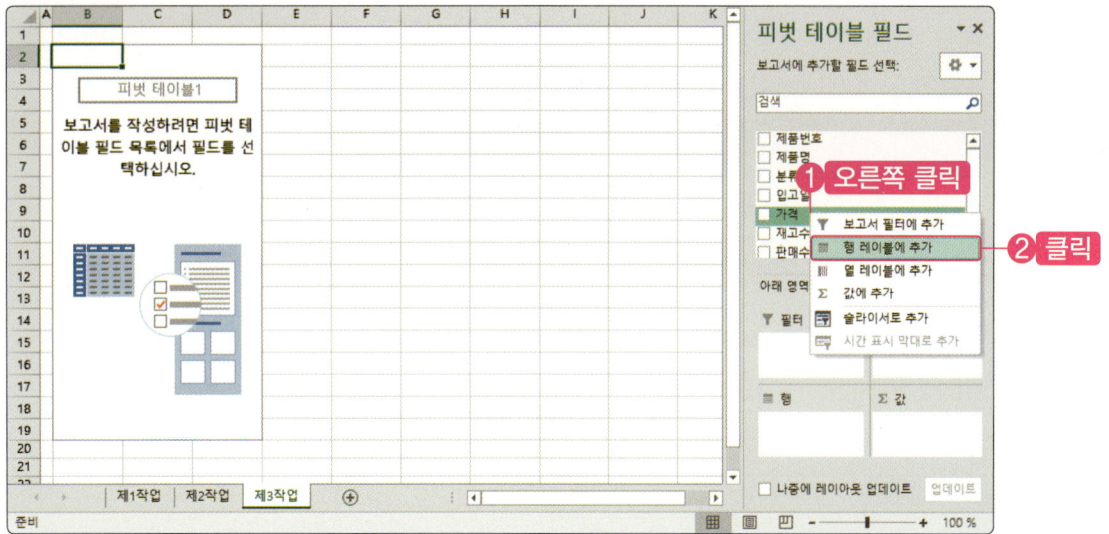

> 필드 구역에 있는 〔가격〕 필드를 행 레이블 영역으로 드래그하여 〔가격〕 필드를 행 레이블 영역에 추가할 수도 있습니다.

04 같은 방법으로 필드 구역에 있는 〔분류〕 필드는 열 레이블 영역, 〔제품명〕 필드와 〔판매수량(단위:EA)〕 필드는 값 영역에 배치합니다.

> - 값 영역에 2개 이상의 필드가 추가되면 〔값〕 필드가 나타납니다.
> - 영역 구역(행 레이블 영역, 열 레이블 영역, 값 영역 등)에 있는 필드를 필드 구역으로 드래그하거나 필드 구역에서 선택된 필드를 선택 해제하면 영역 구역에서 필드를 제거할 수 있습니다.

05 값 필드를 설정하기 위해 값 영역에 있는 〔판매수량(단위:EA)〕 필드를 클릭한 후 〔값 필드 설정〕을 클릭합니다.

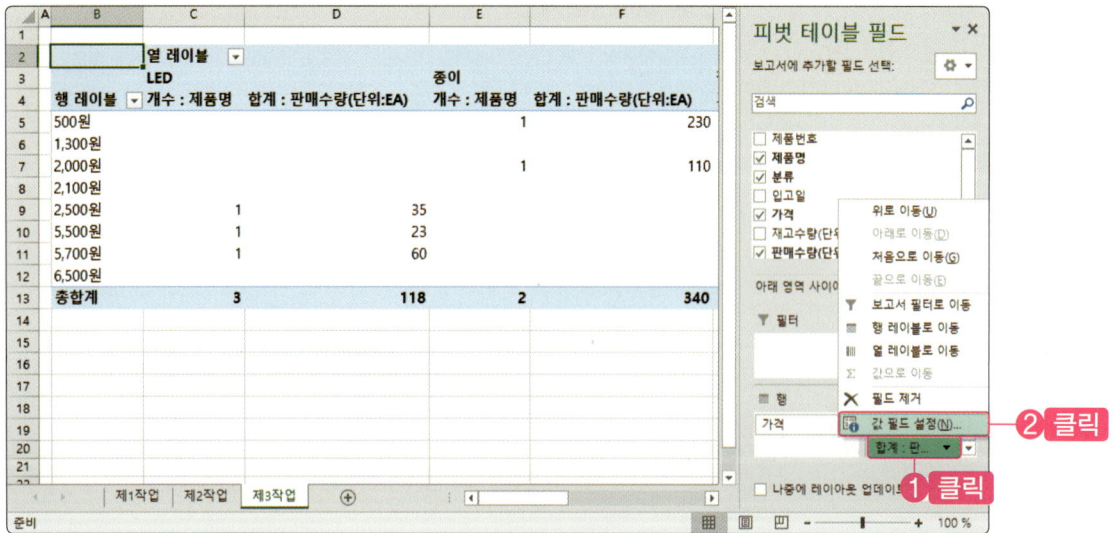

06 〔값 필드 설정〕 대화상자가 나타나면 〔값 요약 기준〕 탭에서 요약에 사용할 계산 유형(평균)을 선택한 후 사용자 지정 이름(평균 : 판매수량(단위:EA))을 입력한 다음 〔확인〕 단추를 클릭합니다.

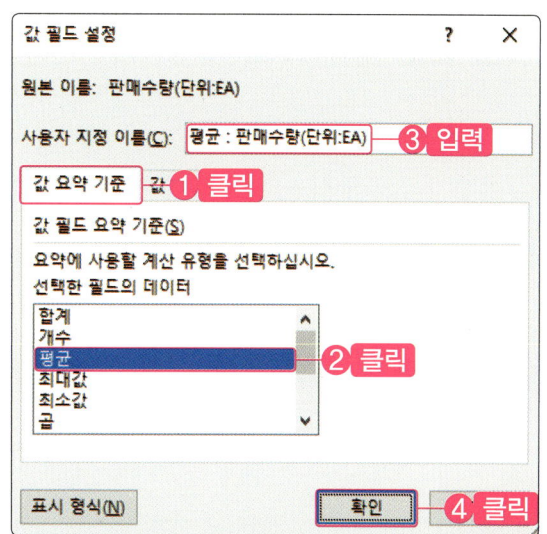

> 사용자 지정 이름을 입력한 후 요약에 사용할 계산 유형을 선택하면 입력한 사용자 지정 이름이 변경될 수 있으므로 먼저 요약에 사용할 계산 유형을 선택한 후 사용자 지정 이름을 입력합니다.

07 행 레이블을 변경하기 위해 B4셀에 '가격'을 입력한 후 열 레이블을 변경하기 위해 C2셀에 '분류'를 입력한 다음 〔피벗 테이블 필드〕 작업 창을 닫기 위해 〔피벗 테이블 도구〕 정황 탭-〔분석〕 탭-〔표시〕 그룹에서 〔필드 목록〕을 선택 해제합니다.

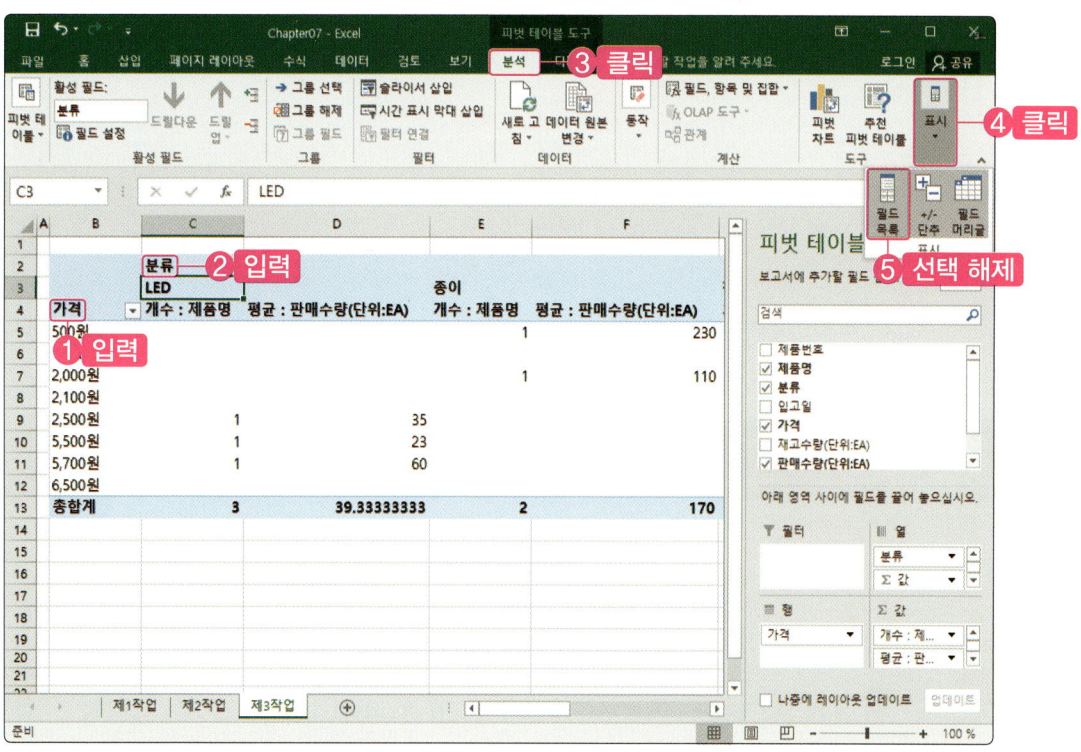

> 피벗 테이블에서 임의의 셀을 선택한 후 〔피벗 테이블 도구〕 정황 탭-〔분석〕 탭-〔표시〕 그룹에서 〔필드 목록〕을 선택하면 〔피벗 테이블 필드〕 작업 창을 다시 나타나게 할 수 있습니다.

08 〔피벗 테이블 필드〕 작업 창이 닫힙니다.

STEP 02

피벗 테이블 편집하기

01 〔중고가(만원)〕 필드를 그룹화하기 위해 '500원' 항목(B5셀)을 선택한 후 〔피벗 테이블 도구〕 정황 탭-〔분석〕 탭-〔그룹〕 그룹에서 〔그룹 필드〕를 클릭합니다.

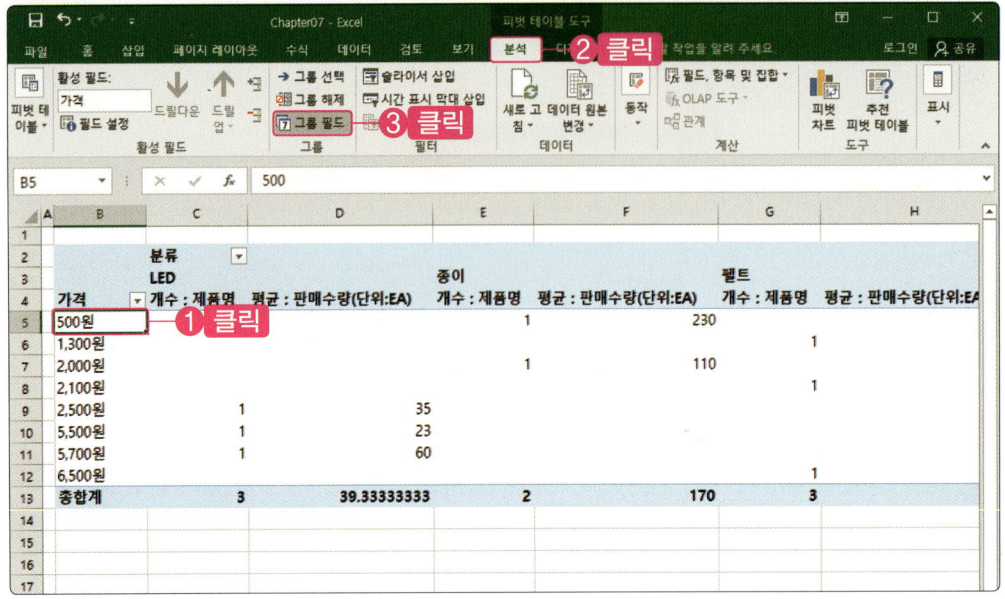

02 〔그룹화〕 대화상자가 나타나면 시작(1), 끝(9000), 단위(3000)를 입력한 후 〔확인〕 단추를 클릭합니다.

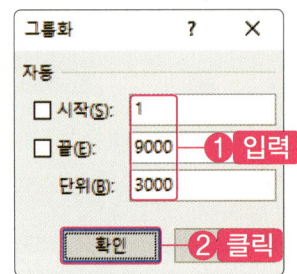

03 〔분류〕 필드를 기준으로 내림차순 정렬하기 위해 'LED' 항목(C3셀)을 선택한 후 〔데이터〕 탭-〔정렬 및 필터〕 그룹에서 〔텍스트 내림차순 정렬(흭↓)〕을 클릭합니다.

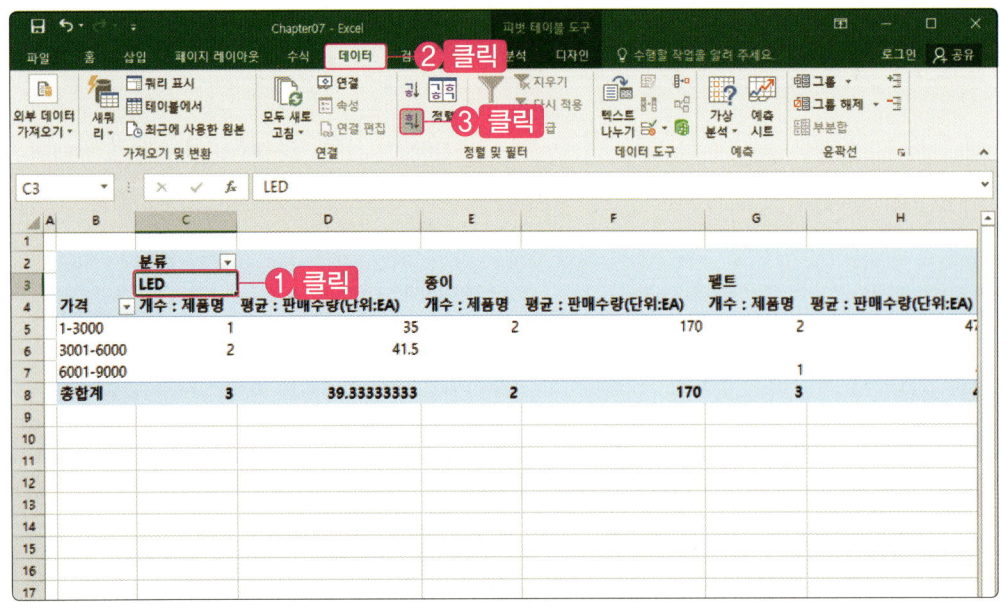

≪출력형태≫를 보면 〔분류〕 필드를 기준으로 내림차순 정렬(펠트, 종이, LED 순)된 것을 확인할 수 있습니다.

04 피벗 테이블 옵션을 지정하기 위해 〔피벗 테이블 도구〕 정황 탭-〔분석〕 탭-〔피벗 테이블〕 그룹에서 〔옵션〕을 클릭합니다.

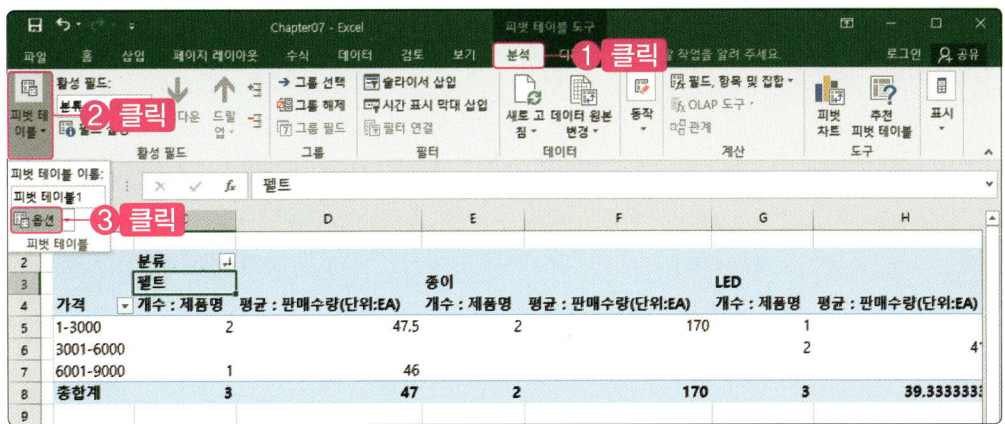

05 〔피벗 테이블 옵션〕 대화상자가 나타나면 〔레이아웃 및 서식〕 탭에서 〔레이블이 있는 셀 병합 및 가운데 맞춤〕을 선택한 후 빈 셀 표시(**)를 입력한 다음 〔요약 및 필터〕 탭을 클릭합니다. 그런 다음 〔피벗 테이블 옵션〕 대화상자의 〔요약 및 필터〕 탭이 나타나면 〔행 총합계 표시〕를 선택 해제한 후 〔확인〕 단추를 클릭합니다.

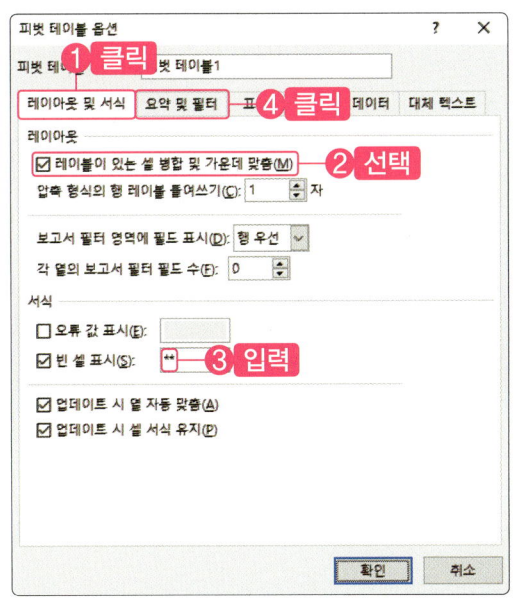
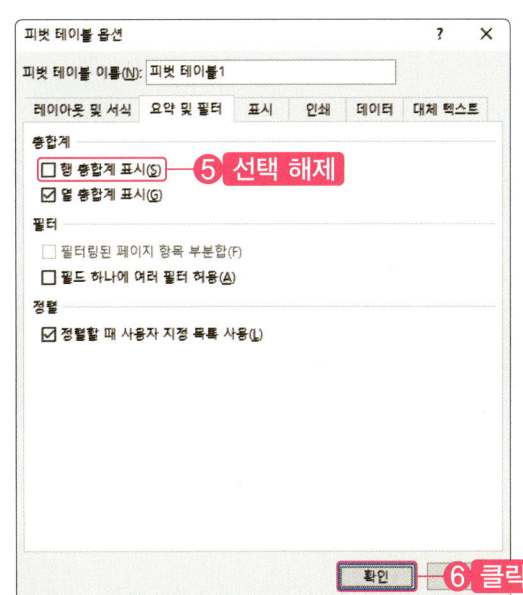

06 피벗 테이블에 맞춤 서식과 표시 형식을 지정하기 위해 C5:H8셀 범위를 선택한 후 〔홈〕 탭-〔맞춤〕 그룹에서 〔가운데 맞춤(≡)〕을 클릭한 다음 〔표시 형식〕 그룹에서 〔쉼표 스타일()〕을 클릭합니다.

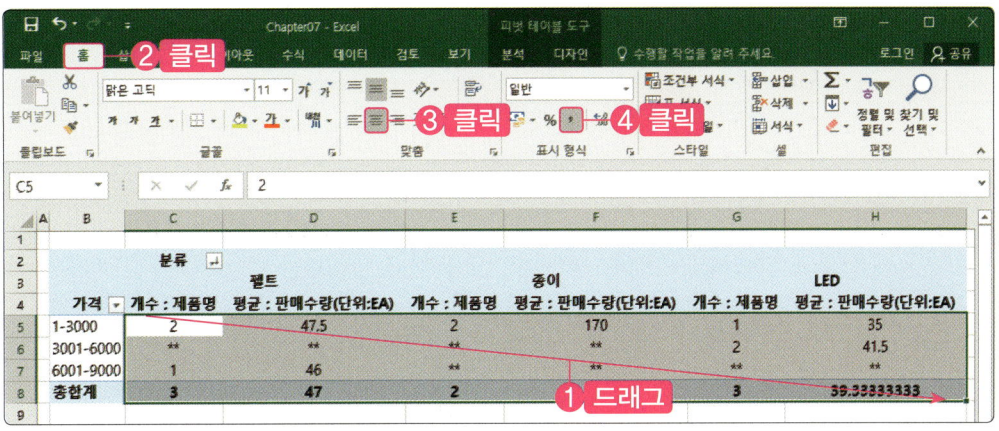

07 피벗 테이블에 맞춤 서식과 표시 형식이 지정됩니다.

Chapter 08 그래프

'[제4작업] 그래프'에서는 차트를 작성하는 방법에 대해 알고 있어야 합니다. [제1작업] 시트의 차트 데이터(차트로 작성될 데이터)를 사용하여 차트를 삽입한 후 차트를 새 차트시트([제4작업] 시트)로 이동한 다음 차트 영역, 그림 영역, 차트 제목, 데이터 계열, 데이터 레이블 등을 편집하고 차트에 도형을 삽입하는 문제가 출제되고 있습니다.

문제

☞ "**제1작업**" 시트를 이용하여 조건에 따라 ≪출력형태≫와 같이 작업하시오.

≪조건≫

(1) 차트 종류 ⇒ 〈묶은 세로 막대형〉으로 작업하시오.
(2) 데이터 범위 ⇒ "제1작업" 시트의 내용을 이용하여 작업하시오.
(3) 위치 ⇒ "새 시트"로 이동하고, "제4작업"으로 시트 이름을 바꾸시오.
(4) 차트 디자인 도구 ⇒ 레이아웃 3, 스타일 1을 선택하여 ≪출력형태≫에 맞게 작업하시오.
(5) 영역 서식 ⇒ 차트 : 글꼴(굴림, 11pt), 채우기 효과(질감-파랑 박엽지)
　　　　　　　　　그림 : 채우기(흰색, 배경1)
(6) 제목 서식 ⇒ 차트 제목 : 글꼴(굴림, 굵게, 20pt), 채우기(흰색, 배경1), 테두리
(7) 서식 ⇒ 가격 계열의 차트 종류를 〈표식이 있는 꺾은선형〉으로 변경한 후 보조 축으로 지정하시오.
　　　　계열 : ≪출력형태≫를 참조하여 표식(세모, 크기 10)과 레이블 값을 표시하시오.
　　　　눈금선 : 선 스타일-파선
　　　　축 : ≪출력형태≫를 참조하시오.
(8) 범례 ⇒ 범례명을 변경하고 ≪출력형태≫를 참조하시오.
(9) 도형 ⇒ '모서리가 둥근 사각형 설명선'을 삽입한 후 ≪출력형태≫와 같이 내용을 입력하시오.
(10) 나머지 사항은 ≪출력형태≫에 맞게 작성하시오.

≪출력형태≫

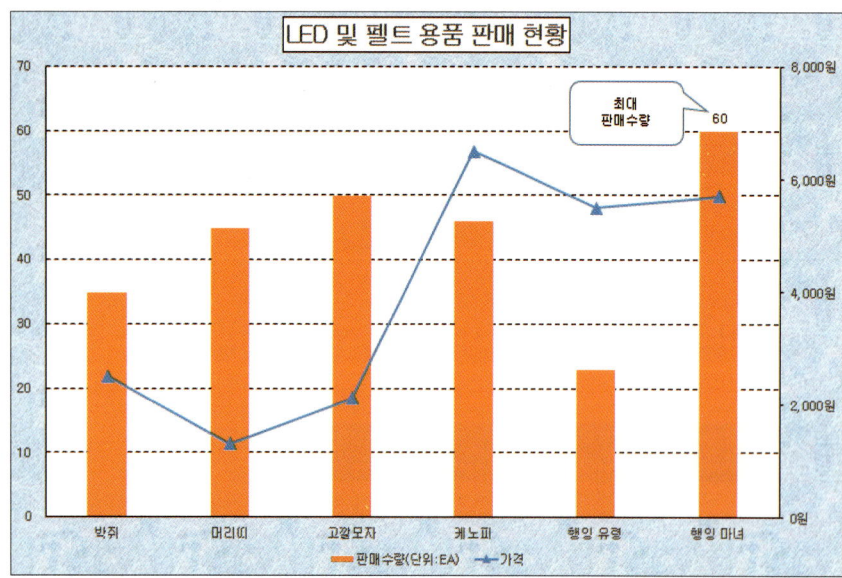

주의 ☞ 시트명 순서가 차례대로 "제1작업", "제2작업", "제3작업", "제4작업"이 되도록 할 것.

작업순서요약

① [제1작업] 시트의 차트 데이터를 사용하여 차트를 삽입한 후 차트를 새 차트시트([제4작업] 시트)로 이동한 다음 [제4작업] 시트를 [제3작업] 시트 뒤로 이동하고 차트 레이아웃과 차트 스타일을 지정합니다.
② 차트 영역, 그림 영역, 차트 제목, 데이터 계열, 데이터 레이블 등을 편집합니다.
③ 차트에 도형을 삽입한 후 도형 텍스트를 입력한 다음 도형에 글꼴 서식, 채우기 색, 맞춤 서식을 지정합니다.

STEP 01

차트 삽입하기

Chapter08.xlsx

01 차트를 삽입하기 위해 시트 탭에서 [제1작업] 시트를 선택한 후 C4:C7셀 범위, C10:C12셀 범위, F4:F7셀 범위, F10:F12셀 범위, H4:H7셀 범위, H10:H12셀 범위를 선택한 다음 [삽입] 탭-[차트] 그룹에서 [세로 또는 가로 막대형 차트 삽입(	)]을 클릭하고 [묶은 세로 막대형(	)]을 클릭합니다.

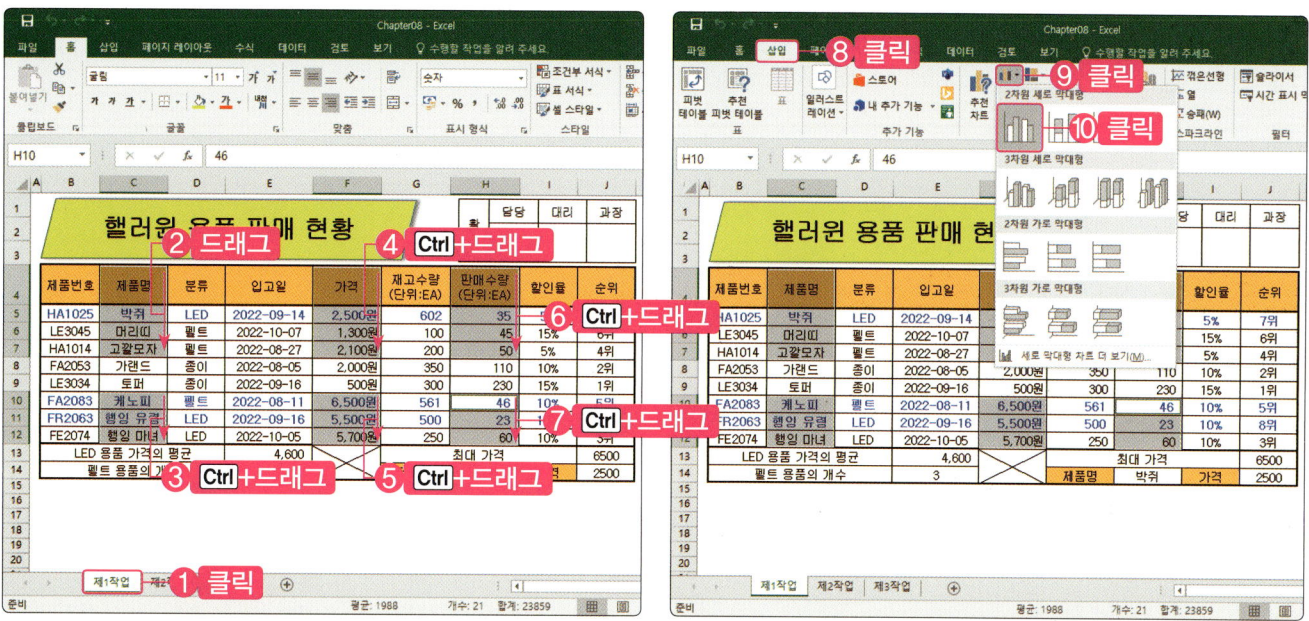

> 차트는 수치 데이터를 분석하여 그 관계를 일정한 양식의 그림으로 나타낸 것입니다. 차트를 작성하면 수치 데이터를 가로 막대, 세로 막대, 원 등으로 표시하여 한 눈에 파악할 수 있습니다.

02 차트가 삽입되면 차트를 새 시트([제4작업] 시트)로 이동하기 위해 차트를 선택한 후 [차트 도구] 정황 탭-[디자인] 탭-[위치] 그룹에서 [차트 이동]을 클릭합니다.

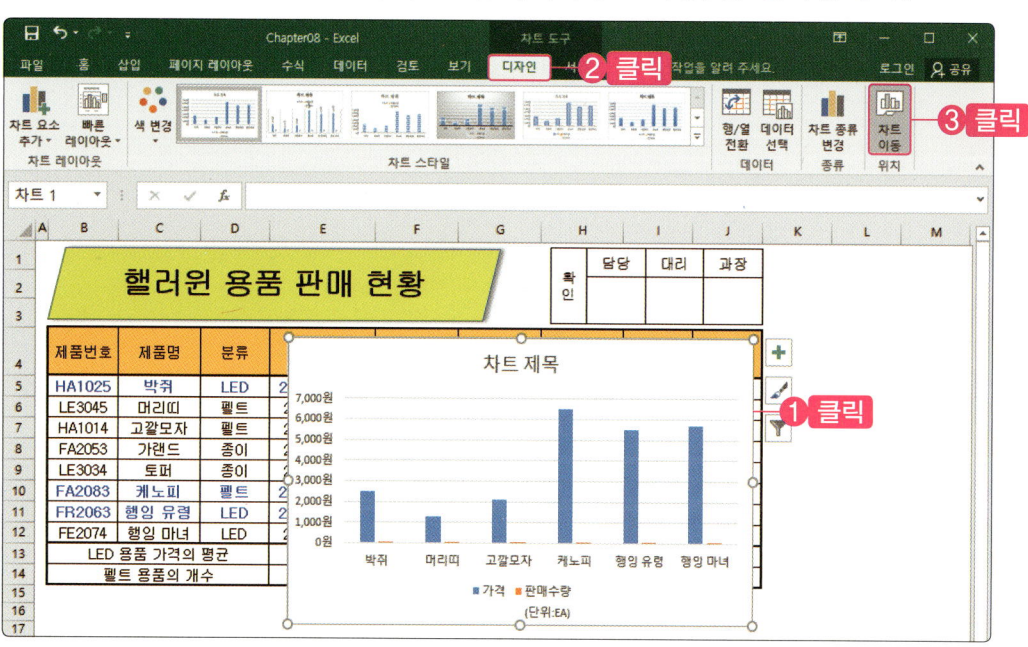

> 차트로 마우스 포인터를 가져가서 마우스 포인터가 	 모양으로 변경되었을 때 클릭하면 차트를 선택할 수 있습니다.

03 (차트 이동) 대화상자가 나타나면 (새 시트)를 선택한 후 새 시트의 이름(제4작업)을 입력한 다음 (확인) 단추를 클릭합니다.

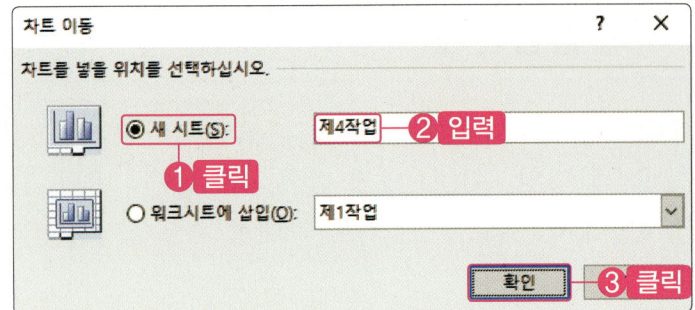

> (새 시트)를 선택하면 워크시트가 아닌 차트시트가 삽입됩니다.

04 차트가 새 시트((제4작업) 시트)로 이동되면 다음과 같이 시트 탭에서 (제4작업) 시트를 드래그하여 (제4작업) 시트를 (제3작업) 시트 뒤로 이동합니다.

> (홈) 탭-(셀) 그룹에서 (서식)을 클릭한 후 (시트 이동/복사)를 클릭하여 (제4작업) 시트를 (제3작업) 시트 뒤로 이동할 수도 있습니다.

05 차트 레이아웃을 지정하기 위해 차트를 선택한 후 (차트 도구) 정황 탭-(디자인) 탭-(차트 레이아웃) 그룹에서 (빠른 레이아웃)을 클릭한 후 (레이아웃 3())을 클릭합니다.

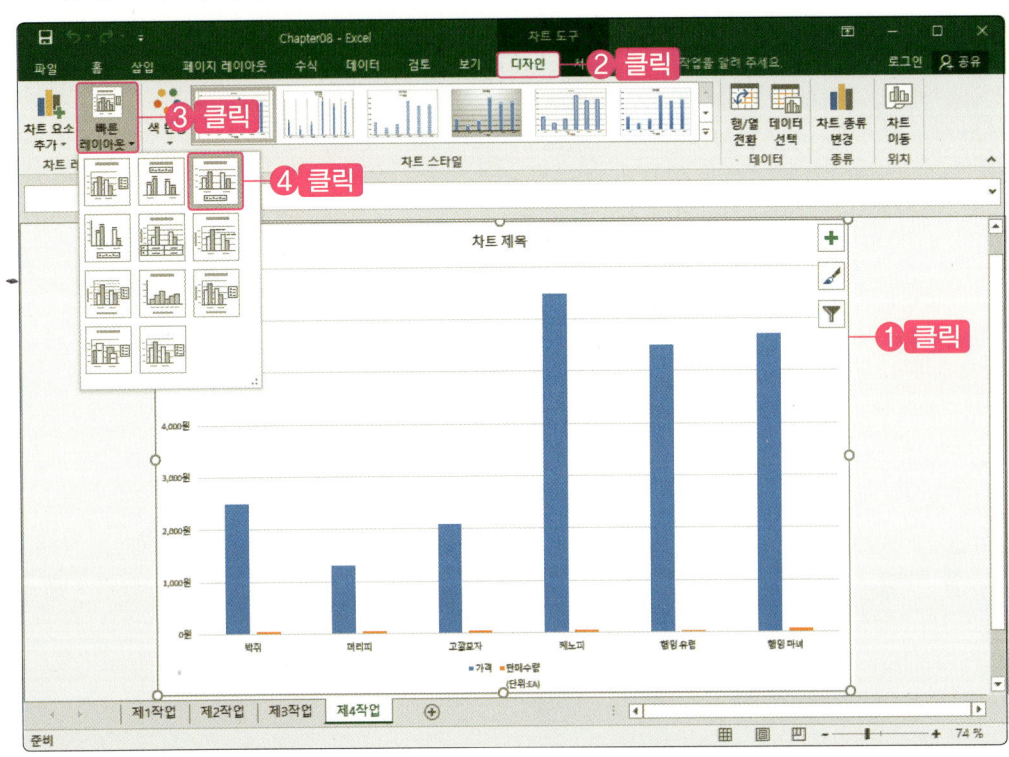

06 차트 스타일을 지정하기 위해 [차트 도구] 정황 탭-[디자인] 탭-[차트 스타일] 그룹에서 [자세히(▼)] 단추를 클릭합니다.

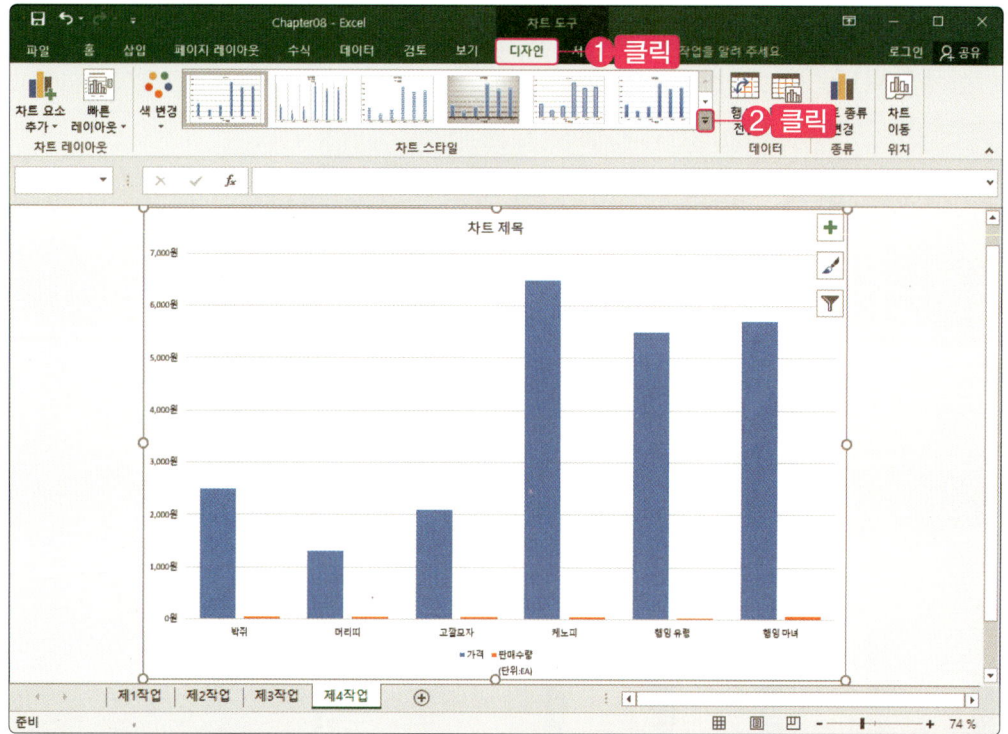

07 차트 스타일 목록이 나타나면 [스타일 1(.ıll)]을 클릭합니다.

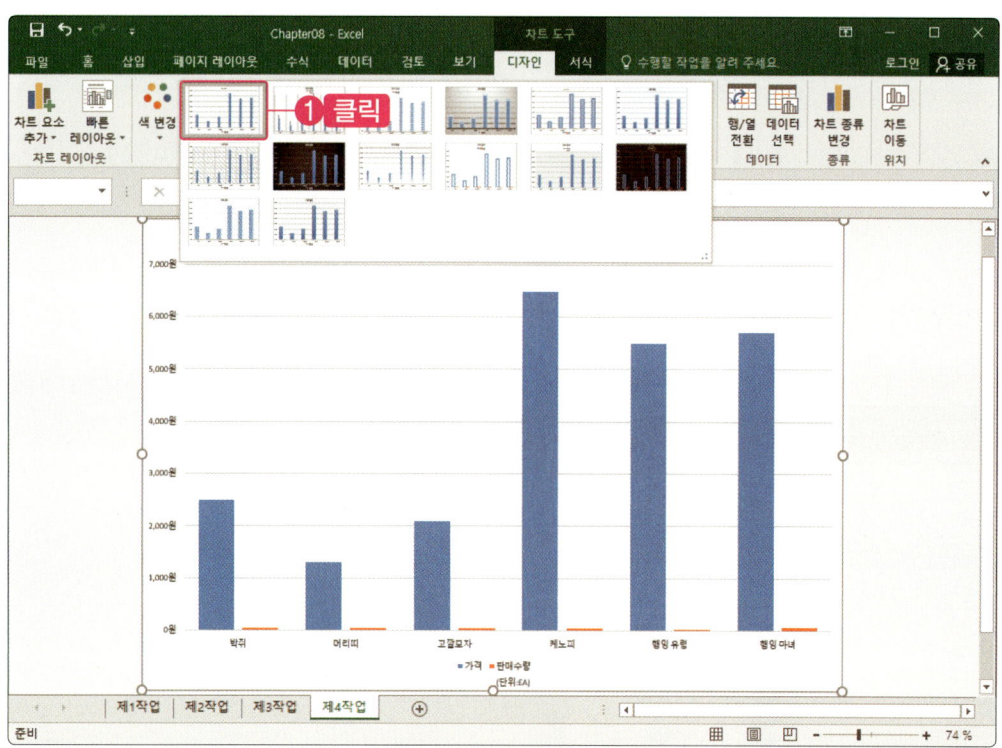

> 차트 영역 서식이나 그림 영역 서식 등을 지정한 후 차트 스타일을 지정하면 지정한 차트 스타일과 관련 있는 차트 영역 서식이나 그림 영역 서식 등으로 다시 지정되므로 먼저 차트 스타일을 지정한 후 차트 영역 서식이나 그림 영역 서식 등을 지정합니다.

08 차트 스타일이 지정됩니다.

차트 편집하기

01 차트 영역에 글꼴 서식을 지정하기 위해 차트 영역을 선택한 후 [홈] 탭-[글꼴] 그룹에서 글꼴(굴림)과 글꼴 크기(11)를 선택합니다.

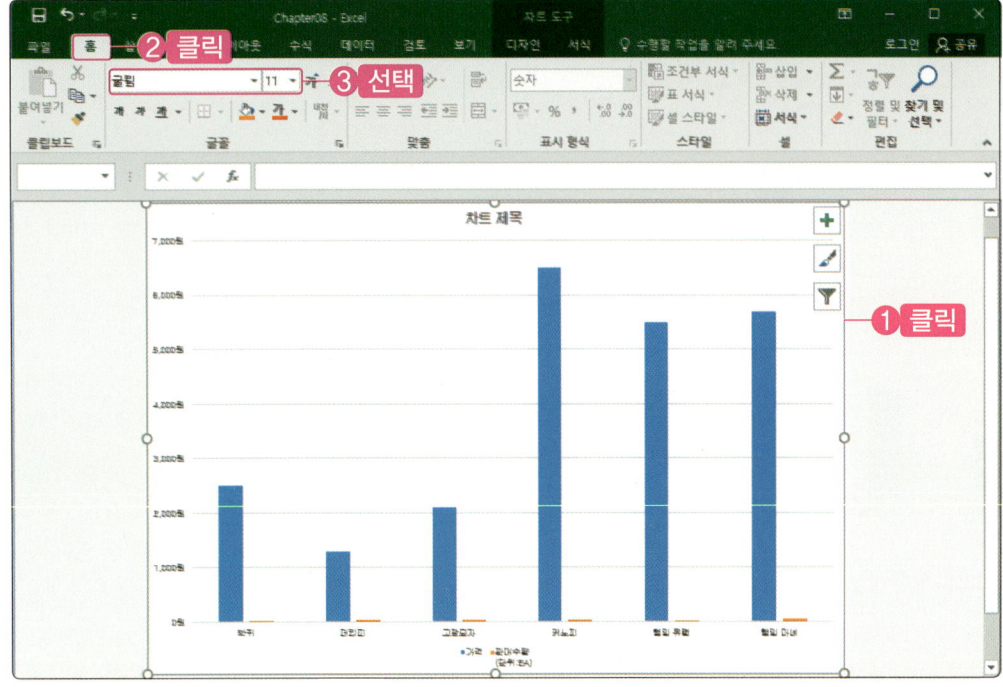

- 차트 제목에 글꼴 서식을 지정한 후 차트 영역에 글꼴 서식을 지정하면 차트 제목에 지정한 글꼴 서식이 차트 영역에 지정한 글꼴 서식으로 다시 지정되므로 먼저 차트 영역에 글꼴 서식을 지정한 후 차트 제목에 글꼴 서식을 지정합니다.
- 차트 요소(차트 영역, 그림 영역, 차트 제목 등)로 마우스 포인터를 가져가서 마우스 포인터가 모양이나 모양으로 변경되었을 때 클릭하면 차트 요소를 선택할 수 있습니다.

02 차트 영역 서식을 지정하기 위해 [차트 도구] 정황 탭-[서식] 탭-[현재 선택 영역] 그룹에서 [선택 영역 서식]을 클릭합니다.

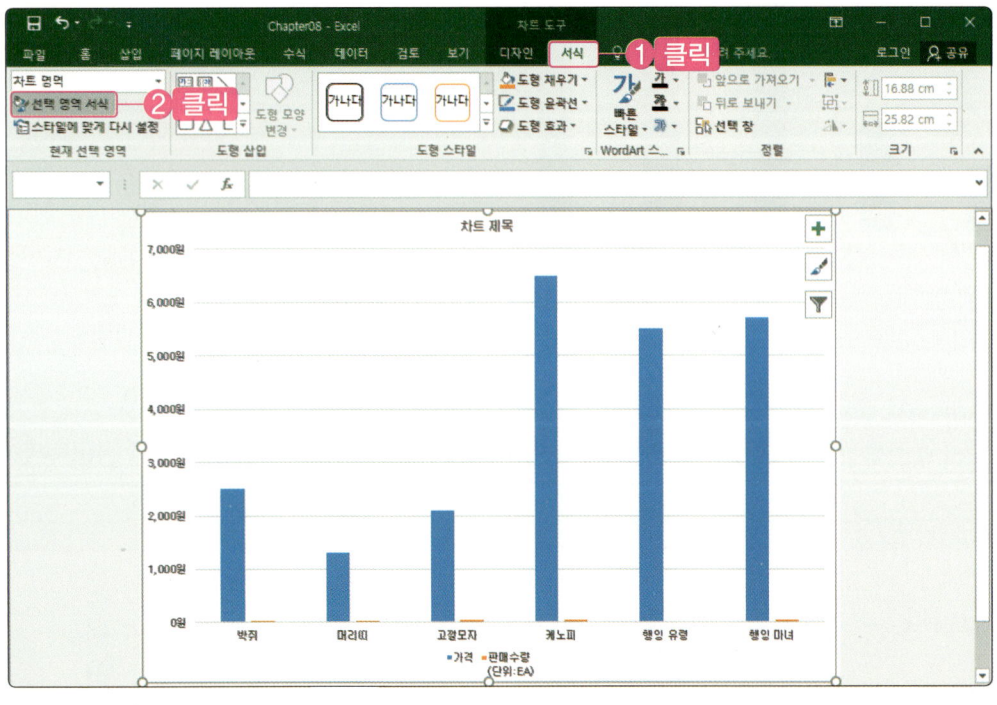

03 〔차트 영역 서식〕 작업 창이 나타나면 〔차트 옵션〕-〔채우기 및 선(◇)〕-〔채우기〕에서 〔그림 또는 질감 채우기〕를 선택한 후 질감(〔파랑 박엽지( )〕)을 선택합니다.

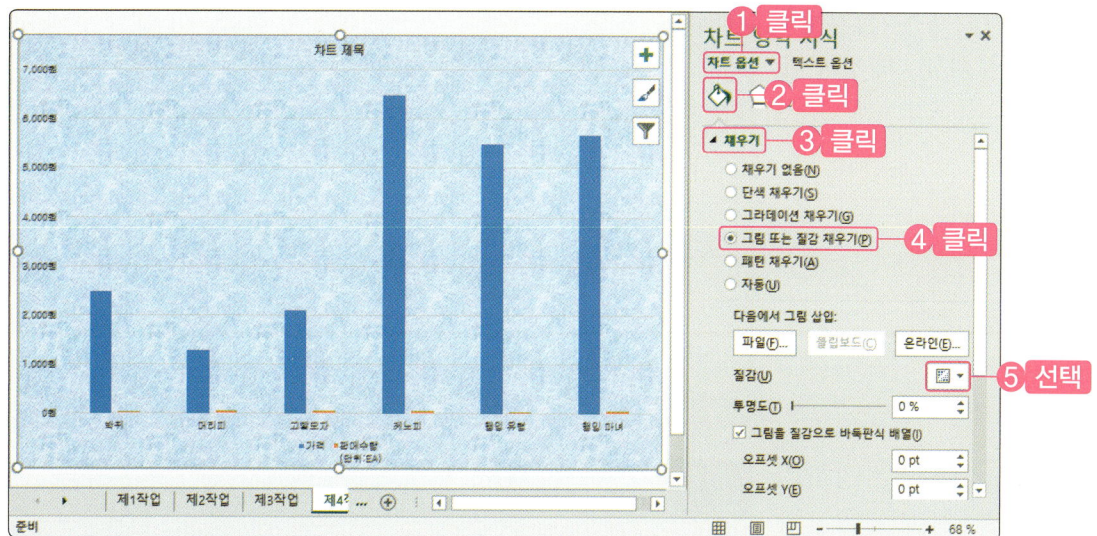

04 그림 영역 서식을 지정하기 위해 그림 영역을 선택한 후 〔그림 영역 서식〕 작업 창의 〔그림 영역 옵션〕-〔채우기 및 선(◇)〕-〔채우기〕에서 〔단색 채우기〕를 선택한 다음 색(흰색, 배경 1)을 선택하고 〔닫기(✖)〕를 클릭합니다.

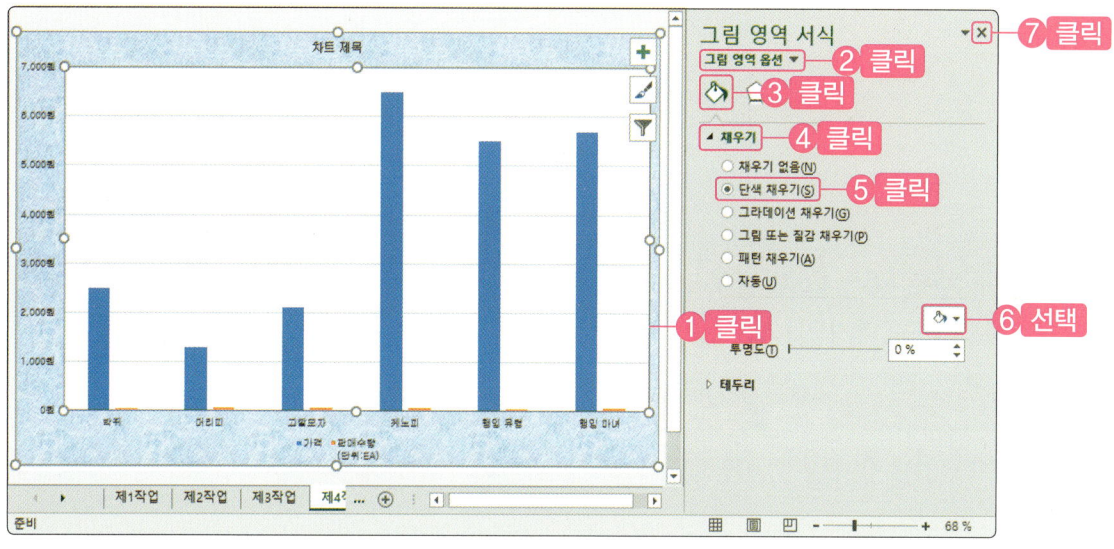

> 그림 영역을 선택하면 〔차트 영역 서식〕 작업 창이 〔그림 영역 서식〕 작업 창으로 변경됩니다.

05 차트 제목을 수정한 후 차트 제목에 글꼴 서식을 지정하기 위해 차트 제목을 선택한 다음 〔홈〕 탭-〔글꼴〕 그룹에서 글꼴(굴림)과 글꼴 크기(20)를 선택하고 〔굵게(가)〕를 클릭합니다.

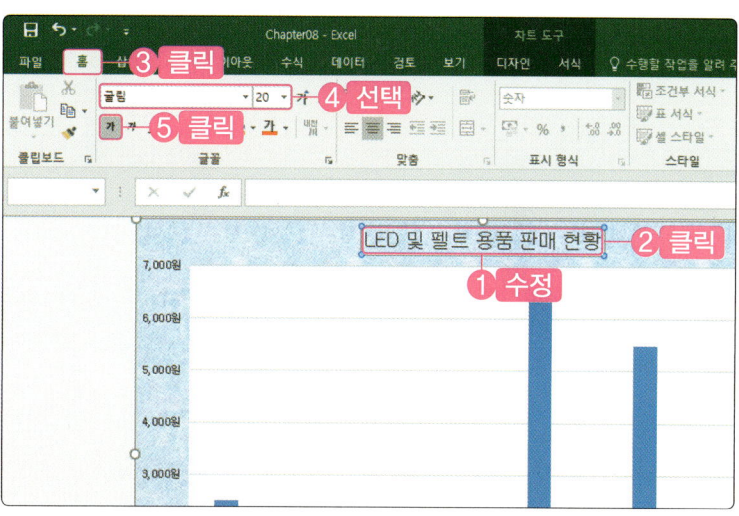

> 차트 제목을 선택한 후 차트 제목으로 마우스 포인터를 가져가서 마우스 포인터가 Ⅰ 모양으로 변경되었을 때 클릭하면 차트 제목을 수정할 수 있습니다.

06 차트 제목에 채우기 색을 지정하기 위해 [차트 도구] 정황 탭-[서식] 탭-[도형 스타일] 그룹에서 [도형 채우기]의 [목록(▼)] 단추를 클릭한 후 [흰색, 배경 1]을 클릭합니다.

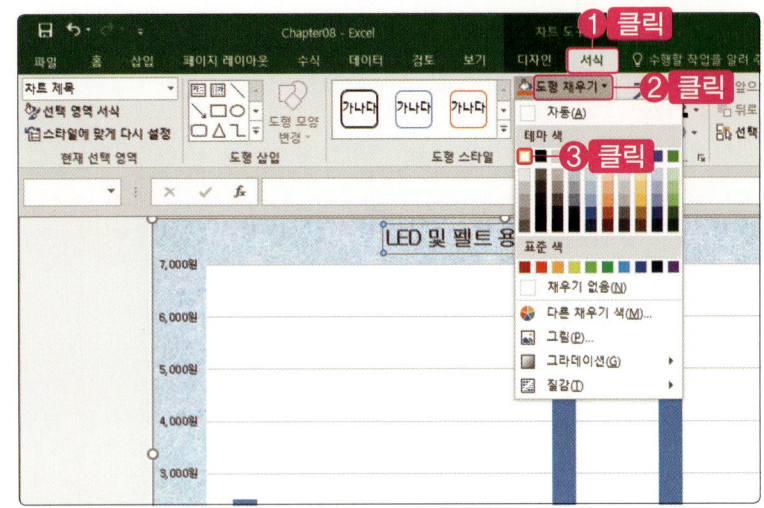

07 차트 제목에 윤곽선 색을 지정하기 위해 [차트 도구] 정황 탭-[서식] 탭-[도형 스타일] 그룹에서 [도형 윤곽선]의 [목록(▼)] 단추를 클릭한 후 [검정, 텍스트 1]을 클릭합니다.

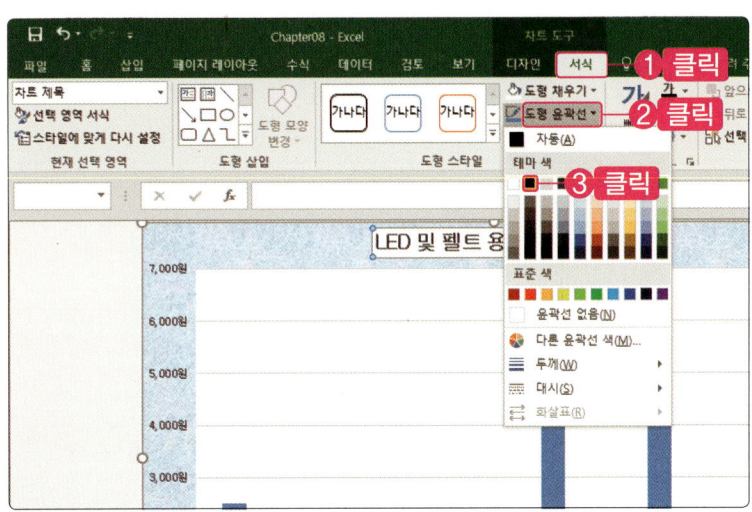

08 '가격' 데이터 계열의 차트 종류를 변경하고 보조 축으로 지정하기 위해 '가격' 데이터 계열을 선택한 후 [차트 도구] 정황 탭-[디자인] 탭-[종류] 그룹에서 [차트 종류 변경]을 클릭합니다.

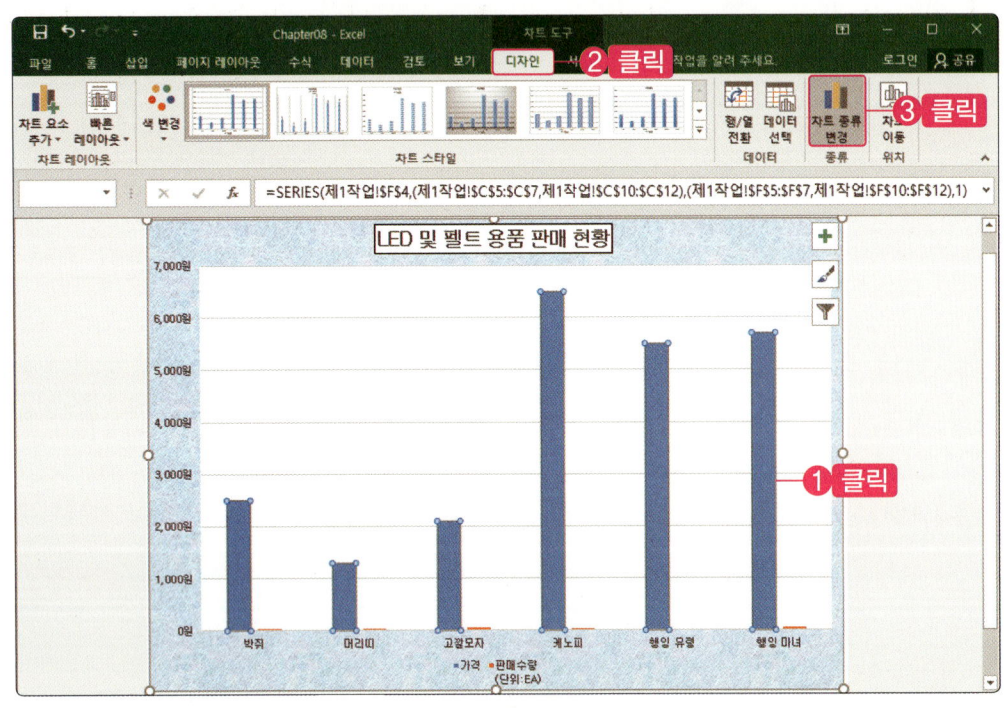

> 데이터 계열은 관련 있는 데이터 요소의 집합으로 수치 데이터를 나타내는 가로 막대, 세로 막대, 원 등을 말하며 '계열'이라고도 합니다.

09 〔차트 종류 변경〕 대화상자가 나타나면 〔모든 차트〕 탭에서 〔콤보〕를 선택한 후 '가격' 데이터 계열의 차트 종류(표식이 있는 꺾은선형)를 선택한 다음 〔보조 축〕을 선택하고 〔확인〕 단추를 클릭합니다.

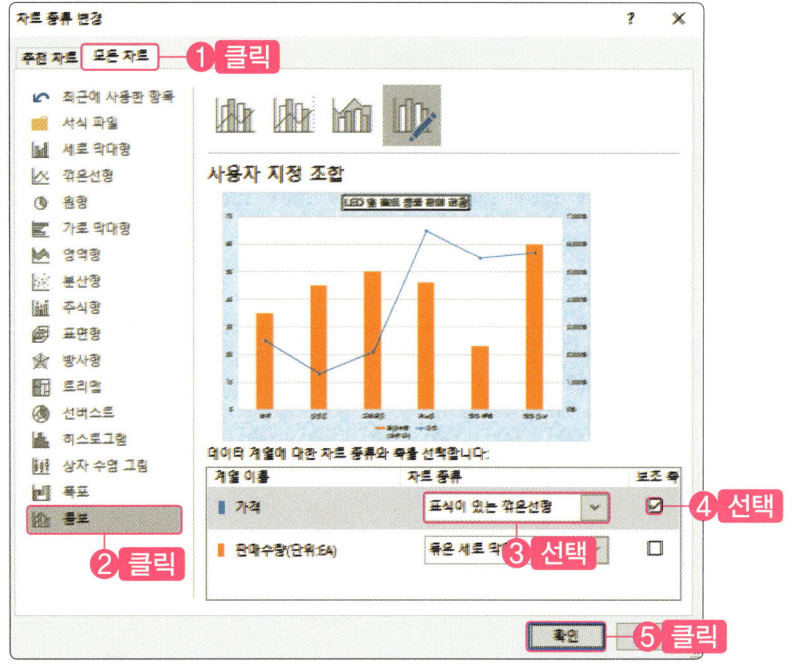

10 표식 옵션을 지정하기 위해 '가격' 데이터 계열을 선택한 후 〔차트 도구〕 정황 탭-〔서식〕 탭-〔현재 선택 영역〕 그룹에서 〔선택 영역 서식〕을 클릭합니다.

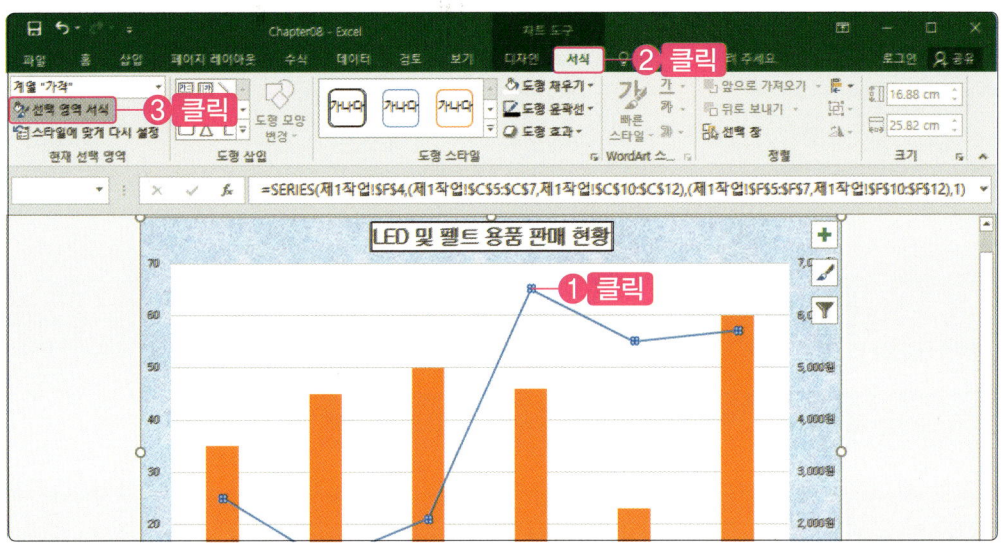

11 〔데이터 계열 서식〕 작업 창이 나타나면 〔계열 옵션〕-〔채우기 및 선(◇)〕-〔표식〕-〔표식 옵션〕에서 〔기본 제공〕을 선택한 후 형식(▲)을 선택한 다음 크기(10)를 입력하고 〔닫기(✕)〕를 클릭합니다.

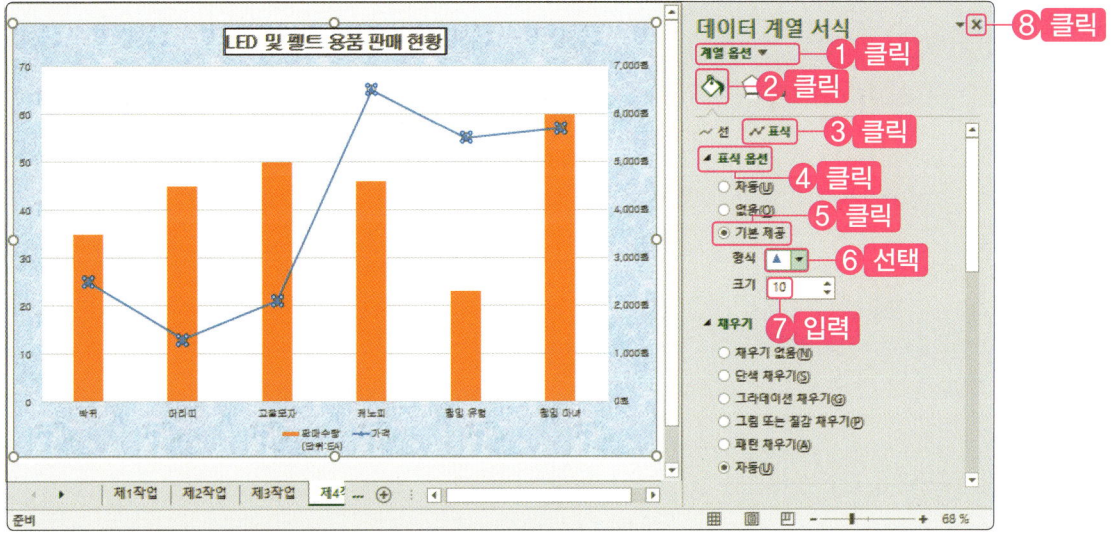

12 데이터 레이블을 표시하기 위해 '판매수량(단위:EA)' 데이터 계열의 '행잉 마녀' 데이터 요소만 선택한 후 [차트 도구] 정황 탭-[디자인] 탭-[차트 레이아웃] 그룹에서 [차트 요소 추가]를 클릭한 다음 [데이터 레이블]-[바깥쪽 끝에]를 클릭합니다.

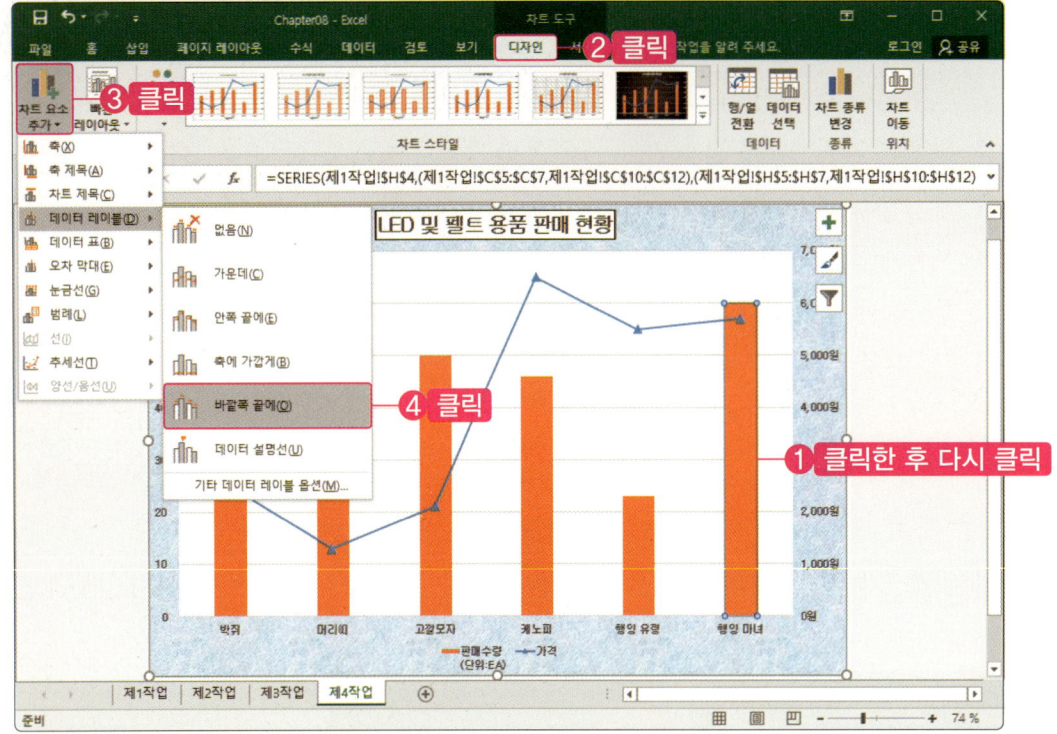

'판매수량(단위:EA)' 데이터 계열의 '행잉 마녀' 데이터 요소를 클릭한 후 다시 클릭하면 '판매수량(단위:EA)' 데이터 계열의 '행잉 마녀' 데이터 요소만 선택할 수 있습니다.

13 세로 축 주 눈금선에 선 스타일을 지정하기 위해 세로 축 주 눈금선을 선택한 후 [차트 도구] 정황 탭-[서식] 탭-[현재 선택 영역] 그룹에서 [선택 영역 서식]을 클릭합니다.

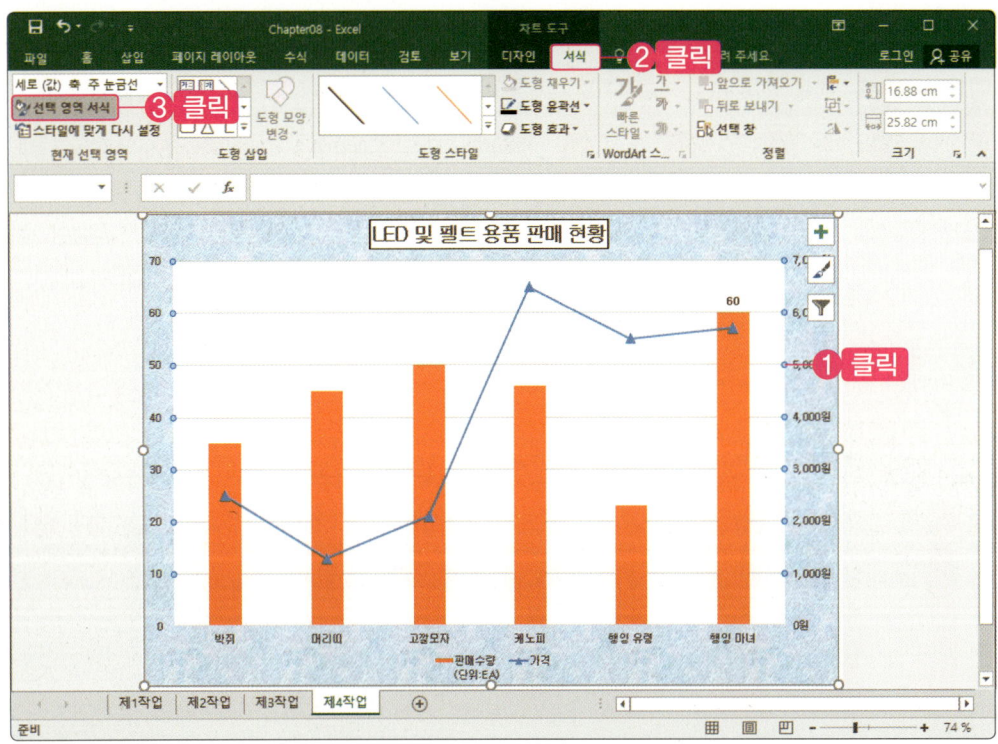

14 〔주 눈금선 서식〕 작업 창이 나타나면 〔주 눈금선 옵션〕-〔채우기 및 선(⬧)〕-〔선〕에서 〔실선〕을 선택한 후 색(검정, 텍스트 1)을 선택한 다음 대시 종류(〔파선(-----)〕)를 선택합니다.

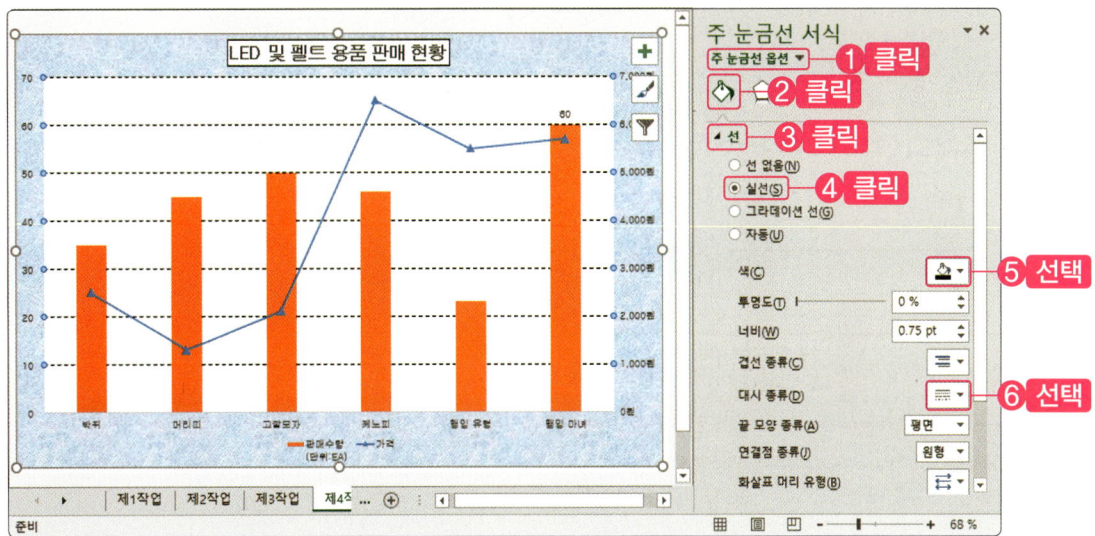

15 세로 축 서식을 지정하기 위해 세로 축을 선택한 후 〔축 서식〕 작업 창의 〔축 옵션〕-〔채우기 및 선(⬧)〕-〔선〕에서 〔실선〕을 선택한 다음 색(검정, 텍스트 1)을 선택합니다.

> 세로 축을 선택하면 〔주 눈금선 서식〕 작업 창이 〔축 서식〕 작업 창으로 변경됩니다.

16 보조 세로 축 서식을 지정하기 위해 보조 세로 축을 선택한 후 〔축 서식〕 작업 창의 〔축 옵션〕-〔채우기 및 선(⬧)〕-〔선〕에서 〔실선〕을 선택한 다음 색(검정, 텍스트 1)을 선택합니다. 그런 다음 〔축 서식〕 작업 창의 〔축 옵션〕-〔축 옵션(📊)〕-〔축 옵션〕에서 최대 경계(8000)와 주 단위(2000)를 입력합니다.

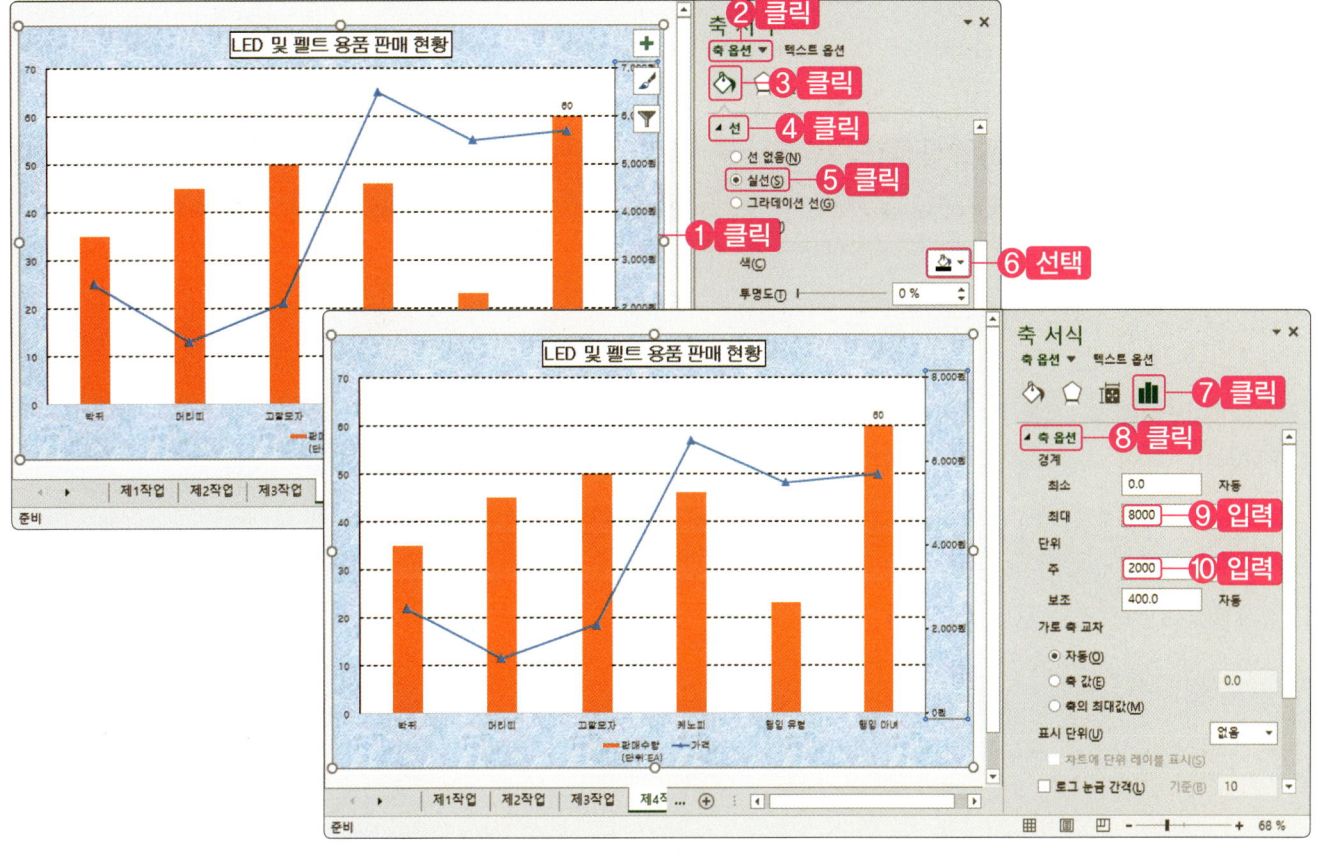

17 가로 축 서식을 지정하기 위해 가로 축을 선택한 후 [축 서식] 작업 창의 [축 옵션]-[채우기 및 선(🪣)]-[선]에서 [실선]을 선택한 다음 색(검정, 텍스트 1)을 선택하고 [닫기(❌)]를 클릭합니다.

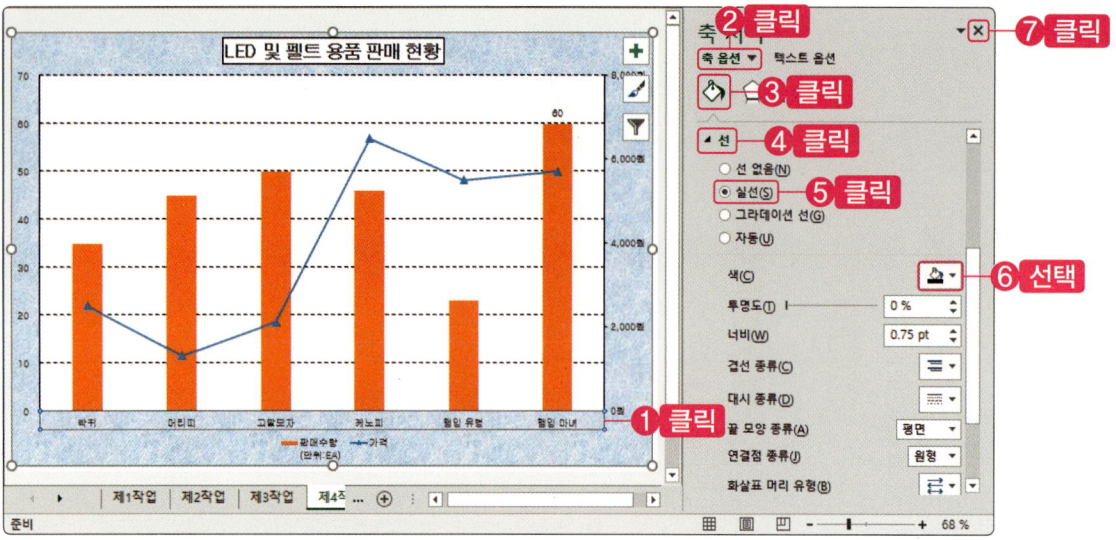

18 데이터 계열 이름을 변경하기 위해 차트를 선택한 후 [차트 도구] 정황 탭-[디자인] 탭-[데이터] 그룹에서 [데이터 선택]을 클릭합니다.

19 [데이터 원본 선택] 대화상자가 나타나면 [범례 항목(계열)]에서 [판매수량(단위:EA)]을 선택한 후 [편집] 단추를 클릭합니다.

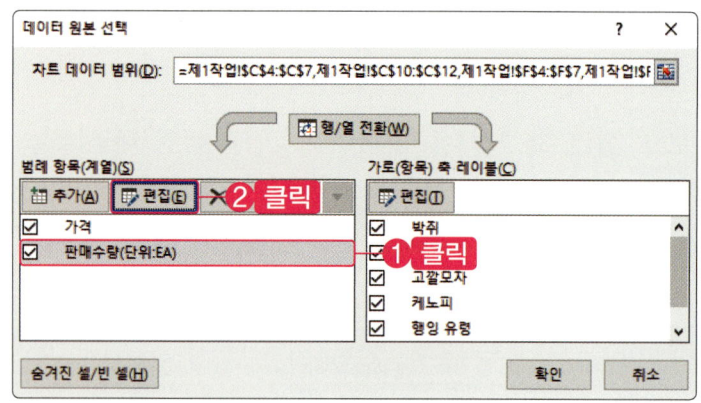

20 [계열 편집] 대화상자가 나타나면 계열 이름(판매수량(단위:EA))을 입력한 후 [확인] 단추를 클릭합니다.

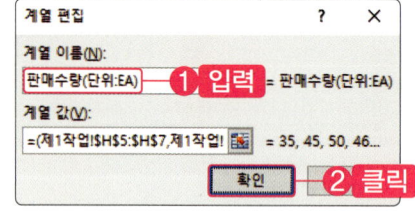

21 [데이터 원본 선택] 대화상자가 다시 나타나면 [확인] 단추를 클릭합니다.

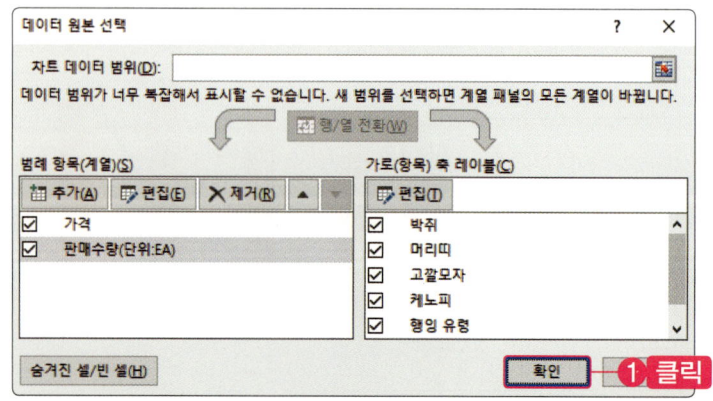

22 데이터 계열 이름이 변경됩니다.

차트에 도형 삽입하기

01 차트에 도형을 삽입하기 위해 차트를 선택한 후 [차트 도구] 정황 탭-[서식] 탭-[도형 삽입] 그룹에서 [자세히(▼)] 단추를 클릭합니다.

[삽입] 탭-[일러스트레이션] 그룹에서 [도형]을 클릭하여 차트에 도형을 삽입할 수도 있습니다.

02 도형 목록이 나타나면 [모서리가 둥근 사각형 설명선(🗩)]을 클릭합니다.

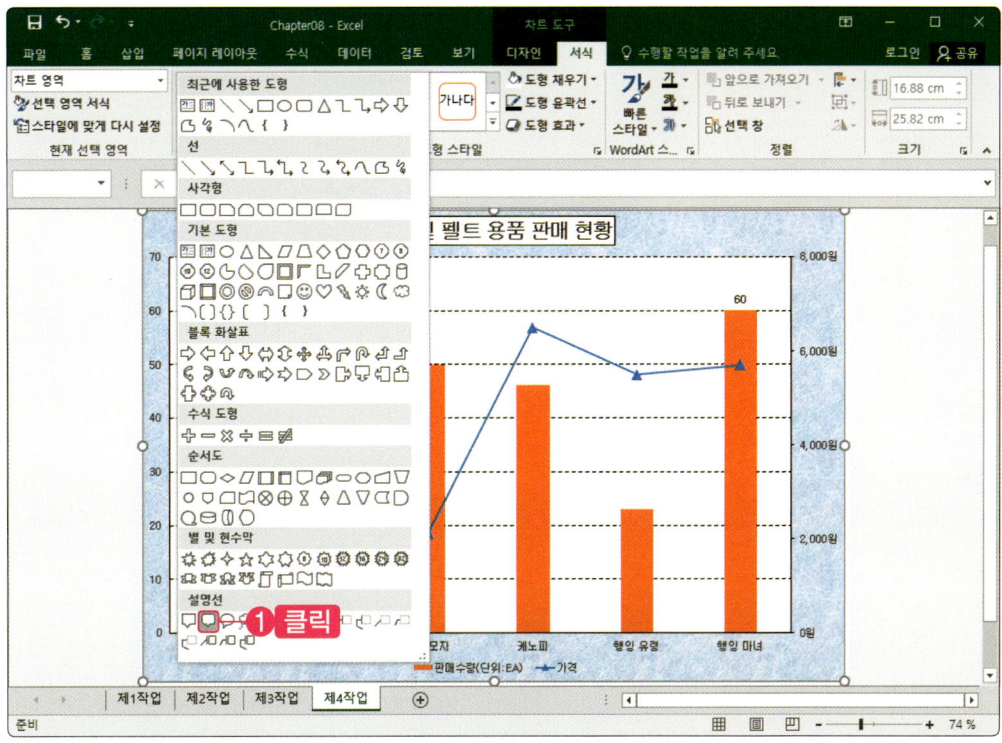

03 마우스 포인터가 + 모양으로 변경되면 다음과 같이 드래그하여 차트에 도형을 삽입합니다.

04 차트에 도형이 삽입되면 도형 텍스트(최대 판매수량)를 입력합니다. 그런 다음 도형에 글꼴 서식, 채우기 색, 맞춤 서식을 지정하기 위해 도형을 선택한 후 [홈] 탭-[글꼴] 그룹에서 글꼴(굴림), 글꼴 크기(11), 채우기 색(흰색, 배경 1), 글꼴 색(검정, 텍스트 1)을 선택한 다음 [맞춤] 그룹에서 [가운데 맞춤(세로(≡))]과 [가운데 맞춤(가로(≡))]을 클릭합니다.

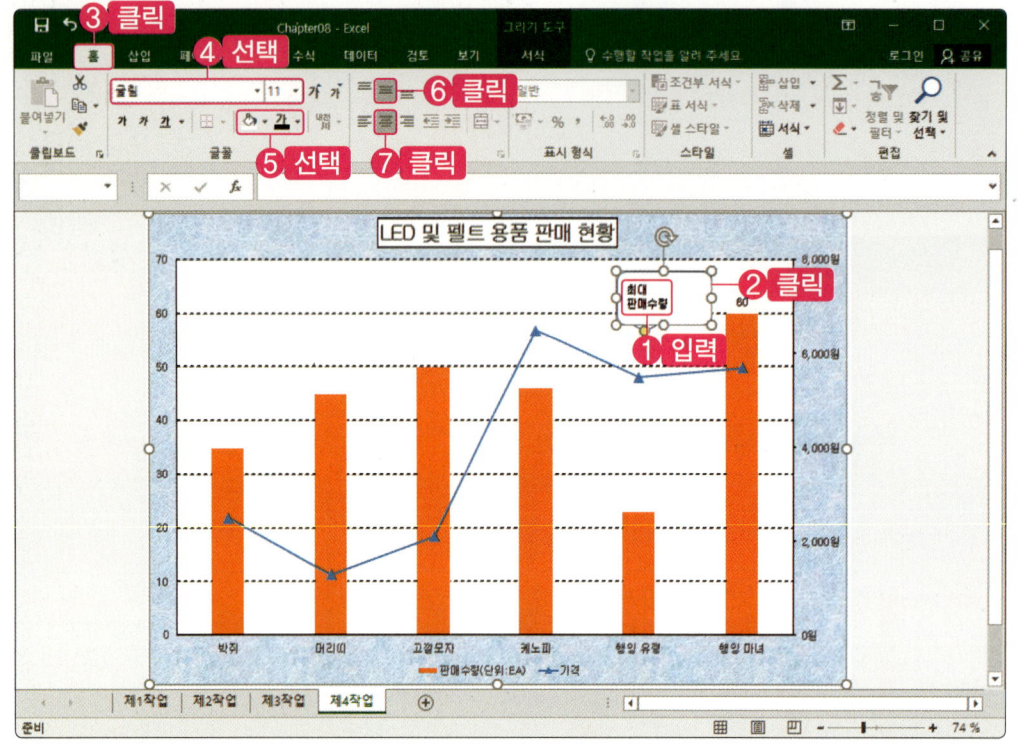

도형을 선택한 후 [그리기 도구] 정황 탭-[서식] 탭-[도형 스타일] 그룹에서 [도형 채우기]의 [목록(▼)] 단추를 클릭한 다음 [흰색, 배경 1]을 클릭하여 도형에 채우기 색을 지정할 수도 있습니다.

05 도형의 모양을 조정하기 위해 다음과 같이 도형의 모양 조정 핸들(○)을 드래그합니다.

06 도형의 모양이 조정됩니다.

ITQ Excel 2016

PART 02
출제예상문제

제01회 출제예상문제
제02회 출제예상문제
제03회 출제예상문제
제04회 출제예상문제
제05회 출제예상문제
제06회 출제예상문제
제07회 출제예상문제
제08회 출제예상문제
제09회 출제예상문제

제10회 출제예상문제
제11회 출제예상문제
제12회 출제예상문제
제13회 출제예상문제
제14회 출제예상문제
제15회 출제예상문제
제16회 출제예상문제
제17회 출제예상문제
제18회 출제예상문제

제 01 회 정보기술자격(ITQ) 출제예상문제

과목	코드	문제유형	시험시간	수험번호	성명
한글엑셀	1122	A	60분		

수험자 유의사항

- 수험자는 문제지를 받는 즉시 문제지와 **수험표상의 시험과목(프로그램)이 동일한지 반드시 확인**하여야 합니다.
- 파일명은 본인의 "수험번호-성명"으로 입력하여 답안폴더(내 PC\문서\ITQ)에 하나의 파일로 저장해야 하며, 답안문서 파일명이 "수험번호-성명"과 일치하지 않거나, 답안파일을 전송하지 않아 미제출로 처리될 경우 실격 처리합니다(예:12345678-홍길동.xlsx).
- 답안 작성을 마치면 파일을 저장하고, '답안 전송' 버튼을 선택하여 감독위원 PC로 답안을 전송하십시오. 수험생 정보와 저장한 파일명이 다를 경우 전송되지 않으므로 주의하시기 바랍니다.
- 답안 작성 중에도 **주기적으로 저장하고, '답안 전송'**하여야 문제 발생을 줄일 수 있습니다. 작업한 내용을 저장하지 않고 전송할 경우 이전에 저장된 내용이 전송되오니 이점 유의하시기 바랍니다.
- 답안문서는 지정된 경로 외의 다른 보조기억장치에 저장하는 경우, 지정된 시험 시간 외에 작성된 파일을 활용할 경우, 기타 통신수단(이메일, 메신저, 네트워크 등)을 이용하여 타인에게 전달 또는 외부 반출하는 경우는 부정 처리합니다.
- 시험 중 부주의 또는 고의로 시스템을 파손한 경우는 수험자가 변상해야 하며, 〈수험자 유의사항〉에 기재된 방법대로 이행하지 않아 생기는 불이익은 수험생 당사자의 책임임을 알려 드립니다.
- 문제의 조건은 MS오피스 2016 버전으로 설정되어 있으니 유의하시기 바랍니다.
- 시험을 완료한 수험자는 답안파일이 전송되었는지 확인한 후 감독위원의 지시에 따라 문제지를 제출하고 퇴실합니다.

답안 작성요령

- 온라인 답안 작성 절차
  수험자 등록 ⇒ 시험 시작 ⇒ 답안파일 저장 ⇒ 답안 전송 ⇒ 시험 종료
- 문제는 총 4단계, 즉 제1작업부터 제4작업까지 구성되어 있으며 반드시 제1작업부터 순서대로 작성하고 조건대로 작업하시오.
- 모든 작업시트의 A열은 열 너비 '1'로, 나머지 열은 적당하게 조절하시오.
- 모든 작업시트의 테두리는 ≪출력형태≫와 같이 작업하시오.
- 해당 작업란에서는 각각 제시된 조건에 따라 ≪출력형태≫와 같이 작업하시오.
- 답안 시트 이름은 "제1작업", "제2작업", "제3작업", "제4작업"이어야 하며 답안 시트 이외의 것은 감점 처리됩니다.
- 각 시트를 파일로 나누어 작업해서 저장할 경우 실격 처리됩니다.

kpc 한국생산성본부

[제1작업] 표 서식 작성 및 값 계산 (240점)

☞ 다음은 '민속박물관 전시마당 현황'에 대한 자료이다. 자료를 입력하고 조건에 맞도록 작업하시오.

≪출력형태≫

전시코드	전시명	전시구분	전시장소	전시 시작일	관람인원 (단위:명)	전시기간	시작 요일	관람인원 순위
G2314	거친 일상의 벗	상설	1전시실	2022-07-08	12,750	61	(1)	(2)
B3242	품격의 완성	외부	시립박물관	2022-06-02	15,480	30	(1)	(2)
P4372	공존의 도시	기획	기획전시실	2022-05-10	45,820	25	(1)	(2)
B3247	다듬잇돌	외부	역사박물관	2022-05-12	27,500	30	(1)	(2)
G2344	한국인의 일생	상설	2전시실	2022-07-05	28,000	92	(1)	(2)
G2313	한국인의 음식	상설	3전시실	2022-06-05	48,000	57	(1)	(2)
P2314	소소하게	기획	기획전시실	2022-07-01	52,400	80	(1)	(2)
P4325	하루의 시작	기획	기획전시실	2022-07-10	36,780	20	(1)	(2)
상설전시의 전시기간 평균			(3)		최소 전시기간			(5)
기획전시의 개수			(4)		전시코드	G2314	전시장소	(6)

≪조건≫

○ 모든 데이터의 서식에는 글꼴(굴림, 11pt), 정렬은 숫자 및 회계 서식은 오른쪽 정렬, 나머지 서식은 가운데 정렬로 작성하며 예외적인 것은 ≪출력형태≫를 참조하시오.
○ 제 목 ⇒ 도형(사다리꼴)과 그림자(오프셋 오른쪽)를 이용하여 작성하고
 "민속박물관 전시마당 현황"을 입력한 후 다음 서식을 적용하시오
 (글꼴-굴림, 24pt, 검정, 굵게, 채우기-노랑).
○ 임의의 셀에 결재란을 작성하여 그림으로 복사 기능을 이용하여 붙이기 하시오(단, 원본 삭제).
○ 「B4:J4, G14, I14」 영역은 '주황'으로 채우기 하시오.
○ 유효성 검사를 이용하여 「H14」 셀에 전시코드(「B5:B12」 영역)가 선택 표시되도록 하시오.
○ 셀 서식 ⇒ 「H5:H12」 영역에 셀 서식을 이용하여 숫자 뒤에 '일'을 표시하시오(예 : 61일).
○ 「H5:H12」 영역에 대해 '전시기간'으로 이름정의를 하시오.

☞ (1)~(6) 셀은 반드시 **주어진 함수를 이용**하여 값을 구하시오(결과값을 직접 입력하면 해당 셀은 0점 처리됨).

(1) 시작 요일 ⇒ 전시 시작일의 요일을 구하시오(CHOOSE, WEEKDAY 함수)(예 : 월요일).
(2) 관람인원 순위 ⇒ 관람인원(단위:명)의 내림차순 순위를 1~3까지 구하고, 그 외에는 공백으로 표시하시오(IF, RANK.EQ 함수).
(3) 상설전시의 전시기간 평균 ⇒ 조건은 입력데이터를 이용하시오(DAVERAGE 함수).
(4) 기획전시의 개수 ⇒ 결과값에 '개'를 붙이시오(COUNTIF 함수, & 연산자)(예 : 1개).
(5) 최소 전시기간 ⇒ 정의된 이름(전시기간)을 이용하여 구하시오(SMALL 함수).
(6) 전시장소 ⇒ 「H14」 셀에서 선택한 전시코드에 대한 전시장소를 구하시오(VLOOKUP 함수).
(7) 조건부 서식의 수식을 이용하여 관람인원(단위:명)이 '40,000' 이상인 행 전체에 다음의 서식을 적용하시오(글꼴 : 파랑, 굵게).

[제2작업] 필터 및 서식 (80점)

☞ "제1작업" 시트의 「B4:H12」 영역을 복사하여 "제2작업" 시트의 「B2」 셀부터 모두 붙여넣기를 한 후 다음의 조건과 같이 작업하시오.

≪조건≫

(1) 고급 필터 – 전시코드가 'B'로 시작하거나, 관람인원(단위:명)이 '50,000' 이상인 자료의 전시코드, 전시구분, 관람인원(단위:명), 전시기간 데이터만 추출하시오.
  - 조건 범위 : 「B14」 셀부터 입력하시오.
  - 복사 위치 : 「B18」 셀부터 나타나도록 하시오.

(2) 표 서식 – 고급필터의 결과셀을 채우기 없음으로 설정한 후 '표 스타일 보통 6'의 서식을 적용하시오.
  - 머리글 행, 줄무늬 행을 적용하시오.

[제3작업] 피벗테이블 (80점)

☞ "제1작업" 시트를 이용하여 "제3작업" 시트에 조건에 따라 ≪출력형태≫와 같이 작업하시오.

≪조건≫

(1) 전시 시작일 및 전시구분별 전시명의 개수와 관람인원(단위:명)의 평균을 구하시오.
(2) 전시 시작일을 그룹화하고, 전시구분을 ≪출력형태≫와 같이 정렬하시오.
(3) 레이블이 있는 셀 병합 및 가운데 맞춤 적용 및 빈 셀은 '**'로 표시하시오.
(4) 행의 총합계는 지우고, 나머지 사항은 ≪출력형태≫에 맞게 작성하시오.

≪출력형태≫

	A	B	C	D	E	F	G	H
1								
2			전시구분					
3			외부		상설		기획	
4		전시 시작일	개수 : 전시명	평균 : 관람인원(단위:명)	개수 : 전시명	평균 : 관람인원(단위:명)	개수 : 전시명	평균 : 관람인원(단위:명)
5		5월	1	27,500	**	**	1	45,820
6		6월	1	15,480	1	48,000	**	**
7		7월	**	**	2	20,375	2	44,590
8		총합계	2	21,490	3	29,583	3	45,000

[제4작업] 그래프 (100점)

☞ "제1작업" 시트를 이용하여 조건에 따라 ≪출력형태≫와 같이 작업하시오.

≪조건≫

(1) 차트 종류 ⇒ ⟨묶은 세로 막대형⟩으로 작업하시오.
(2) 데이터 범위 ⇒ "제1작업" 시트의 내용을 이용하여 작업하시오.
(3) 위치 ⇒ "새 시트"로 이동하고, "제4작업"으로 시트 이름을 바꾸시오.
(4) 차트 디자인 도구 ⇒ 레이아웃 3, 스타일 1을 선택하여 ≪출력형태≫에 맞게 작업하시오.
(5) 영역 서식 ⇒ 차트 : 글꼴(굴림, 11pt), 채우기 효과(질감-파랑 박엽지)
　　　　　　　　그림 : 채우기(흰색, 배경1)
(6) 제목 서식 ⇒ 차트 제목 : 글꼴(굴림, 굵게, 20pt), 채우기(흰색, 배경1), 테두리
(7) 서식 ⇒ 관람인원(단위:명) 계열의 차트 종류를 ⟨표식이 있는 꺾은선형⟩으로 변경한 후 보조 축으로 지정하시오.
　　　　　계열 : ≪출력형태≫를 참조하여 표식(세모, 크기 10)과 레이블 값을 표시하시오.
　　　　　눈금선 : 선 스타일-파선
　　　　　축 : ≪출력형태≫를 참조하시오.
(8) 범례 ⇒ 범례명을 변경하고 ≪출력형태≫를 참조하시오.
(9) 도형 ⇒ '모서리가 둥근 사각형 설명선'을 삽입한 후 ≪출력형태≫와 같이 내용을 입력하시오.
(10) 나머지 사항은 ≪출력형태≫에 맞게 작성하시오.

≪출력형태≫

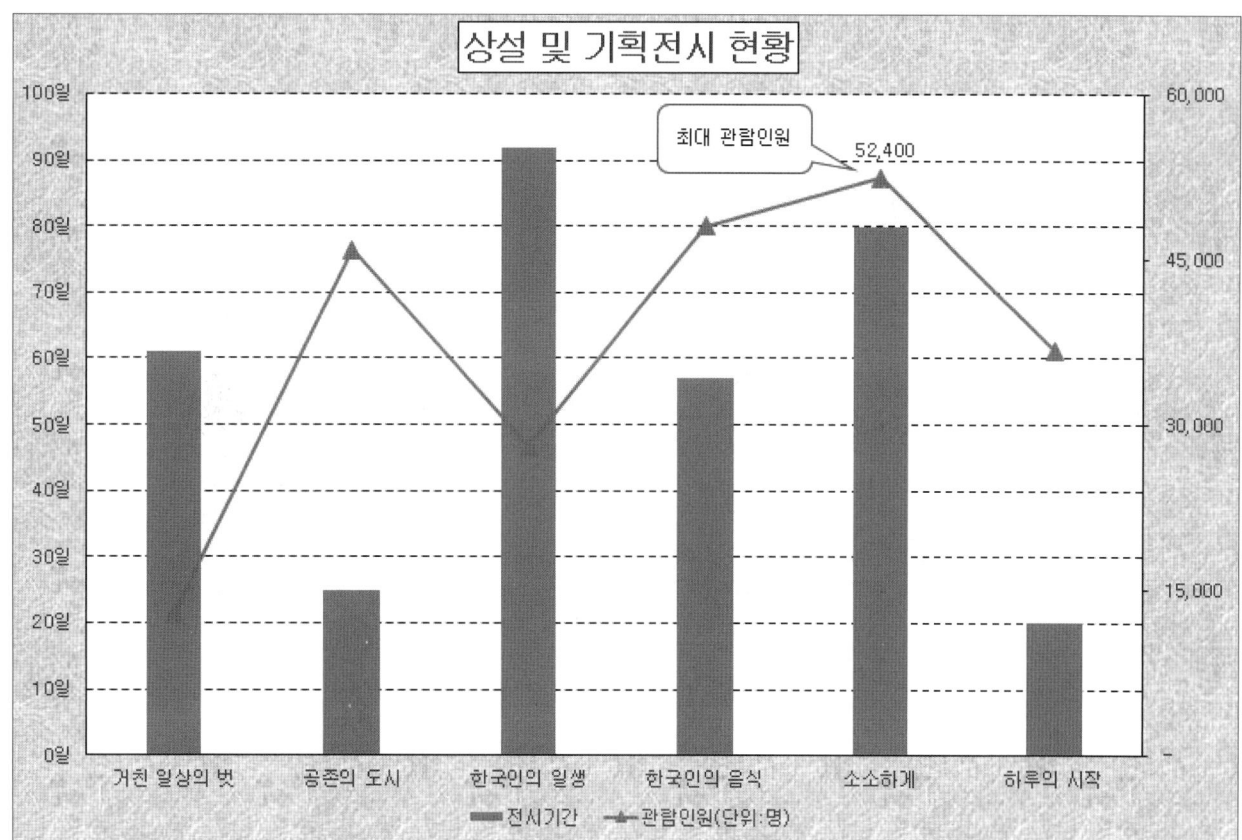

주의 ☞ 시트명 순서가 차례대로 "제1작업", "제2작업", "제3작업", "제4작업"이 되도록 할 것.

제 02 회 정보기술자격(ITQ) 출제예상문제

과목	코드	문제유형	시험시간	수험번호	성명
한글엑셀	1122	B	60분		

수험자 유의사항

- 수험자는 문제지를 받는 즉시 문제지와 **수험표상의 시험과목(프로그램)이 동일한지 반드시 확인**하여야 합니다.
- 파일명은 본인의 "수험번호-성명"으로 입력하여 답안폴더(내 PC\문서\ITQ)에 하나의 파일로 저장해야 하며, 답안문서 파일명이 "수험번호-성명"과 일치하지 않거나, 답안파일을 전송하지 않아 미제출로 처리될 경우 실격 처리합니다(예:12345678-홍길동.xlsx).
- 답안 작성을 마치면 파일을 저장하고, '답안 전송' 버튼을 선택하여 감독위원 PC로 답안을 전송하십시오. 수험생 정보와 저장한 파일명이 다를 경우 전송되지 않으므로 주의하시기 바랍니다.
- 답안 작성 중에도 **주기적으로 저장하고, '답안 전송'**하여야 문제 발생을 줄일 수 있습니다. 작업한 내용을 저장하지 않고 전송할 경우 이전에 저장된 내용이 전송되오니 이점 유의하시기 바랍니다.
- 답안문서는 지정된 경로 외의 다른 보조기억장치에 저장하는 경우, 지정된 시험 시간 외에 작성된 파일을 활용할 경우, 기타 통신수단(이메일, 메신저, 네트워크 등)을 이용하여 타인에게 전달 또는 외부 반출하는 경우는 부정 처리합니다.
- 시험 중 부주의 또는 고의로 시스템을 파손한 경우는 수험자가 변상해야 하며, 〈수험자 유의사항〉에 기재된 방법대로 이행하지 않아 생기는 불이익은 수험생 당사자의 책임임을 알려 드립니다.
- 문제의 조건은 MS오피스 2016 버전으로 설정되어 있으니 유의하시기 바랍니다.
- 시험을 완료한 수험자는 답안파일이 전송되었는지 확인한 후 감독위원의 지시에 따라 문제지를 제출하고 퇴실합니다.

답안 작성요령

- 온라인 답안 작성 절차
  수험자 등록 ⇒ 시험 시작 ⇒ 답안파일 저장 ⇒ 답안 전송 ⇒ 시험 종료
- 문제는 총 4단계, 즉 제1작업부터 제4작업까지 구성되어 있으며 반드시 제1작업부터 순서대로 작성하고 조건대로 작업하시오.
- 모든 작업시트의 A열은 열 너비 '1'로, 나머지 열은 적당하게 조절하시오.
- 모든 작업시트의 테두리는 ≪출력형태≫와 같이 작업하시오.
- 해당 작업란에서는 각각 제시된 조건에 따라 ≪출력형태≫와 같이 작업하시오.
- 답안 시트 이름은 "제1작업", "제2작업", "제3작업", "제4작업"이어야 하며 답안 시트 이외의 것은 감점 처리됩니다.
- 각 시트를 파일로 나누어 작업해서 저장할 경우 실격 처리됩니다.

kpc 한국생산성본부

[제1작업] 표 서식 작성 및 값 계산　　　　　　　　　　　　　　　　　　　　(240점)

☞ 다음은 '엘리에나 안양점 예약 현황'에 대한 자료이다. 자료를 입력하고 조건에 맞도록 작업하시오.

≪출력형태≫

예약코드	고객명	행사구분	홀명	행사일	예약인원	계약금 (단위:원)	계약일	예약인원 순위
M0525	심재영	산수연	다현	2022-09-17	185	500,000	(1)	(2)
B0611	금순영	고희연	보현	2022-09-18	140	500,000	(1)	(2)
B0408	곽소형	고희연	보현	2022-09-04	130	600,000	(1)	(2)
M0621	이지유	회갑연	문수	2022-09-11	350	1,000,000	(1)	(2)
D0513	지승아	고희연	다현	2022-09-18	95	1,000,000	(1)	(2)
D0622	한은정	산수연	다현	2022-09-24	85	600,000	(1)	(2)
M0519	김재현	회갑연	문수	2022-09-25	365	800,000	(1)	(2)
B0704	송진아	회갑연	보현	2022-09-03	300	600,000	(1)	(2)
다현홀의 행사 건수			(3)			최대 예약인원		(5)
산수연의 예약인원 합계			(4)		예약코드	M0525	행사구분	(6)

제목: 엘리에나 안양점 예약 현황

확인: 사원 / 팀장 / 부장

≪조건≫

○ 모든 데이터의 서식에는 글꼴(굴림, 11pt), 정렬은 숫자 및 회계 서식은 오른쪽 정렬, 나머지 서식은 가운데 정렬로 작성하며 예외적인 것은 ≪출력형태≫를 참조하시오.
○ 제 목 ⇒ 도형(사다리꼴)과 그림자(오프셋 오른쪽)를 이용하여 작성하고
　　　　　"엘리에나 안양점 예약 현황"을 입력한 후 다음 서식을 적용하시오
　　　　　(글꼴-굴림, 24pt, 검정, 굵게, 채우기-노랑).
○ 임의의 셀에 결재란을 작성하여 그림으로 복사 기능을 이용하여 붙이기 하시오(단, 원본 삭제).
○「B4:J4, G14, I14」영역은 '주황'으로 채우기 하시오.
○ 유효성 검사를 이용하여「H14」셀에 예약코드(「B5:B12」영역)가 선택 표시되도록 하시오.
○ 셀 서식 ⇒「G5:G12」영역에 셀 서식을 이용하여 숫자 뒤에 '명'을 표시하시오(예 : 185명).
○「E5:E12」영역에 대해 '홀명'으로 이름정의를 하시오.

☞ (1)~(6) 셀은 반드시 **주어진 함수를 이용**하여 값을 구하시오(결과값을 직접 입력하면 해당 셀은 0점 처리됨).

(1) 계약일 ⇒ 예약코드의 두 번째부터 두 글자를 '월'로, 네 번째부터 두 글자를 '일'로 하는
　　　　　2022년의 날짜를 구하시오(DATE, MID 함수)(예 : M0525 → 2022-05-25).
(2) 예약인원 순위 ⇒ 예약인원의 내림차순 순위를 1~3까지 구하고, 그 외에는 공백으로 표시하시오
　　　　　(IF, RANK.EQ 함수).
(3) 다현홀의 행사 건수 ⇒ 정의된 이름(홀명)을 이용하여 구한 결과값에 '건'을 붙이시오
　　　　　(COUNTIF 함수, & 연산자)(예 : 1건).
(4) 산수연의 예약인원 합계 ⇒ (SUMIF 함수)
(5) 최대 예약인원 ⇒ (MAX 함수)
(6) 행사구분 ⇒「H14」셀에서 선택한 예약코드에 대한 행사구분을 구하시오(VLOOKUP 함수).
(7) 조건부 서식의 수식을 이용하여 예약인원이 '300' 이상인 행 전체에 다음의 서식을 적용하시오
　　　　　(글꼴 : 파랑, 굵게).

[제2작업] 필터 및 서식 (80점)

☞ "제1작업" 시트의 「B4:H12」 영역을 복사하여 "제2작업" 시트의 「B2」 셀부터 모두 붙여넣기를 한 후 다음의 조건과 같이 작업하시오.

≪조건≫

(1) 고급 필터 – 예약코드가 'M'으로 시작하거나, 계약금(단위:원)이 '1,000,000' 이상인 자료의 고객명, 행사일, 예약인원, 계약금(단위:원) 데이터만 추출하시오.
   – 조건 범위 : 「B14」 셀부터 입력하시오.
   – 복사 위치 : 「B18」 셀부터 나타나도록 하시오.

(2) 표 서식 – 고급필터의 결과셀을 채우기 없음으로 설정한 후 '표 스타일 보통 6'의 서식을 적용하시오.
   – 머리글 행, 줄무늬 행을 적용하시오.

[제3작업] 피벗테이블 (80점)

☞ "제1작업" 시트를 이용하여 "제3작업" 시트에 조건에 따라 ≪출력형태≫와 같이 작업하시오.

≪조건≫

(1) 행사일 및 행사구분별 고객명의 개수와 계약금(단위:원)의 평균을 구하시오.
(2) 행사일을 그룹화하고, 행사구분을 ≪출력형태≫와 같이 정렬하시오.
(3) 레이블이 있는 셀 병합 및 가운데 맞춤 적용 및 빈 셀은 '**'로 표시하시오.
(4) 행의 총합계는 지우고, 나머지 사항은 ≪출력형태≫에 맞게 작성하시오.

≪출력형태≫

	행사구분						
		회갑연		산수연		고희연	
행사일	개수 : 고객명	평균 : 계약금(단위:원)	개수 : 고객명	평균 : 계약금(단위:원)	개수 : 고객명	평균 : 계약금(단위:원)
2022-09-03 - 2022-09-12	2	800,000	**	**	1	600,000
2022-09-13 - 2022-09-22	**	**	1	500,000	2	750,000
2022-09-23 - 2022-09-26	1	800,000	1	600,000	**	**
총합계	3	800,000	2	550,000	3	700,000

[제4작업] 그래프 (100점)

☞ "제1작업" 시트를 이용하여 조건에 따라 ≪출력형태≫와 같이 작업하시오.

≪조건≫

(1) 차트 종류 ⇒ 〈묶은 세로 막대형〉으로 작업하시오.
(2) 데이터 범위 ⇒ "제1작업" 시트의 내용을 이용하여 작업하시오.
(3) 위치 ⇒ "새 시트"로 이동하고, "제4작업"으로 시트 이름을 바꾸시오.
(4) 차트 디자인 도구 ⇒ 레이아웃 3, 스타일 1을 선택하여 ≪출력형태≫에 맞게 작업하시오.
(5) 영역 서식 ⇒ 차트 : 글꼴(굴림, 11pt), 채우기 효과(질감-파랑 박엽지)
        그림 : 채우기(흰색, 배경1)
(6) 제목 서식 ⇒ 차트 제목 : 글꼴(굴림, 굵게, 20pt), 채우기(흰색, 배경1), 테두리
(7) 서식 ⇒ 예약인원 계열의 차트 종류를 〈표식이 있는 꺾은선형〉으로 변경한 후 보조 축으로 지정하시오.
    계열 : ≪출력형태≫를 참조하여 표식(세모, 크기 10)과 레이블 값을 표시하시오.
    눈금선 : 선 스타일-파선
    축 : ≪출력형태≫를 참조하시오.
(8) 범례 ⇒ 범례명을 변경하고 ≪출력형태≫를 참조하시오.
(9) 도형 ⇒ '모서리가 둥근 사각형 설명선'을 삽입한 후 ≪출력형태≫와 같이 내용을 입력하시오.
(10) 나머지 사항은 ≪출력형태≫에 맞게 작성하시오.

≪출력형태≫

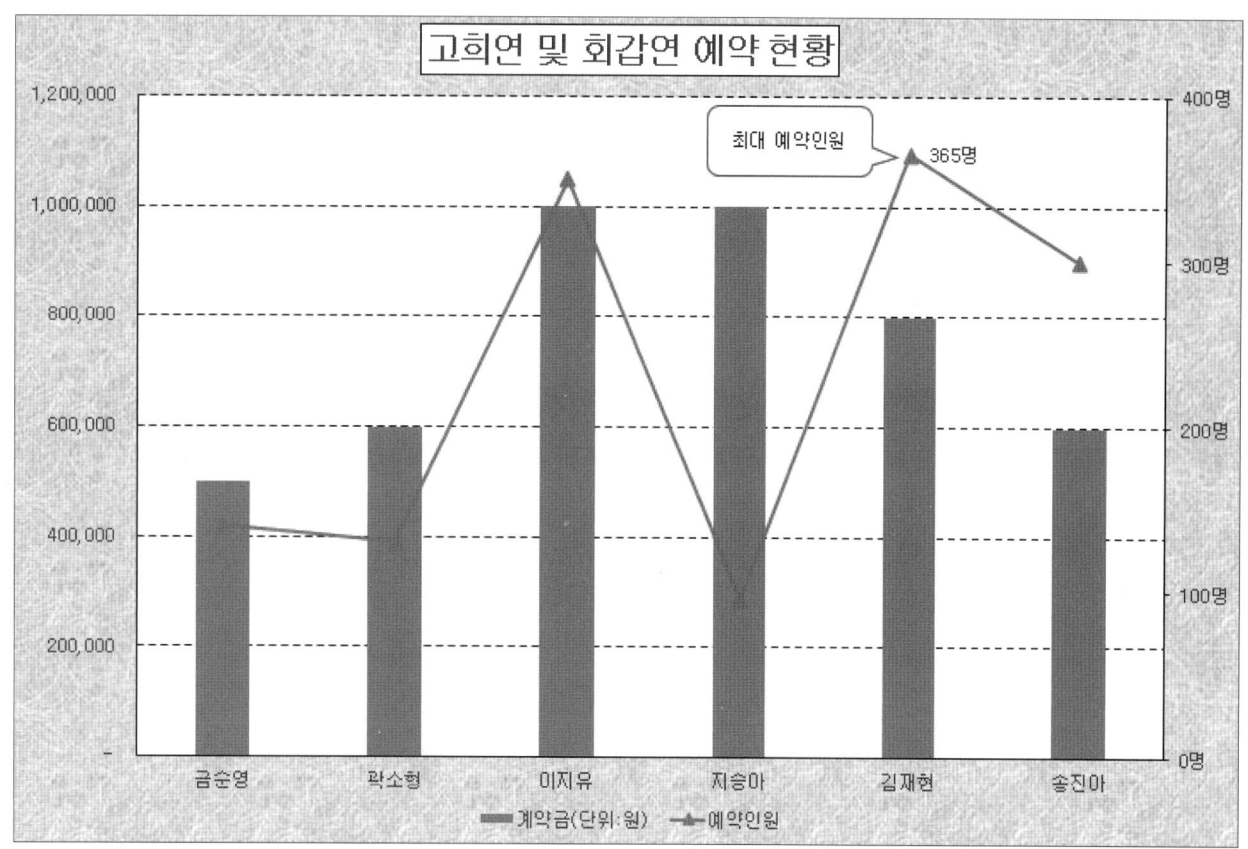

주의 ☞ 시트명 순서가 차례대로 "제1작업", "제2작업", "제3작업", "제4작업"이 되도록 할 것.

제03회 정보기술자격(ITQ) 출제예상문제

과목	코드	문제유형	시험시간	수험번호	성명
한글엑셀	1122	C	60분		

수험자 유의사항

- 수험자는 문제지를 받는 즉시 문제지와 **수험표상의 시험과목(프로그램)이 동일한지 반드시 확인**하여야 합니다.
- 파일명은 본인의 "수험번호-성명"으로 입력하여 답안폴더(내 PC₩문서₩ITQ)에 하나의 파일로 저장해야 하며, 답안문서 파일명이 "수험번호-성명"과 일치하지 않거나, 답안파일을 전송하지 않아 미제출로 처리될 경우 실격 처리합니다(예:12345678-홍길동.xlsx).
- 답안 작성을 마치면 파일을 저장하고, '답안 전송' 버튼을 선택하여 감독위원 PC로 답안을 전송하십시오. 수험생 정보와 저장한 파일명이 다를 경우 전송되지 않으므로 주의하시기 바랍니다.
- 답안 작성 중에도 **주기적으로 저장하고, '답안 전송'** 하여야 문제 발생을 줄일 수 있습니다. 작업한 내용을 저장하지 않고 전송할 경우 이전에 저장된 내용이 전송되오니 이점 유의하시기 바랍니다.
- 답안문서는 지정된 경로 외의 다른 보조기억장치에 저장하는 경우, 지정된 시험 시간 외에 작성된 파일을 활용할 경우, 기타 통신수단(이메일, 메신저, 네트워크 등)을 이용하여 타인에게 전달 또는 외부 반출하는 경우는 부정 처리합니다.
- 시험 중 부주의 또는 고의로 시스템을 파손한 경우는 수험자가 변상해야 하며, 〈수험자 유의사항〉에 기재된 방법대로 이행하지 않아 생기는 불이익은 수험생 당사자의 책임임을 알려 드립니다.
- 문제의 조건은 MS오피스 2016 버전으로 설정되어 있으니 유의하시기 바랍니다.
- 시험을 완료한 수험자는 답안파일이 전송되었는지 확인한 후 감독위원의 지시에 따라 문제지를 제출하고 퇴실합니다.

답안 작성요령

- 온라인 답안 작성 절차
  수험자 등록 ⇒ 시험 시작 ⇒ 답안파일 저장 ⇒ 답안 전송 ⇒ 시험 종료
- 문제는 총 4단계, 즉 제1작업부터 제4작업까지 구성되어 있으며 반드시 제1작업부터 순서대로 작성하고 조건대로 작업하시오.
- 모든 작업시트의 A열은 열 너비 '1'로, 나머지 열은 적당하게 조절하시오.
- 모든 작업시트의 테두리는 ≪출력형태≫와 같이 작업하시오.
- 해당 작업란에서는 각각 제시된 조건에 따라 ≪출력형태≫와 같이 작업하시오.
- 답안 시트 이름은 "제1작업", "제2작업", "제3작업", "제4작업"이어야 하며 답안 시트 이외의 것은 감점 처리됩니다.
- 각 시트를 파일로 나누어 작업해서 저장할 경우 실격 처리됩니다.

kpc 한국생산성본부

[제1작업] 표 서식 작성 및 값 계산 (240점)

☞ 다음은 '동일 냉방면적 에어컨 비교'에 대한 자료이다. 자료를 입력하고 조건에 맞도록 작업하시오.

《출력형태》

	A	B	C	D	E	F	G	H	I	J
1								결재	담당	팀장	본부장
2		동일 냉방면적 에어컨 비교								
3										
4		제품코드	제품명	분류	브랜드	냉방능력	소비전력(kW)	가격(단위:원)	순위	비고
5		SPV-221	시원바람	스탠드	성공전자	6,900	2.10	979,830	(1)	(2)
6		AFF-119	무풍초절전	스탠드	삼별사	6,450	1.88	826,620	(1)	(2)
7		SMA-319	무빙에어컨	이동	신일사	6,162	2.20	1,597,970	(1)	(2)
8		CSV-421	시원캐리어	벽걸이	세계전자	6,550	2.25	407,570	(1)	(2)
9		EPV-120	위니스타워	스탠드	성공전자	6,500	2.10	1,029,270	(1)	(2)
10		SWE-120	회오리바람	벽걸이	엘프사	6,400	2.01	769,350	(1)	(2)
11		WRV-220	위터스윌	벽걸이	성공전자	6,500	2.14	853,020	(1)	(2)
12		TPA-322	인디캠핑콘	이동	템피아	6,162	2.40	1,480,000	(1)	(2)
13		이동형 제품의 소비전력(kW) 평균			(3)			두 번째로 높은 소비전력(kW)		(5)
14		스탠드형 최소 가격(단위:원)			(4)			제품코드	SPV-221	냉방능력	(6)

《조건》

- 모든 데이터의 서식에는 글꼴(굴림, 11pt), 정렬은 숫자 및 회계 서식은 오른쪽 정렬, 나머지 서식은 가운데 정렬로 작성하며 예외적인 것은 《출력형태》를 참조하시오.
- 제 목 ⇒ 도형(양쪽 모서리가 잘린 사각형)과 그림자(오프셋 오른쪽)를 이용하여 작성하고 "동일 냉방면적 에어컨 비교"를 입력한 후 다음 서식을 적용하시오 (글꼴-굴림, 24pt, 검정, 굵게, 채우기-노랑).
- 임의의 셀에 결재란을 작성하여 그림으로 복사 기능을 이용하여 붙이기 하시오(단, 원본 삭제).
- 「B4:J4, G14, I14」 영역은 '주황'으로 채우기 하시오.
- 유효성 검사를 이용하여 「H14」 셀에 제품코드(「B5:B12」 영역)가 선택 표시되도록 하시오.
- 셀 서식 ⇒ 「F5:F12」 영역에 셀 서식을 이용하여 숫자 뒤에 'W'를 표시하시오(예 : 6,900W).
- 「G5:G12」 영역에 대해 '소비전력'으로 이름정의를 하시오.

☞ (1)~(6) 셀은 반드시 **주어진 함수를 이용**하여 값을 구하시오(결과값을 직접 입력하면 해당 셀은 0점 처리됨).

(1) 순위 ⇒ 냉방능력의 내림차순 순위를 구한 결과값에 '위'를 붙이시오
(RANK.EQ 함수, & 연산자)(예 : 1위).
(2) 비고 ⇒ 제품코드의 다섯 번째 글자가 1이면 '초절전', 2이면 '인버터', 그 외에는 '기타'로 구하시오 (IF, MID 함수).
(3) 이동형 제품의 소비전력(kW) 평균 ⇒ 분류가 이동인 제품의 소비전력(kW) 평균을 구하시오 (SUMIF, COUNTIF 함수).
(4) 스탠드형 최소 가격(단위:원) ⇒ 조건은 입력데이터를 이용하시오(DMIN 함수).
(5) 두 번째로 높은 소비전력(kW) ⇒ 정의된 이름(소비전력)을 이용하여 구하시오(LARGE 함수).
(6) 냉방능력 ⇒ 「H14」 셀에서 선택한 제품코드에 대한 냉방능력을 구하시오(VLOOKUP 함수).
(7) 조건부 서식의 수식을 이용하여 소비전력(kW)이 '2.10' 이하인 행 전체에 다음의 서식을 적용하시오 (글꼴 : 파랑, 굵게).

[제2작업] 목표값 찾기 및 필터 (80점)

☞ "제1작업" 시트의 「B4:H12」 영역을 복사하여 "제2작업" 시트의 「B2」 셀부터 모두 붙여넣기를 한 후 다음의 조건과 같이 작업하시오.

≪조건≫

(1) 목표값 찾기 – 「B11:G11」 셀을 병합하여 "성공전자의 냉방능력 평균"을 입력한 후 「H11」 셀에 성공전자의 냉방능력 평균을 구하시오. 단, 조건은 입력데이터를 이용하시오 (DAVERAGE 함수, 테두리, 가운데 맞춤).
  – '성공전자의 냉방능력 평균'이 '6,634'가 되려면 시원바람의 냉방능력이 얼마가 되어야 하는지 목표값을 구하시오.

(2) 고급 필터 – 분류가 '벽걸이'이거나, 소비전력(kW)이 '2' 이하인 자료의 제품명, 분류, 브랜드, 가격(단위:원) 데이터만 추출하시오.
  – 조건 범위 : 「B14」 셀부터 입력하시오.
  – 복사 위치 : 「B18」 셀부터 나타나도록 하시오.

[제3작업] 정렬 및 부분합 (80점)

☞ "제1작업" 시트의 「B4:H12」 영역을 복사하여 "제3작업" 시트의 「B2」 셀부터 모두 붙여넣기를 한 후 다음의 조건과 같이 작업하시오.

≪조건≫

(1) 부분합 – ≪출력형태≫처럼 정렬하고, 제품명의 개수와 가격(단위:원)의 평균을 구하시오.
(2) 윤곽 – 지우시오.
(3) 나머지 사항은 ≪출력형태≫에 맞게 작성하시오.

≪출력형태≫

A	B	C	D	E	F	G	H
1							
2	제품코드	제품명	분류	브랜드	냉방능력	소비전력(kW)	가격(단위:원)
3	SMA-319	무빙에어컨	이동	신일사	6,162W	2.20	1,597,970
4	TPA-322	인디캠핑콘	이동	템피아	6,162W	2.40	1,480,000
5			이동 평균				1,538,985
6		2	이동 개수				
7	SPV-221	시원바람	스탠드	성공전자	6,900W	2.10	979,830
8	AFF-119	무풍초절전	스탠드	삼별사	6,450W	1.88	826,620
9	EPV-120	위니스타워	스탠드	성공전자	6,500W	2.10	1,029,270
10			스탠드 평균				945,240
11		3	스탠드 개수				
12	CSV-421	시원캐리어	벽걸이	세계전자	6,550W	2.25	407,570
13	SWE-120	회오리바람	벽걸이	엘프사	6,400W	2.01	769,350
14	WRV-220	위터스윌	벽걸이	성공전자	6,500W	2.14	853,020
15			벽걸이 평균				676,647
16		3	벽걸이 개수				
17			전체 평균				992,954
18		8	전체 개수				

[제4작업] 그래프 (100점)

☞ "제1작업" 시트를 이용하여 조건에 따라 ≪출력형태≫와 같이 작업하시오.

≪조건≫

(1) 차트 종류 ⇒ 〈묶은 세로 막대형〉으로 작업하시오.
(2) 데이터 범위 ⇒ "제1작업" 시트의 내용을 이용하여 작업하시오.
(3) 위치 ⇒ "새 시트"로 이동하고, "제4작업"으로 시트 이름을 바꾸시오.
(4) 차트 디자인 도구 ⇒ 레이아웃 3, 스타일 1을 선택하여 ≪출력형태≫에 맞게 작업하시오.
(5) 영역 서식 ⇒ 차트 : 글꼴(굴림, 11pt), 채우기 효과(질감-파랑 박엽지)
    그림 : 채우기(흰색, 배경1)
(6) 제목 서식 ⇒ 차트 제목 : 글꼴(굴림, 굵게, 20pt), 채우기(흰색, 배경1), 테두리
(7) 서식 ⇒ 냉방능력 계열의 차트 종류를 〈표식이 있는 꺾은선형〉으로 변경한 후 보조 축으로 지정하시오.
    계열 : ≪출력형태≫를 참조하여 표식(마름모, 크기 10)과 레이블 값을 표시하시오.
    눈금선 : 선 스타일-파선
    축 : ≪출력형태≫를 참조하시오.
(8) 범례 ⇒ 범례명을 변경하고 ≪출력형태≫를 참조하시오.
(9) 도형 ⇒ '모서리가 둥근 사각형 설명선'을 삽입한 후 ≪출력형태≫와 같이 내용을 입력하시오.
(10) 나머지 사항은 ≪출력형태≫에 맞게 작성하시오.

≪출력형태≫

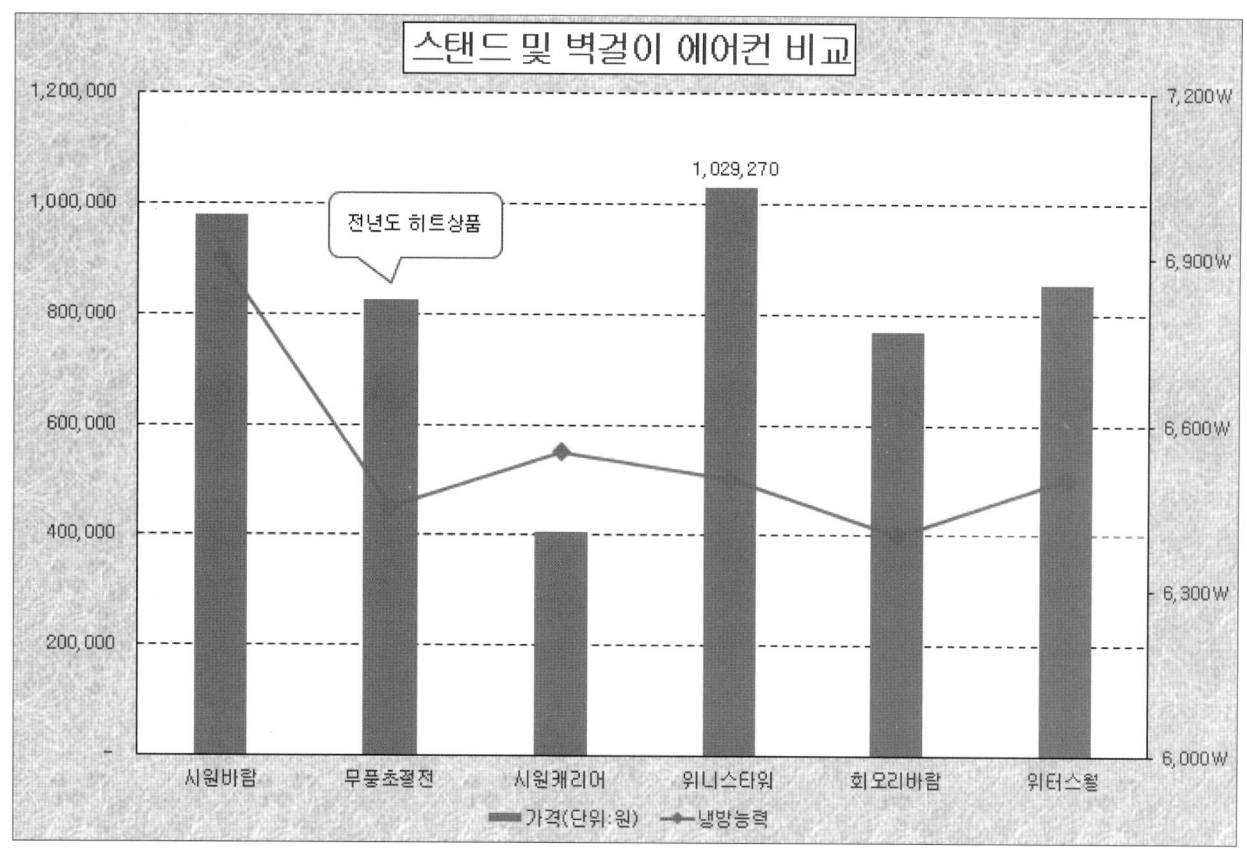

주의 ☞ 시트명 순서가 차례대로 "제1작업", "제2작업", "제3작업", "제4작업"이 되도록 할 것.

제 04 회 정보기술자격(ITQ) 출제예상문제

과목	코드	문제유형	시험시간	수험번호	성명
한글엑셀	1122	D	60분		

수험자 유의사항

- 수험자는 문제지를 받는 즉시 문제지와 **수험표상의 시험과목(프로그램)이 동일한지 반드시 확인**하여야 합니다.
- 파일명은 본인의 "수험번호-성명"으로 입력하여 답안폴더(내 PC₩문서₩ITQ)에 하나의 파일로 저장해야 하며, 답안문서 파일명이 "수험번호-성명"과 일치하지 않거나, 답안파일을 전송하지 않아 미제출로 처리될 경우 실격 처리합니다(예:12345678-홍길동.xlsx).
- 답안 작성을 마치면 파일을 저장하고, '답안 전송' 버튼을 선택하여 감독위원 PC로 답안을 전송하십시오. 수험생 정보와 저장한 파일명이 다를 경우 전송되지 않으므로 주의하시기 바랍니다.
- 답안 작성 중에도 **주기적으로 저장하고, '답안 전송'**하여야 문제 발생을 줄일 수 있습니다. 작업한 내용을 저장하지 않고 전송할 경우 이전에 저장된 내용이 전송되오니 이점 유의하시기 바랍니다.
- 답안문서는 지정된 경로 외의 다른 보조기억장치에 저장하는 경우, 지정된 시험 시간 외에 작성된 파일을 활용할 경우, 기타 통신수단(이메일, 메신저, 네트워크 등)을 이용하여 타인에게 전달 또는 외부 반출하는 경우는 부정 처리합니다.
- 시험 중 부주의 또는 고의로 시스템을 파손한 경우는 수험자가 변상해야 하며, 〈수험자 유의사항〉에 기재된 방법대로 이행하지 않아 생기는 불이익은 수험생 당사자의 책임임을 알려 드립니다.
- 문제의 조건은 MS오피스 2016 버전으로 설정되어 있으니 유의하시기 바랍니다.
- 시험을 완료한 수험자는 답안파일이 전송되었는지 확인한 후 감독위원의 지시에 따라 문제지를 제출하고 퇴실합니다.

답안 작성요령

- 온라인 답안 작성 절차
  수험자 등록 ⇒ 시험 시작 ⇒ 답안파일 저장 ⇒ 답안 전송 ⇒ 시험 종료
- 문제는 총 4단계, 즉 제1작업부터 제4작업까지 구성되어 있으며 반드시 제1작업부터 순서대로 작성하고 조건대로 작업하시오.
- 모든 작업시트의 A열은 열 너비 '1'로, 나머지 열은 적당하게 조절하시오.
- 모든 작업시트의 테두리는 ≪출력형태≫와 같이 작업하시오.
- 해당 작업란에서는 각각 제시된 조건에 따라 ≪출력형태≫와 같이 작업하시오.
- 답안 시트 이름은 "제1작업", "제2작업", "제3작업", "제4작업"이어야 하며 답안 시트 이외의 것은 감점 처리됩니다.
- 각 시트를 파일로 나누어 작업해서 저장할 경우 실격 처리됩니다.

kpc 한국생산성본부

[제1작업] 표 서식 작성 및 값 계산 (240점)

☞ 다음은 '게임 S/W 판매 현황'에 대한 자료이다. 자료를 입력하고 조건에 맞도록 작업하시오.

≪출력형태≫

	B	C	D	E	F	G	H	I	J
1							결재	담당	과장	부장
2		게임 S/W 판매 현황							
3									
4	제품코드	제품명	개발사	유형	가격	상반기 판매량	하반기 판매량	순위	출시연도
5	PSE2019	잠수함	아람	액션	32,700	6,820	7,520	(1)	(2)
6	SCA2020	좀비5	지성소프트	액션	28,400	4,852	5,180	(1)	(2)
7	SAV2017	제로2	지성소프트	어드벤쳐	32,700	4,501	3,870	(1)	(2)
8	SCC2021	골프	아람	스포츠	30,500	4,782	4,820	(1)	(2)
9	KAV2018	풋볼	지성소프트	스포츠	34,900	4,890	7,510	(1)	(2)
10	SCE2018	릴리 스토리	소리아	액션	32,600	2,570	2,500	(1)	(2)
11	PSA2021	다나의 눈	소리아	어드벤쳐	28,400	3,570	3,790	(1)	(2)
12	SAB2019	아소의 나라	소리아	어드벤쳐	28,400	2,780	2,450	(1)	(2)
13	소리아 제품의 평균 가격			(3)			아람 제품의 총 상반기 판매량		(5)
14	최대 하반기 판매량			(4)			제품명	잠수함	가격	(6)

≪조건≫

○ 모든 데이터의 서식에는 글꼴(굴림, 11pt), 정렬은 숫자 및 회계 서식은 오른쪽 정렬, 나머지 서식은 가운데 정렬로 작성하며 예외적인 것은 ≪출력형태≫를 참조하시오.
○ 제 목 ⇒ 도형(양쪽 모서리가 잘린 사각형)과 그림자(오프셋 오른쪽)를 이용하여 작성하고
"게임 S/W 판매 현황"을 입력한 후 다음 서식을 적용하시오
(글꼴-굴림, 24pt, 검정, 굵게, 채우기-노랑).
○ 임의의 셀에 결재란을 작성하여 그림으로 복사 기능을 이용하여 붙이기 하시오(단, 원본 삭제).
○ 「B4:J4, G14, I14」 영역은 '주황'으로 채우기 하시오.
○ 유효성 검사를 이용하여 「H14」 셀에 제품명(「C5:C12」 영역)이 선택 표시되도록 하시오.
○ 셀 서식 ⇒ 「F5:F12」 영역에 셀 서식을 이용하여 숫자 뒤에 '원'을 표시하시오(예 : 32,700원).
○ 「H5:H12」 영역에 대해 '하반기판매량'으로 이름정의를 하시오.

☞ (1)~(6) 셀은 반드시 **주어진 함수를 이용**하여 값을 구하시오(결과값을 직접 입력하면 해당 셀은 0점 처리됨).

(1) 순위 ⇒ 상반기 판매량의 내림차순 순위를 1~3까지 구하고, 그 외에는 공백으로 표시하시오
 (IF, RANK.EQ 함수).
(2) 출시연도 ⇒ 제품코드의 마지막 네 글자를 추출하여 '년'을 붙이시오
 (RIGHT 함수, & 연산자)(예 : 2019년).
(3) 소리아 제품의 평균 가격 ⇒ (SUMIF, COUNTIF 함수)
(4) 최대 하반기 판매량 ⇒ 정의된 이름(하반기판매량)을 이용하여 구하시오(MAX 함수).
(5) 아람 제품의 총 상반기 판매량 ⇒ 조건은 입력데이터를 이용하시오(DSUM 함수).
(6) 가격 ⇒ 「H14」 셀에서 선택한 제품명에 대한 가격을 구하시오(VLOOKUP 함수).
(7) 조건부 서식의 수식을 이용하여 가격이 '30,000' 이하인 행 전체에 다음의 서식을 적용하시오
 (글꼴 : 파랑, 굵게).

[제2작업] 목표값 찾기 및 필터 (80점)

☞ "제1작업" 시트의 「B4:H12」 영역을 복사하여 "제2작업" 시트의 「B2」 셀부터 모두 붙여넣기를 한 후 다음의 조건과 같이 작업하시오.

≪조건≫

(1) 목표값 찾기 - 「B11:G11」 셀을 병합하여 "아람 제품의 가격 평균"을 입력한 후 「H11」 셀에 아람 제품의 가격 평균을 구하시오. 단, 조건은 입력데이터를 이용하시오 (DAVERAGE 함수, 테두리, 가운데 맞춤).
 - '아람 제품의 가격 평균'이 '32,000'이 되려면 잠수함의 가격이 얼마가 되어야 하는지 목표값을 구하시오.

(2) 고급 필터 - 유형이 '스포츠'이거나, 하반기 판매량이 '3,000' 이하인 자료의 제품명, 가격, 상반기 판매량, 하반기 판매량 데이터만 추출하시오.
 - 조건 범위 : 「B14」 셀부터 입력하시오.
 - 복사 위치 : 「B18」 셀부터 나타나도록 하시오.

[제3작업] 정렬 및 부분합 (80점)

☞ "제1작업" 시트의 「B4:H12」 영역을 복사하여 "제3작업" 시트의 「B2」 셀부터 모두 붙여넣기를 한 후 다음의 조건과 같이 작업하시오.

≪조건≫

(1) 부분합 - ≪출력형태≫처럼 정렬하고, 제품명의 개수와 하반기 판매량의 평균을 구하시오.
(2) 윤곽 - 지우시오.
(3) 나머지 사항은 ≪출력형태≫에 맞게 작성하시오.

≪출력형태≫

A	B	C	D	E	F	G	H
1							
2	제품코드	제품명	개발사	유형	가격	상반기 판매량	하반기 판매량
3	SAV2017	제로2	지성소프트	어드벤처	32,700원	4,501	3,870
4	PSA2021	다나의 눈	소리아	어드벤처	28,400원	3,570	3,790
5	SAB2019	아소의 나라	소리아	어드벤처	28,400원	2,780	2,450
6				어드벤처 평균			3,370
7		3		어드벤처 개수			
8	PSE2019	잠수함	아람	액션	32,700원	6,820	7,520
9	SCA2020	좀비5	지성소프트	액션	28,400원	4,852	5,180
10	SCE2018	릴리 스토리	소리아	액션	32,600원	2,570	2,500
11				액션 평균			5,067
12		3		액션 개수			
13	SCC2021	골프	아람	스포츠	30,500원	4,782	4,820
14	KAV2018	풋볼	지성소프트	스포츠	34,900원	4,890	7,510
15				스포츠 평균			6,165
16		2		스포츠 개수			
17				전체 평균			4,705
18		8		전체 개수			

[제4작업] 그래프 (100점)

☞ "제1작업" 시트를 이용하여 조건에 따라 ≪출력형태≫와 같이 작업하시오.

≪조건≫

(1) 차트 종류 ⇒ 〈묶은 세로 막대형〉으로 작업하시오.
(2) 데이터 범위 ⇒ "제1작업" 시트의 내용을 이용하여 작업하시오.
(3) 위치 ⇒ "새 시트"로 이동하고, "제4작업"으로 시트 이름을 바꾸시오.
(4) 차트 디자인 도구 ⇒ 레이아웃 3, 스타일 1을 선택하여 ≪출력형태≫에 맞게 작업하시오.
(5) 영역 서식 ⇒ 차트 : 글꼴(굴림, 11pt), 채우기 효과(질감-파랑 박엽지)
  그림 : 채우기(흰색, 배경1)
(6) 제목 서식 ⇒ 차트 제목 : 글꼴(굴림, 굵게, 20pt), 채우기(흰색, 배경1), 테두리
(7) 서식 ⇒ 하반기 판매량 계열의 차트 종류를 〈표식이 있는 꺾은선형〉으로 변경한 후 보조 축으로 지정하시오.
  계열 : ≪출력형태≫를 참조하여 표식(마름모, 크기 10)과 레이블 값을 표시하시오.
  눈금선 : 선 스타일-파선
  축 : ≪출력형태≫를 참조하시오.
(8) 범례 ⇒ 범례명을 변경하고 ≪출력형태≫를 참조하시오.
(9) 도형 ⇒ '모서리가 둥근 사각형 설명선'을 삽입한 후 ≪출력형태≫와 같이 내용을 입력하시오.
(10) 나머지 사항은 ≪출력형태≫에 맞게 작성하시오.

≪출력형태≫

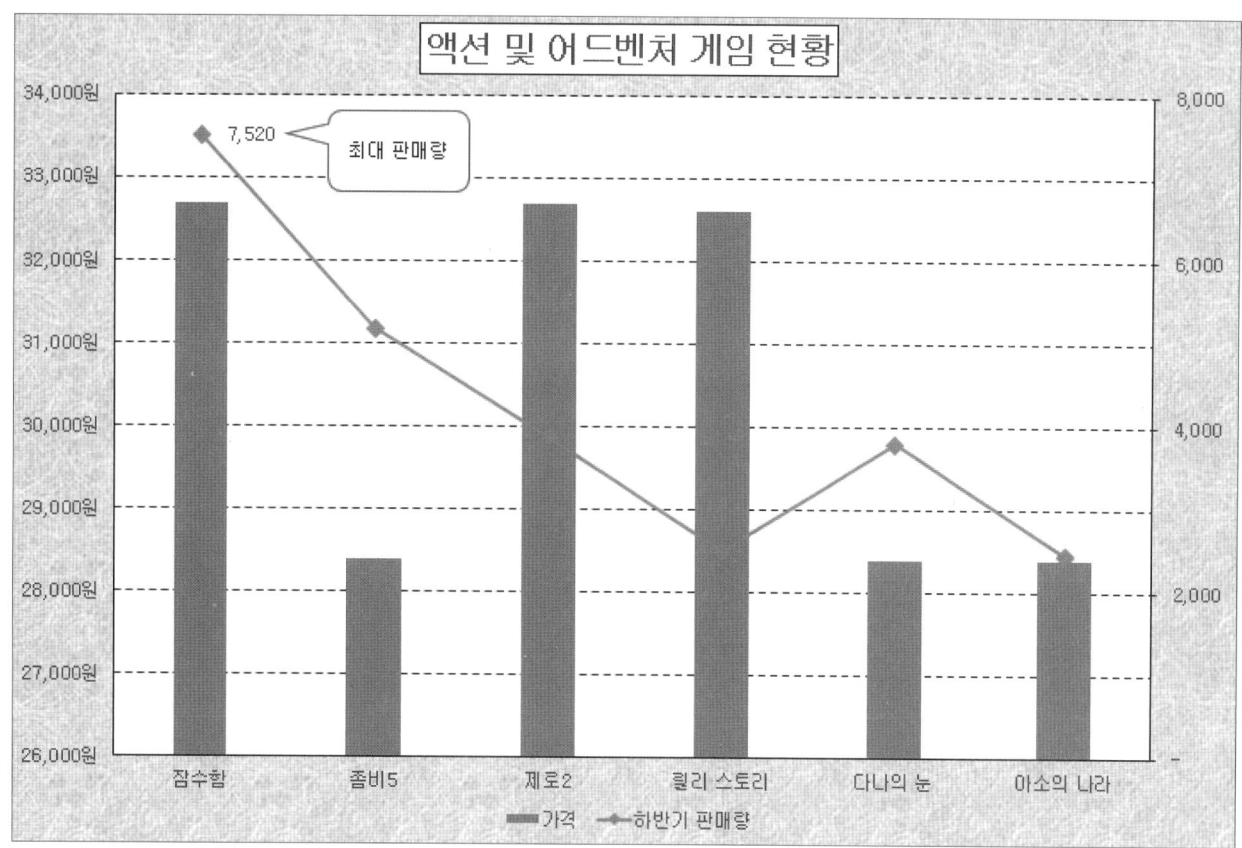

주의 ☞ 시트명 순서가 차례대로 "제1작업", "제2작업", "제3작업", "제4작업"이 되도록 할 것.

제 05 회 정보기술자격(ITQ) 출제예상문제

과목	코드	문제유형	시험시간	수험번호	성명
한글엑셀	1122	E	60분		

수험자 유의사항

- 수험자는 문제지를 받는 즉시 문제지와 **수험표상의 시험과목(프로그램)이 동일한지 반드시 확인**하여야 합니다.
- 파일명은 본인의 "수험번호-성명"으로 입력하여 답안폴더(내 PC\문서\ITQ)에 하나의 파일로 저장해야 하며, 답안문서 파일명이 "수험번호-성명"과 일치하지 않거나, 답안파일을 전송하지 않아 미제출로 처리될 경우 실격 처리합니다(예:12345678-홍길동.xlsx).
- 답안 작성을 마치면 파일을 저장하고, '답안 전송' 버튼을 선택하여 감독위원 PC로 답안을 전송하십시오. 수험생 정보와 저장한 파일명이 다를 경우 전송되지 않으므로 주의하시기 바랍니다.
- 답안 작성 중에도 **주기적으로 저장하고, '답안 전송'**하여야 문제 발생을 줄일 수 있습니다. 작업한 내용을 저장하지 않고 전송할 경우 이전에 저장된 내용이 전송되오니 이점 유의하시기 바랍니다.
- 답안문서는 지정된 경로 외의 다른 보조기억장치에 저장하는 경우, 지정된 시험 시간 외에 작성된 파일을 활용할 경우, 기타 통신수단(이메일, 메신저, 네트워크 등)을 이용하여 타인에게 전달 또는 외부 반출하는 경우는 부정 처리합니다.
- 시험 중 부주의 또는 고의로 시스템을 파손한 경우는 수험자가 변상해야 하며, 〈수험자 유의사항〉에 기재된 방법대로 이행하지 않아 생기는 불이익은 수험생 당사자의 책임임을 알려 드립니다.
- 문제의 조건은 MS오피스 2016 버전으로 설정되어 있으니 유의하시기 바랍니다.
- 시험을 완료한 수험자는 답안파일이 전송되었는지 확인한 후 감독위원의 지시에 따라 문제지를 제출하고 퇴실합니다.

답안 작성요령

- 온라인 답안 작성 절차
  수험자 등록 ⇒ 시험 시작 ⇒ 답안파일 저장 ⇒ 답안 전송 ⇒ 시험 종료
- 문제는 총 4단계, 즉 제1작업부터 제4작업까지 구성되어 있으며 반드시 제1작업부터 순서대로 작성하고 조건대로 작업하시오.
- 모든 작업시트의 A열은 열 너비 '1'로, 나머지 열은 적당하게 조절하시오.
- 모든 작업시트의 테두리는 ≪출력형태≫와 같이 작업하시오.
- 해당 작업란에서는 각각 제시된 조건에 따라 ≪출력형태≫와 같이 작업하시오.
- 답안 시트 이름은 "제1작업", "제2작업", "제3작업", "제4작업"이어야 하며 답안 시트 이외의 것은 감점 처리됩니다.
- 각 시트를 파일로 나누어 작업해서 저장할 경우 실격 처리됩니다.

kpc 한국생산성본부

[제1작업] 표 서식 작성 및 값 계산 (240점)

☞ 다음은 '지역 축제 현황'에 대한 자료이다. 자료를 입력하고 조건에 맞도록 작업하시오.

≪출력형태≫

	A	B	C	D	E	F	G	H	I	J
1								결재	담당	대리	팀장
2				지역 축제 현황						
3										
4		관리코드	축제명	지역	유형	관람객 수	1인당 지출비용 (단위:원)	경제유발효과 (단위:억원)	순위	개최 월
5		SEA-405	송도불꽃축제	인천	문화예술	1,520,000	50,750	131	(1)	(2)
6		FEA-210	동래읍성축제	부산	전통역사	1,170,000	61,439	186	(1)	(2)
7		FEC-409	부평풍물대축제	인천	문화예술	190,000	52,720	290	(1)	(2)
8		AMF-410	탐라문화제	제주	문화예술	1,780,000	32,950	260	(1)	(2)
9		JSD-210	자갈치축제	부산	지역특산물	750,000	34,705	218	(1)	(2)
10		FEL-106	마두희축제	울산	전통역사	400,000	64,000	73	(1)	(2)
11		HED-105	거북선축제	여수	전통역사	680,000	108,345	50	(1)	(2)
12		NTU-202	군밤축제	공주	지역특산물	820,000	45,060	72	(1)	(2)
13		전통역사 축제의 1인당 지출비용(단위:원) 평균			(3)			최대 경제유발효과(단위:억원)		(5)
14		인천지역 축제의 관람객 수 합계			(4)			축제명	송도불꽃축제	관람객 수	(6)

≪조건≫

○ 모든 데이터의 서식에는 글꼴(굴림, 11pt), 정렬은 숫자 및 회계 서식은 오른쪽 정렬, 나머지 서식은 가운데 정렬로 작성하며 예외적인 것은 ≪출력형태≫를 참조하시오.
○ 제 목 ⇒ 도형(양쪽 모서리가 잘린 사각형)과 그림자(오프셋 오른쪽)를 이용하여 작성하고 "지역 축제 현황"을 입력한 후 다음 서식을 적용하시오
 (글꼴-굴림, 24pt, 검정, 굵게, 채우기-노랑).
○ 임의의 셀에 결재란을 작성하여 그림으로 복사 기능을 이용하여 붙이기 하시오(단, 원본 삭제).
○ 「B4:J4, G14, I14」 영역은 '주황'으로 채우기 하시오.
○ 유효성 검사를 이용하여 「H14」 셀에 축제명(「C5:C12」 영역)이 선택 표시되도록 하시오.
○ 셀 서식 ⇒ 「F5:F12」 영역에 셀 서식을 이용하여 숫자 뒤에 '명'을 표시하시오(예 : 1,520,000명).
○ 「H5:H12」 영역에 대해 '경제유발효과'로 이름정의를 하시오.

☞ (1)~(6) 셀은 반드시 **주어진 함수를 이용**하여 값을 구하시오(결과값을 직접 입력하면 해당 셀은 0점 처리됨).

(1) 순위 ⇒ 관람객 수의 내림차순 순위를 1~3까지 구하고, 그 외에는 공백으로 표시하시오
 (IF, RANK.EQ 함수).
(2) 개최 월 ⇒ 관리코드의 마지막 두 글자를 추출하여 '월'을 붙이오
 (RIGHT 함수, & 연산자)(예 : SEA-405 → 05월).
(3) 전통역사 축제의 1인당 지출비용(단위:원) 평균 ⇒ (SUMIF, COUNTIF 함수)
(4) 인천지역 축제의 관람객 수 합계 ⇒ 조건은 입력데이터를 이용하시오(DSUM 함수).
(5) 최대 경제유발효과(단위:억원) ⇒ 정의된 이름(경제유발효과)을 이용하여 구하시오(MAX 함수).
(6) 관람객 수 ⇒ 「H14」 셀에서 선택한 축제명에 대한 관람객 수를 구하시오(VLOOKUP 함수).
(7) 조건부 서식의 수식을 이용하여 관람객 수가 '1,000,000' 이상인 행 전체에 다음의 서식을 적용하시오(글꼴 : 파랑, 굵게).

[제2작업] 목표값 찾기 및 필터 (80점)

☞ "제1작업" 시트의 「B4:H12」 영역을 복사하여 "제2작업" 시트의 「B2」 셀부터 모두 붙여넣기를 한 후 다음의 조건과 같이 작업하시오.

≪조건≫

(1) 목표값 찾기 – 「B11:G11」 셀을 병합하여 "문화예술 축제의 관람객 수 평균"을 입력한 후 「H11」 셀에 문화예술 축제의 관람객 수 평균을 구하시오. 단, 조건은 입력데이터를 이용하시오 (DAVERAGE 함수, 테두리, 가운데 맞춤).
 – '문화예술 축제의 관람객 수 평균'이 '1,270,000'이 되려면 송도불꽃축제의 관람객 수가 얼마가 되어야 하는지 목표값을 구하시오.

(2) 고급 필터 – 지역이 '제주'이거나, 경제유발효과(단위:억원)가 '100' 이하인 자료의 축제명, 지역, 관람객 수, 경제유발효과(단위:억원) 데이터만 추출하시오.
 – 조건 범위 : 「B14」 셀부터 입력하시오.
 – 복사 위치 : 「B18」 셀부터 나타나도록 하시오.

[제3작업] 정렬 및 부분합 (80점)

☞ "제1작업" 시트의 「B4:H12」 영역을 복사하여 "제3작업" 시트의 「B2」 셀부터 모두 붙여넣기를 한 후 다음의 조건과 같이 작업하시오.

≪조건≫

(1) 부분합 – ≪출력형태≫처럼 정렬하고, 축제명의 개수와 관람객 수의 평균을 구하시오.
(2) 윤곽 – 지우시오.
(3) 나머지 사항은 ≪출력형태≫에 맞게 작성하시오.

≪출력형태≫

관리코드	축제명	지역	유형	관람객 수	1인당 지출비용 (단위:원)	경제유발효과 (단위:억원)
JSD-210	자갈치축제	부산	지역특산물	750,000명	34,705	218
NTU-202	군밤축제	공주	지역특산물	820,000명	45,060	72
			지역특산물 평균	785,000명		
	2		지역특산물 개수			
FEA-210	동래읍성축제	부산	전통역사	1,170,000명	61,439	186
FEL-106	마두희축제	울산	전통역사	400,000명	64,000	73
HED-105	거북선축제	여수	전통역사	680,000명	108,345	50
			전통역사 평균	750,000명		
	3		전통역사 개수			
SEA-405	송도불꽃축제	인천	문화예술	1,520,000명	50,750	131
FEC-409	부평풍물대축제	인천	문화예술	190,000명	52,720	290
AMF-410	탐라문화제	제주	문화예술	1,780,000명	32,950	260
			문화예술 평균	1,163,333명		
	3		문화예술 개수			
			전체 평균	913,750명		
	8		전체 개수			

[제4작업] 그래프   (100점)

☞ "제1작업" 시트를 이용하여 조건에 따라 ≪출력형태≫와 같이 작업하시오.

≪조건≫

(1) 차트 종류 ⇒ 〈묶은 세로 막대형〉으로 작업하시오.
(2) 데이터 범위 ⇒ "제1작업" 시트의 내용을 이용하여 작업하시오.
(3) 위치 ⇒ "새 시트"로 이동하고, "제4작업"으로 시트 이름을 바꾸시오.
(4) 차트 디자인 도구 ⇒ 레이아웃 3, 스타일 1을 선택하여 ≪출력형태≫에 맞게 작업하시오.
(5) 영역 서식 ⇒ 차트 : 글꼴(굴림, 11pt), 채우기 효과(질감-파랑 박엽지)
               그림 : 채우기(흰색, 배경1)
(6) 제목 서식 ⇒ 차트 제목 : 글꼴(굴림, 굵게, 20pt), 채우기(흰색, 배경1), 테두리
(7) 서식 ⇒ 경제유발효과(단위:억원) 계열의 차트 종류를 〈표식이 있는 꺾은선형〉으로 변경한 후
           보조 축으로 지정하시오.
           계열 : ≪출력형태≫를 참조하여 표식(마름모, 크기 10)과 레이블 값을 표시하시오.
           눈금선 : 선 스타일-파선
           축 : ≪출력형태≫를 참조하시오.
(8) 범례 ⇒ 범례명을 변경하고 ≪출력형태≫를 참조하시오.
(9) 도형 ⇒ '모서리가 둥근 사각형 설명선'을 삽입한 후 ≪출력형태≫와 같이 내용을 입력하시오.
(10) 나머지 사항은 ≪출력형태≫에 맞게 작성하시오.

≪출력형태≫

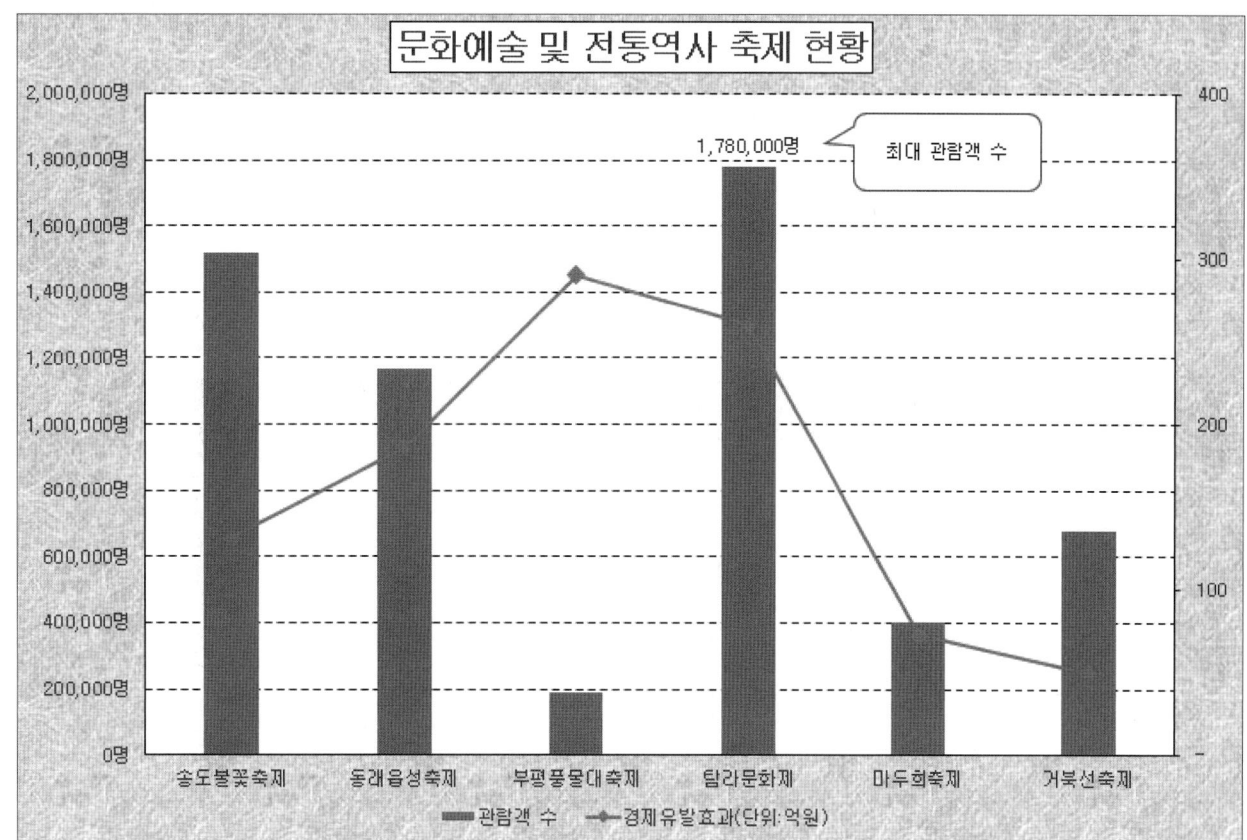

주의 ☞ 시트명 순서가 차례대로 "제1작업", "제2작업", "제3작업", "제4작업"이 되도록 할 것.

제06회 정보기술자격(ITQ) 출제예상문제

과목	코드	문제유형	시험시간	수험번호	성명
한글엑셀	1122	A	60분		

수험자 유의사항

- 수험자는 문제지를 받는 즉시 문제지와 **수험표상의 시험과목(프로그램)이 동일한지 반드시 확인**하여야 합니다.
- 파일명은 본인의 "수험번호-성명"으로 입력하여 답안폴더(내 PC\문서\ITQ)에 하나의 파일로 저장해야 하며, 답안문서 파일명이 "수험번호-성명"과 일치하지 않거나, 답안파일을 전송하지 않아 미제출로 처리될 경우 실격 처리합니다(예:12345678-홍길동.xlsx).
- 답안 작성을 마치면 파일을 저장하고, '답안 전송' 버튼을 선택하여 감독위원 PC로 답안을 전송하십시오. 수험생 정보와 저장한 파일명이 다를 경우 전송되지 않으므로 주의하시기 바랍니다.
- 답안 작성 중에도 **주기적으로 저장하고, '답안 전송'**하여야 문제 발생을 줄일 수 있습니다. 작업한 내용을 저장하지 않고 전송할 경우 이전에 저장된 내용이 전송되오니 이점 유의하시기 바랍니다.
- 답안문서는 지정된 경로 외의 다른 보조기억장치에 저장하는 경우, 지정된 시험 시간 외에 작성된 파일을 활용할 경우, 기타 통신수단(이메일, 메신저, 네트워크 등)을 이용하여 타인에게 전달 또는 외부 반출하는 경우는 부정 처리합니다.
- 시험 중 부주의 또는 고의로 시스템을 파손한 경우는 수험자가 변상해야 하며, 〈수험자 유의사항〉에 기재된 방법대로 이행하지 않아 생기는 불이익은 수험생 당사자의 책임임을 알려 드립니다.
- 문제의 조건은 MS오피스 2016 버전으로 설정되어 있으니 유의하시기 바랍니다.
- 시험을 완료한 수험자는 답안파일이 전송되었는지 확인한 후 감독위원의 지시에 따라 문제지를 제출하고 퇴실합니다.

답안 작성요령

- 온라인 답안 작성 절차
  수험자 등록 ⇒ 시험 시작 ⇒ 답안파일 저장 ⇒ 답안 전송 ⇒ 시험 종료
- 문제는 총 4단계, 즉 제1작업부터 제4작업까지 구성되어 있으며 반드시 제1작업부터 순서대로 작성하고 조건대로 작업하시오.
- 모든 작업시트의 A열은 열 너비 '1'로, 나머지 열은 적당하게 조절하시오.
- 모든 작업시트의 테두리는 ≪출력형태≫와 같이 작업하시오.
- 해당 작업란에서는 각각 제시된 조건에 따라 ≪출력형태≫와 같이 작업하시오.
- 답안 시트 이름은 "제1작업", "제2작업", "제3작업", "제4작업"이어야 하며 답안 시트 이외의 것은 감점 처리됩니다.
- 각 시트를 파일로 나누어 작업해서 저장할 경우 실격 처리됩니다.

kpc 한국생산성본부

[제1작업] 표 서식 작성 및 값 계산 (240점)

☞ 다음은 '인증 중고 캠핑카 직거래 현황'에 대한 자료이다. 자료를 입력하고 조건에 맞도록 작업하시오.

≪출력형태≫

	A	B	C	D	E	F	G	H	I	J
1		인증 중고 캠핑카 직거래 현황							확인 담당	팀장 부장
2										
3										
4		매물번호	모델명	판매자	연료	출고일	주행거리(단위:km)	판매 가격	출고일 순위	탑승인원
5		C-1240	포트2	손가은	전기	2019-10-07	16,537	3,500	(1)	(2)
6		S-1527	르벤투스	이지은	경유	2018-02-07	54,091	1,900	(1)	(2)
7		A-3841	레비	박정은	휘발유	2018-09-08	58,290	2,200	(1)	(2)
8		Q-3737	스타리아	서영희	전기	2020-02-12	17,280	3,200	(1)	(2)
9		K-2216	랙스턴스포츠	김철수	휘발유	2019-04-25	47,169	2,900	(1)	(2)
10		G-1109	카라반	김미정	경유	2019-12-11	89,500	1,950	(1)	(2)
11		B-1097	다온플러스	장정훈	휘발유	2020-06-14	23,000	4,450	(1)	(2)
12		A-2835	르노마스터 3밴	전철민	전기	2018-03-04	24,548	1,850	(1)	(2)
13		전기 캠핑카 판매 가격 평균			(3)		최소 주행거리(단위:km)			(5)
14		카라반 모델의 판매자			(4)		모델명	포트2	판매 가격	(6)

≪조건≫

○ 모든 데이터의 서식에는 글꼴(굴림, 11pt), 정렬은 숫자 및 회계 서식은 오른쪽 정렬, 나머지 서식은 가운데 정렬로 작성하며 예외적인 것은 ≪출력형태≫를 참조하시오.
○ 제 목 ⇒ 도형(십자형)과 그림자(오프셋 위쪽)를 이용하여 작성하고
  "인증 중고 캠핑카 직거래 현황"을 입력한 후 다음 서식을 적용하시오
  (글꼴-굴림, 24pt, 검정, 굵게, 채우기-노랑).
○ 임의의 셀에 결재란을 작성하여 그림으로 복사 기능을 이용하여 붙이기 하시오(단, 원본 삭제).
○「B4:J4, G14, I14」영역은 '주황'으로 채우기 하시오.
○ 유효성 검사를 이용하여「H14」셀에 모델명(「C5:C12」영역)이 선택 표시되도록 하시오.
○ 셀 서식 ⇒「H5:H12」영역에 셀 서식을 이용하여 숫자 뒤에 '만원'을 표시하시오(예 : 3,500만원).
○「G5:G12」영역에 대해 '주행거리'로 이름정의를 하시오.

☞ (1)~(6) 셀은 반드시 **주어진 함수를 이용**하여 값을 구하시오(결과값을 직접 입력하면 해당 셀은 0점 처리됨).

(1) 출고일 순위 ⇒ 출고일의 내림차순 순위를 구한 결과값에 '위'를 붙이시오
  (RANK.EQ 함수, & 연산자)(예 : 1위).
(2) 탑승인원 ⇒ 매물번호 세 번째 글자가 1이면 '5명', 2이면 '3명', 3이면 '2명'으로 구하시오
  (CHOOSE, MID 함수).
(3) 전기 캠핑카 판매 가격 평균 ⇒ 조건은 입력데이터를 이용하시오(DAVERAGE 함수).
(4) 카라반 모델의 판매자 ⇒ (INDEX, MATCH 함수)
(5) 최소 주행거리(단위:km) ⇒ 정의된 이름(주행거리)을 이용하여 구하시오(SMALL 함수).
(6) 판매 가격 ⇒「H14」셀에서 선택한 모델명에 대한 판매 가격을 구하시오(VLOOKUP 함수).
(7) 조건부 서식의 수식을 이용하여 판매 가격이 '3,000' 이상인 행 전체에 다음의 서식을 적용하시오
  (글꼴 : 파랑, 굵게).

[제2작업] 필터 및 서식 (80점)

☞ "제1작업" 시트의 「B4:H12」 영역을 복사하여 "제2작업" 시트의 「B2」 셀부터 모두 붙여넣기를 한 후 다음의 조건과 같이 작업하시오.

≪조건≫

(1) 고급 필터 – 연료가 '전기'가 아니면서 주행거리(단위:km)가 '50,000' 이하인 자료의 모델명, 판매자, 출고일, 판매 가격 데이터만 추출하시오.
  – 조건 범위 : 「B14」셀부터 입력하시오.
  – 복사 위치 : 「B18」셀부터 나타나도록 하시오.

(2) 표 서식 – 고급필터의 결과셀을 채우기 없음으로 설정한 후 '표 스타일 보통 6'의 서식을 적용하시오.
  – 머리글 행, 줄무늬 행을 적용하시오.

[제3작업] 피벗테이블 (80점)

☞ "제1작업" 시트를 이용하여 "제3작업" 시트에 조건에 따라 ≪출력형태≫와 같이 작업하시오.

≪조건≫

(1) 출고일 및 연료별 모델명의 개수와 주행거리(단위:km)의 평균을 구하시오.
(2) 출고일을 그룹화하고, 연료를 ≪출력형태≫와 같이 정렬하시오.
(3) 레이블이 있는 셀 병합 및 가운데 맞춤 적용 및 빈 셀은 '***'로 표시하시오.
(4) 행의 총합계는 지우고, 나머지 사항은 ≪출력형태≫에 맞게 작성하시오.

≪출력형태≫

A	B	C	D	E	F	G	H
1							
2		연료					
3			휘발유		전기		경유
4	출고일	개수 : 모델명	평균 : 주행거리(단위:km)	개수 : 모델명	평균 : 주행거리(단위:km)	개수 : 모델명	평균 : 주행거리(단위:km)
5	2018년	1	58,290	1	24,548	1	54,091
6	2019년	1	47,169	1	16,537	1	89,500
7	2020년	1	23,000	1	17,280	***	***
8	총합계	3	42,820	3	19,455	2	71,796

[제4작업] 그래프 (100점)

☞ "제1작업" 시트를 이용하여 조건에 따라 ≪출력형태≫와 같이 작업하시오.

≪조건≫

(1) 차트 종류 ⇒ 〈묶은 세로 막대형〉으로 작업하시오.
(2) 데이터 범위 ⇒ "제1작업" 시트의 내용을 이용하여 작업하시오.
(3) 위치 ⇒ "새 시트"로 이동하고, "제4작업"으로 시트 이름을 바꾸시오.
(4) 차트 디자인 도구 ⇒ 레이아웃 3, 스타일 1을 선택하여 ≪출력형태≫에 맞게 작업하시오.
(5) 영역 서식 ⇒ 차트 : 글꼴(굴림, 11pt), 채우기 효과(질감-분홍 박엽지)
　　　　　　　 그림 : 채우기(흰색, 배경1)
(6) 제목 서식 ⇒ 차트 제목 : 글꼴(굴림, 굵게, 20pt), 채우기(흰색, 배경1), 테두리
(7) 서식 ⇒ 판매 가격 계열의 차트 종류를 〈표식이 있는 꺾은선형〉으로 변경한 후 보조 축으로 지정하시오.
　　　　　계열 : ≪출력형태≫를 참조하여 표식(마름모, 크기 10)과 레이블 값을 표시하시오.
　　　　　눈금선 : 선 스타일-파선
　　　　　축 : ≪출력형태≫를 참조하시오.
(8) 범례 ⇒ 범례명을 변경하고 ≪출력형태≫를 참조하시오.
(9) 도형 ⇒ '모서리가 둥근 사각형 설명선'을 삽입한 후 ≪출력형태≫와 같이 내용을 입력하시오.
(10) 나머지 사항은 ≪출력형태≫에 맞게 작성하시오.

≪출력형태≫

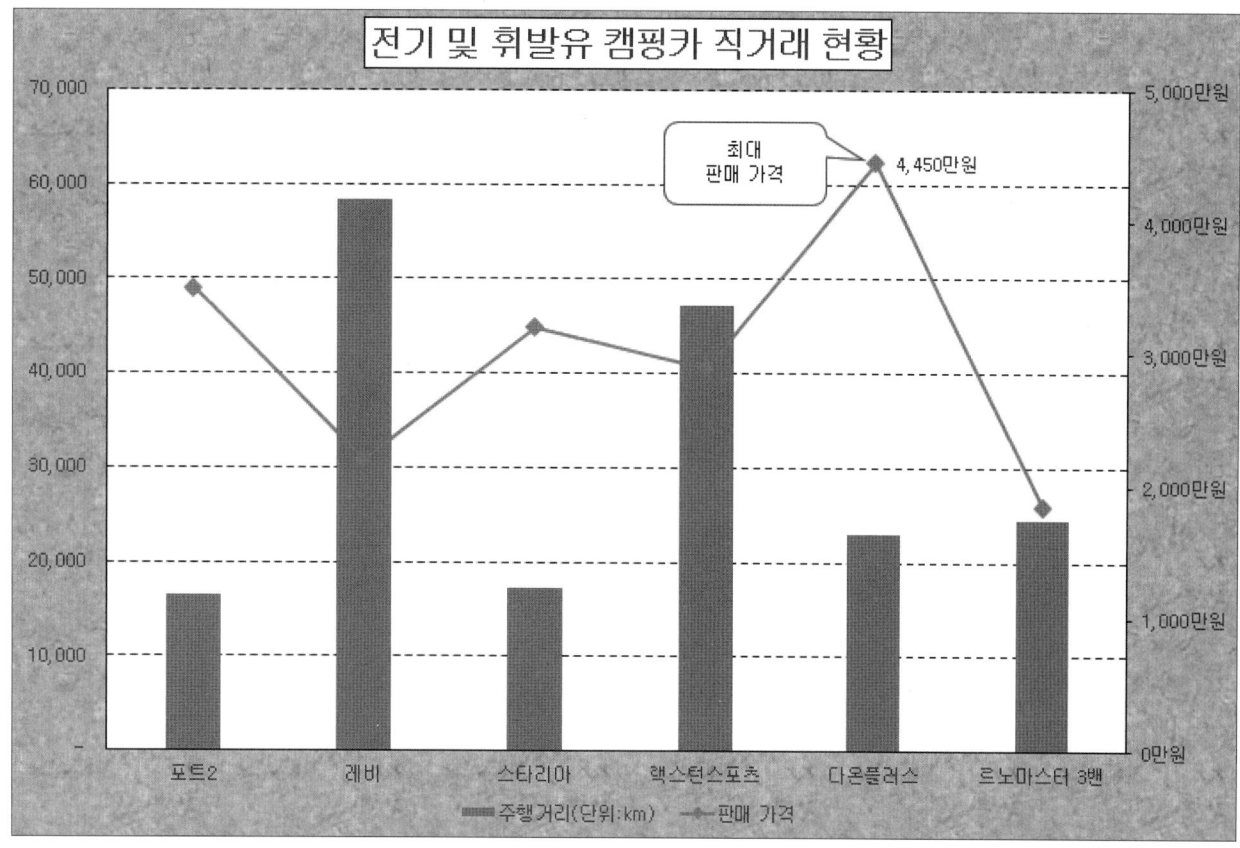

주의 ☞ 시트명 순서가 차례대로 "제1작업", "제2작업", "제3작업", "제4작업"이 되도록 할 것.

제 07 회 정보기술자격(ITQ) 출제예상문제

과목	코드	문제유형	시험시간	수험번호	성명
한글엑셀	1122	B	60분		

수험자 유의사항

- 수험자는 문제지를 받는 즉시 문제지와 **수험표상의 시험과목(프로그램)이 동일한지 반드시 확인**하여야 합니다.
- 파일명은 본인의 "수험번호-성명"으로 입력하여 답안폴더(내 PC₩문서₩ITQ)에 하나의 파일로 저장해야 하며, 답안문서 파일명이 "수험번호-성명"과 일치하지 않거나, 답안파일을 전송하지 않아 미제출로 처리될 경우 실격 처리합니다(예:12345678-홍길동.xlsx).
- 답안 작성을 마치면 파일을 저장하고, '답안 전송' 버튼을 선택하여 감독위원 PC로 답안을 전송하십시오. 수험생 정보와 저장한 파일명이 다를 경우 전송되지 않으므로 주의하시기 바랍니다.
- 답안 작성 중에도 **주기적으로 저장하고, '답안 전송'**하여야 문제 발생을 줄일 수 있습니다. 작업한 내용을 저장하지 않고 전송할 경우 이전에 저장된 내용이 전송되오니 이점 유의하시기 바랍니다.
- 답안문서는 지정된 경로 외의 다른 보조기억장치에 저장하는 경우, 지정된 시험 시간 외에 작성된 파일을 활용할 경우, 기타 통신수단(이메일, 메신저, 네트워크 등)을 이용하여 타인에게 전달 또는 외부 반출하는 경우는 부정 처리합니다.
- 시험 중 부주의 또는 고의로 시스템을 파손한 경우는 수험자가 변상해야 하며, 〈수험자 유의사항〉에 기재된 방법대로 이행하지 않아 생기는 불이익은 수험생 당사자의 책임임을 알려 드립니다.
- 문제의 조건은 MS오피스 2016 버전으로 설정되어 있으니 유의하시기 바랍니다.
- 시험을 완료한 수험자는 답안파일이 전송되었는지 확인한 후 감독위원의 지시에 따라 문제지를 제출하고 퇴실합니다.

답안 작성요령

- 온라인 답안 작성 절차
  수험자 등록 ⇒ 시험 시작 ⇒ 답안파일 저장 ⇒ 답안 전송 ⇒ 시험 종료
- 문제는 총 4단계, 즉 제1작업부터 제4작업까지 구성되어 있으며 반드시 제1작업부터 순서대로 작성하고 조건대로 작업하시오.
- 모든 작업시트의 A열은 열 너비 '1'로, 나머지 열은 적당하게 조절하시오.
- 모든 작업시트의 테두리는 ≪출력형태≫와 같이 작업하시오.
- 해당 작업란에서는 각각 제시된 조건에 따라 ≪출력형태≫와 같이 작업하시오.
- 답안 시트 이름은 "제1작업", "제2작업", "제3작업", "제4작업"이어야 하며 답안 시트 이외의 것은 감점 처리됩니다.
- 각 시트를 파일로 나누어 작업해서 저장할 경우 실격 처리됩니다.

[제1작업] 표 서식 작성 및 값 계산 (240점)

☞ 다음은 '사랑의 나눔 회원 현황'에 대한 자료이다. 자료를 입력하고 조건에 맞도록 작업하시오.

≪출력형태≫

회원ID	성명	가입일자	기부금 총금액	월 기부금액	기부방법	성별	순위	가입연수
			사랑의 나눔 회원 현황			확인	사원	대리	과장
M-1142	민시호	2019-05-03	720,000	20,000	자동이체	남성	(1)	(2)
K-2411	김은비	2021-07-21	165,000	15,000	자동이체	여성	(1)	(2)
B-5234	박민재	2020-04-08	238,000	17,000	지로	남성	(1)	(2)
J-1334	전세영	2020-05-30	130,000	10,000	휴대폰결제	여성	(1)	(2)
K-6364	김은희	2019-04-25	1,110,000	30,000	휴대폰결제	여성	(1)	(2)
Y-5126	윤희진	2019-01-12	1,200,000	30,000	자동이체	여성	(1)	(2)
H-2159	한현호	2020-05-01	250,000	10,000	지로	남성	(1)	(2)
K-4583	김상호	2021-08-03	600,000	50,000	휴대폰결제	남성	(1)	(2)
김상호의 월 기부금액			(3)		휴대폰결제 건수			(5)
남성들의 월 기부금액 합계			(4)		성명	민시호	기부방법	(6)

≪조건≫

○ 모든 데이터의 서식에는 글꼴(굴림, 11pt), 정렬은 숫자 및 회계 서식은 오른쪽 정렬, 나머지 서식은 가운데 정렬로 작성하며 예외적인 것은 ≪출력형태≫를 참조하시오.
○ 제 목 ⇒ 도형(모서리가 둥근 직사각형)과 그림자(오프셋 위쪽)를 이용하여 작성하고
 "사랑의 나눔 회원 현황"을 입력한 후 다음 서식을 적용하시오
 (글꼴-굴림, 24pt, 검정, 굵게, 채우기-노랑).
○ 임의의 셀에 결재란을 작성하여 그림으로 복사 기능을 이용하여 붙이기 하시오(단, 원본 삭제).
○ 「B4:J4, G14, I14」 영역은 '주황'으로 채우기 하시오.
○ 유효성 검사를 이용하여 「H14」 셀에 성명(「C5:C12」 영역)이 선택 표시되도록 하시오.
○ 셀 서식 ⇒ 「E5:E12」 영역에 셀 서식을 이용하여 숫자 뒤에 '원'을 표시하시오(예 : 720,000원).
○ 「G5:G12」 영역에 대해 '기부방법'으로 이름정의를 하시오.

☞ (1)~(6) 셀은 반드시 **주어진 함수를 이용**하여 값을 구하시오(결과값을 직접 입력하면 해당 셀은 0점 처리됨).

(1) 순위 ⇒ 기부금 총금액의 내림차순 순위를 1~3까지만 구하고, 그 외에는 공백으로 표시하시오
 (IF, RANK.EQ 함수).
(2) 가입연수 ⇒ 「2022-가입일자의 연도」로 구한 결과값에 '년'을 붙이시오
 (YEAR 함수, & 연산자)(예 : 1년).
(3) 김상호의 월 기부금액 ⇒ (INDEX, MATCH 함수)
(4) 남성들의 월 기부금액 합계 ⇒ 조건은 입력데이터를 이용하시오(DSUM 함수).
(5) 휴대폰결제 건수 ⇒ 정의된 이름(기부방법)을 이용하여 구하시오(COUNTIF 함수).
(6) 기부방법 ⇒ 「H14」 셀에서 선택한 성명에 대한 기부방법을 구하시오(VLOOKUP 함수).
(7) 조건부 서식의 수식을 이용하여 기부금 총금액이 '1,000,000' 이상인 행 전체에 다음의 서식을 적용하시오(글꼴 : 파랑, 굵게).

[제2작업] 필터 및 서식 (80점)

☞ "제1작업" 시트의 「B4:H12」 영역을 복사하여 "제2작업" 시트의 「B2」 셀부터 모두 붙여넣기를 한 후 다음의 조건과 같이 작업하시오.

≪조건≫

(1) 고급 필터 – 기부금 총금액이 '200,000' 이하이거나, 기부방법이 '지로'인 자료의 성명, 기부금 총금액, 기부방법, 성별 데이터만 추출하시오.
- 조건 범위 : 「B14」 셀부터 입력하시오.
- 복사 위치 : 「B18」 셀부터 나타나도록 하시오.

(2) 표 서식 – 고급필터의 결과셀을 채우기 없음으로 설정한 후 '표 스타일 보통 6'의 서식을 적용하시오.
- 머리글 행, 줄무늬 행을 적용하시오.

[제3작업] 피벗테이블 (80점)

☞ "제1작업" 시트를 이용하여 "제3작업" 시트에 조건에 따라 ≪출력형태≫와 같이 작업하시오.

≪조건≫

(1) 가입일자 및 기부방법별 성명의 개수와 기부금 총금액의 평균을 구하시오.
(2) 가입일자를 그룹화하고, 기부방법을 ≪출력형태≫와 같이 정렬하시오.
(3) 레이블이 있는 셀 병합 및 가운데 맞춤 적용 및 빈 셀은 '***'로 표시하시오.
(4) 행의 총합계는 지우고, 나머지 사항은 ≪출력형태≫에 맞게 작성하시오.

≪출력형태≫

A	B	C	D	E	F	G	H
1							
2		기부방법						
3			휴대폰결제		지로		자동이체	
4	가입일자	개수 : 성명	평균 : 기부금 총금액	개수 : 성명	평균 : 기부금 총금액	개수 : 성명	평균 : 기부금 총금액
5	2019년	1	1,110,000	***	***	2	960,000
6	2020년	1	130,000	2	244,000	***	***
7	2021년	1	600,000	***	***	1	165,000
8	총합계	3	613,333	2	244,000	3	695,000

[제4작업] 그래프 (100점)

☞ "제1작업" 시트를 이용하여 조건에 따라 ≪출력형태≫와 같이 작업하시오.

≪조건≫

(1) 차트 종류 ⇒ 〈묶은 세로 막대형〉으로 작업하시오.
(2) 데이터 범위 ⇒ "제1작업" 시트의 내용을 이용하여 작업하시오.
(3) 위치 ⇒ "새 시트"로 이동하고, "제4작업"으로 시트 이름을 바꾸시오.
(4) 차트 디자인 도구 ⇒ 레이아웃 3, 스타일 1을 선택하여 ≪출력형태≫에 맞게 작업하시오.
(5) 영역 서식 ⇒ 차트 : 글꼴(굴림, 11pt), 채우기 효과(질감-분홍 박엽지)
　　　　　　　　그림 : 채우기(흰색, 배경1)
(6) 제목 서식 ⇒ 차트 제목 : 글꼴(굴림, 굵게, 20pt), 채우기(흰색, 배경1), 테두리
(7) 서식 ⇒ 월 기부금액 계열의 차트 종류를 〈표식이 있는 꺾은선형〉으로 변경한 후 보조 축으로 지정하시오.
　　　　　　계열 : ≪출력형태≫를 참조하여 표식(마름모, 크기 10)과 레이블 값을 표시하시오.
　　　　　　눈금선 : 선 스타일-파선
　　　　　　축 : ≪출력형태≫를 참조하시오.
(8) 범례 ⇒ 범례명을 변경하고 ≪출력형태≫를 참조하시오.
(9) 도형 ⇒ '모서리가 둥근 사각형 설명선'을 삽입한 후 ≪출력형태≫와 같이 내용을 입력하시오.
(10) 나머지 사항은 ≪출력형태≫에 맞게 작성하시오.

≪출력형태≫

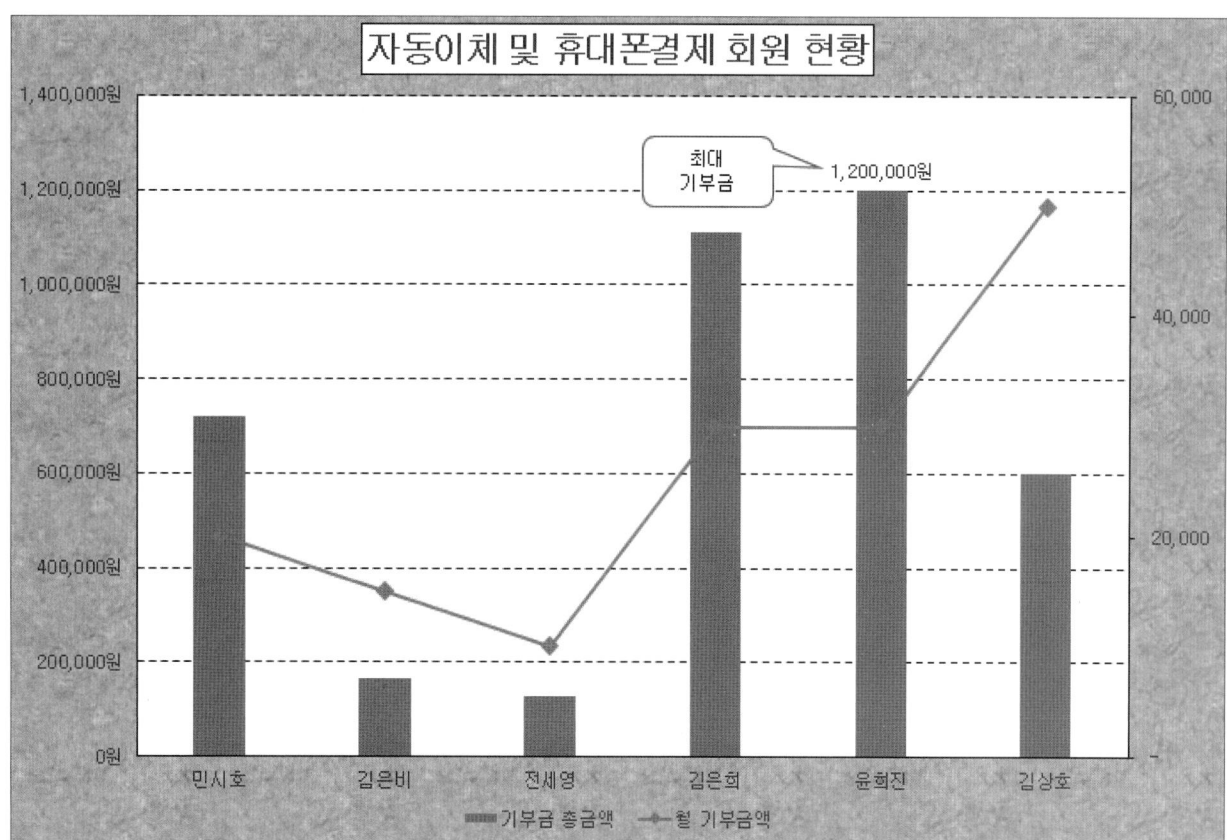

주의 ☞ 시트명 순서가 차례대로 "제1작업", "제2작업", "제3작업", "제4작업"이 되도록 할 것.

제 08 회 정보기술자격(ITQ) 출제예상문제

과목	코드	문제유형	시험시간	수험번호	성명
한글엑셀	1122	C	60분		

수험자 유의사항

- 수험자는 문제지를 받는 즉시 문제지와 **수험표상의 시험과목(프로그램)이 동일한지 반드시 확인**하여야 합니다.
- 파일명은 본인의 "수험번호-성명"으로 입력하여 답안폴더(내 PC\문서\ITQ)에 하나의 파일로 저장해야 하며, 답안문서 파일명이 "수험번호-성명"과 일치하지 않거나, 답안파일을 전송하지 않아 미제출로 처리될 경우 실격 처리합니다(예:12345678-홍길동.xlsx).
- 답안 작성을 마치면 파일을 저장하고, '답안 전송' 버튼을 선택하여 감독위원 PC로 답안을 전송하십시오. 수험생 정보와 저장한 파일명이 다를 경우 전송되지 않으므로 주의하시기 바랍니다.
- 답안 작성 중에도 **주기적으로 저장하고, '답안 전송'**하여야 문제 발생을 줄일 수 있습니다. 작업한 내용을 저장하지 않고 전송할 경우 이전에 저장된 내용이 전송되오니 이점 유의하시기 바랍니다.
- 답안문서는 지정된 경로 외의 다른 보조기억장치에 저장하는 경우, 지정된 시험 시간 외에 작성된 파일을 활용할 경우, 기타 통신수단(이메일, 메신저, 네트워크 등)을 이용하여 타인에게 전달 또는 외부 반출하는 경우는 부정 처리합니다.
- 시험 중 부주의 또는 고의로 시스템을 파손한 경우는 수험자가 변상해야 하며, 〈수험자 유의사항〉에 기재된 방법대로 이행하지 않아 생기는 불이익은 수험생 당사자의 책임임을 알려 드립니다.
- 문제의 조건은 MS오피스 2016 버전으로 설정되어 있으니 유의하시기 바랍니다.
- 시험을 완료한 수험자는 답안파일이 전송되었는지 확인한 후 감독위원의 지시에 따라 문제지를 제출하고 퇴실합니다.

답안 작성요령

- 온라인 답안 작성 절차
  수험자 등록 ⇒ 시험 시작 ⇒ 답안파일 저장 ⇒ 답안 전송 ⇒ 시험 종료
- 문제는 총 4단계, 즉 제1작업부터 제4작업까지 구성되어 있으며 반드시 제1작업부터 순서대로 작성하고 조건대로 작업하시오.
- 모든 작업시트의 A열은 열 너비 '1'로, 나머지 열은 적당하게 조절하시오.
- 모든 작업시트의 테두리는 ≪출력형태≫와 같이 작업하시오.
- 해당 작업란에서는 각각 제시된 조건에 따라 ≪출력형태≫와 같이 작업하시오.
- 답안 시트 이름은 "제1작업", "제2작업", "제3작업", "제4작업"이어야 하며 답안 시트 이외의 것은 감점 처리됩니다.
- 각 시트를 파일로 나누어 작업해서 저장할 경우 실격 처리됩니다.

kpc 한국생산성본부

[제1작업] 표 서식 작성 및 값 계산 (240점)

☞ 다음은 '홈쇼핑 베스트상품 판매 현황'에 대한 자료이다. 자료를 입력하고 조건에 맞도록 작업하시오.

≪출력형태≫

	A	B	C	D	E	F	G	H	I	J
1								확인	담당 과장 부장	
2			홈쇼핑 베스트상품 판매 현황							
3										
4		상품코드	상품명	분류	구분	방송일	쇼핑가 (단위:원)	주문량	방송월	주문량 순위
5		S-6251	원피스	의류	인기	2022-04-08	82,700	125	(1)	(2)
6		E-4315	LCD-TV	생활가전	인기	2022-03-23	1,050,000	34	(1)	(2)
7		S-7156	핸드로션	화장품	인기	2022-05-05	34,100	357	(1)	(2)
8		E-6624	버블 세탁기	생활가전	대박	2022-05-21	608,000	195	(1)	(2)
9		C-1226	고운 한복	의류	인기	2022-05-15	114,400	83	(1)	(2)
10		S-2135	CC크림	화장품	인기	2022-05-08	67,400	263	(1)	(2)
11		S-3131	콜라겐크림	화장품	대박	2022-03-07	38,000	208	(1)	(2)
12		E-4747	싹싹 청소기	생활가전	대박	2022-04-12	129,000	312	(1)	(2)
13		핸드로션의 주문량			(3)			의류 상품의 총 주문량		(5)
14		화장품 쇼핑가(단위:원)의 평균			(4)			상품명	원피스	주문량	(6)

≪조건≫

○ 모든 데이터의 서식에는 글꼴(굴림, 11pt), 정렬은 숫자 및 회계 서식은 오른쪽 정렬, 나머지 서식은 가운데 정렬로 작성하며 예외적인 것은 ≪출력형태≫를 참조하시오.
○ 제 목 ⇒ 도형(사다리꼴)과 그림자(오프셋 위쪽)를 이용하여 작성하고
"홈쇼핑 베스트상품 판매 현황"을 입력한 후 다음 서식을 적용하시오
(글꼴-굴림, 24pt, 검정, 굵게, 채우기-노랑).
○ 임의의 셀에 결재란을 작성하여 그림으로 복사 기능을 이용하여 붙이기 하시오(단, 원본 삭제).
○「B4:J4, G14, I14」영역은 '주황'으로 채우기 하시오.
○ 유효성 검사를 이용하여「H14」셀에 상품명(「C5:C12」영역)이 선택 표시되도록 하시오.
○ 셀 서식 ⇒「H5:H12」영역에 셀 서식을 이용하여 숫자 뒤에 '개'를 표시하시오(예 : 125개).
○「D5:D12」영역에 대해 '분류'로 이름정의를 하시오.

☞ ⑴~⑹ 셀은 반드시 **주어진 함수를 이용**하여 값을 구하시오(결과값을 직접 입력하면 해당 셀은 0점 처리됨).

⑴ 방송월 ⇒ 방송일의 월을 추출하여 '월'을 붙이시오(MONTH 함수, & 연산자)(예 : 4월).
⑵ 주문량 순위 ⇒ 주문량의 내림차순 순위를 구하시오(RANK.EQ 함수).
⑶ 핸드로션의 주문량 ⇒ (INDEX, MATCH 함수)
⑷ 화장품 쇼핑가(단위:원)의 평균 ⇒ 정의된 이름(분류)을 이용하여 구하시오
(SUMIF, COUNTIF 함수).
⑸ 의류 상품의 총 주문량 ⇒ 조건은 입력데이터를 이용하여 구하시오(DSUM 함수).
⑹ 주문량 ⇒「H14」셀에서 선택한 상품명에 대한 주문량을 구하시오(VLOOKUP 함수).
⑺ 조건부 서식의 수식을 이용하여 쇼핑가(단위:원)가 '500,000' 이상인 행 전체에 다음의 서식을 적용하시오(글꼴 : 파랑, 굵게).

[제2작업] 필터 및 서식 (80점)

☞ "제1작업" 시트의 「B4:H12」 영역을 복사하여 "제2작업" 시트의 「B2」 셀부터 모두 붙여넣기를 한 후 다음의 조건과 같이 작업하시오.

≪조건≫

(1) 고급 필터 – 분류가 '의류'이거나, 주문량이 '300' 이상인 자료의 상품명, 분류, 쇼핑가(단위:원), 주문량 데이터만 추출하시오.
  – 조건 범위 : 「B14」 셀부터 입력하시오.
  – 복사 위치 : 「B18」 셀부터 나타나도록 하시오.

(2) 표 서식 – 고급필터의 결과셀을 채우기 없음으로 설정한 후 '표 스타일 보통 6'의 서식을 적용하시오.
  – 머리글 행, 줄무늬 행을 적용하시오.

[제3작업] 피벗테이블 (80점)

☞ "제1작업" 시트를 이용하여 "제3작업" 시트에 조건에 따라 ≪출력형태≫와 같이 작업하시오.

≪조건≫

(1) 방송일 및 분류별 상품명의 개수와 쇼핑가(단위:원)의 평균을 구하시오.
(2) 방송일을 그룹화하고, 분류를 ≪출력형태≫와 같이 정렬하시오.
(3) 레이블이 있는 셀 병합 및 가운데 맞춤 적용 및 빈 셀은 '***'로 표시하시오.
(4) 행의 총합계는 지우고, 나머지 사항은 ≪출력형태≫에 맞게 작성하시오.

≪출력형태≫

	분류					
	화장품		의류		생활가전	
방송일	개수 : 상품명	평균 : 쇼핑가(단위:원)	개수 : 상품명	평균 : 쇼핑가(단위:원)	개수 : 상품명	평균 : 쇼핑가(단위:원)
3월	1	38,000	***	***	1	1,050,000
4월	***	***	1	82,700	1	129,000
5월	2	50,750	1	114,400	1	608,000
총합계	3	46,500	2	98,550	3	595,667

[제4작업] 그래프 (100점)

☞ "제1작업" 시트를 이용하여 조건에 따라 ≪출력형태≫와 같이 작업하시오.

≪조건≫

(1) 차트 종류 ⇒ 〈묶은 세로 막대형〉으로 작업하시오.
(2) 데이터 범위 ⇒ "제1작업" 시트의 내용을 이용하여 작업하시오.
(3) 위치 ⇒ "새 시트"로 이동하고, "제4작업"으로 시트 이름을 바꾸시오.
(4) 차트 디자인 도구 ⇒ 레이아웃 3, 스타일 1을 선택하여 ≪출력형태≫에 맞게 작업하시오.
(5) 영역 서식 ⇒ 차트 : 글꼴(굴림, 11pt), 채우기 효과(질감-분홍 박엽지)
    그림 : 채우기(흰색, 배경1)
(6) 제목 서식 ⇒ 차트 제목 : 글꼴(굴림, 굵게, 20pt), 채우기(흰색, 배경1), 테두리
(7) 서식 ⇒ 주문량 계열의 차트 종류를 〈표식이 있는 꺾은선형〉으로 변경한 후 보조 축으로 지정하시오.
    계열 : ≪출력형태≫를 참조하여 표식(마름모, 크기 10)과 레이블 값을 표시하시오.
    눈금선 : 선 스타일-파선
    축 : ≪출력형태≫를 참조하시오.
(8) 범례 ⇒ 범례명을 변경하고 ≪출력형태≫를 참조하시오.
(9) 도형 ⇒ '모서리가 둥근 사각형 설명선'을 삽입한 후 ≪출력형태≫와 같이 내용을 입력하시오.
(10) 나머지 사항은 ≪출력형태≫에 맞게 작성하시오.

≪출력형태≫

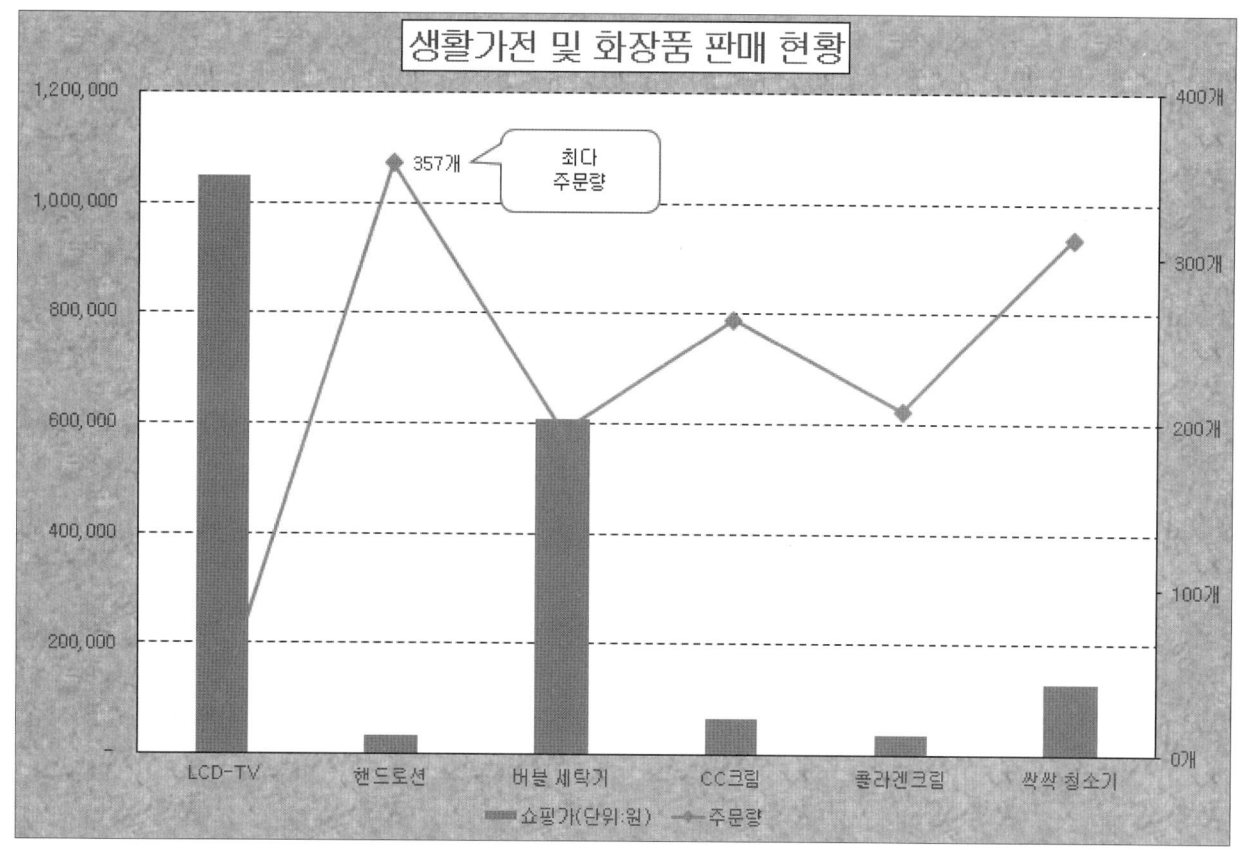

주의 ☞ 시트명 순서가 차례대로 "제1작업", "제2작업", "제3작업", "제4작업"이 되도록 할 것.

제 09 회 정보기술자격(ITQ) 출제예상문제

과목	코드	문제유형	시험시간	수험번호	성명
한글엑셀	1122	D	60분		

수험자 유의사항

- 수험자는 문제지를 받는 즉시 문제지와 **수험표상의 시험과목(프로그램)이 동일한지 반드시 확인**하여야 합니다.
- 파일명은 본인의 "수험번호-성명"으로 입력하여 답안폴더(내 PC₩문서₩ITQ)에 하나의 파일로 저장해야 하며, 답안문서 파일명이 "수험번호-성명"과 일치하지 않거나, 답안파일을 전송하지 않아 미제출로 처리될 경우 실격 처리합니다(예:12345678-홍길동.xlsx).
- 답안 작성을 마치면 파일을 저장하고, '답안 전송' 버튼을 선택하여 감독위원 PC로 답안을 전송하십시오. 수험생 정보와 저장한 파일명이 다를 경우 전송되지 않으므로 주의하시기 바랍니다.
- 답안 작성 중에도 **주기적으로 저장하고, '답안 전송'**하여야 문제 발생을 줄일 수 있습니다. 작업한 내용을 저장하지 않고 전송할 경우 이전에 저장된 내용이 전송되오니 이점 유의하시기 바랍니다.
- 답안문서는 지정된 경로 외의 다른 보조기억장치에 저장하는 경우, 지정된 시험 시간 외에 작성된 파일을 활용할 경우, 기타 통신수단(이메일, 메신저, 네트워크 등)을 이용하여 타인에게 전달 또는 외부 반출하는 경우는 부정 처리합니다.
- 시험 중 부주의 또는 고의로 시스템을 파손한 경우는 수험자가 변상해야 하며, 〈수험자 유의사항〉에 기재된 방법대로 이행하지 않아 생기는 불이익은 수험생 당사자의 책임임을 알려 드립니다.
- 문제의 조건은 MS오피스 2016 버전으로 설정되어 있으니 유의하시기 바랍니다.
- 시험을 완료한 수험자는 답안파일이 전송되었는지 확인한 후 감독위원의 지시에 따라 문제지를 제출하고 퇴실합니다.

답안 작성요령

- 온라인 답안 작성 절차
  수험자 등록 ⇒ 시험 시작 ⇒ 답안파일 저장 ⇒ 답안 전송 ⇒ 시험 종료
- 문제는 총 4단계, 즉 제1작업부터 제4작업까지 구성되어 있으며 반드시 제1작업부터 순서대로 작성하고 조건대로 작업하시오.
- 모든 작업시트의 A열은 열 너비 '1'로, 나머지 열은 적당하게 조절하시오.
- 모든 작업시트의 테두리는 ≪출력형태≫와 같이 작업하시오.
- 해당 작업란에서는 각각 제시된 조건에 따라 ≪출력형태≫와 같이 작업하시오.
- 답안 시트 이름은 "제1작업", "제2작업", "제3작업", "제4작업"이어야 하며 답안 시트 이외의 것은 감점 처리됩니다.
- 각 시트를 파일로 나누어 작업해서 저장할 경우 실격 처리됩니다.

kpc 한국생산성본부

[제1작업] 표 서식 작성 및 값 계산 (240점)

☞ 다음은 '데이터분석 교육 온라인 신청 현황'에 대한 자료이다. 자료를 입력하고 조건에 맞도록 작업하시오.

≪출력형태≫

	A	B	C	D	E	F	G	H	I	J
1								확인	담당	팀장	부장
2			데이터분석 교육 온라인 신청 현황								
3											
4		과목코드	강좌명	강사명	분류	개강일	신청인원	수강료 (단위:원)	수강기간	신청인원 순위
5		A-1431	R 머신러닝	김혜지	데이터사이언스	2022-06-01	670	260,000	(1)	(2)
6		C-3315	엑셀 통계	박정우	통계분석	2022-02-01	2,325	160,000	(1)	(2)
7		P-2421	빅데이터기사 필기	강석원	자격증	2022-04-01	550	280,000	(1)	(2)
8		T-1341	파이썬 딥러닝	홍길순	데이터사이언스	2022-03-02	1,455	380,000	(1)	(2)
9		S-2432	빅데이터기사 실기	이경호	자격증	2022-03-02	458	300,000	(1)	(2)
10		M-3145	다층선형모델분석	이덕수	통계분석	2022-05-02	125	420,000	(1)	(2)
11		D-2514	R 데이터분석	임홍우	데이터사이언스	2022-07-01	450	275,000	(1)	(2)
12		G-3234	시계열분석	정유진	통계분석	2022-05-02	1,280	350,000	(1)	(2)
13		자격증 강좌 개수			(3)			최대 수강료(단위:원)		(5)
14		데이터사이언스 강좌의 신청인원 합계			(4)		강좌명	R 머신러닝	신청인원	(6)

≪조건≫

○ 모든 데이터의 서식에는 글꼴(굴림, 11pt), 정렬은 숫자 및 회계 서식은 오른쪽 정렬, 나머지 서식은 가운데 정렬로 작성하며 예외적인 것은 ≪출력형태≫를 참조하시오.
○ 제 목 ⇒ 도형(십자형)과 그림자(오프셋 위쪽)를 이용하여 작성하고
 "데이터분석 교육 온라인 신청 현황"을 입력한 후 다음 서식을 적용하시오
 (글꼴-굴림, 24pt, 검정, 굵게, 채우기-노랑).
○ 임의의 셀에 결재란을 작성하여 그림으로 복사 기능을 이용하여 붙이기 하시오(단, 원본 삭제).
○ 「B4:J4, G14, I14」 영역은 '주황'으로 채우기 하시오.
○ 유효성 검사를 이용하여 「H14」 셀에 강좌명(「C5:C12」 영역)이 선택 표시되도록 하시오.
○ 셀 서식 ⇒ 「G5:G12」 영역에 셀 서식을 이용하여 숫자 뒤에 '명'을 표시하시오(예 : 670명).
○ 「H5:H12」 영역에 대해 '수강료'로 이름정의를 하시오.

☞ (1)~(6) 셀은 반드시 **주어진 함수를 이용**하여 값을 구하시오(결과값을 직접 입력하면 해당 셀은 0점 처리됨).

(1) 수강기간 ⇒ 과목코드 세 번째 글자가 1이면 '240일', 2이면 '120일', 3이면 '90일'로 구하시오
 (CHOOSE, MID 함수).
(2) 신청인원 순위 ⇒ 내림차순 순위를 구한 결과값에 '위'를 붙이시오
 (RANK.EQ 함수, & 연산자)(예 : 1위).
(3) 자격증 강좌 개수 ⇒ (COUNTIF 함수)
(4) 데이터사이언스 강좌의 신청인원 합계 ⇒ 반올림하여 십명 단위까지 구하시오. 단, 조건은
 입력데이터를 이용하시오
 (ROUND, DSUM 함수)(예 : 5,327 → 5,330).
(5) 최대 수강료(단위:원) ⇒ 정의된 이름(수강료)을 이용하여 구하시오(LARGE 함수).
(6) 신청인원 ⇒ 「H14」 셀에서 선택한 강좌명에 대한 신청인원을 구하시오(VLOOKUP 함수).
(7) 조건부 서식의 수식을 이용하여 신청인원이 '1,000' 이상인 행 전체에 다음의 서식을 적용하시오
 (글꼴 : 파랑, 굵게).

[제2작업] 목표값 찾기 및 필터 (80점)

☞ "제1작업" 시트의 「B4:H12」 영역을 복사하여 "제2작업" 시트의 「B2」 셀부터 모두 붙여넣기를 한 후 다음의 조건과 같이 작업하시오.

≪조건≫

(1) 목표값 찾기 – 「B11:G11」 셀을 병합하여 "데이터사이언스의 수강료(단위:원) 평균"을 입력한 후 「H11」 셀에 데이터사이언스의 수강료(단위:원) 평균을 구하시오. 단, 조건은 입력데이터를 이용하시오(DAVERAGE 함수, 테두리, 가운데 맞춤).
– '데이터사이언스의 수강료(단위:원) 평균'이 '310,000'이 되려면 R 머신러닝의 수강료(단위:원)가 얼마가 되어야 하는지 목표값을 구하시오.

(2) 고급 필터 – 분류가 '통계분석'이거나, 수강료(단위:원)가 '350,000' 이상인 자료의 데이터만 추출하시오.
– 조건 범위 : 「B14」 셀부터 입력하시오.
– 복사 위치 : 「B18」 셀부터 나타나도록 하시오.

[제3작업] 정렬 및 부분합 (80점)

☞ "제1작업" 시트의 「B4:H12」 영역을 복사하여 "제3작업" 시트의 「B2」 셀부터 모두 붙여넣기를 한 후 다음의 조건과 같이 작업하시오.

≪조건≫

(1) 부분합 – ≪출력형태≫처럼 정렬하고, 강좌명의 개수와 신청인원의 평균을 구하시오.
(2) 윤곽 – 지우시오.
(3) 나머지 사항은 ≪출력형태≫에 맞게 작성하시오.

≪출력형태≫

과목코드	강좌명	강사명	분류	개강일	신청인원	수강료(단위:원)
C-3315	엑셀 통계	박정우	통계분석	2022-02-01	2,325명	160,000
M-3145	다층선형모델분석	이덕수	통계분석	2022-05-02	125명	420,000
G-3234	시계열분석	정유진	통계분석	2022-05-02	1,280명	350,000
			통계분석 평균		1,243명	
	3		통계분석 개수			
P-2421	빅데이터기사 필기	강석원	자격증	2022-04-01	550명	280,000
S-2432	빅데이터기사 실기	이경호	자격증	2022-03-02	458명	300,000
			자격증 평균		504명	
	2		자격증 개수			
A-1431	R 머신러닝	김혜지	데이터사이언스	2022-06-01	670명	260,000
T-1341	파이썬 딥러닝	홍길순	데이터사이언스	2022-03-02	1,455명	380,000
D-2514	R 데이터분석	임홍우	데이터사이언스	2022-07-01	450명	275,000
			데이터사이언스 평균		858명	
	3		데이터사이언스 개수			
			전체 평균		914명	
	8		전체 개수			

[제4작업] 그래프 (100점)

☞ "제1작업" 시트를 이용하여 조건에 따라 ≪출력형태≫와 같이 작업하시오.

≪조건≫

(1) 차트 종류 ⇒ 〈묶은 세로 막대형〉으로 작업하시오.
(2) 데이터 범위 ⇒ "제1작업" 시트의 내용을 이용하여 작업하시오.
(3) 위치 ⇒ "새 시트"로 이동하고, "제4작업"으로 시트 이름을 바꾸시오.
(4) 차트 디자인 도구 ⇒ 레이아웃 3, 스타일 1을 선택하여 ≪출력형태≫에 맞게 작업하시오.
(5) 영역 서식 ⇒ 차트 : 글꼴(굴림, 11pt), 채우기 효과(질감-분홍 박엽지)
    그림 : 채우기(흰색, 배경1)
(6) 제목 서식 ⇒ 차트 제목 : 글꼴(굴림, 굵게, 20pt), 채우기(흰색, 배경1), 테두리
(7) 서식 ⇒ 신청인원 계열의 차트 종류를 〈표식이 있는 꺾은선형〉으로 변경한 후 보조 축으로 지정하시오.
    계열 : ≪출력형태≫를 참조하여 표식(세모, 크기 10)과 레이블 값을 표시하시오.
    눈금선 : 선 스타일-파선
    축 : ≪출력형태≫를 참조하시오.
(8) 범례 ⇒ 범례명을 변경하고 ≪출력형태≫를 참조하시오.
(9) 도형 ⇒ '모서리가 둥근 사각형 설명선'을 삽입한 후 ≪출력형태≫와 같이 내용을 입력하시오.
(10) 나머지 사항은 ≪출력형태≫에 맞게 작성하시오.

≪출력형태≫

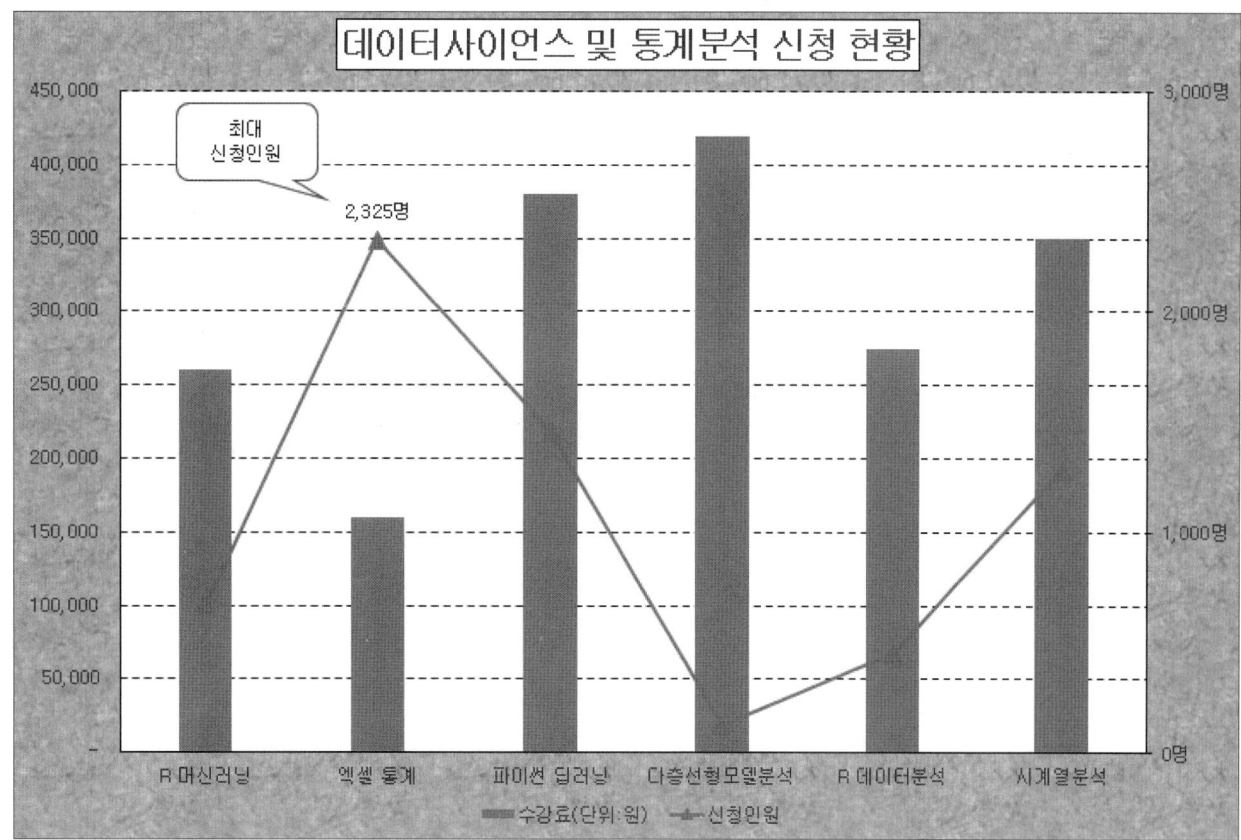

주의 ☞ 시트명 순서가 차례대로 "제1작업", "제2작업", "제3작업", "제4작업"이 되도록 할 것.

제10회 정보기술자격(ITQ) 출제예상문제

과목	코드	문제유형	시험시간	수험번호	성명
한글엑셀	1122	E	60분		

수험자 유의사항

- 수험자는 문제지를 받는 즉시 문제지와 **수험표상의 시험과목(프로그램)이 동일한지 반드시 확인**하여야 합니다.
- 파일명은 본인의 "수험번호-성명"으로 입력하여 답안폴더(내 PC₩문서₩ITQ)에 하나의 파일로 저장해야 하며, 답안문서 파일명이 "수험번호-성명"과 일치하지 않거나, 답안파일을 전송하지 않아 미제출로 처리될 경우 실격 처리합니다(예:12345678-홍길동.xlsx).
- 답안 작성을 마치면 파일을 저장하고, '답안 전송' 버튼을 선택하여 감독위원 PC로 답안을 전송하십시오. 수험생 정보와 저장한 파일명이 다를 경우 전송되지 않으므로 주의하시기 바랍니다.
- 답안 작성 중에도 **주기적으로 저장하고, '답안 전송'**하여야 문제 발생을 줄일 수 있습니다. 작업한 내용을 저장하지 않고 전송할 경우 이전에 저장된 내용이 전송되오니 이점 유의하시기 바랍니다.
- 답안문서는 지정된 경로 외의 다른 보조기억장치에 저장하는 경우, 지정된 시험 시간 외에 작성된 파일을 활용할 경우, 기타 통신수단(이메일, 메신저, 네트워크 등)을 이용하여 타인에게 전달 또는 외부 반출하는 경우는 부정 처리합니다.
- 시험 중 부주의 또는 고의로 시스템을 파손한 경우는 수험자가 변상해야 하며, 〈수험자 유의사항〉에 기재된 방법대로 이행하지 않아 생기는 불이익은 수험생 당사자의 책임임을 알려 드립니다.
- 문제의 조건은 MS오피스 2016 버전으로 설정되어 있으니 유의하시기 바랍니다.
- 시험을 완료한 수험자는 답안파일이 전송되었는지 확인한 후 감독위원의 지시에 따라 문제지를 제출하고 퇴실합니다.

답안 작성요령

- 온라인 답안 작성 절차
  수험자 등록 ⇒ 시험 시작 ⇒ 답안파일 저장 ⇒ 답안 전송 ⇒ 시험 종료
- 문제는 총 4단계, 즉 제1작업부터 제4작업까지 구성되어 있으며 반드시 제1작업부터 순서대로 작성하고 조건대로 작업하시오.
- 모든 작업시트의 A열은 열 너비 '1'로, 나머지 열은 적당하게 조절하시오.
- 모든 작업시트의 테두리는 ≪출력형태≫와 같이 작업하시오.
- 해당 작업란에서는 각각 제시된 조건에 따라 ≪출력형태≫와 같이 작업하시오.
- 답안 시트 이름은 "제1작업", "제2작업", "제3작업", "제4작업"이어야 하며 답안 시트 이외의 것은 감점 처리됩니다.
- 각 시트를 파일로 나누어 작업해서 저장할 경우 실격 처리됩니다.

kpc 한국생산성본부

[제1작업] 표 서식 작성 및 값 계산 (240점)

☞ 다음은 '푸른길 작은 도서관 대출 현황'에 대한 자료이다. 자료를 입력하고 조건에 맞도록 작업하시오.

≪출력형태≫

관리코드	대출도서	대출자	학교명	대출일	누적 대출권수	도서 포인트	출판사	포인트 순위
3127-P	바다 목욕탕	전수민	월계초등학교	2022-05-03	1,024	224	(1)	(2)
3861-K	땅콩 동그라미	박지현	산월초등학교	2022-05-08	954	194	(1)	(2)
3738-G	모치모치 나무	김종환	수문초등학교	2022-05-02	205	121	(1)	(2)
3928-G	해리포터	이지은	산월초등학교	2022-05-07	1,238	250	(1)	(2)
3131-P	책 읽는 도깨비	정찬호	월계초등학교	2022-05-09	367	122	(1)	(2)
3955-P	꼬마 지빠귀	권제인	수문초등학교	2022-05-11	107	160	(1)	(2)
3219-K	퀴즈 과학상식	김승희	월계초등학교	2022-05-02	1,501	315	(1)	(2)
3713-P	아기 고등 두마리	유인혜	산월초등학교	2022-05-07	886	154	(1)	(2)
최대 도서 포인트			(3)			월계초등학교 학생의 도서 포인트 합계		(5)
수문초등학교 학생의 누적 대출권수 평균			(4)		대출도서	바다 목욕탕	대출자	(6)

≪조건≫

○ 모든 데이터의 서식에는 글꼴(굴림, 11pt), 정렬은 숫자 및 회계 서식은 오른쪽 정렬, 나머지 서식은 가운데 정렬로 작성하며 예외적인 것은 ≪출력형태≫를 참조하시오.
○ 제 목 ⇒ 도형(십자형)과 그림자(오프셋 오른쪽)를 이용하여 작성하고
 "푸른길 작은 도서관 대출 현황"을 입력한 후 다음 서식을 적용하시오
 (글꼴-굴림, 24pt, 검정, 굵게, 채우기-노랑).
○ 임의의 셀에 결재란을 작성하여 그림으로 복사 기능을 이용하여 붙이기 하시오(단, 원본 삭제).
○ 「B4:J4, G14, I14」 영역은 '주황'으로 채우기 하시오.
○ 유효성 검사를 이용하여 「H14」 셀에 대출도서(「C5:C12」 영역)가 선택 표시되도록 하시오.
○ 셀 서식 ⇒ 「G5:G12」 영역에 셀 서식을 이용하여 숫자 뒤에 '권'을 표시하시오(예 : 1,024권).
○ 「E5:E12」 영역에 대해 '학교명'으로 이름정의를 하시오.

☞ (1)~(6) 셀은 반드시 **주어진 함수를 이용**하여 값을 구하시오(결과값을 직접 입력하면 해당 셀은 0점 처리됨).

(1) 출판사 ⇒ 관리코드의 마지막 글자가 P이면 '풀잎', G이면 '가람', 그 외에는 '글송이'로 구하시오
 (IF, RIGHT 함수).
(2) 포인트 순위 ⇒ 도서 포인트의 내림차순 순위를 구한 결과값에 '위'를 붙이시오
 (RANK.EQ 함수, & 연산자)(예 : 1위).
(3) 최대 도서 포인트 ⇒ (MAX 함수)
(4) 수문초등학교 학생의 누적 대출권수 평균 ⇒ 정의된 이름(학교명)을 이용하여 구하시오
 (SUMIF, COUNTIF 함수).
(5) 월계초등학교 학생의 도서 포인트 합계 ⇒ 조건은 입력데이터를 이용하시오(DSUM 함수).
(6) 대출자 ⇒ 「H14」 셀에서 선택한 대출도서에 대한 대출자를 구하시오(VLOOKUP 함수).
(7) 조건부 서식의 수식을 이용하여 누적 대출권수가 '1,000' 이상인 행 전체에 다음의 서식을 적용하시오
 (글꼴 : 파랑, 굵게).

[제2작업] 목표값 찾기 및 필터 (80점)

☞ "제1작업" 시트의 「B4:H12」 영역을 복사하여 "제2작업" 시트의 「B2」 셀부터 모두 붙여넣기를 한 후 다음의 조건과 같이 작업하시오.

≪조건≫

(1) 목표값 찾기 – 「B11:G11」 셀을 병합하여 "월계초등학교 학생의 누적 대출권수 평균"을 입력한 후
「H11」 셀에 월계초등학교 학생의 누적 대출권수 평균을 구하시오. 단, 조건은
입력데이터를 이용하시오(DAVERAGE 함수, 테두리, 가운데 맞춤).
– '월계초등학교 학생의 누적 대출권수 평균'이 '970'이 되려면 전수민의
누적 대출권수가 얼마가 되어야 하는지 목표값을 구하시오.

(2) 고급 필터 – 학교명이 '수문초등학교'이거나, 누적 대출권수가 '1,200' 이상인 자료의 데이터만 추출하시오.
– 조건 범위 : 「B14」 셀부터 입력하시오.
– 복사 위치 : 「B18」 셀부터 나타나도록 하시오.

[제3작업] 정렬 및 부분합 (80점)

☞ "제1작업" 시트의 「B4:H12」 영역을 복사하여 "제3작업" 시트의 「B2」 셀부터 모두 붙여넣기를 한 후 다음의 조건과 같이 작업하시오.

≪조건≫

(1) 부분합 – ≪출력형태≫처럼 정렬하고, 대출자의 개수와 누적 대출권수의 평균을 구하시오.
(2) 윤곽 – 지우시오.
(3) 나머지 사항은 ≪출력형태≫에 맞게 작성하시오.

≪출력형태≫

A	B	C	D	E	F	G	H
1							
2	관리코드	대출도서	대출자	학교명	대출일	누적 대출권수	도서 포인트
3	3127-P	바다 목욕탕	전수민	월계초등학교	2022-05-03	1,024권	224
4	3131-P	책 읽는 도깨비	정찬호	월계초등학교	2022-05-09	367권	122
5	3219-K	퀴즈 과학상식	김승희	월계초등학교	2022-05-02	1,501권	315
6				월계초등학교 평균		964권	
7			3	월계초등학교 개수			
8	3738-G	모치모치 나무	김종환	수문초등학교	2022-05-02	205권	121
9	3955-P	꼬마 지빠귀	권제인	수문초등학교	2022-05-11	107권	160
10				수문초등학교 평균		156권	
11			2	수문초등학교 개수			
12	3861-K	땅콩 동그라미	박지현	산월초등학교	2022-05-08	954권	194
13	3928-G	해리포터	이지은	산월초등학교	2022-05-07	1,238권	250
14	3713-P	아기 고둥 두마리	유인혜	산월초등학교	2022-05-07	886권	154
15				산월초등학교 평균		1,026권	
16			3	산월초등학교 개수			
17				전체 평균		785권	
18			8	전체 개수			

[제4작업] 그래프 (100점)

☞ "제1작업" 시트를 이용하여 조건에 따라 ≪출력형태≫와 같이 작업하시오.

≪조건≫

(1) 차트 종류 ⇒ 〈묶은 세로 막대형〉으로 작업하시오.
(2) 데이터 범위 ⇒ "제1작업" 시트의 내용을 이용하여 작업하시오.
(3) 위치 ⇒ "새 시트"로 이동하고, "제4작업"으로 시트 이름을 바꾸시오.
(4) 차트 디자인 도구 ⇒ 레이아웃 3, 스타일 1을 선택하여 ≪출력형태≫에 맞게 작업하시오.
(5) 영역 서식 ⇒ 차트 : 글꼴(굴림, 11pt), 채우기 효과(질감-분홍 박엽지)
　　　　　　　　그림 : 채우기(흰색, 배경1)
(6) 제목 서식 ⇒ 차트 제목 : 글꼴(굴림, 굵게, 20pt), 채우기(흰색, 배경1), 테두리
(7) 서식 ⇒ 누적 대출권수 계열의 차트 종류를 〈표식이 있는 꺾은선형〉으로 변경한 후 보조 축으로 지정하시오.
　　　　　계열 : ≪출력형태≫를 참조하여 표식(세모, 크기 10)과 레이블 값을 표시하시오.
　　　　　눈금선 : 선 스타일-파선
　　　　　축 : ≪출력형태≫를 참조하시오.
(8) 범례 ⇒ 범례명을 변경하고 ≪출력형태≫를 참조하시오.
(9) 도형 ⇒ '모서리가 둥근 사각형 설명선'을 삽입한 후 ≪출력형태≫와 같이 내용을 입력하시오.
(10) 나머지 사항은 ≪출력형태≫에 맞게 작성하시오.

≪출력형태≫

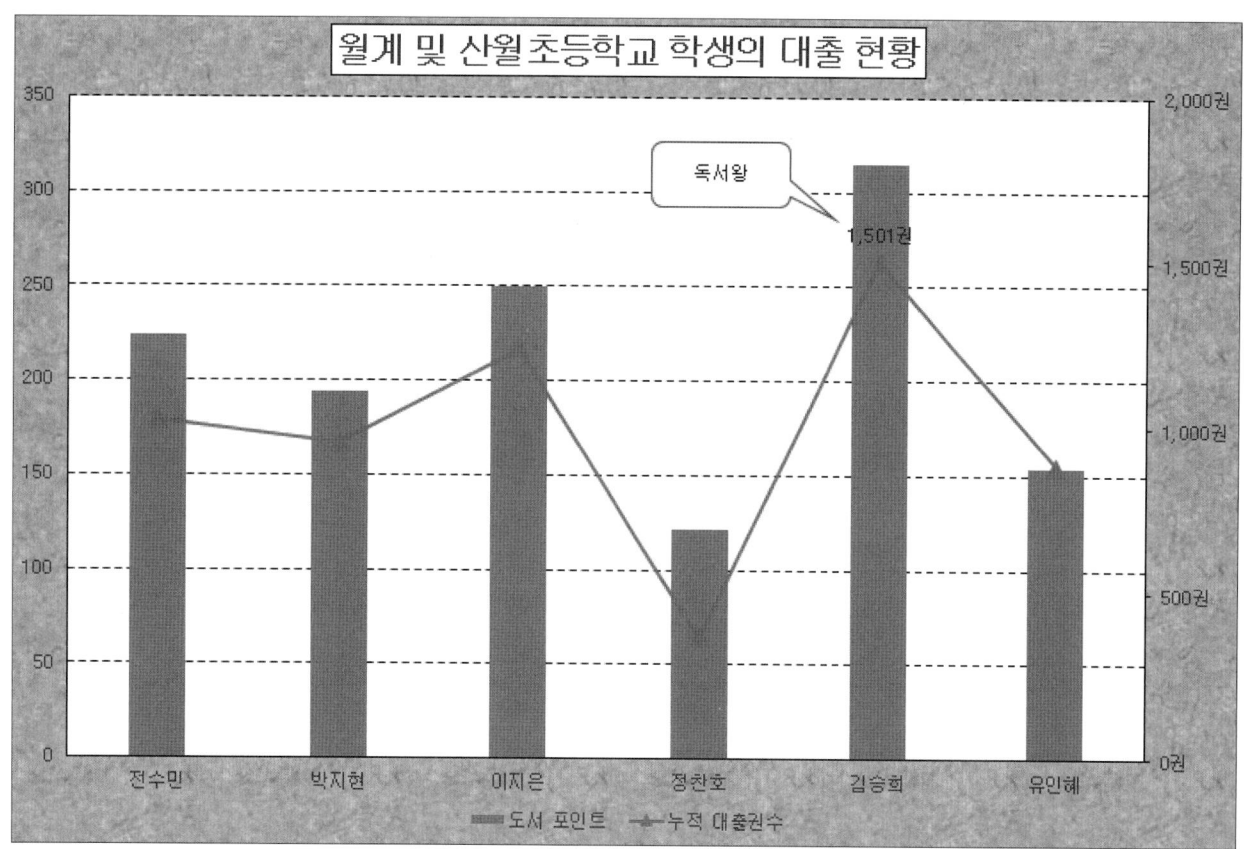

주의 ☞ 시트명 순서가 차례대로 "제1작업", "제2작업", "제3작업", "제4작업"이 되도록 할 것.

제11회 정보기술자격(ITQ) 출제예상문제

과목	코드	문제유형	시험시간	수험번호	성명
한글엑셀	1122	A	60분		

수험자 유의사항

- 수험자는 문제지를 받는 즉시 문제지와 **수험표상의 시험과목(프로그램)이 동일한지 반드시 확인**하여야 합니다.
- 파일명은 본인의 "수험번호-성명"으로 입력하여 답안폴더(내 PC\문서\ITQ)에 하나의 파일로 저장해야 하며, 답안문서 파일명이 "수험번호-성명"과 일치하지 않거나, 답안파일을 전송하지 않아 미제출로 처리될 경우 실격 처리합니다(예:12345678-홍길동.xlsx).
- 답안 작성을 마치면 파일을 저장하고, '답안 전송' 버튼을 선택하여 감독위원 PC로 답안을 전송하십시오. 수험생 정보와 저장한 파일명이 다를 경우 전송되지 않으므로 주의하시기 바랍니다.
- 답안 작성 중에도 **주기적으로 저장하고, '답안 전송'**하여야 문제 발생을 줄일 수 있습니다. 작업한 내용을 저장하지 않고 전송할 경우 이전에 저장된 내용이 전송되오니 이점 유의하시기 바랍니다.
- 답안문서는 지정된 경로 외의 다른 보조기억장치에 저장하는 경우, 지정된 시험 시간 외에 작성된 파일을 활용할 경우, 기타 통신수단(이메일, 메신저, 네트워크 등)을 이용하여 타인에게 전달 또는 외부 반출하는 경우는 부정 처리합니다.
- 시험 중 부주의 또는 고의로 시스템을 파손한 경우는 수험자가 변상해야 하며, 〈수험자 유의사항〉에 기재된 방법대로 이행하지 않아 생기는 불이익은 수험생 당사자의 책임임을 알려 드립니다.
- 문제의 조건은 MS오피스 2016 버전으로 설정되어 있으니 유의하시기 바랍니다.
- 시험을 완료한 수험자는 답안파일이 전송되었는지 확인한 후 감독위원의 지시에 따라 문제지를 제출하고 퇴실합니다.

답안 작성요령

- 온라인 답안 작성 절차
  수험자 등록 ⇒ 시험 시작 ⇒ 답안파일 저장 ⇒ 답안 전송 ⇒ 시험 종료
- 문제는 총 4단계, 즉 제1작업부터 제4작업까지 구성되어 있으며 반드시 제1작업부터 순서대로 작성하고 조건대로 작업하시오.
- 모든 작업시트의 A열은 열 너비 '1'로, 나머지 열은 적당하게 조절하시오.
- 모든 작업시트의 테두리는 ≪출력형태≫와 같이 작업하시오.
- 해당 작업란에서는 각각 제시된 조건에 따라 ≪출력형태≫와 같이 작업하시오.
- 답안 시트 이름은 "제1작업", "제2작업", "제3작업", "제4작업"이어야 하며 답안 시트 이외의 것은 감점 처리됩니다.
- 각 시트를 파일로 나누어 작업해서 저장할 경우 실격 처리됩니다.

kpc 한국생산성본부

[제1작업] 표 서식 작성 및 값 계산 (240점)

☞ 다음은 '첨단문화센터 강좌 현황'에 대한 자료이다. 자료를 입력하고 조건에 맞도록 작업하시오.

≪출력형태≫

관리코드	강좌명	지점	강사명	수강인원	강의 시작일	수강료 (단위:원)	수강인원 순위	분류
CH005	캘리그라피	송파	김은경	38	2022-05-11	98,000	(1)	(2)
CA002	미술 아트팡팡	송파	임송이	18	2022-05-05	55,000	(1)	(2)
BH009	동화 속 쿠키나라	은평	양영아	55	2022-05-02	35,000	(1)	(2)
AH001	피트니스 요가	구로	진현숙	68	2022-05-07	120,000	(1)	(2)
CH007	서예교실	구로	권재웅	41	2022-05-02	30,000	(1)	(2)
BC005	스위트 홈베이킹	송파	윤송이	58	2022-05-13	60,000	(1)	(2)
AC003	필라테스	구로	박장원	21	2022-05-21	70,000	(1)	(2)
CA006	성인 팝아트	은평	임진우	25	2022-05-24	110,000	(1)	(2)
송파지점 수강인원 합계			(3)			최대 수강료(단위:원)		(5)
은평지점 수강인원 평균			(4)			강좌명	캘리그라피	강사명	(6)

≪조건≫

○ 모든 데이터의 서식에는 글꼴(굴림, 11pt), 정렬은 숫자 및 회계 서식은 오른쪽 정렬, 나머지 서식은 가운데 정렬로 작성하며 예외적인 것은 ≪출력형태≫를 참조하시오.
○ 제 목 ⇒ 도형(평행 사변형)과 그림자(오프셋 오른쪽)를 이용하여 작성하고 "첨단문화센터 강좌 현황"을 입력한 후 다음 서식을 적용하시오 (글꼴-굴림, 24pt, 검정, 굵게, 채우기-노랑).
○ 임의의 셀에 결재란을 작성하여 그림으로 복사 기능을 이용하여 붙이기 하시오(단, 원본 삭제).
○ 「B4:J4, G14, I14」 영역은 '주황'으로 채우기 하시오.
○ 유효성 검사를 이용하여 「H14」 셀에 강좌명(「C5:C12」 영역)이 선택 표시되도록 하시오.
○ 셀 서식 ⇒ 「F5:F12」 영역에 셀 서식을 이용하여 숫자 뒤에 '명'을 표시하시오(예 : 38명).
○ 「H5:H12」 영역에 대해 '수강료'로 이름정의를 하시오.

☞ (1)~(6) 셀은 반드시 **주어진 함수를 이용**하여 값을 구하시오(결과값을 직접 입력하면 해당 셀은 0점 처리됨).

(1) 수강인원 순위 ⇒ 수강인원의 내림차순 순위를 구하시오(RANK.EQ 함수).
(2) 분류 ⇒ 관리코드의 첫 번째 글자가 A이면 '스포츠', B이면 '요리', 그 외에는 '미술'로 구하시오 (IF, LEFT 함수).
(3) 송파지점 수강인원 합계 ⇒ 조건은 입력데이터를 이용하고, 결과값에 '명'을 붙이시오 (DSUM 함수, & 연산자)(예 : 1명).
(4) 은평지점 수강인원 평균 ⇒ (SUMIF, COUNTIF 함수)
(5) 최대 수강료(단위:원) ⇒ 정의된 이름(수강료)을 이용하여 구하시오(MAX 함수).
(6) 강사명 ⇒ 「H14」 셀에서 선택한 강좌명에 대한 강사명을 표시하시오(VLOOKUP 함수).
(7) 조건부 서식의 수식을 이용하여 수강료(단위:원)가 '100,000' 이상인 행 전체에 다음의 서식을 적용하시오(글꼴 : 파랑, 굵게).

[제2작업] 목표값 찾기 및 필터 (80점)

☞ "제1작업" 시트의 「B4:H12」 영역을 복사하여 "제2작업" 시트의 「B2」 셀부터 모두 붙여넣기를 한 후 다음의 조건과 같이 작업하시오.

≪조건≫

(1) 목표값 찾기 - 「B11:G11」 셀을 병합하여 "송파지점의 수강인원 평균"을 입력한 후 「H11」 셀에 송파지점의 수강인원 평균을 구하시오. 단, 조건은 입력데이터를 이용하시오 (DAVERAGE 함수, 테두리, 가운데 맞춤).
  - '송파지점의 수강인원 평균'이 '40'이 되려면 캘리그라피의 수강인원이 얼마가 되어야 하는지 목표값을 구하시오.

(2) 고급 필터 - 지점이 '은평'이거나, 수강료(단위:원)가 '100,000' 이상인 자료의 데이터만 추출하시오.
  - 조건 범위 : 「B14」 셀부터 입력하시오.
  - 복사 위치 : 「B18」 셀부터 나타나도록 하시오.

[제3작업] 정렬 및 부분합 (80점)

☞ "제1작업" 시트의 「B4:H12」 영역을 복사하여 "제3작업" 시트의 「B2」 셀부터 모두 붙여넣기를 한 후 다음의 조건과 같이 작업하시오.

≪조건≫

(1) 부분합 - ≪출력형태≫처럼 정렬하고, 강좌명의 개수와 수강인원의 평균을 구하시오.
(2) 윤곽 - 지우시오.
(3) 나머지 사항은 ≪출력형태≫에 맞게 작성하시오.

≪출력형태≫

A	B	C	D	E	F	G	H
1							
2	관리코드	강좌명	지점	강사명	수강인원	강의 시작일	수강료 (단위:원)
3	BH009	동화 속 쿠키나라	은평	양영아	55명	2022-05-02	35,000
4	CA006	성인 팝아트	은평	임진우	25명	2022-05-24	110,000
5			은평 평균		40명		
6		2	은평 개수				
7	CH005	캘리그라피	송파	김은경	38명	2022-05-11	98,000
8	CA002	미술 아트팡팡	송파	임송이	18명	2022-05-05	55,000
9	BC005	스위트 홈베이킹	송파	윤송이	58명	2022-05-13	60,000
10			송파 평균		38명		
11		3	송파 개수				
12	AH001	피트니스 요가	구로	진현숙	68명	2022-05-07	120,000
13	CH007	서예교실	구로	권재웅	41명	2022-05-02	30,000
14	AC003	필라테스	구로	박장원	21명	2022-05-21	70,000
15			구로 평균		43명		
16		3	구로 개수				
17			전체 평균		41명		
18		8	전체 개수				

[제4작업] 그래프 (100점)

☞ **"제1작업"** 시트를 이용하여 조건에 따라 ≪출력형태≫와 같이 작업하시오.

≪조건≫

(1) 차트 종류 ⇒ 〈묶은 세로 막대형〉으로 작업하시오.
(2) 데이터 범위 ⇒ "제1작업" 시트의 내용을 이용하여 작업하시오.
(3) 위치 ⇒ "새 시트"로 이동하고, "제4작업"으로 시트 이름을 바꾸시오.
(4) 차트 디자인 도구 ⇒ 레이아웃 3, 스타일 1을 선택하여 ≪출력형태≫에 맞게 작업하시오.
(5) 영역 서식 ⇒ 차트 : 글꼴(굴림, 11pt), 채우기 효과(질감-분홍 박엽지)
　　　　　　　　그림 : 채우기(흰색, 배경1)
(6) 제목 서식 ⇒ 차트 제목 : 글꼴(굴림, 굵게, 20pt), 채우기(흰색, 배경1), 테두리
(7) 서식 ⇒ 수강인원 계열의 차트 종류를 〈표식이 있는 꺾은선형〉으로 변경한 후 보조 축으로 지정하시오.
　　　계열 : ≪출력형태≫를 참조하여 표식(세모, 크기 10)과 레이블 값을 표시하시오.
　　　눈금선 : 선 스타일-파선
　　　축 : ≪출력형태≫를 참조하시오.
(8) 범례 ⇒ 범례명을 변경하고 ≪출력형태≫를 참조하시오.
(9) 도형 ⇒ '모서리가 둥근 사각형 설명선'을 삽입한 후 ≪출력형태≫와 같이 내용을 입력하시오.
(10) 나머지 사항은 ≪출력형태≫에 맞게 작성하시오.

≪출력형태≫

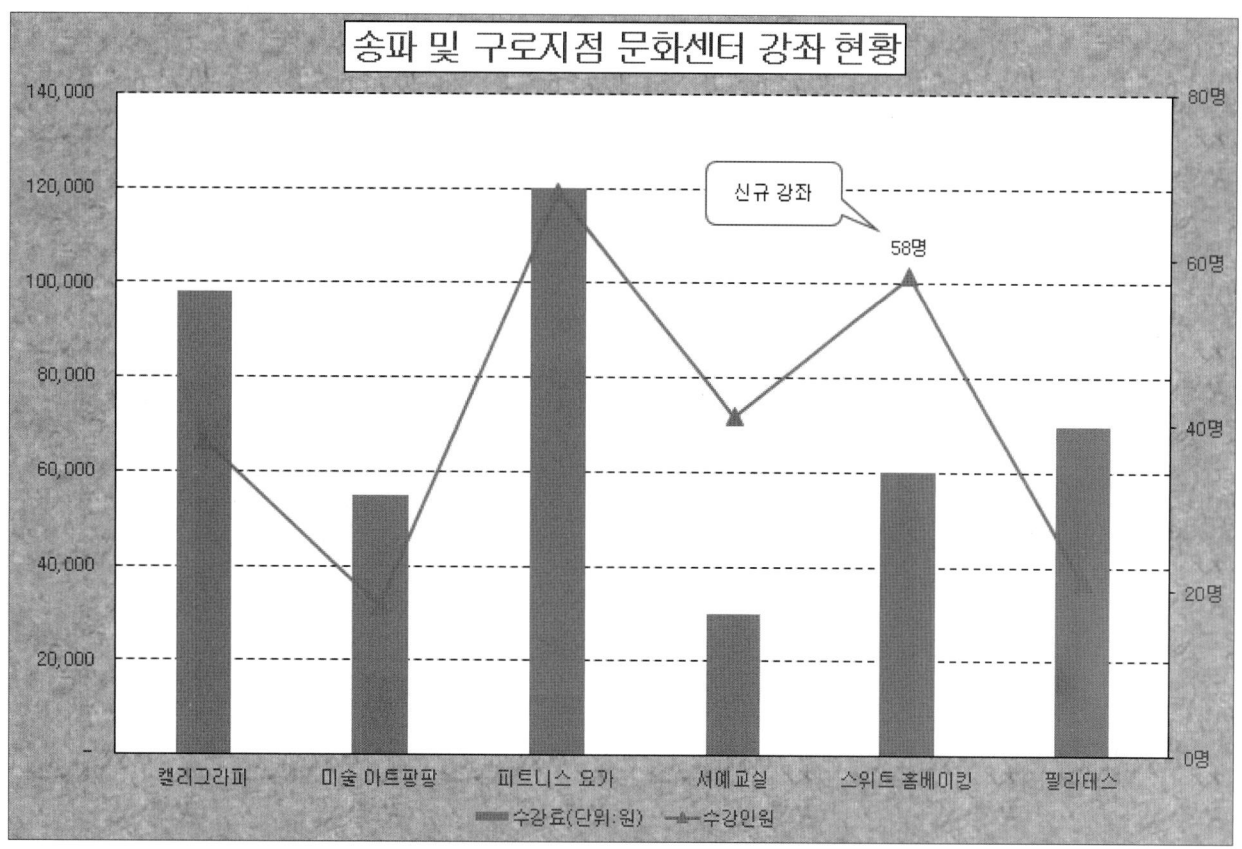

주의 ☞ 시트명 순서가 차례대로 "제1작업", "제2작업", "제3작업", "제4작업"이 되도록 할 것.

제 12 회 정보기술자격(ITQ) 출제예상문제

과목	코드	문제유형	시험시간	수험번호	성명
한글엑셀	1122	B	60분		

수험자 유의사항

- 수험자는 문제지를 받는 즉시 문제지와 **수험표상의 시험과목(프로그램)이 동일한지 반드시 확인**하여야 합니다.
- 파일명은 본인의 "수험번호-성명"으로 입력하여 답안폴더(내 PC₩문서₩ITQ)에 하나의 파일로 저장해야 하며, 답안문서 파일명이 "수험번호-성명"과 일치하지 않거나, 답안파일을 전송하지 않아 미제출로 처리될 경우 실격 처리합니다(예:12345678-홍길동.xlsx).
- 답안 작성을 마치면 파일을 저장하고, '답안 전송' 버튼을 선택하여 감독위원 PC로 답안을 전송하십시오. 수험생 정보와 저장한 파일명이 다를 경우 전송되지 않으므로 주의하시기 바랍니다.
- 답안 작성 중에도 **주기적으로 저장하고, '답안 전송'**하여야 문제 발생을 줄일 수 있습니다. 작업한 내용을 저장하지 않고 전송할 경우 이전에 저장된 내용이 전송되오니 이점 유의하시기 바랍니다.
- 답안문서는 지정된 경로 외의 다른 보조기억장치에 저장하는 경우, 지정된 시험 시간 외에 작성된 파일을 활용할 경우, 기타 통신수단(이메일, 메신저, 네트워크 등)을 이용하여 타인에게 전달 또는 외부 반출하는 경우는 부정 처리합니다.
- 시험 중 부주의 또는 고의로 시스템을 파손한 경우는 수험자가 변상해야 하며, 〈수험자 유의사항〉에 기재된 방법대로 이행하지 않아 생기는 불이익은 수험생 당사자의 책임임을 알려 드립니다.
- 문제의 조건은 MS오피스 2016 버전으로 설정되어 있으니 유의하시기 바랍니다.
- 시험을 완료한 수험자는 답안파일이 전송되었는지 확인한 후 감독위원의 지시에 따라 문제지를 제출하고 퇴실합니다.

답안 작성요령

- 온라인 답안 작성 절차
  수험자 등록 ⇒ 시험 시작 ⇒ 답안파일 저장 ⇒ 답안 전송 ⇒ 시험 종료
- 문제는 총 4단계, 즉 제1작업부터 제4작업까지 구성되어 있으며 반드시 제1작업부터 순서대로 작성하고 조건대로 작업하시오.
- 모든 작업시트의 A열은 열 너비 '1'로, 나머지 열은 적당하게 조절하시오.
- 모든 작업시트의 테두리는 ≪출력형태≫와 같이 작업하시오.
- 해당 작업란에서는 각각 제시된 조건에 따라 ≪출력형태≫와 같이 작업하시오.
- 답안 시트 이름은 "제1작업", "제2작업", "제3작업", "제4작업"이어야 하며 답안 시트 이외의 것은 감점 처리됩니다.
- 각 시트를 파일로 나누어 작업해서 저장할 경우 실격 처리됩니다.

kpc 한국생산성본부

[제1작업] 표 서식 작성 및 값 계산 (240점)

☞ 다음은 '우드크리닝 4월 작업 현황'에 대한 자료이다. 자료를 입력하고 조건에 맞도록 작업하시오.

≪출력형태≫

	A	B	C	D	E	F	G	H	I	J
1									담당	팀장	부장
2			우드크리닝 4월 작업 현황					결재			
3											
4		관리번호	고객명	구분	작업	작업일	파견인원	비용(단위:원)	지역	작업요일
5		H01-1	임동진	홈크리닝	입주청소	2022-04-11	3	450,000	(1)	(2)
6		F01-2	고인돌	사무실크리닝	인테리어청소	2022-04-27	2	520,000	(1)	(2)
7		S01-1	김나래	특수크리닝	전산실청소	2022-04-23	5	1,030,000	(1)	(2)
8		F02-1	이철수	사무실크리닝	계단청소	2022-04-14	4	330,000	(1)	(2)
9		H02-2	나영희	홈크리닝	에어컨청소	2022-04-19	1	150,000	(1)	(2)
10		H03-1	박달재	홈크리닝	줄눈시공	2022-04-09	3	240,000	(1)	(2)
11		S02-2	한우주	특수크리닝	건물외벽청소	2022-04-23	4	1,250,000	(1)	(2)
12		F03-1	최고봉	사무실크리닝	바닥왁스작업	2022-04-29	2	400,000	(1)	(2)
13		홈크리닝 비용(단위:원) 합계			(3)			가장 빠른 작업일		(5)
14		사무실크리닝 작업 개수			(4)		관리번호	H01-1	파견인원	(6)

≪조건≫

○ 모든 데이터의 서식에는 글꼴(굴림, 11pt), 정렬은 숫자 및 회계 서식은 오른쪽 정렬, 나머지 서식은 가운데 정렬로 작성하며 예외적인 것은 ≪출력형태≫를 참조하시오.
○ 제 목 ⇒ 도형(십자형)과 그림자(오프셋 오른쪽)를 이용하여 작성하고
　　　　　"우드크리닝 4월 작업 현황"을 입력한 후 다음 서식을 적용하시오
　　　　　(글꼴-굴림, 24pt, 검정, 굵게, 채우기-노랑).
○ 임의의 셀에 결재란을 작성하여 그림으로 복사 기능을 이용하여 붙이기 하시오(단, 원본 삭제).
○ 「B4:J4, G14, I14」 영역은 '주황'으로 채우기 하시오.
○ 유효성 검사를 이용하여 「H14」 셀에 관리번호(「B5:B12」 영역)가 선택 표시되도록 하시오.
○ 셀 서식 ⇒ 「G5:G12」 영역에 셀 서식을 이용하여 숫자 뒤에 '명'을 표시하시오(예 : 3명).
○ 「F5:F12」 영역에 대해 '작업일'로 이름정의를 하시오.

☞ (1)~(6) 셀은 반드시 **주어진 함수를 이용**하여 값을 구하시오(결과값을 직접 입력하면 해당 셀은 0점 처리됨).

(1) 지역 ⇒ 관리번호의 마지막 글자가 1이면 '서울', 그 외에는 '경기/인천'으로 구하시오
　　　(IF, RIGHT 함수).
(2) 작업 요일 ⇒ 작업일의 요일을 구하시오(CHOOSE, WEEKDAY 함수)(예 : 월요일).
(3) 홈크리닝 비용(단위:원) 합계 ⇒ 조건은 입력데이터를 이용하시오(DSUM 함수).
(4) 사무실크리닝 작업 개수 ⇒ 결과값에 '개'를 붙이시오(COUNTIF 함수, & 연산자)(예 : 1개).
(5) 가장 빠른 작업일 ⇒ 정의된 이름(작업일)을 이용하여 구하시오(MIN 함수)(예 : 2022-04-01).
(6) 파견인원 ⇒ 「H14」 셀에서 선택한 관리번호에 대한 파견인원을 구하시오(VLOOKUP 함수).
(7) 조건부 서식의 수식을 이용하여 비용(단위:원)이 '1,000,000' 이상인 행 전체에 다음의 서식을 적용하시오(글꼴 : 파랑, 굵게).

[제2작업] 필터 및 서식 (80점)

☞ "**제1작업**" 시트의 「B4:H12」 영역을 복사하여 "**제2작업**" 시트의 「B2」 셀부터 모두 붙여넣기를 한 후 다음의 조건과 같이 작업하시오.

《조건》

(1) 고급 필터 – 구분이 '특수크리닝'이 아니면서 비용(단위:원)이 '400,000' 이상인 자료의 관리번호, 고객명, 작업, 작업일 데이터만 추출하시오.
  – 조건 범위 : 「B14」 셀부터 입력하시오.
  – 복사 위치 : 「B18」 셀부터 나타나도록 하시오.

(2) 표 서식 – 고급필터의 결과셀을 채우기 없음으로 설정한 후 '표 스타일 보통 7'의 서식을 적용하시오.
  – 머리글 행, 줄무늬 행을 적용하시오.

[제3작업] 피벗테이블 (80점)

☞ "**제1작업**" 시트를 이용하여 "**제3작업**" 시트에 조건에 따라 《출력형태》와 같이 작업하시오.

《조건》

(1) 작업일 및 구분별 고객명의 개수와 비용(단위:원)의 평균을 구하시오.
(2) 작업일을 그룹화하고, 구분을 《출력형태》와 같이 정렬하시오.
(3) 레이블이 있는 셀 병합 및 가운데 맞춤 적용 및 빈 셀은 '***'로 표시하시오.
(4) 행의 총합계는 지우고, 나머지 사항은 《출력형태》에 맞게 작성하시오.

《출력형태》

	A	B	C	D	E	F	G	H
1								
2			구분					
3				홈크리닝		특수크리닝		사무실크리닝
4		작업일	개수 : 고객명	평균 : 비용(단위:원)	개수 : 고객명	평균 : 비용(단위:원)	개수 : 고객명	평균 : 비용(단위:원)
5		2022-04-01 - 2022-04-10	1	240,000	***	***	***	***
6		2022-04-11 - 2022-04-20	2	300,000	***	***	1	330,000
7		2022-04-21 - 2022-04-30	***	***	2	1,140,000	2	460,000
8		총합계	3	280,000	2	1,140,000	3	416,667

[제4작업] 그래프 (100점)

☞ "제1작업" 시트를 이용하여 조건에 따라 ≪출력형태≫와 같이 작업하시오.

≪조건≫

(1) 차트 종류 ⇒ 〈묶은 세로 막대형〉으로 작업하시오.
(2) 데이터 범위 ⇒ "제1작업" 시트의 내용을 이용하여 작업하시오.
(3) 위치 ⇒ "새 시트"로 이동하고, "제4작업"으로 시트 이름을 바꾸시오.
(4) 차트 디자인 도구 ⇒ 레이아웃 3, 스타일 1을 선택하여 ≪출력형태≫에 맞게 작업하시오.
(5) 영역 서식 ⇒ 차트 : 글꼴(굴림, 11pt), 채우기 효과(질감-파랑 박엽지)
  그림 : 채우기(흰색, 배경1)
(6) 제목 서식 ⇒ 차트 제목 : 글꼴(굴림, 굵게, 20pt), 채우기(흰색, 배경1), 테두리
(7) 서식 ⇒ 파견인원 계열의 차트 종류를 〈표식이 있는 꺾은선형〉으로 변경한 후 보조 축으로 지정하시오.
  계열 : ≪출력형태≫를 참조하여 표식(마름모, 크기 10)과 레이블 값을 표시하시오.
  눈금선 : 선 스타일-파선
  축 : ≪출력형태≫를 참조하시오.
(8) 범례 ⇒ 범례명을 변경하고 ≪출력형태≫를 참조하시오.
(9) 도형 ⇒ '모서리가 둥근 사각형 설명선'을 삽입한 후 ≪출력형태≫와 같이 내용을 입력하시오.
(10) 나머지 사항은 ≪출력형태≫에 맞게 작성하시오.

≪출력형태≫

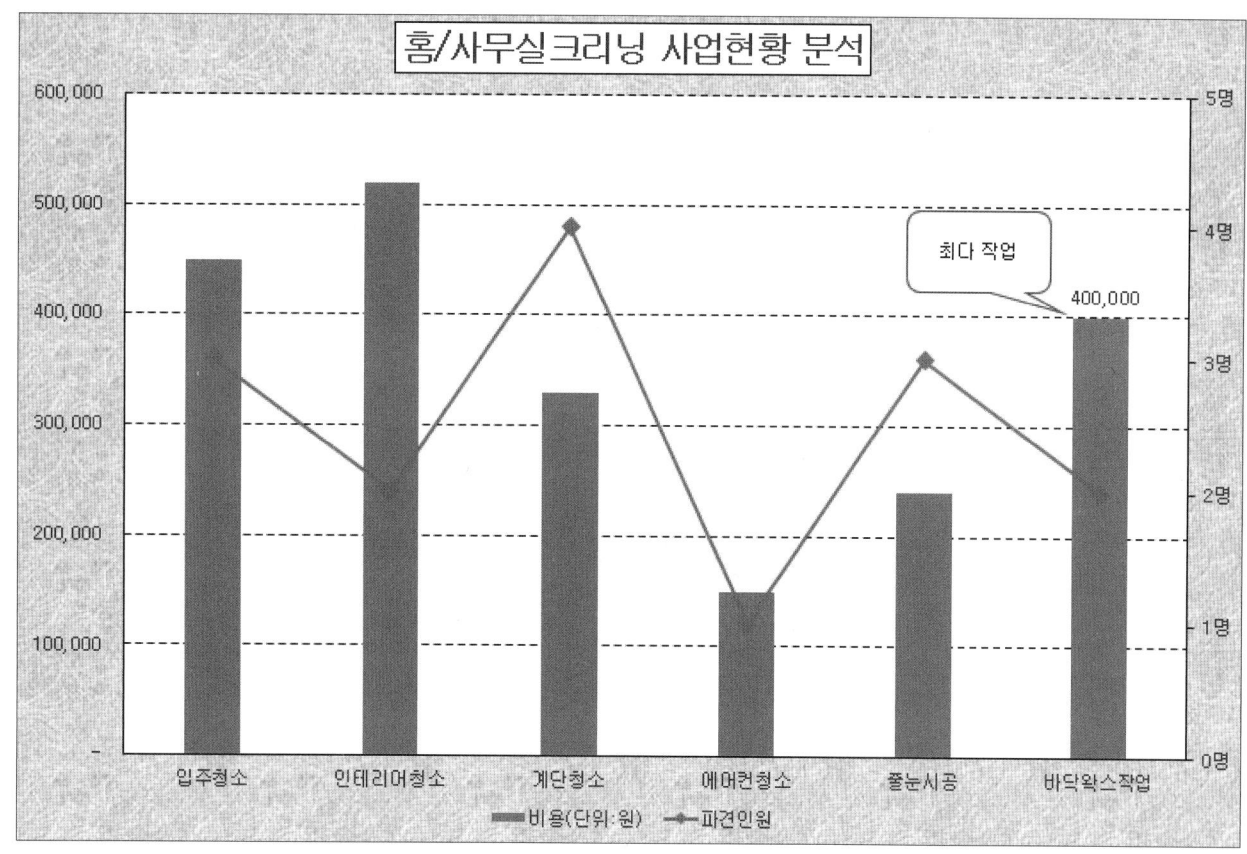

주의 ☞ 시트명 순서가 차례대로 "제1작업", "제2작업", "제3작업", "제4작업"이 되도록 할 것.

제13회 정보기술자격(ITQ) 출제예상문제

과목	코드	문제유형	시험시간	수험번호	성명
한글엑셀	1122	C	60분		

수험자 유의사항

- 수험자는 문제지를 받는 즉시 문제지와 **수험표상의 시험과목(프로그램)이 동일한지 반드시 확인**하여야 합니다.
- 파일명은 본인의 "수험번호-성명"으로 입력하여 답안폴더(내 PC\문서\ITQ)에 하나의 파일로 저장해야 하며, 답안문서 파일명이 "수험번호-성명"과 일치하지 않거나, 답안파일을 전송하지 않아 미제출로 처리될 경우 실격 처리합니다(예:12345678-홍길동.xlsx).
- 답안 작성을 마치면 파일을 저장하고, '답안 전송' 버튼을 선택하여 감독위원 PC로 답안을 전송하십시오. 수험생 정보와 저장한 파일명이 다를 경우 전송되지 않으므로 주의하시기 바랍니다.
- 답안 작성 중에도 **주기적으로 저장하고, '답안 전송'**하여야 문제 발생을 줄일 수 있습니다. 작업한 내용을 저장하지 않고 전송할 경우 이전에 저장된 내용이 전송되오니 이점 유의하시기 바랍니다.
- 답안문서는 지정된 경로 외의 다른 보조기억장치에 저장하는 경우, 지정된 시험 시간 외에 작성된 파일을 활용할 경우, 기타 통신수단(이메일, 메신저, 네트워크 등)을 이용하여 타인에게 전달 또는 외부 반출하는 경우는 부정 처리합니다.
- 시험 중 부주의 또는 고의로 시스템을 파손한 경우는 수험자가 변상해야 하며, 〈수험자 유의사항〉에 기재된 방법대로 이행하지 않아 생기는 불이익은 수험생 당사자의 책임임을 알려 드립니다.
- 문제의 조건은 MS오피스 2016 버전으로 설정되어 있으니 유의하시기 바랍니다.
- 시험을 완료한 수험자는 답안파일이 전송되었는지 확인한 후 감독위원의 지시에 따라 문제지를 제출하고 퇴실합니다.

답안 작성요령

- 온라인 답안 작성 절차
  수험자 등록 ⇒ 시험 시작 ⇒ 답안파일 저장 ⇒ 답안 전송 ⇒ 시험 종료
- 문제는 총 4단계, 즉 제1작업부터 제4작업까지 구성되어 있으며 반드시 제1작업부터 순서대로 작성하고 조건대로 작업하시오.
- 모든 작업시트의 A열은 열 너비 '1'로, 나머지 열은 적당하게 조절하시오.
- 모든 작업시트의 테두리는 ≪출력형태≫와 같이 작업하시오.
- 해당 작업란에서는 각각 제시된 조건에 따라 ≪출력형태≫와 같이 작업하시오.
- 답안 시트 이름은 "제1작업", "제2작업", "제3작업", "제4작업"이어야 하며 답안 시트 이외의 것은 감점 처리됩니다.
- 각 시트를 파일로 나누어 작업해서 저장할 경우 실격 처리됩니다.

kpc 한국생산성본부

[제1작업] 표 서식 작성 및 값 계산 (240점)

☞ 다음은 '온라인 게임 수익 현황'에 대한 자료이다. 자료를 입력하고 조건에 맞도록 작업하시오.

≪출력형태≫

관리코드	게임명	분류	개발사	수익금(백만 달러)	만족도	서비스 시작일	서비스 순서	시작연도
C14-9	하스스톤	역할수행	블리자드	219	4.4	2014-01-14	(1)	(2)
S81-2	피파 온라인	아케이드	스피어헤드	163	4.2	2012-12-18	(1)	(2)
F57-1	크로스파이어	아케이드	스마일게이트	1,400	4.8	2007-05-03	(1)	(2)
M32-2	림월드	시뮬레이션	루데온스튜디오	179	4.5	2013-11-04	(1)	(2)
M29-1	리그 오브 레전드	시뮬레이션	라이엇게임즈	2,120	4.3	2009-10-27	(1)	(2)
M62-9	월드 오브 탱크	아케이드	워게이밍넷	471	4.9	2010-08-12	(1)	(2)
R55-5	던전 앤 파이터	역할수행	네오플	1,600	4.2	2005-08-10	(1)	(2)
M43-4	메이플스토리	역할수행	위젯스튜디오	284	4.6	2003-04-29	(1)	(2)
최고 수익금(백만 달러)			(3)			역할수행 게임의 만족도 합계		(5)
아케이드 게임의 평균 수익금(백만 달러)			(4)		관리코드	C14-9	개발사	(6)

결재: 담당 / 대리 / 팀장

≪조건≫

○ 모든 데이터의 서식에는 글꼴(굴림, 11pt), 정렬은 숫자 및 회계 서식은 오른쪽 정렬, 나머지 서식은 가운데 정렬로 작성하며 예외적인 것은 ≪출력형태≫를 참조하시오.
○ 제 목 ⇒ 도형(육각형)과 그림자(오프셋 오른쪽)를 이용하여 작성하고
 "온라인 게임 수익 현황"을 입력한 후 다음 서식을 적용하시오
 (글꼴-굴림, 24pt, 검정, 굵게, 채우기-노랑).
○ 임의의 셀에 결재란을 작성하여 그림으로 복사 기능을 이용하여 붙이기 하시오(단, 원본 삭제).
○ 「B4:J4, G14, I14」 영역은 '주황'으로 채우기 하시오.
○ 유효성 검사를 이용하여 「H14」 셀에 관리코드(「B5:B12」 영역)가 선택 표시되도록 하시오.
○ 셀 서식 ⇒ 「G5:G12」 영역에 셀 서식을 이용하여 숫자 뒤에 '점'을 표시하시오(예 : 4.4점).
○ 「D5:D12」 영역에 대해 '분류'로 이름정의를 하시오.

☞ (1)~(6) 셀은 반드시 **주어진 함수를 이용**하여 값을 구하시오(결과값을 직접 입력하면 해당 셀은 0점 처리됨).

(1) 서비스 순서 ⇒ 서비스 시작일을 기준으로 오름차순 순위를 1~3까지만 구하고, 그 외에는 공백으로 표시하시오(IF, RANK.EQ 함수).
(2) 시작연도 ⇒ 서비스 시작일의 연도를 구한 값에 '년'을 붙이시오
 (YEAR 함수, & 연산자)(예 : 2014년).
(3) 최고 수익금(백만 달러) ⇒ (MAX 함수)
(4) 아케이드 게임의 평균 수익금(백만 달러) ⇒ 정의된 이름(분류)을 이용하여 구하시오
 (SUMIF, COUNTIF 함수).
(5) 역할수행 게임의 만족도 합계 ⇒ 조건은 입력데이터를 이용하시오(DSUM 함수).
(6) 개발사 ⇒ 「H14」 셀에서 선택한 관리코드에 대한 개발사를 구하시오(VLOOKUP 함수).
(7) 조건부 서식의 수식을 이용하여 수익금(백만 달러)이 '1,000' 이상인 행 전체에 다음의 서식을 적용하시오(글꼴 : 파랑, 굵게).

[제2작업] 필터 및 서식 (80점)

☞ "**제1작업**" 시트의 「B4:H12」 영역을 복사하여 "**제2작업**" 시트의 「B2」 셀부터 모두 붙여넣기를 한 후 다음의 조건과 같이 작업하시오.

≪조건≫

(1) 고급 필터 – 분류가 '시뮬레이션'이 아니면서 수익금(백만 달러)이 '1,000' 이상인 자료의 관리코드, 게임명, 수익금(백만 달러), 서비스 시작일 데이터만 추출하시오.
  – 조건 범위 : 「B14」 셀부터 입력하시오.
  – 복사 위치 : 「B18」 셀부터 나타나도록 하시오.

(2) 표 서식 – 고급필터의 결과셀을 채우기 없음으로 설정한 후 '표 스타일 보통 7'의 서식을 적용하시오.
  – 머리글 행, 줄무늬 행을 적용하시오.

[제3작업] 피벗테이블 (80점)

☞ "**제1작업**" 시트를 이용하여 "**제3작업**" 시트에 조건에 따라 ≪출력형태≫와 같이 작업하시오.

≪조건≫

(1) 만족도 및 분류별 게임명의 개수와 수익금(백만 달러)의 평균을 구하시오.
(2) 만족도를 그룹화하고, 분류를 ≪출력형태≫와 같이 정렬하시오.
(3) 레이블이 있는 셀 병합 및 가운데 맞춤 적용 및 빈 셀은 '***'로 표시하시오.
(4) 행의 총합계는 지우고, 나머지 사항은 ≪출력형태≫에 맞게 작성하시오.

≪출력형태≫

	A	B	C	D	E	F	G	H
1								
2			분류 ↓					
3			역할수행		아케이드		시뮬레이션	
4		만족도 ▼	개수 : 게임명	평균 : 수익금(백만 달러)	개수 : 게임명	평균 : 수익금(백만 달러)	개수 : 게임명	평균 : 수익금(백만 달러)
5		4.1-4.4	1	1,600	1	163	1	2,120
6		4.4-4.7	2	252	***	***	1	179
7		4.7-5	***	***	2	936	***	***
8		총합계	3	701	3	678	2	1,150

[제4작업] 그래프 (100점)

☞ "제1작업" 시트를 이용하여 조건에 따라 ≪출력형태≫와 같이 작업하시오.

≪조건≫

(1) 차트 종류 ⇒ 〈묶은 세로 막대형〉으로 작업하시오.
(2) 데이터 범위 ⇒ "제1작업" 시트의 내용을 이용하여 작업하시오.
(3) 위치 ⇒ "새 시트"로 이동하고, "제4작업"으로 시트 이름을 바꾸시오.
(4) 차트 디자인 도구 ⇒ 레이아웃 3, 스타일 1을 선택하여 ≪출력형태≫에 맞게 작업하시오.
(5) 영역 서식 ⇒ 차트 : 글꼴(굴림, 11pt), 채우기 효과(질감-파랑 박엽지)
　　　　　　　　그림 : 채우기(흰색, 배경1)
(6) 제목 서식 ⇒ 차트 제목 : 글꼴(굴림, 굵게, 20pt), 채우기(흰색, 배경1), 테두리
(7) 서식 ⇒ 수익금(백만 달러) 계열의 차트 종류를 〈표식이 있는 꺾은선형〉으로 변경한 후 보조 축으로 지정하시오.
　　　　　계열 : ≪출력형태≫를 참조하여 표식(마름모, 크기 10)과 레이블 값을 표시하시오.
　　　　　눈금선 : 선 스타일-파선
　　　　　축 : ≪출력형태≫를 참조하시오.
(8) 범례 ⇒ 범례명을 변경하고 ≪출력형태≫를 참조하시오.
(9) 도형 ⇒ '모서리가 둥근 사각형 설명선'을 삽입한 후 ≪출력형태≫와 같이 내용을 입력하시오.
(10) 나머지 사항은 ≪출력형태≫에 맞게 작성하시오.

≪출력형태≫

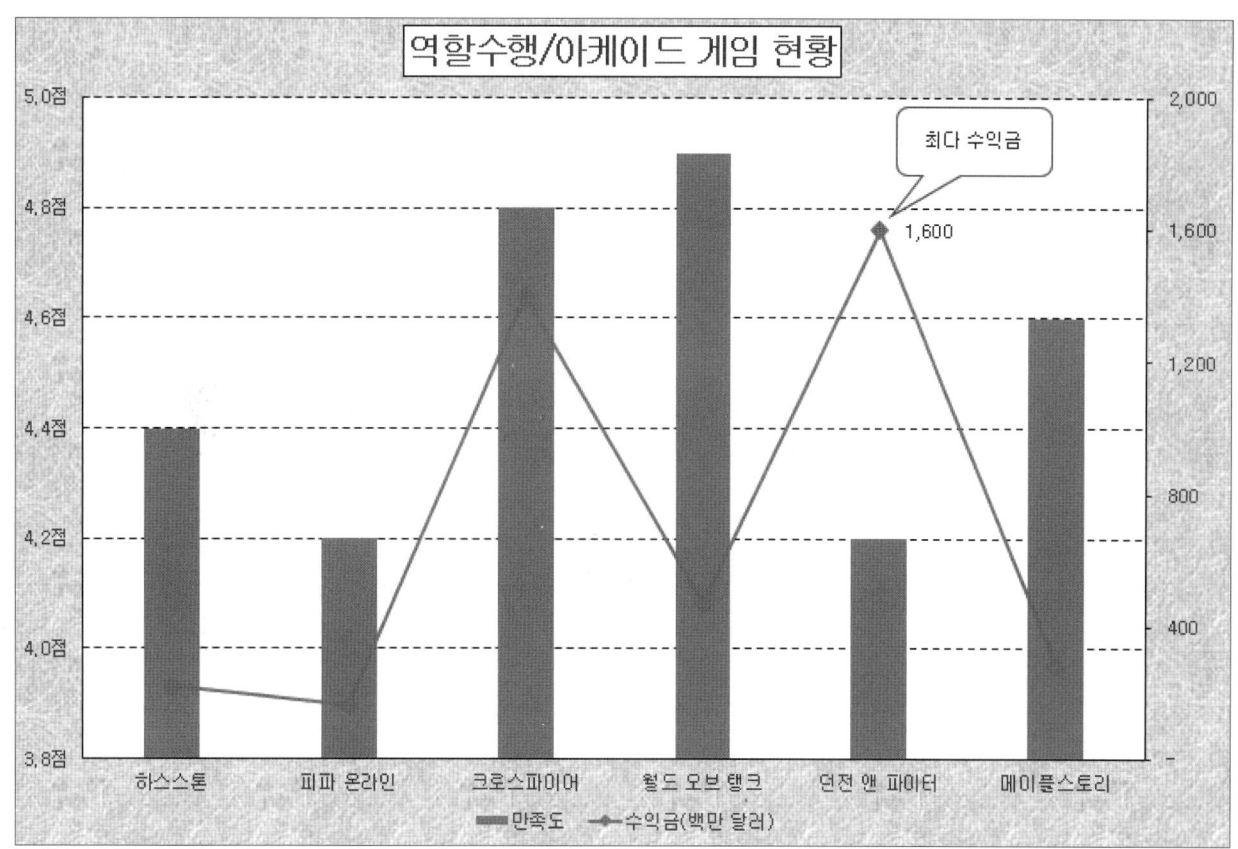

주의 ☞ 시트명 순서가 차례대로 "제1작업", "제2작업", "제3작업", "제4작업"이 되도록 할 것.

제14회 정보기술자격(ITQ) 출제예상문제

과목	코드	문제유형	시험시간	수험번호	성명
한글엑셀	1122	D	60분		

수험자 유의사항

- 수험자는 문제지를 받는 즉시 문제지와 **수험표상의 시험과목(프로그램)이 동일한지 반드시 확인**하여야 합니다.
- 파일명은 본인의 "수험번호-성명"으로 입력하여 답안폴더(내 PC\문서\ITQ)에 하나의 파일로 저장해야 하며, 답안문서 파일명이 "수험번호-성명"과 일치하지 않거나, 답안파일을 전송하지 않아 미제출로 처리될 경우 실격 처리합니다(예:12345678-홍길동.xlsx).
- 답안 작성을 마치면 파일을 저장하고, '답안 전송' 버튼을 선택하여 감독위원 PC로 답안을 전송하십시오. 수험생 정보와 저장한 파일명이 다를 경우 전송되지 않으므로 주의하시기 바랍니다.
- 답안 작성 중에도 **주기적으로 저장하고, '답안 전송'**하여야 문제 발생을 줄일 수 있습니다. 작업한 내용을 저장하지 않고 전송할 경우 이전에 저장된 내용이 전송되오니 이점 유의하시기 바랍니다.
- 답안문서는 지정된 경로 외의 다른 보조기억장치에 저장하는 경우, 지정된 시험 시간 외에 작성된 파일을 활용할 경우, 기타 통신수단(이메일, 메신저, 네트워크 등)을 이용하여 타인에게 전달 또는 외부 반출하는 경우는 부정 처리합니다.
- 시험 중 부주의 또는 고의로 시스템을 파손한 경우는 수험자가 변상해야 하며, 〈수험자 유의사항〉에 기재된 방법대로 이행하지 않아 생기는 불이익은 수험생 당사자의 책임임을 알려 드립니다.
- 문제의 조건은 MS오피스 2016 버전으로 설정되어 있으니 유의하시기 바랍니다.
- 시험을 완료한 수험자는 답안파일이 전송되었는지 확인한 후 감독위원의 지시에 따라 문제지를 제출하고 퇴실합니다.

답안 작성요령

- 온라인 답안 작성 절차
  수험자 등록 ⇒ 시험 시작 ⇒ 답안파일 저장 ⇒ 답안 전송 ⇒ 시험 종료
- 문제는 총 4단계, 즉 제1작업부터 제4작업까지 구성되어 있으며 반드시 제1작업부터 순서대로 작성하고 조건대로 작업하시오.
- 모든 작업시트의 A열은 열 너비 '1'로, 나머지 열은 적당하게 조절하시오.
- 모든 작업시트의 테두리는 ≪출력형태≫와 같이 작업하시오.
- 해당 작업란에서는 각각 제시된 조건에 따라 ≪출력형태≫와 같이 작업하시오.
- 답안 시트 이름은 "제1작업", "제2작업", "제3작업", "제4작업"이어야 하며 답안 시트 이외의 것은 감점 처리됩니다.
- 각 시트를 파일로 나누어 작업해서 저장할 경우 실격 처리됩니다.

kpc 한국생산성본부

[제1작업] 표 서식 작성 및 값 계산 (240점)

☞ 다음은 '천곡중학교 캠프 참가 현황'에 대한 자료이다. 자료를 입력하고 조건에 맞도록 작업하시오.

≪출력형태≫

관리번호	캠프명	과정	담당자	시작일	신청인원	비용(단위:원)	캠프장소	시작월
T65-1	지질탐구	과학	김은지	2022-06-01	32	385,000	(1)	(2)
S79-2	우주과학	과학	송은하	2022-05-05	41	370,000	(1)	(2)
N65-2	낙농체험	체험	방성준	2022-05-13	29	200,000	(1)	(2)
S45-1	휴머노이드	과학	박준금	2022-04-05	25	220,000	(1)	(2)
R17-1	프레젠테이션	리더십	고혜진	2022-05-26	18	230,000	(1)	(2)
S38-3	스피치	리더십	정유희	2022-05-29	34	190,000	(1)	(2)
F25-2	진로진학	체험	김민정	2022-06-08	43	295,000	(1)	(2)
N42-3	인성개발	리더십	윤지혜	2022-04-01	15	150,000	(1)	(2)
과학 과정 신청인원 평균			(3)			최저 비용(단위:원)		(5)
리더십 과정 총 신청인원			(4)			관리번호	T65-1	담당자	(6)

결재: 담당 / 대리 / 과장

≪조건≫

○ 모든 데이터의 서식에는 글꼴(굴림, 11pt), 정렬은 숫자 및 회계 서식은 오른쪽 정렬, 나머지 서식은 가운데 정렬로 작성하며 예외적인 것은 ≪출력형태≫를 참조하시오.
○ 제 목 ⇒ 도형(평행 사변형)과 그림자(오프셋 오른쪽)를 이용하여 작성하고
"천곡중학교 캠프 참가 현황"을 입력한 후 다음 서식을 적용하시오
(글꼴-굴림, 24pt, 검정, 굵게, 채우기-노랑).
○ 임의의 셀에 결재란을 작성하여 그림으로 복사 기능을 이용하여 붙이기 하시오(단, 원본 삭제).
○ 「B4:J4, G14, I14」 영역은 '주황'으로 채우기 하시오.
○ 유효성 검사를 이용하여 「H14」 셀에 관리번호(「B5:B12」 영역)가 선택 표시되도록 하시오.
○ 셀 서식 ⇒ 「G5:G12」 영역에 셀 서식을 이용하여 숫자 뒤에 '명'을 표시하시오(예 : 32명).
○ 「H5:H12」 영역에 대해 '비용'으로 이름정의를 하시오.

☞ (1)~(6) 셀은 반드시 **주어진 함수를 이용**하여 값을 구하시오(결과값을 직접 입력하면 해당 셀은 0점 처리됨).

(1) 캠프 장소 ⇒ 관리번호의 마지막 글자가 1이면 '경기도', 2이면 '대전', 3이면 '서울'로 구하시오
(CHOOSE, RIGHT 함수).
(2) 시작월 ⇒ 시작일의 월을 추출하여 '월'을 붙이시오
(MONTH 함수, & 연산자)(예 : 2022-06-01 → 6월).
(3) 과학 과정 신청인원 평균 ⇒ 반올림하여 정수로 구하되, 조건은 입력데이터를 이용하시오
(ROUND, DAVERAGE 함수)(예 : 12.3 → 12).
(4) 리더십 과정 총 신청인원 ⇒ (SUMIF 함수)
(5) 최저 비용(단위:원) ⇒ 정의된 이름(비용)을 이용하여 구하시오(MIN 함수).
(6) 담당자 ⇒ 「H14」 셀에서 선택한 관리번호에 대한 담당자를 구하시오(VLOOKUP 함수).
(7) 조건부 서식의 수식을 이용하여 비용(단위:원)이 '200,000' 이하인 행 전체에 다음의 서식을 적용하시오(글꼴 : 파랑, 굵게).

[제2작업] 필터 및 서식 (80점)

☞ "**제1작업**" 시트의 「B4:H12」 영역을 복사하여 "**제2작업**" 시트의 「B2」 셀부터 모두 붙여넣기를 한 후 다음의 조건과 같이 작업하시오.

≪조건≫

(1) 고급 필터 – 과정이 '체험'이 아니면서 신청인원이 '30' 이상인 자료의 관리번호, 캠프명, 시작일, 비용(단위:원) 데이터만 추출하시오.
　　　　　　　– 조건 범위 : 「B14」 셀부터 입력하시오.
　　　　　　　– 복사 위치 : 「B18」 셀부터 나타나도록 하시오.

(2) 표 서식 – 고급필터의 결과셀을 채우기 없음으로 설정한 후 '표 스타일 보통 7'의 서식을 적용하시오.
　　　　　　– 머리글 행, 줄무늬 행을 적용하시오.

[제3작업] 피벗테이블 (80점)

☞ "**제1작업**" 시트를 이용하여 "**제3작업**" 시트에 조건에 따라 ≪출력형태≫와 같이 작업하시오.

≪조건≫

(1) 신청인원 및 과정별 캠프명의 개수와 비용(단위:원)의 평균을 구하시오.
(2) 신청인원을 그룹화하고, 과정을 ≪출력형태≫와 같이 정렬하시오.
(3) 레이블이 있는 셀 병합 및 가운데 맞춤 적용 및 빈 셀은 '***'로 표시하시오.
(4) 행의 총합계는 지우고, 나머지 사항은 ≪출력형태≫에 맞게 작성하시오.

≪출력형태≫

	과정					
	체험		리더십		과학	
신청인원	개수 : 캠프명	평균 : 비용(단위:원)	개수 : 캠프명	평균 : 비용(단위:원)	개수 : 캠프명	평균 : 비용(단위:원)
15-24	***	***	2	190,000	***	***
25-34	1	200,000	1	190,000	2	302,500
35-44	1	295,000	***	***	1	370,000
총합계	2	247,500	3	190,000	3	325,000

[제4작업] 그래프 (100점)

☞ "제1작업" 시트를 이용하여 조건에 따라 ≪출력형태≫와 같이 작업하시오.

≪조건≫

(1) 차트 종류 ⇒ 〈묶은 세로 막대형〉으로 작업하시오.
(2) 데이터 범위 ⇒ "제1작업" 시트의 내용을 이용하여 작업하시오.
(3) 위치 ⇒ "새 시트"로 이동하고, "제4작업"으로 시트 이름을 바꾸시오.
(4) 차트 디자인 도구 ⇒ 레이아웃 3, 스타일 1을 선택하여 ≪출력형태≫에 맞게 작업하시오.
(5) 영역 서식 ⇒ 차트 : 글꼴(굴림, 11pt), 채우기 효과(질감-파랑 박엽지)
    그림 : 채우기(흰색, 배경1)
(6) 제목 서식 ⇒ 차트 제목 : 글꼴(굴림, 굵게, 20pt), 채우기(흰색, 배경1), 테두리
(7) 서식 ⇒ 신청인원 계열의 차트 종류를 〈표식이 있는 꺾은선형〉으로 변경한 후 보조 축으로 지정하시오.
    계열 : ≪출력형태≫를 참조하여 표식(마름모, 크기 10)과 레이블 값을 표시하시오.
    눈금선 : 선 스타일-파선
    축 : ≪출력형태≫를 참조하시오.
(8) 범례 ⇒ 범례명을 변경하고 ≪출력형태≫를 참조하시오.
(9) 도형 ⇒ '모서리가 둥근 사각형 설명선'을 삽입한 후 ≪출력형태≫와 같이 내용을 입력하시오.
(10) 나머지 사항은 ≪출력형태≫에 맞게 작성하시오.

≪출력형태≫

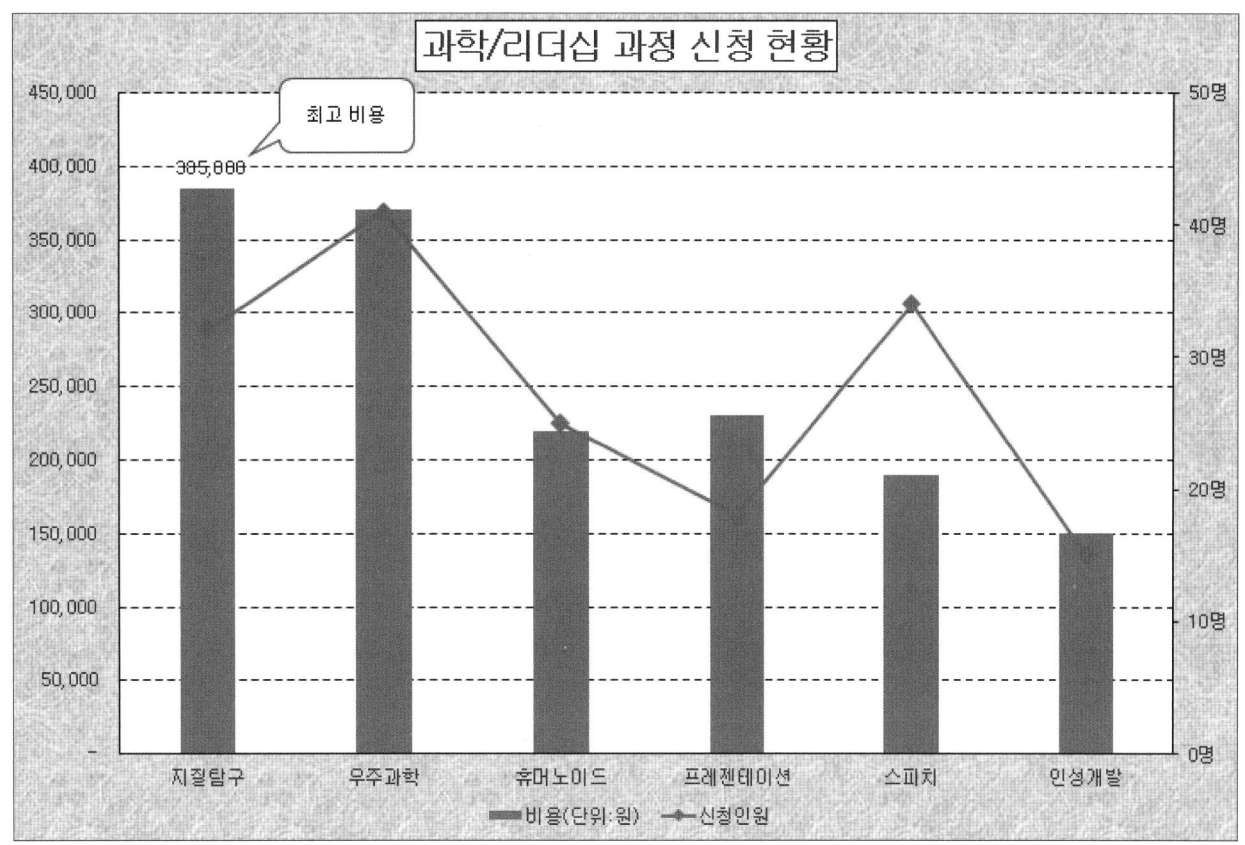

주의 ☞ 시트명 순서가 차례대로 "제1작업", "제2작업", "제3작업", "제4작업"이 되도록 할 것.

제15회 정보기술자격(ITQ) 출제예상문제

과목	코드	문제유형	시험시간	수험번호	성명
한글엑셀	1122	E	60분		

수험자 유의사항

- 수험자는 문제지를 받는 즉시 문제지와 **수험표상의 시험과목(프로그램)이 동일한지 반드시 확인**하여야 합니다.
- 파일명은 본인의 "수험번호-성명"으로 입력하여 답안폴더(내 PC₩문서₩ITQ)에 하나의 파일로 저장해야 하며, 답안문서 파일명이 "수험번호-성명"과 일치하지 않거나, 답안파일을 전송하지 않아 미제출로 처리될 경우 실격 처리합니다(예:12345678-홍길동.xlsx).
- 답안 작성을 마치면 파일을 저장하고, '답안 전송' 버튼을 선택하여 감독위원 PC로 답안을 전송하십시오. 수험생 정보와 저장한 파일명이 다를 경우 전송되지 않으므로 주의하시기 바랍니다.
- 답안 작성 중에도 **주기적으로 저장하고, '답안 전송'**하여야 문제 발생을 줄일 수 있습니다. 작업한 내용을 저장하지 않고 전송할 경우 이전에 저장된 내용이 전송되오니 이점 유의하시기 바랍니다.
- 답안문서는 지정된 경로 외의 다른 보조기억장치에 저장하는 경우, 지정된 시험 시간 외에 작성된 파일을 활용할 경우, 기타 통신수단(이메일, 메신저, 네트워크 등)을 이용하여 타인에게 전달 또는 외부 반출하는 경우는 부정 처리합니다.
- 시험 중 부주의 또는 고의로 시스템을 파손한 경우는 수험자가 변상해야 하며, 〈수험자 유의사항〉에 기재된 방법대로 이행하지 않아 생기는 불이익은 수험생 당사자의 책임임을 알려 드립니다.
- 문제의 조건은 MS오피스 2016 버전으로 설정되어 있으니 유의하시기 바랍니다.
- 시험을 완료한 수험자는 답안파일이 전송되었는지 확인한 후 감독위원의 지시에 따라 문제지를 제출하고 퇴실합니다.

답안 작성요령

- 온라인 답안 작성 절차
  수험자 등록 ⇒ 시험 시작 ⇒ 답안파일 저장 ⇒ 답안 전송 ⇒ 시험 종료
- 문제는 총 4단계, 즉 제1작업부터 제4작업까지 구성되어 있으며 반드시 제1작업부터 순서대로 작성하고 조건대로 작업하시오.
- 모든 작업시트의 A열은 열 너비 '1'로, 나머지 열은 적당하게 조절하시오.
- 모든 작업시트의 테두리는 ≪출력형태≫와 같이 작업하시오.
- 해당 작업란에서는 각각 제시된 조건에 따라 ≪출력형태≫와 같이 작업하시오.
- 답안 시트 이름은 "제1작업", "제2작업", "제3작업", "제4작업"이어야 하며 답안 시트 이외의 것은 감점 처리됩니다.
- 각 시트를 파일로 나누어 작업해서 저장할 경우 실격 처리됩니다.

[제1작업] 표 서식 작성 및 값 계산 (240점)

☞ 다음은 '인기 빔 프로젝터 판매 정보'에 대한 자료이다. 자료를 입력하고 조건에 맞도록 작업하시오.

≪출력형태≫

제품코드	제품명	해상도	부가기능	소비자가(원)	무게	밝기(안시루멘)	밝기 순위	배송방법
VS4-101	뷰소닉피제이	FHD	게임모드	679,150	2.5	3,800	(1)	(2)
LG2-002	시네빔오공케이	FHD	HDTV수신	575,990	1.0	600	(1)	(2)
SH1-102	샤오미엠프로	4K UHD	키스톤보정	234,970	2.3	220	(1)	(2)
PJ2-002	프로젝트매니아	FHD	내장스피커	385,900	0.3	700	(1)	(2)
LV1-054	레베타이포	HD	내장스피커	199,000	1.0	180	(1)	(2)
LG3-003	시네빔피에치	HD	키스톤보정	392,800	0.7	550	(1)	(2)
EP2-006	엡손이에치	FHD	게임모드	747,990	2.7	3,300	(1)	(2)
VQ4-001	벤큐더블유	4K UHD	게임모드	938,870	4.2	3,000	(1)	(2)
해상도 HD 제품의 소비자가(원) 평균			(3)			두 번째로 높은 소비자가(원)		(5)
게임모드 제품 중 최소 무게			(4)		제품코드	VS4-101	밝기(안시루멘)	(6)

≪조건≫

○ 모든 데이터의 서식에는 글꼴(굴림, 11pt), 정렬은 숫자 및 회계 서식은 오른쪽 정렬, 나머지 서식은 가운데 정렬로 작성하며 예외적인 것은 ≪출력형태≫를 참조하시오.
○ 제 목 ⇒ 도형(양쪽 모서리가 잘린 사각형)과 그림자(오프셋 오른쪽)를 이용하여 작성하고 "인기 빔 프로젝터 판매 정보"를 입력한 후 다음 서식을 적용하시오 (글꼴-굴림, 24pt, 검정, 굵게, 채우기-노랑).
○ 임의의 셀에 결재란을 작성하여 그림으로 복사 기능을 이용하여 붙이기 하시오(단, 원본 삭제).
○ 「B4:J4, G14, I14」 영역은 '주황'으로 채우기 하시오.
○ 유효성 검사를 이용하여 「H14」 셀에 제품코드(「B5:B12」 영역)가 선택 표시되도록 하시오.
○ 셀 서식 ⇒ 「G5:G12」 영역에 셀 서식을 이용하여 숫자 뒤에 'kg'을 표시하시오(예 : 2.5kg).
○ 「D5:D12」 영역에 대해 '해상도'로 이름정의를 하시오.

☞ (1)~(6) 셀은 반드시 **주어진 함수를 이용**하여 값을 구하시오(결과값을 직접 입력하면 해당 셀은 0점 처리됨).

(1) 밝기 순위 ⇒ 밝기(안시루멘)의 내림차순 순위를 구한 결과값에 '위'를 붙이시오
(RANK.EQ 함수, & 연산자)(예 : 1위).
(2) 배송방법 ⇒ 제품코드의 세 번째 글자가 1이면 '해외배송', 2이면 '직배송', 그 외에는 '기타'로 구하시오(IF, MID 함수).
(3) 해상도 HD 제품의 소비자가(원) 평균 ⇒ 정의된 이름(해상도)을 이용하여 구하시오
(SUMIF, COUNTIF 함수).
(4) 게임모드 제품 중 최소 무게 ⇒ 부가기능이 게임모드인 제품 중 최소 무게를 구하시오. 단, 조건은 입력데이터를 이용하시오(DMIN 함수).
(5) 두 번째로 높은 소비자가(원) ⇒ (LARGE 함수)
(6) 밝기(안시루멘) ⇒ 「H14」 셀에서 선택한 제품코드에 대한 밝기(안시루멘)를 구하시오
(VLOOKUP 함수).
(7) 조건부 서식의 수식을 이용하여 무게가 '1.0' 이하인 행 전체에 다음의 서식을 적용하시오
(글꼴 : 파랑, 굵게).

[제2작업] 목표값 찾기 및 필터 (80점)

☞ "제1작업" 시트의 「B4:H12」 영역을 복사하여 "제2작업" 시트의 「B2」 셀부터 모두 붙여넣기를 한 후 다음의 조건과 같이 작업하시오.

≪조건≫

(1) 목표값 찾기 – 「B11:G11」 셀을 병합하여 "해상도 FHD 제품의 무게 평균"을 입력한 후 「H11」 셀에 해상도 FHD 제품의 무게 평균을 구하시오. 단, 조건은 입력데이터를 이용하시오 (DAVERAGE 함수, 테두리, 가운데 맞춤).
 – '해상도 FHD 제품의 무게 평균'이 '1.6'이 되려면 뷰소닉피제이의 무게가 얼마가 되어야 하는지 목표값을 구하시오.

(2) 고급 필터 – 제품코드가 'L'로 시작하거나, 소비자가(원)가 '300,000' 이하인 자료의 제품명, 해상도, 소비자가(원), 밝기(안시루멘) 데이터만 추출하시오.
 – 조건 범위 : 「B14」 셀부터 입력하시오.
 – 복사 위치 : 「B18」 셀부터 나타나도록 하시오.

[제3작업] 정렬 및 부분합 (80점)

☞ "제1작업" 시트의 「B4:H12」 영역을 복사하여 "제3작업" 시트의 「B2」 셀부터 모두 붙여넣기를 한 후 다음의 조건과 같이 작업하시오.

≪조건≫

(1) 부분합 – ≪출력형태≫처럼 정렬하고, 제품명의 개수와 소비자가(원)의 평균을 구하시오.
(2) 윤곽 – 지우시오.
(3) 나머지 사항은 ≪출력형태≫에 맞게 작성하시오.

≪출력형태≫

A	B	C	D	E	F	G	H
	제품코드	제품명	해상도	부가기능	소비자가(원)	무게	밝기(안시루멘)
	LV1-054	레베타이포	HD	내장스피커	199,000	1.0kg	180
	LG3-003	시네빔피에치	HD	키스톤보정	392,800	0.7kg	550
			HD 평균		295,900		
		2	HD 개수				
	VS4-101	뷰소닉피제이	FHD	게임모드	679,150	2.5kg	3,800
	LG2-002	시네빔오공케이	FHD	HDTV수신	575,990	1.0kg	600
	PJ2-002	프로젝트매니아	FHD	내장스피커	385,900	0.3kg	700
	EP2-006	엡손이에치	FHD	게임모드	747,990	2.7kg	3,300
			FHD 평균		597,258		
		4	FHD 개수				
	SH1-102	샤오미엠프로	4K UHD	키스톤보정	234,970	2.3kg	220
	VQ4-001	벤큐더블유	4K UHD	게임모드	938,870	4.2kg	3,000
			4K UHD 평균		586,920		
		2	4K UHD 개수				
			전체 평균		519,334		
		8	전체 개수				

[제4작업] 그래프 (100점)

☞ "제1작업" 시트를 이용하여 조건에 따라 ≪출력형태≫와 같이 작업하시오.

≪조건≫

(1) 차트 종류 ⇒ 〈묶은 세로 막대형〉으로 작업하시오.
(2) 데이터 범위 ⇒ "제1작업" 시트의 내용을 이용하여 작업하시오.
(3) 위치 ⇒ "새 시트"로 이동하고, "제4작업"으로 시트 이름을 바꾸시오.
(4) 차트 디자인 도구 ⇒ 레이아웃 3, 스타일 1을 선택하여 ≪출력형태≫에 맞게 작업하시오.
(5) 영역 서식 ⇒ 차트 : 글꼴(굴림, 11pt), 채우기 효과(질감-파랑 박엽지)
       그림 : 채우기(흰색, 배경1)
(6) 제목 서식 ⇒ 차트 제목 : 글꼴(굴림, 굵게, 20pt), 채우기(흰색, 배경1), 테두리
(7) 서식 ⇒ 무게 계열의 차트 종류를 〈표식이 있는 꺾은선형〉으로 변경한 후 보조 축으로 지정하시오.
   계열 : ≪출력형태≫를 참조하여 표식(세모, 크기 10)과 레이블 값을 표시하시오.
   눈금선 : 선 스타일-파선
   축 : ≪출력형태≫를 참조하시오.
(8) 범례 ⇒ 범례명을 변경하고 ≪출력형태≫를 참조하시오.
(9) 도형 ⇒ '모서리가 둥근 사각형 설명선'을 삽입한 후 ≪출력형태≫와 같이 내용을 입력하시오.
(10) 나머지 사항은 ≪출력형태≫에 맞게 작성하시오.

≪출력형태≫

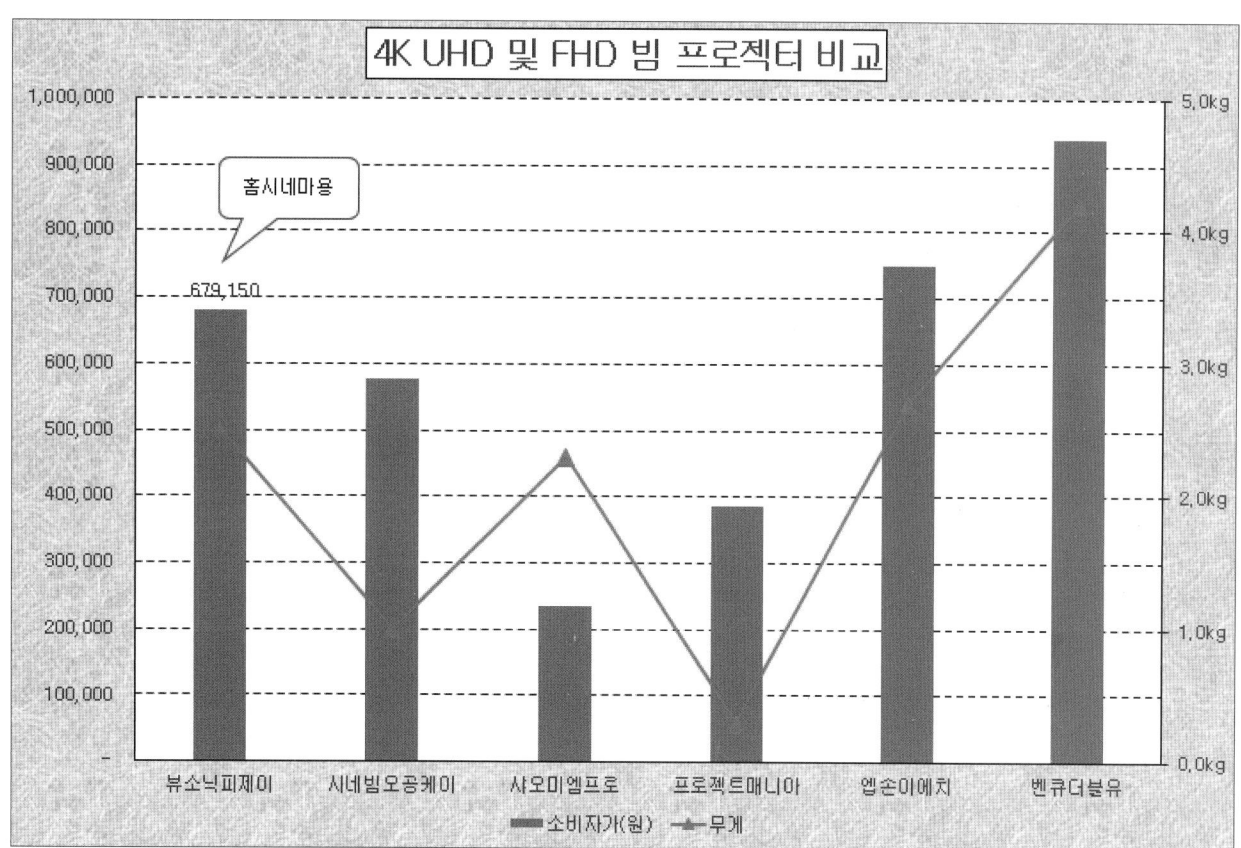

주의 ☞ 시트명 순서가 차례대로 "제1작업", "제2작업", "제3작업", "제4작업"이 되도록 할 것.

제16회 정보기술자격(ITQ) 출제예상문제

과목	코드	문제유형	시험시간	수험번호	성명
한글엑셀	1122	A	60분		

수험자 유의사항

- 수험자는 문제지를 받는 즉시 문제지와 **수험표상의 시험과목(프로그램)이 동일한지 반드시 확인**하여야 합니다.
- 파일명은 본인의 "수험번호-성명"으로 입력하여 답안폴더(내 PC₩문서₩ITQ)에 하나의 파일로 저장해야 하며, 답안문서 파일명이 "수험번호-성명"과 일치하지 않거나, 답안파일을 전송하지 않아 미제출로 처리될 경우 실격 처리합니다(예:12345678-홍길동.xlsx).
- 답안 작성을 마치면 파일을 저장하고, '답안 전송' 버튼을 선택하여 감독위원 PC로 답안을 전송하십시오. 수험생 정보와 저장한 파일명이 다를 경우 전송되지 않으므로 주의하시기 바랍니다.
- 답안 작성 중에도 **주기적으로 저장하고, '답안 전송'**하여야 문제 발생을 줄일 수 있습니다. 작업한 내용을 저장하지 않고 전송할 경우 이전에 저장된 내용이 전송되오니 이점 유의하시기 바랍니다.
- 답안문서는 지정된 경로 외의 다른 보조기억장치에 저장하는 경우, 지정된 시험 시간 외에 작성된 파일을 활용할 경우, 기타 통신수단(이메일, 메신저, 네트워크 등)을 이용하여 타인에게 전달 또는 외부 반출하는 경우는 부정 처리합니다.
- 시험 중 부주의 또는 고의로 시스템을 파손한 경우는 수험자가 변상해야 하며, 〈수험자 유의사항〉에 기재된 방법대로 이행하지 않아 생기는 불이익은 수험생 당사자의 책임임을 알려 드립니다.
- 문제의 조건은 MS오피스 2016 버전으로 설정되어 있으니 유의하시기 바랍니다.
- 시험을 완료한 수험자는 답안파일이 전송되었는지 확인한 후 감독위원의 지시에 따라 문제지를 제출하고 퇴실합니다.

답안 작성요령

- 온라인 답안 작성 절차
  수험자 등록 ⇒ 시험 시작 ⇒ 답안파일 저장 ⇒ 답안 전송 ⇒ 시험 종료
- 문제는 총 4단계, 즉 제1작업부터 제4작업까지 구성되어 있으며 반드시 제1작업부터 순서대로 작성하고 조건대로 작업하시오.
- 모든 작업시트의 A열은 열 너비 '1'로, 나머지 열은 적당하게 조절하시오.
- 모든 작업시트의 테두리는 ≪출력형태≫와 같이 작업하시오.
- 해당 작업란에서는 각각 제시된 조건에 따라 ≪출력형태≫와 같이 작업하시오.
- 답안 시트 이름은 "제1작업", "제2작업", "제3작업", "제4작업"이어야 하며 답안 시트 이외의 것은 감점 처리됩니다.
- 각 시트를 파일로 나누어 작업해서 저장할 경우 실격 처리됩니다.

kpc 한국생산성본부

[제1작업] 표 서식 작성 및 값 계산 (240점)

☞ 다음은 '관심 상품 TOP8 현황'에 대한 자료이다. 자료를 입력하고 조건에 맞도록 작업하시오.

≪출력형태≫

	B	C	D	E	F	G	H	I	J
1	관심 상품 TOP8 현황						결재	담당	대리	팀장
2									
3									
4	상품코드	상품명	제조사	분류	가격	점수(5점 만점)	조회수	순위	상품평 차트
5	EA4-475	베이킹소다	JWP	생활용품	4,640	4.6	23,869	(1)	(2)
6	SF4-143	모이스쳐페이셜크림	ANS	뷰티	19,900	4.5	10,967	(1)	(2)
7	QA4-548	샘물 12개	MB	식품	6,390	4.5	174,320	(1)	(2)
8	PF4-525	멸균흰우유 10개	MB	식품	17,800	4.2	18,222	(1)	(2)
9	KE4-124	퍼펙트클렌징폼	ANS	뷰티	7,150	4.5	14,825	(1)	(2)
10	DA7-125	섬유유연제	JWP	생활용품	14,490	4.2	52,800	(1)	(2)
11	PF4-122	즉석밥 세트	ANS	식품	17,650	5.0	30,763	(1)	(2)
12	WF1-241	롤화장지	JWP	생활용품	8,560	4.0	12,870	(1)	(2)
13	최저 가격			(3)		생활용품 조회수 합계			(5)
14	뷰티 상품 개수			(4)		상품코드	EA4-475	점수(5점 만점)	(6)

≪조건≫

○ 모든 데이터의 서식에는 글꼴(굴림, 11pt), 정렬은 숫자 및 회계 서식은 오른쪽 정렬, 나머지 서식은 가운데 정렬로 작성하며 예외적인 것은 ≪출력형태≫를 참조하시오.
○ 제 목 ⇒ 도형(평행 사변형)과 그림자(오프셋 오른쪽)를 이용하여 작성하고
"관심 상품 TOP8 현황"을 입력한 후 다음 서식을 적용하시오
(글꼴-굴림, 24pt, 검정, 굵게, 채우기-노랑).
○ 임의의 셀에 결재란을 작성하여 그림으로 복사 기능을 이용하여 붙이기 하시오(단, 원본 삭제).
○ 「B4:J4, G14, I14」 영역은 '주황'으로 채우기 하시오.
○ 유효성 검사를 이용하여 「H14」 셀에 상품코드(「B5:B12」 영역)가 선택 표시되도록 하시오.
○ 셀 서식 ⇒ 「F5:F12」 영역에 셀 서식을 이용하여 숫자 뒤에 '원'을 표시하시오(예 : 4,640원).
○ 「E5:E12」 영역에 대해 '분류'로 이름정의를 하시오.

☞ (1)~(6) 셀은 반드시 **주어진 함수를 이용**하여 값을 구하시오(결과값을 직접 입력하면 해당 셀은 0점 처리됨).

(1) 순위 ⇒ 가격의 내림차순 순위를 1~3까지만 구하고, 그 외에는 공백으로 표시하시오
(IF, RANK.EQ 함수).
(2) 상품평 차트 ⇒ 점수(5점 만점)를 반올림하여 정수로 구한 값의 수만큼 '★'을 표시하시오
(REPT, ROUND 함수)(예 : 4.5 → ★★★★★).
(3) 최저 가격 ⇒ (MIN 함수)
(4) 뷰티 상품 개수 ⇒ 정의된 이름(분류)을 이용하여 구한 결과값에 '개'를 붙이시오
(COUNTIF 함수, & 연산자)(예 : 1개).
(5) 생활용품 조회수 합계 ⇒ 조건은 입력데이터를 이용하시오(DSUM 함수).
(6) 점수(5점 만점) ⇒ 「H14」 셀에서 선택한 상품코드에 대한 점수(5점 만점)를 구하시오
(VLOOKUP 함수).
(7) 조건부 서식의 수식을 이용하여 가격이 '8,000' 이하인 행 전체에 다음의 서식을 적용하시오
(글꼴 : 파랑, 굵게).

[제2작업] 목표값 찾기 및 필터 (80점)

☞ "제1작업" 시트의 「B4:H12」 영역을 복사하여 "제2작업" 시트의 「B2」 셀부터 모두 붙여넣기를 한 후 다음의 조건과 같이 작업하시오.

≪조건≫

(1) 목표값 찾기 – 「B11:G11」 셀을 병합하여 "제조사 JWP 상품의 가격 평균"을 입력한 후 「H11」 셀에 제조사 JWP 상품의 가격 평균을 구하시오. 단, 조건은 입력데이터를 이용하시오 (DAVERAGE 함수, 테두리, 가운데 맞춤).
  – '제조사 JWP 상품의 가격 평균'이 '9,500'이 되려면 베이킹소다의 가격이 얼마가 되어야 하는지 목표값을 구하시오.

(2) 고급 필터 – 상품코드가 'P'로 시작하거나, 조회수가 '100,000' 이상인 자료의 상품명, 제조사, 가격, 점수(5점 만점) 데이터만 추출하시오.
  – 조건 범위 : 「B14」 셀부터 입력하시오.
  – 복사 위치 : 「B18」 셀부터 나타나도록 하시오.

[제3작업] 정렬 및 부분합 (80점)

☞ "제1작업" 시트의 「B4:H12」 영역을 복사하여 "제3작업" 시트의 「B2」 셀부터 모두 붙여넣기를 한 후 다음의 조건과 같이 작업하시오.

≪조건≫

(1) 부분합 – ≪출력형태≫처럼 정렬하고, 상품명의 개수와 가격의 평균을 구하시오.
(2) 윤곽 – 지우시오.
(3) 나머지 사항은 ≪출력형태≫에 맞게 작성하시오.

≪출력형태≫

	B	C	D	E	F	G	H
2	상품코드	상품명	제조사	분류	가격	점수 (5점 만점)	조회수
3	QA4-548	샘물 12개	MB	식품	6,390원	4.5	174,320
4	PF4-525	멸균흰우유 10개	MB	식품	17,800원	4.2	18,222
5	PF4-122	즉석밥 세트	ANS	식품	17,650원	5.0	30,763
6				식품 평균	13,947원		
7		3		식품 개수			
8	EA4-475	베이킹소다	JWP	생활용품	4,640원	4.6	23,869
9	DA7-125	섬유유연제	JWP	생활용품	14,490원	4.2	52,800
10	WF1-241	롤화장지	JWP	생활용품	8,560원	4.0	12,870
11				생활용품 평균	9,230원		
12		3		생활용품 개수			
13	SF4-143	모이스쳐페이셜크림	ANS	뷰티	19,900원	4.5	10,967
14	KE4-124	퍼펙트클렌징폼	ANS	뷰티	7,150원	4.5	14,825
15				뷰티 평균	13,525원		
16		2		뷰티 개수			
17				전체 평균	12,073원		
18		8		전체 개수			

[제4작업] 그래프 (100점)

☞ "제1작업" 시트를 이용하여 조건에 따라 ≪출력형태≫와 같이 작업하시오.

≪조건≫

(1) 차트 종류 ⇒ 〈묶은 세로 막대형〉으로 작업하시오.
(2) 데이터 범위 ⇒ "제1작업" 시트의 내용을 이용하여 작업하시오.
(3) 위치 ⇒ "새 시트"로 이동하고, "제4작업"으로 시트 이름을 바꾸시오.
(4) 차트 디자인 도구 ⇒ 레이아웃 3, 스타일 1을 선택하여 ≪출력형태≫에 맞게 작업하시오.
(5) 영역 서식 ⇒ 차트 : 글꼴(굴림, 11pt), 채우기 효과(질감-파랑 박엽지)
그림 : 채우기(흰색, 배경1)
(6) 제목 서식 ⇒ 차트 제목 : 글꼴(굴림, 굵게, 20pt), 채우기(흰색, 배경1), 테두리
(7) 서식 ⇒ 점수(5점 만점) 계열의 차트 종류를 〈표식이 있는 꺾은선형〉으로 변경한 후 보조 축으로 지정하시오.
계열 : ≪출력형태≫를 참조하여 표식(세모, 크기 10)과 레이블 값을 표시하시오.
눈금선 : 선 스타일-파선
축 : ≪출력형태≫를 참조하시오.
(8) 범례 ⇒ 범례명을 변경하고 ≪출력형태≫를 참조하시오.
(9) 도형 ⇒ '모서리가 둥근 사각형 설명선'을 삽입한 후 ≪출력형태≫와 같이 내용을 입력하시오.
(10) 나머지 사항은 ≪출력형태≫에 맞게 작성하시오.

≪출력형태≫

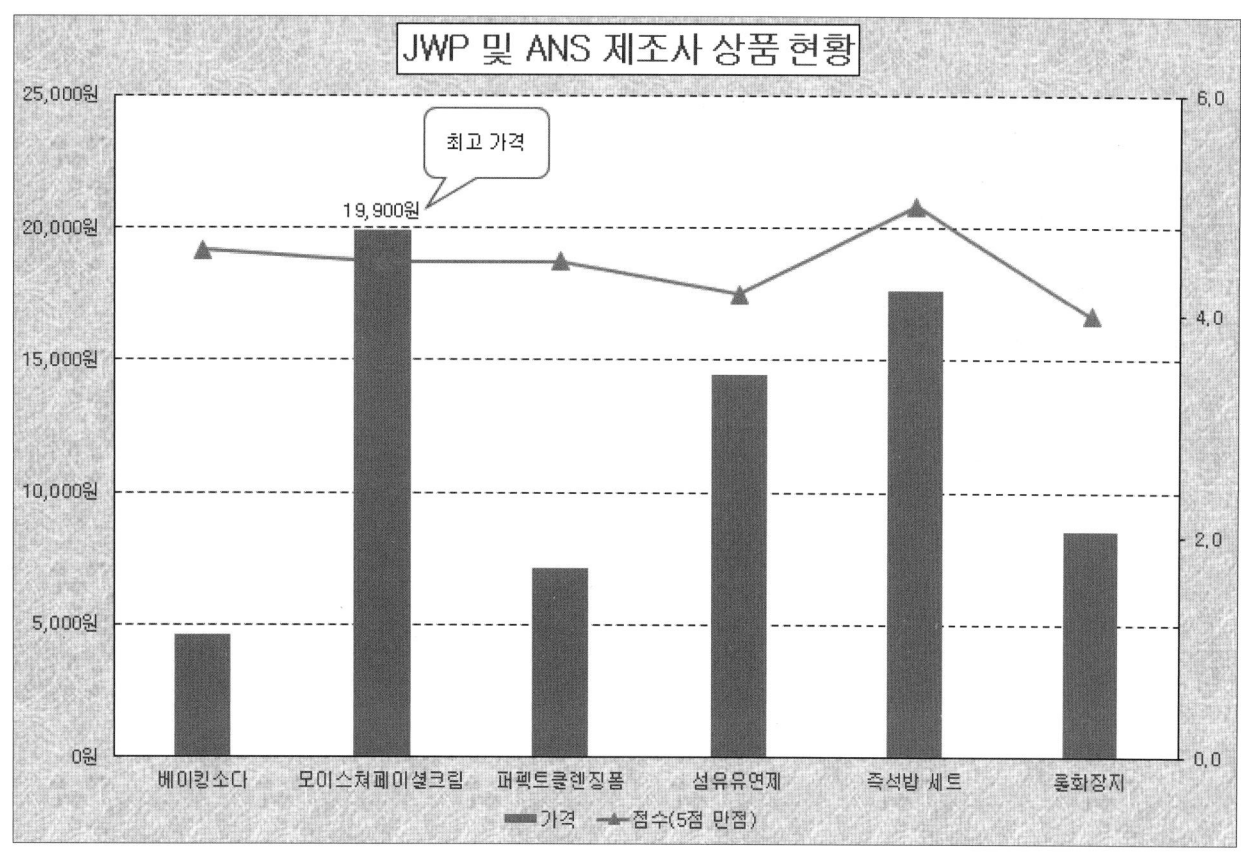

주의 ☞ 시트명 순서가 차례대로 "제1작업", "제2작업", "제3작업", "제4작업"이 되도록 할 것.

제17회 정보기술자격(ITQ) 출제예상문제

과목	코드	문제유형	시험시간	수험번호	성명
한글엑셀	1122	B	60분		

수험자 유의사항

- 수험자는 문제지를 받는 즉시 문제지와 **수험표상의 시험과목(프로그램)이 동일한지 반드시 확인**하여야 합니다.
- 파일명은 본인의 "수험번호-성명"으로 입력하여 답안폴더(내 PC\문서\ITQ)에 하나의 파일로 저장해야 하며, 답안문서 파일명이 "수험번호-성명"과 일치하지 않거나, 답안파일을 전송하지 않아 미제출로 처리될 경우 실격 처리합니다(예:12345678-홍길동.xlsx).
- 답안 작성을 마치면 파일을 저장하고, '답안 전송' 버튼을 선택하여 감독위원 PC로 답안을 전송하십시오. 수험생 정보와 저장한 파일명이 다를 경우 전송되지 않으므로 주의하시기 바랍니다.
- 답안 작성 중에도 **주기적으로 저장하고, '답안 전송'**하여야 문제 발생을 줄일 수 있습니다. 작업한 내용을 저장하지 않고 전송할 경우 이전에 저장된 내용이 전송되오니 이점 유의하시기 바랍니다.
- 답안문서는 지정된 경로 외의 다른 보조기억장치에 저장하는 경우, 지정된 시험 시간 외에 작성된 파일을 활용할 경우, 기타 통신수단(이메일, 메신저, 네트워크 등)을 이용하여 타인에게 전달 또는 외부 반출하는 경우는 부정 처리합니다.
- 시험 중 부주의 또는 고의로 시스템을 파손한 경우는 수험자가 변상해야 하며, 〈수험자 유의사항〉에 기재된 방법대로 이행하지 않아 생기는 불이익은 수험생 당사자의 책임임을 알려 드립니다.
- 문제의 조건은 MS오피스 2016 버전으로 설정되어 있으니 유의하시기 바랍니다.
- 시험을 완료한 수험자는 답안파일이 전송되었는지 확인한 후 감독위원의 지시에 따라 문제지를 제출하고 퇴실합니다.

답안 작성요령

- 온라인 답안 작성 절차
  수험자 등록 ⇒ 시험 시작 ⇒ 답안파일 저장 ⇒ 답안 전송 ⇒ 시험 종료
- 문제는 총 4단계, 즉 제1작업부터 제4작업까지 구성되어 있으며 반드시 제1작업부터 순서대로 작성하고 조건대로 작업하시오.
- 모든 작업시트의 A열은 열 너비 '1'로, 나머지 열은 적당하게 조절하시오.
- 모든 작업시트의 테두리는 ≪출력형태≫와 같이 작업하시오.
- 해당 작업란에서는 각각 제시된 조건에 따라 ≪출력형태≫와 같이 작업하시오.
- 답안 시트 이름은 "제1작업", "제2작업", "제3작업", "제4작업"이어야 하며 답안 시트 이외의 것은 감점 처리됩니다.
- 각 시트를 파일로 나누어 작업해서 저장할 경우 실격 처리됩니다.

kpc 한국생산성본부

[제1작업] 표 서식 작성 및 값 계산 (240점)

☞ 다음은 'ICT 기반 스마트 팜 현황'에 대한 자료이다. 자료를 입력하고 조건에 맞도록 작업하시오.

≪출력형태≫

	A	B	C	D	E	F	G	H	I	J
1								결재	담당	팀장	센터장
2			ICT 기반 스마트 팜 현황							
3										
4		관리코드	품목명	ICT 제어수준	시공업체	운영기간 (년)	시공비 (단위:천원)	농가면적	순위	도입연도
5		SW4-118	수박	관수제어	JUM	4.1	1,580	6,800	(1)	(2)
6		PZ3-124	감귤	관수제어	GRN	1.7	3,250	12,500	(1)	(2)
7		HG7-521	포도	관수/병해충제어	GRN	1.5	3,150	11,500	(1)	(2)
8		LM6-119	망고	병해충제어	JUM	3.1	1,600	7,550	(1)	(2)
9		KB8-518	딸기	관수/병해충제어	SEON	4.2	1,850	8,250	(1)	(2)
10		PA5-918	사과	관수제어	GRN	4.2	1,550	5,250	(1)	(2)
11		PE2-422	복숭아	병해충제어	JUM	2.5	1,200	3,200	(1)	(2)
12		LS6-719	배	관수/병해충제어	SEON	3.2	2,000	8,500	(1)	(2)
13		관수제어 시공비(단위:천원)의 합계			(3)		최대 농가면적			(5)
14		병해충제어 농가면적 평균			(4)		관리코드	SW4-118	시공비 (단위:천원)	(6)

≪조건≫

○ 모든 데이터의 서식에는 글꼴(굴림, 11pt), 정렬은 숫자 및 회계 서식은 오른쪽 정렬, 나머지 서식은 가운데 정렬로 작성하며 예외적인 것은 ≪출력형태≫를 참조하시오.
○ 제 목 ⇒ 도형(가로로 말린 두루마리 모양)과 그림자(오프셋 오른쪽)를 이용하여 작성하고
"ICT 기반 스마트 팜 현황"을 입력한 후 다음 서식을 적용하시오
(글꼴-굴림, 24pt, 검정, 굵게, 채우기-노랑).
○ 임의의 셀에 결재란을 작성하여 그림으로 복사 기능을 이용하여 붙이기 하시오(단, 원본 삭제).
○ 「B4:J4, G14, I14」 영역은 '주황'으로 채우기 하시오.
○ 유효성 검사를 이용하여 「H14」 셀에 관리코드(「B5:B12」 영역)가 선택 표시되도록 하시오.
○ 셀 서식 ⇒ 「H5:H12」 영역에 셀 서식을 이용하여 숫자 뒤에 '평'을 표시하시오(예 : 6,800평).
○ 「H5:H12」 영역에 대해 '농가면적'으로 이름정의를 하시오.

☞ (1)~(6) 셀은 반드시 **주어진 함수를 이용**하여 값을 구하시오(결과값을 직접 입력하면 해당 셀은 0점 처리됨).

(1) 순위 ⇒ 시공비(단위:천원)의 내림차순 순위를 1~3까지만 구하고, 그 외에는 공백으로 표시하시오
(IF, RANK.EQ 함수).
(2) 도입연도 ⇒ 「관리코드의 마지막 두 글자+2,000」으로 구한 후 결과값에 '년'을 붙이시오
(RIGHT 함수, & 연산자)(예 : 2022년).
(3) 관수제어 시공비(단위:천원)의 합계 ⇒ 조건은 입력데이터를 이용하시오(DSUM 함수).
(4) 병해충제어 농가면적 평균 ⇒ 정의된 이름(농가면적)을 이용하여 구하시오
(SUMIF, COUNTIF 함수).
(5) 최대 농가면적 ⇒ (LARGE 함수)
(6) 시공비(단위:천원) ⇒ 「H14」 셀에서 선택한 관리코드에 대한 시공비(단위:천원)를 구하시오
(VLOOKUP 함수).
(7) 조건부 서식의 수식을 이용하여 시공비(단위:천원)가 '3,000' 이상인 행 전체에 다음의 서식을 적용하시오(글꼴 : 파랑, 굵게).

[제2작업] 목표값 찾기 및 필터 (80점)

☞ "제1작업" 시트의 「B4:H12」 영역을 복사하여 "제2작업" 시트의 「B2」 셀부터 모두 붙여넣기를 한 후 다음의 조건과 같이 작업하시오.

≪조건≫

(1) 목표값 찾기 - 「B11:G11」 셀을 병합하여 "시공업체 JUM 품목의 시공비(단위:천원) 평균"을 입력한 후 「H11」 셀에 시공업체 JUM 품목의 시공비(단위:천원) 평균을 구하시오. 단, 조건은 입력데이터를 이용하시오(DAVERAGE 함수, 테두리, 가운데 맞춤).
  - '시공업체 JUM 품목의 시공비(단위:천원) 평균'이 '1,500'이 되려면 수박의 시공비(단위:천원)가 얼마가 되어야 하는지 목표값을 구하시오.

(2) 고급 필터 - 관리코드가 'L'로 시작하거나, 농가면적이 '5,000' 이하인 자료의 품목명, 운영기간(년), 시공비(단위:천원), 농가면적 데이터만 추출하시오.
  - 조건 범위 : 「B14」 셀부터 입력하시오.
  - 복사 위치 : 「B18」 셀부터 나타나도록 하시오.

[제3작업] 정렬 및 부분합 (80점)

☞ "제1작업" 시트의 「B4:H12」 영역을 복사하여 "제3작업" 시트의 「B2」 셀부터 모두 붙여넣기를 한 후 다음의 조건과 같이 작업하시오.

≪조건≫

(1) 부분합 - ≪출력형태≫처럼 정렬하고, 품목명의 개수와 시공비(단위:천원)의 평균을 구하시오.
(2) 윤곽 - 지우시오.
(3) 나머지 사항은 ≪출력형태≫에 맞게 작성하시오.

≪출력형태≫

	B	C	D	E	F	G	H
	관리코드	품목명	ICT 제어수준	시공업체	운영기간(년)	시공비(단위:천원)	농가면적
	KB8-518	딸기	관수/병해충제어	SEON	4.2	1,850	8,250평
	LS6-719	배	관수/병해충제어	SEON	3.2	2,000	8,500평
				SEON 평균		1,925	
		2		SEON 개수			
	SW4-118	수박	관수제어	JUM	4.1	1,580	6,800평
	LM6-119	망고	병해충제어	JUM	3.1	1,600	7,550평
	PE2-422	복숭아	병해충제어	JUM	2.5	1,200	3,200평
				JUM 평균		1,460	
		3		JUM 개수			
	PZ3-124	감귤	관수제어	GRN	1.7	3,250	12,500평
	HG7-521	포도	관수/병해충제어	GRN	1.5	3,150	11,500평
	PA5-918	사과	관수제어	GRN	4.2	1,550	5,250평
				GRN 평균		2,650	
		3		GRN 개수			
				전체 평균		2,023	
		8		전체 개수			

[제4작업] 그래프 (100점)

☞ "제1작업" 시트를 이용하여 조건에 따라 ≪출력형태≫와 같이 작업하시오.

≪조건≫

(1) 차트 종류 ⇒ 〈묶은 세로 막대형〉으로 작업하시오.
(2) 데이터 범위 ⇒ "제1작업" 시트의 내용을 이용하여 작업하시오.
(3) 위치 ⇒ "새 시트"로 이동하고, "제4작업"으로 시트 이름을 바꾸시오.
(4) 차트 디자인 도구 ⇒ 레이아웃 3, 스타일 1을 선택하여 ≪출력형태≫에 맞게 작업하시오.
(5) 영역 서식 ⇒ 차트 : 글꼴(굴림, 11pt), 채우기 효과(질감-파랑 박엽지)
   그림 : 채우기(흰색, 배경1)
(6) 제목 서식 ⇒ 차트 제목 : 글꼴(굴림, 굵게, 20pt), 채우기(흰색, 배경1), 테두리
(7) 서식 ⇒ 농가면적 계열의 차트 종류를 〈표식이 있는 꺾은선형〉으로 변경한 후 보조 축으로 지정하시오.
   계열 : ≪출력형태≫를 참조하여 표식(세모, 크기 10)과 레이블 값을 표시하시오.
   눈금선 : 선 스타일-파선
   축 : ≪출력형태≫를 참조하시오.
(8) 범례 ⇒ 범례명을 변경하고 ≪출력형태≫를 참조하시오.
(9) 도형 ⇒ '모서리가 둥근 사각형 설명선'을 삽입한 후 ≪출력형태≫와 같이 내용을 입력하시오.
(10) 나머지 사항은 ≪출력형태≫에 맞게 작성하시오.

≪출력형태≫

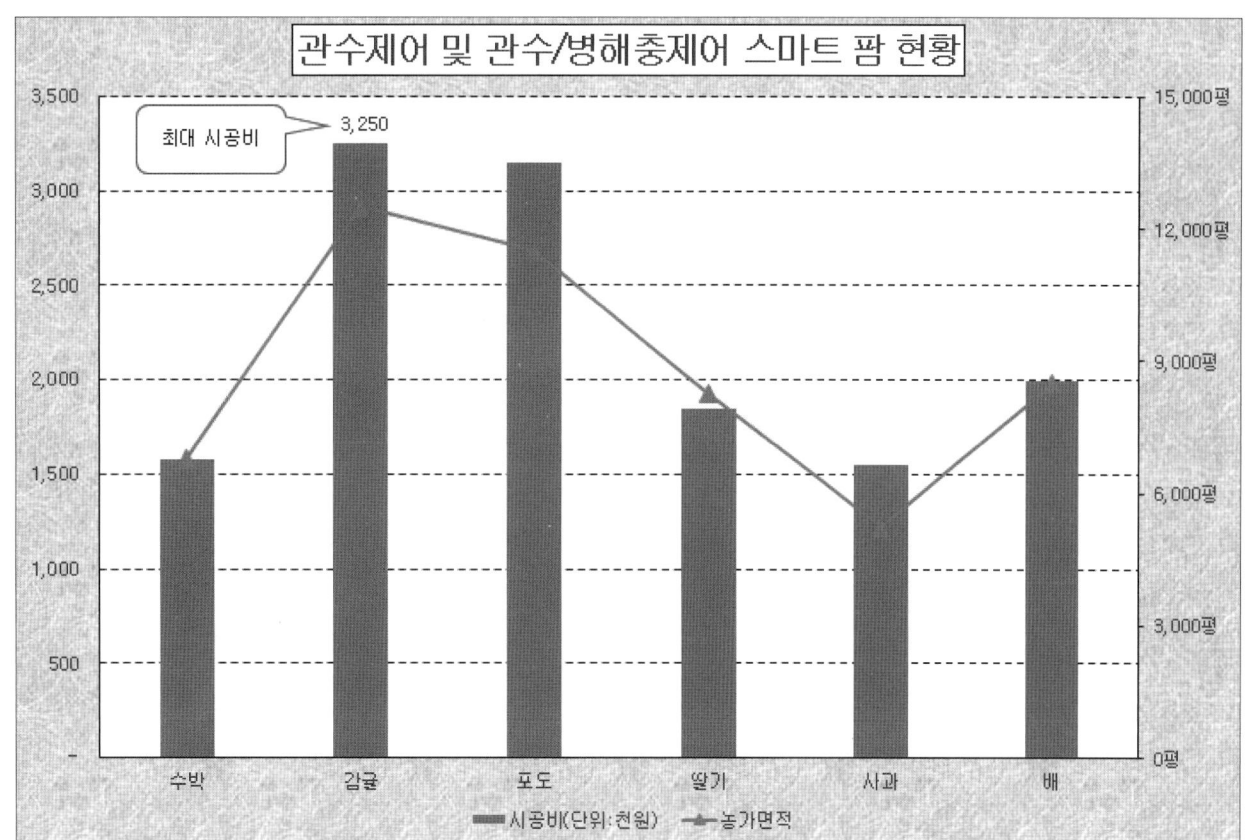

주의 ☞ 시트명 순서가 차례대로 "제1작업", "제2작업", "제3작업", "제4작업"이 되도록 할 것.

제18회 정보기술자격(ITQ) 출제예상문제

과목	코드	문제유형	시험시간	수험번호	성명
한글엑셀	1122	C	60분		

수험자 유의사항

- 수험자는 문제지를 받는 즉시 문제지와 **수험표상의 시험과목(프로그램)이 동일한지 반드시 확인**하여야 합니다.
- 파일명은 본인의 "수험번호-성명"으로 입력하여 답안폴더(내 PC₩문서₩ITQ)에 하나의 파일로 저장해야 하며, 답안문서 파일명이 "수험번호-성명"과 일치하지 않거나, 답안파일을 전송하지 않아 미제출로 처리될 경우 실격 처리합니다(예:12345678-홍길동.xlsx).
- 답안 작성을 마치면 파일을 저장하고, '답안 전송' 버튼을 선택하여 감독위원 PC로 답안을 전송하십시오. 수험생 정보와 저장한 파일명이 다를 경우 전송되지 않으므로 주의하시기 바랍니다.
- 답안 작성 중에도 **주기적으로 저장하고, '답안 전송'**하여야 문제 발생을 줄일 수 있습니다. 작업한 내용을 저장하지 않고 전송할 경우 이전에 저장된 내용이 전송되오니 이점 유의하시기 바랍니다.
- 답안문서는 지정된 경로 외의 다른 보조기억장치에 저장하는 경우, 지정된 시험 시간 외에 작성된 파일을 활용할 경우, 기타 통신수단(이메일, 메신저, 네트워크 등)을 이용하여 타인에게 전달 또는 외부 반출하는 경우는 부정 처리합니다.
- 시험 중 부주의 또는 고의로 시스템을 파손한 경우는 수험자가 변상해야 하며, 〈수험자 유의사항〉에 기재된 방법대로 이행하지 않아 생기는 불이익은 수험생 당사자의 책임임을 알려 드립니다.
- 문제의 조건은 MS오피스 2016 버전으로 설정되어 있으니 유의하시기 바랍니다.
- 시험을 완료한 수험자는 답안파일이 전송되었는지 확인한 후 감독위원의 지시에 따라 문제지를 제출하고 퇴실합니다.

답안 작성요령

- 온라인 답안 작성 절차
  수험자 등록 ⇒ 시험 시작 ⇒ 답안파일 저장 ⇒ 답안 전송 ⇒ 시험 종료
- 문제는 총 4단계, 즉 제1작업부터 제4작업까지 구성되어 있으며 반드시 제1작업부터 순서대로 작성하고 조건대로 작업하시오.
- 모든 작업시트의 A열은 열 너비 '1'로, 나머지 열은 적당하게 조절하시오.
- 모든 작업시트의 테두리는 ≪출력형태≫와 같이 작업하시오.
- 해당 작업란에서는 각각 제시된 조건에 따라 ≪출력형태≫와 같이 작업하시오.
- 답안 시트 이름은 "제1작업", "제2작업", "제3작업", "제4작업"이어야 하며 답안 시트 이외의 것은 감점 처리됩니다.
- 각 시트를 파일로 나누어 작업해서 저장할 경우 실격 처리됩니다.

kpc 한국생산성본부

[제1작업] 표 서식 작성 및 값 계산 (240점)

☞ 다음은 '밀키트 베스트 판매 현황'에 대한 자료이다. 자료를 입력하고 조건에 맞도록 작업하시오.

≪출력형태≫

코드	제품명	분류	판매수량	출시일	가격 (단위:원)	전월대비 성장률(%)	제조공장	순위
K3237	시래기된장밥	채식	90,680	2020-10-25	12,400	15.7	(1)	(2)
E2891	구운폴렌타	글루텐프리	7,366	2021-10-31	12,000	152.0	(1)	(2)
E1237	감바스피칸테	저탄수화물	78,000	2020-12-01	19,000	55.0	(1)	(2)
C2912	공심채볶음	채식	6,749	2021-07-08	6,900	25.0	(1)	(2)
J1028	관서식스키야키	저탄수화물	5,086	2021-05-10	25,000	25.0	(1)	(2)
E3019	비건버섯라자냐	글루텐프리	5,009	2021-10-05	15,000	102.5	(1)	(2)
K1456	춘천식닭갈비	저탄수화물	94,650	2020-07-08	13,000	10.0	(1)	(2)
K2234	산채나물비빔	채식	5,010	2021-01-05	8,600	30.5	(1)	(2)
채식 제품 수			(3)		최대 판매수량			(5)
저탄수화물 전월대비 성장률(%) 평균			(4)		코드	K3237	판매수량	(6)

확인 | MD | 팀장 | 본부장

≪조건≫

○ 모든 데이터의 서식에는 글꼴(굴림, 11pt), 정렬은 숫자 및 회계 서식은 오른쪽 정렬, 나머지 서식은 가운데 정렬로 작성하며 예외적인 것은 ≪출력형태≫를 참조하시오.
○ 제 목 ⇒ 도형(순서도: 화면 표시)과 그림자(오프셋 오른쪽)를 이용하여 작성하고
"밀키트 베스트 판매 현황"을 입력한 후 다음 서식을 적용하시오
(글꼴-굴림, 24pt, 검정, 굵게, 채우기-노랑).
○ 임의의 셀에 결재란을 작성하여 그림으로 복사 기능을 이용하여 붙이기 하시오(단, 원본 삭제).
○ 「B4:J4, G14, I14」 영역은 '주황'으로 채우기 하시오.
○ 유효성 검사를 이용하여 「H14」 셀에 코드(「B5:B12」 영역)가 선택 표시되도록 하시오.
○ 셀 서식 ⇒ 「E5:E12」 영역에 셀 서식을 이용하여 숫자 뒤에 '박스'를 표시하시오(예 : 90,680박스).
○ 「D5:D12」 영역에 대해 '분류'로 이름정의를 하시오.

☞ (1)~(6) 셀은 반드시 **주어진 함수를 이용**하여 값을 구하시오(결과값을 직접 입력하면 해당 셀은 0점 처리됨).

(1) 제조공장 ⇒ 코드의 두 번째 글자가 1이면 '평택', 2이면 '정읍', 3이면 '진천'으로 구하시오
(CHOOSE, MID 함수).
(2) 순위 ⇒ 전월대비 성장률(%)의 내림차순 순위를 구하시오(RANK.EQ 함수).
(3) 채식 제품 수 ⇒ 결과값에 '개'를 붙이시오. 단, 조건은 입력데이터를 이용하시오
(DCOUNTA 함수, & 연산자)(예 : 1개).
(4) 저탄수화물 전월대비 성장률(%) 평균 ⇒ 정의된 이름(분류)을 이용하여 구하시오
(SUMIF, COUNTIF 함수).
(5) 최대 판매수량 ⇒ (MAX 함수)
(6) 판매수량 ⇒ 「H14」 셀에서 선택한 코드에 대한 판매수량을 구하시오(VLOOKUP 함수).
(7) 조건부 서식의 수식을 이용하여 판매수량이 '90,000' 이상인 행 전체에 다음의 서식을 적용하시오
(글꼴 : 파랑, 굵게).

[제2작업] 필터 및 서식 (80점)

☞ "제1작업" 시트의 「B4:H12」 영역을 복사하여 "제2작업" 시트의 「B2」 셀부터 모두 붙여넣기를 한 후 다음의 조건과 같이 작업하시오.

≪조건≫

(1) 고급 필터 - 코드가 'K'로 시작하거나, 판매수량이 '10,000' 이상인 자료의 코드, 제품명, 가격(단위:원), 전월대비 성장률(%) 데이터만 추출하시오.
   - 조건 범위 : 「B14」 셀부터 입력하시오.
   - 복사 위치 : 「B18」 셀부터 나타나도록 하시오.

(2) 표 서식 - 고급필터의 결과셀을 채우기 없음으로 설정한 후 '표 스타일 보통 6'의 서식을 적용하시오.
   - 머리글 행, 줄무늬 행을 적용하시오.

[제3작업] 피벗테이블 (80점)

☞ "제1작업" 시트를 이용하여 "제3작업" 시트에 조건에 따라 ≪출력형태≫와 같이 작업하시오.

≪조건≫

(1) 가격(단위:원) 및 분류별 제품명의 개수와 전월대비 성장률(%)의 평균을 구하시오.
(2) 가격(단위:원)을 그룹화하고, 분류를 ≪출력형태≫와 같이 정렬하시오.
(3) 레이블이 있는 셀 병합 및 가운데 맞춤 적용 및 빈 셀은 '**'로 표시하시오.
(4) 행의 총합계는 지우고, 나머지 사항은 ≪출력형태≫에 맞게 작성하시오.

≪출력형태≫

A	B	C	D	E	F	G	H
1							
2		분류 ↓					
3			채식		저탄수화물		글루텐프리	
4	가격(단위:원)	개수 : 제품명	평균 : 전월대비 성장률(%)	개수 : 제품명	평균 : 전월대비 성장률(%)	개수 : 제품명	평균 : 전월대비 성장률(%)
5	1-10000	2	28	**	**	**	**
6	10001-20000	1	16	2	33	2	127
7	20001-30000	**	**	1	25	**	**
8	총합계	3	24	3	30	2	127

[제4작업] 그래프 (100점)

☞ "제1작업" 시트를 이용하여 조건에 따라 ≪출력형태≫와 같이 작업하시오.

≪조건≫

(1) 차트 종류 ⇒ 〈묶은 세로 막대형〉으로 작업하시오.
(2) 데이터 범위 ⇒ "제1작업" 시트의 내용을 이용하여 작업하시오.
(3) 위치 ⇒ "새 시트"로 이동하고, "제4작업"으로 시트 이름을 바꾸시오.
(4) 차트 디자인 도구 ⇒ 레이아웃 3, 스타일 1을 선택하여 ≪출력형태≫에 맞게 작업하시오.
(5) 영역 서식 ⇒ 차트 : 글꼴(굴림, 11pt), 채우기 효과(질감-분홍 박엽지)
　　　　　　　　그림 : 채우기(흰색, 배경1)
(6) 제목 서식 ⇒ 차트 제목 : 글꼴(굴림, 굵게, 20pt), 채우기(흰색, 배경1), 테두리
(7) 서식 ⇒ 판매수량 계열의 차트 종류를 〈표식이 있는 꺾은선형〉으로 변경한 후 보조 축으로 지정하시오.
　　　　　계열 : ≪출력형태≫를 참조하여 표식(세모, 크기 10)과 레이블 값을 표시하시오.
　　　　　눈금선 : 선 스타일-파선
　　　　　축 : ≪출력형태≫를 참조하시오.
(8) 범례 ⇒ 범례명을 변경하고 ≪출력형태≫를 참조하시오.
(9) 도형 ⇒ '모서리가 둥근 사각형 설명선'을 삽입한 후 ≪출력형태≫와 같이 내용을 입력하시오.
(10) 나머지 사항은 ≪출력형태≫에 맞게 작성하시오.

≪출력형태≫

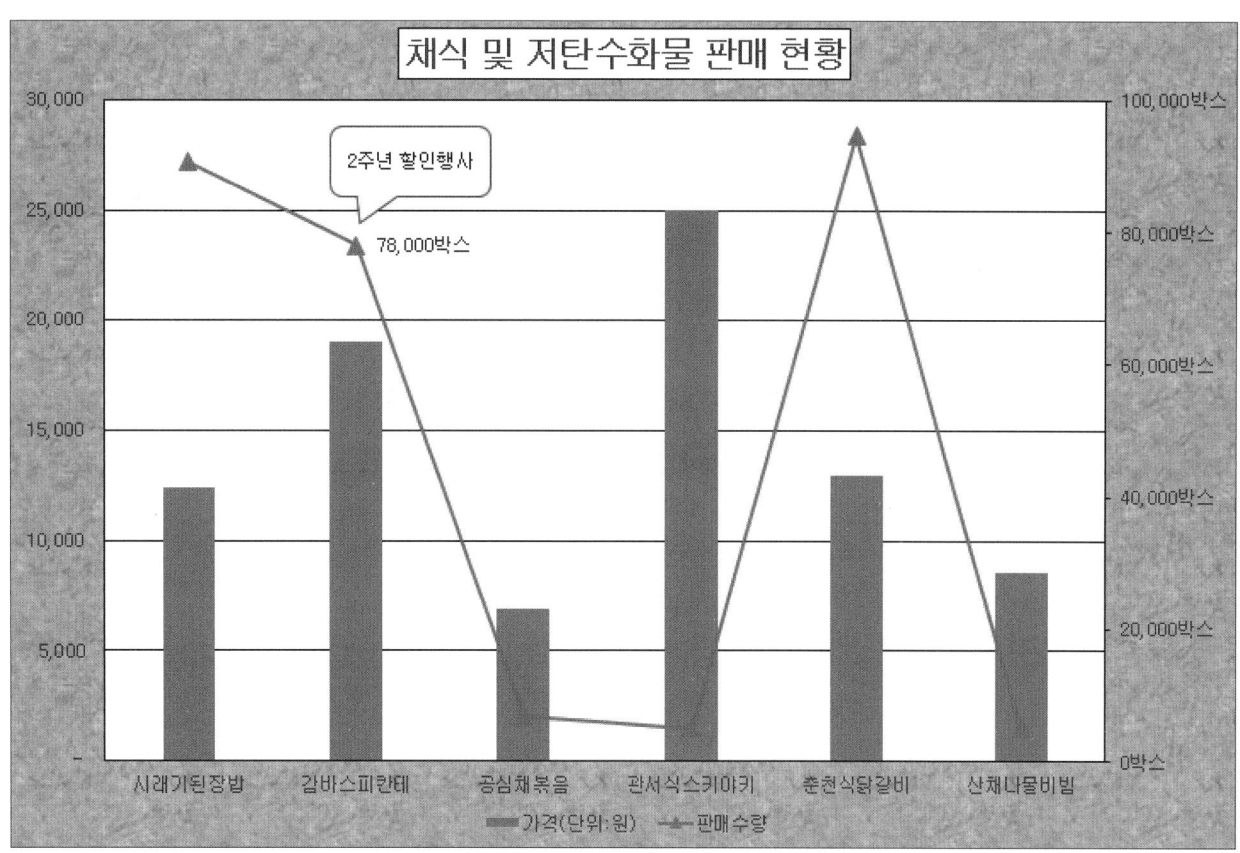

주의 ☞ 시트명 순서가 차례대로 "제1작업", "제2작업", "제3작업", "제4작업"이 되도록 할 것.

출제예상문제 | 정답(값 계산) 엑셀 2016

제01회 출제예상문제
(1) =CHOOSE(WEEKDAY(F5,2),"월요일","화요일","수요일","목요일","금요일","토요일","일요일")
(2) =IF(RANK.EQ(G5,$G$5:$G$12,0)<=3,RANK.EQ(G5,$G$5:$G$12,0),"")
(3) =DAVERAGE(B4:H12,H4,D4:D5)
(4) =COUNTIF(D5:D12,"기획")&"개"
(5) =SMALL(전시기간,1)
(6) =VLOOKUP(H14,B5:H12,4,FALSE)

제02회 출제예상문제
(1) =DATE(2022,MID(B5,2,2),MID(B5,4,2))
(2) =IF(RANK.EQ(G5,$G$5:$G$12,0)<=3,RANK.EQ(G5,$G$5:$G$12,0),"")
(3) =COUNTIF(홀명,"다현")&"건"
(4) =SUMIF(D5:D12,"산수연",G5:G12)
(5) =MAX(G5:G12)
(6) =VLOOKUP(H14,B5:H12,3,FALSE)

제03회 출제예상문제
(1) =RANK.EQ(F5,$F$5:$F$12,0)&"위"
(2) =IF(MID(B5,5,1)="1","초절전",IF(MID(B5,5,1)="2","인버터","기타"))
(3) =SUMIF(D5:D12,"이동",G5:G12)/COUNTIF(D5:D12,"이동")
(4) =DMIN(B4:H12,H4,D4:D5)
(5) =LARGE(소비전력,2)
(6) =VLOOKUP(H14,B5:H12,5,FALSE)

제04회 출제예상문제
(1) =IF(RANK.EQ(G5,$G$5:$G$12,0)<=3,RANK.EQ(G5,$G$5:$G$12,0),"")
(2) =RIGHT(B5,4)&"년"
(3) =SUMIF(D5:D12,"소리아",F5:F12)/COUNTIF(D5:D12,"소리아")
(4) =MAX(하반기판매량)
(5) =DSUM(B4:H12,G4,D4:D5)
(6) =VLOOKUP(H14,C5:H12,4,FALSE)

제05회 출제예상문제
(1) =IF(RANK.EQ(F5,$F$5:$F$12,0)<=3,RANK.EQ(F5,$F$5:$F$12,0),"")
(2) =RIGHT(B5,2)&"월"
(3) =SUMIF(E5:E12,"전통역사",G5:G12)/COUNTIF(E5:E12,"전통역사")
(4) =DSUM(B4:H12,F4,D4:D5)
(5) =MAX(경제유발효과)
(6) =VLOOKUP(H14,C5:H12,4,FALSE)

제06회 출제예상문제
(1) =RANK.EQ(F5,$F$5:$F$12,0)&"위"
(2) =CHOOSE(MID(B5,3,1),"5명","3명","2명")
(3) =DAVERAGE(B4:H12,H4,E4:E5)
(4) =INDEX(B5:H12,MATCH("카라반",C5:C12,0),3)
(5) =SMALL(주행거리,1)
(6) =VLOOKUP(H14,C5:H12,6,FALSE)

제07회 출제예상문제
(1) =IF(RANK.EQ(E5,$E$5:$E$12,0)<=3,RANK.EQ(E5,$E$5:$E$12,0),"")
(2) =2022-YEAR(D5)&"년"
(3) =INDEX(B5:H12,MATCH("김상호",C5:C12,0),5)
(4) =DSUM(B4:H12,F4,H4:H5)
(5) =COUNTIF(기부방법,"휴대폰결제")
(6) =VLOOKUP(H14,C5:H12,5,FALSE)

제08회 출제예상문제
(1) =MONTH(F5)&"월"
(2) =RANK.EQ(H5,$H$5:$H$12,0)
(3) =INDEX(B5:H12,MATCH("핸드로션",C5:C12,0),7)
(4) =SUMIF(분류,"화장품",G5:G12)/COUNTIF(분류,"화장품")
(5) =DSUM(B4:H12,H4,D4:D5)
(6) =VLOOKUP(H14,C5:H12,6,FALSE)

제09회 출제예상문제
(1) =CHOOSE(MID(B5,3,1),"240일","120일","90일")
(2) =RANK.EQ(G5,$G$5:$G$12,0)&"위"
(3) =COUNTIF(E5:E12,"자격증")
(4) =ROUND(DSUM(B4:H12,G4,E4:E5),-1)
(5) =LARGE(수강료,1)
(6) =VLOOKUP(H14,C5:H12,5,FALSE)

제10회 출제예상문제
(1) =IF(RIGHT(B5,1)="P","풀잎",IF(RIGHT(B5,1)="G","가람","글송이"))
(2) =RANK.EQ(H5,$H$5:$H$12,0)&"위"
(3) =MAX(H5:H12)
(4) =SUMIF(학교명,"수문초등학교",G5:G12)/COUNTIF(학교명,"수문초등학교")
(5) =DSUM(B4:H12,H4,E4:E5)
(6) =VLOOKUP(H14,C5:H12,2,FALSE)

제11회 출제예상문제
(1) =RANK.EQ(F5,$F$5:$F$12,0)
(2) =IF(LEFT(B5,1)="A","스포츠",IF(LEFT(B5,1)="B","요리","미술"))
(3) =DSUM(B4:H12,F4,D4:D5)&"명"
(4) =SUMIF(D5:D12,"은평",F5:F12)/COUNTIF(D5:D12,"은평")
(5) =MAX(수강료)
(6) =VLOOKUP(H14,C5:H12,3,FALSE)

제12회 출제예상문제
(1) =IF(RIGHT(B5,1)="1","서울","경기/인천")
(2) =CHOOSE(WEEKDAY(F5,2),"월요일","화요일","수요일","목요일","금요일","토요일","일요일")
(3) =DSUM(B4:H12,H4,D4:D5)
(4) =COUNTIF(D5:D12,"사무실크리닝")&"개"
(5) =MIN(작업일)
(6) =VLOOKUP(H14,B5:H12,6,FALSE)

제13회 출제예상문제
(1) =IF(RANK.EQ(H5,$H$5:$H$12,1)<=3,RANK.EQ(H5,$H$5:$H$12,1),"")
(2) =YEAR(H5)&"년"
(3) =MAX(F5:F12)
(4) =SUMIF(분류,"아케이드",F5:F12)/COUNTIF(분류,"아케이드")
(5) =DSUM(B4:H12,G4,D4:D5)
(6) =VLOOKUP(H14,B5:H12,4,FALSE)

제14회 출제예상문제
(1) =CHOOSE(RIGHT(B5,1),"경기도","대전","서울")
(2) =MONTH(F5)&"월"
(3) =ROUND(DAVERAGE(B4:H12,G4,D4:D5),0)
(4) =SUMIF(D5:D12,"리더십",G5:G12)
(5) =MIN(비용)
(6) =VLOOKUP(H14,B5:H12,4,FALSE)

제15회 출제예상문제
(1) =RANK.EQ(H5,$H$5:$H$12,0)&"위"
(2) =IF(MID(B5,3,1)="1","해외구매",IF(MID(B5,3,1)="2","직배송","기타"))
(3) =SUMIF(해상도,"HD",F5:F12)/COUNTIF(해상도,"HD")
(4) =DMIN(B4:H12,G4,E4:E5)
(5) =LARGE(F5:F12,2)
(6) =VLOOKUP(H14,B5:H12,7,FALSE)

제16회 출제예상문제
(1) =IF(RANK.EQ(F5,$F$5:$F$12,0)<=3,RANK.EQ(F5,$F$5:$F$12,0),"")
(2) =REPT("★",ROUND(G5,0))
(3) =MIN(F5:F12)
(4) =COUNTIF(분류,"뷰티")&"개"
(5) =DSUM(B4:H12,H4,E4:E5)
(6) =VLOOKUP(H14,B5:H12,6,FALSE)

제17회 출제예상문제
(1) =IF(RANK.EQ(G5,$G$5:$G$12,0)<=3,RANK.EQ(G5,$G$5:$G$12,0),"")
(2) =RIGHT(B5,2)+2000&"년"
(3) =DSUM(B4:H12,G4,D4:D5)
(4) =SUMIF(D5:D12,"병해충제어",농가면적)/COUNTIF(D5:D12,"병해충제어")
(5) =LARGE(H5:H12,1)
(6) =VLOOKUP(H14,B5:H12,6,FALSE)

제18회 출제예상문제
(1) =CHOOSE(MID(B5,2,1),"평택","정읍","진천")
(2) =RANK.EQ(H5,$H$5:$H$12,0)
(3) =DCOUNTA(B4:H12,D4,D4:D5)&"개"
(4) =SUMIF(분류,"저탄수화물",H5:H12)/COUNTIF(분류,"저탄수화물")
(5) =MAX(E5:E12)
(6) =VLOOKUP(H14,B5:H12,4,FALSE)

PART 03
기출제문제

제01회 기출제문제	**제10회** 기출제문제
제02회 기출제문제	**제11회** 기출제문제
제03회 기출제문제	**제12회** 기출제문제
제04회 기출제문제	**제13회** 기출제문제
제05회 기출제문제	**제14회** 기출제문제
제06회 기출제문제	**제15회** 기출제문제
제07회 기출제문제	**제16회** 기출제문제
제08회 기출제문제	**제17회** 기출제문제
제09회 기출제문제	**제18회** 기출제문제

제 01회 정보기술자격(ITQ) 기출제문제

MS오피스

과목	코드	문제유형	시험시간	수험번호	성명
한글엑셀	1122	A	60분		

수험자 유의사항

- 수험자는 문제지를 받는 즉시 문제지와 **수험표상의 시험과목(프로그램)이 동일한지 반드시 확인**하여야 합니다.
- 파일명은 본인의 "수험번호-성명"으로 입력하여 답안폴더(내 PC₩문서₩ITQ)에 하나의 파일로 저장해야 하며, 답안문서 파일명이 "수험번호-성명"과 일치하지 않거나, 답안파일을 전송하지 않아 미제출로 처리될 경우 실격 처리합니다(예:12345678-홍길동.xlsx).
- 답안 작성을 마치면 파일을 저장하고, '답안 전송' 버튼을 선택하여 감독위원 PC로 답안을 전송하십시오. 수험생 정보와 저장한 파일명이 다를 경우 전송되지 않으므로 주의하시기 바랍니다.
- 답안 작성 중에도 **주기적으로 저장하고, '답안 전송'**하여야 문제 발생을 줄일 수 있습니다. 작업한 내용을 저장하지 않고 전송할 경우 이전에 저장된 내용이 전송되오니 이점 유의하시기 바랍니다.
- 답안문서는 지정된 경로 외의 다른 보조기억장치에 저장하는 경우, 지정된 시험 시간 외에 작성된 파일을 활용할 경우, 기타 통신수단(이메일, 메신저, 네트워크 등)을 이용하여 타인에게 전달 또는 외부 반출하는 경우는 부정 처리합니다.
- 시험 중 부주의 또는 고의로 시스템을 파손한 경우는 수험자가 변상해야 하며, 〈수험자 유의사항〉에 기재된 방법대로 이행하지 않아 생기는 불이익은 수험생 당사자의 책임임을 알려 드립니다.
- 문제의 조건은 MS오피스 2016 버전으로 설정되어 있으니 유의하시기 바랍니다.
- 시험을 완료한 수험자는 답안파일이 전송되었는지 확인한 후 감독위원의 지시에 따라 문제지를 제출하고 퇴실합니다.

답안 작성요령

- 온라인 답안 작성 절차
  수험자 등록 ⇒ 시험 시작 ⇒ 답안파일 저장 ⇒ 답안 전송 ⇒ 시험 종료
- 문제는 총 4단계, 즉 제1작업부터 제4작업까지 구성되어 있으며 반드시 제1작업부터 순서대로 작성하고 조건대로 작업하시오.
- 모든 작업시트의 A열은 열 너비 '1'로, 나머지 열은 적당하게 조절하시오.
- 모든 작업시트의 테두리는 ≪출력형태≫와 같이 작업하시오.
- 해당 작업란에서는 각각 제시된 조건에 따라 ≪출력형태≫와 같이 작업하시오.
- 답안 시트 이름은 "제1작업", "제2작업", "제3작업", "제4작업"이어야 하며 답안 시트 이외의 것은 감점 처리됩니다.
- 각 시트를 파일로 나누어 작업해서 저장할 경우 실격 처리됩니다.

kpc 한국생산성본부

[제1작업] 표 서식 작성 및 값 계산 (240점)

☞ 다음은 'AI 여행사 여행상품 현황'에 대한 자료이다. 자료를 입력하고 조건에 맞도록 작업하시오.

≪출력형태≫

	A	B	C	D	E	F	G	H	I	J
1									확인	담당	팀장	부장
2			AI 여행사 여행상품 현황							
3										
4		코드	여행지	분류	여행기간	출발일	출발인원	여행경비(단위:원)	적립금	출발시간
5		AS213	울릉도	섬여행	3박4일	2023-05-23	30	295,000	(1)	(2)
6		AE131	방콕 파타야	해외여행	4박6일	2023-04-20	20	639,000	(1)	(2)
7		AS122	제주도	섬여행	3박4일	2023-03-15	25	459,000	(1)	(2)
8		AT213	부산 명소 탐방	기차여행	1박2일	2023-05-12	30	324,000	(1)	(2)
9		AE231	북인도	해외여행	5박6일	2023-03-18	20	1,799,900	(1)	(2)
10		AE311	필리핀 세부	해외여행	4박5일	2023-06-01	25	799,000	(1)	(2)
11		AS223	독도	섬여행	2박3일	2023-04-10	30	239,000	(1)	(2)
12		AT132	남도 맛기행	기차여행	1박2일	2023-03-19	25	355,000	(1)	(2)
13		섬여행 여행경비(단위:원) 평균			(3)			최대 여행경비(단위:원)		(5)
14		5월 이후 출발하는 여행상품 수			(4)		여행지	울릉도	출발인원	(6)

≪조건≫

○ 모든 데이터의 서식에는 글꼴(굴림, 11pt), 정렬은 숫자 및 회계 서식은 오른쪽 정렬, 나머지 서식은 가운데 정렬로 작성하며 예외적인 것은 ≪출력형태≫를 참조하시오.
○ 제 목 ⇒ 도형(평행 사변형)과 그림자(오프셋 오른쪽)를 이용하여 작성하고
　　　　　"AI 여행사 여행상품 현황"을 입력한 후 다음 서식을 적용하시오
　　　　　(글꼴-굴림, 24pt, 검정, 굵게, 채우기-노랑).
○ 임의의 셀에 결재란을 작성하여 그림으로 복사 기능을 이용하여 붙이기 하시오(단, 원본 삭제).
○ 「B4:J4, G14, I14」 영역은 '주황'으로 채우기 하시오.
○ 유효성 검사를 이용하여 「H14」 셀에 여행지(「C5:C12」 영역)가 선택 표시되도록 하시오.
○ 셀 서식 ⇒ 「G5:G12」 영역에 셀 서식을 이용하여 숫자 뒤에 '명'을 표시하시오(예 : 10명).
○ 「H5:H12」 영역에 대해 '여행경비'로 이름정의를 하시오.

☞ (1)~(6) 셀은 반드시 **주어진 함수를 이용**하여 값을 구하시오(결과값을 직접 입력하면 해당 셀은 0점 처리됨).

(1) 적립금 ⇒ 「여행경비(단위:원)×적립율」로 구하시오. 단, 적립율은 코드의 마지막 글자가 1이면 '1%',
　　　　　 2이면 '0.5%', 3이면 '0'으로 지정하여 구하시오(CHOOSE, RIGHT 함수).
(2) 출발시간 ⇒ 출발일이 평일이면 '오전 8시', 주말이면 '오전 10시'로 구하시오(IF, WEEKDAY 함수).
(3) 섬여행 여행경비(단위:원) 평균 ⇒ 조건은 입력데이터를 이용하시오(DAVERAGE 함수).
(4) 5월 이후 출발하는 여행상품 수 ⇒ 5월도 포함하여 구하고, 결과값에 '개'를 붙이시오
　　　　　　　　　　　　　　　　(COUNTIF 함수, & 연산자)(예 : 1개).
(5) 최대 여행경비(단위:원) ⇒ 정의된 이름(여행경비)을 이용하여 구하시오(LARGE 함수).
(6) 출발인원 ⇒ 「H14」 셀에서 선택한 여행지에 대한 출발인원을 구하시오(VLOOKUP 함수).
(7) 조건부 서식의 수식을 이용하여 여행경비(단위:원)가 '600,000' 이상인 행 전체에 다음의 서식을
　　적용하시오(글꼴 : 파랑, 굵게).

[제2작업] 필터 및 서식 (80점)

☞ "제1작업" 시트의 「B4:H12」 영역을 복사하여 "제2작업" 시트의 「B2」 셀부터 모두 붙여넣기를 한 후 다음의 조건과 같이 작업하시오.

≪조건≫

(1) 고급 필터 – 분류가 '기차여행'이거나, 여행경비(단위:원)가 '600,000' 이상인 자료의 여행지, 여행기간, 출발일, 여행경비(단위:원) 데이터만 추출하시오.
  - 조건 범위 : 「B14」 셀부터 입력하시오.
  - 복사 위치 : 「B18」 셀부터 나타나도록 하시오.

(2) 표 서식 – 고급필터의 결과셀을 채우기 없음으로 설정한 후 '표 스타일 보통 4'의 서식을 적용하시오.
  - 머리글 행, 줄무늬 행을 적용하시오.

[제3작업] 피벗테이블 (80점)

☞ "제1작업" 시트를 이용하여 "제3작업" 시트에 조건에 따라 ≪출력형태≫와 같이 작업하시오.

≪조건≫

(1) 출발일 및 분류별 여행지의 개수와 여행경비(단위:원)의 평균을 구하시오.
(2) 출발일을 그룹화하고, 분류를 ≪출력형태≫와 같이 정렬하시오.
(3) 레이블이 있는 셀 병합 및 가운데 맞춤 적용 및 빈 셀은 '**'로 표시하시오.
(4) 행의 총합계는 지우고, 나머지 사항은 ≪출력형태≫에 맞게 작성하시오.

≪출력형태≫

	분류	해외여행		섬여행		기차여행	
출발일	개수 : 여행지	평균 : 여행경비(단위:원)	개수 : 여행지	평균 : 여행경비(단위:원)	개수 : 여행지	평균 : 여행경비(단위:원)
3월	1	1,799,900	1	459,000	1	355,000
4월	1	639,000	1	239,000	**	**
5월	**	**	1	295,000	1	324,000
6월	1	799,000	**	**	**	**
총합계	3	1,079,300	3	331,000	2	339,500

[제4작업] 그래프 (100점)

☞ "제1작업" 시트를 이용하여 조건에 따라 ≪출력형태≫와 같이 작업하시오.

≪조건≫

(1) 차트 종류 ⇒ 〈묶은 세로 막대형〉으로 작업하시오.
(2) 데이터 범위 ⇒ "제1작업" 시트의 내용을 이용하여 작업하시오.
(3) 위치 ⇒ "새 시트"로 이동하고, "제4작업"으로 시트 이름을 바꾸시오.
(4) 차트 디자인 도구 ⇒ 레이아웃 3, 스타일 1을 선택하여 ≪출력형태≫에 맞게 작업하시오.
(5) 영역 서식 ⇒ 차트 : 글꼴(굴림, 11pt), 채우기 효과(질감-파랑 박엽지)
　　　　　　　 그림 : 채우기(흰색, 배경1)
(6) 제목 서식 ⇒ 차트 제목 : 글꼴(굴림, 굵게, 20pt), 채우기(흰색, 배경1), 테두리
(7) 서식 ⇒ 여행경비(단위:원) 계열의 차트 종류를 〈표식이 있는 꺾은선형〉으로 변경한 후 보조 축으로 지정하시오.
　　　　　계열 : ≪출력형태≫를 참조하여 표식(마름모, 크기 10)과 레이블 값을 표시하시오.
　　　　　눈금선 : 선 스타일-파선
　　　　　축 : ≪출력형태≫를 참조하시오.
(8) 범례 ⇒ 범례명을 변경하고 ≪출력형태≫를 참조하시오.
(9) 도형 ⇒ '모서리가 둥근 사각형 설명선'을 삽입한 후 ≪출력형태≫와 같이 내용을 입력하시오.
(10) 나머지 사항은 ≪출력형태≫에 맞게 작성하시오.

≪출력형태≫

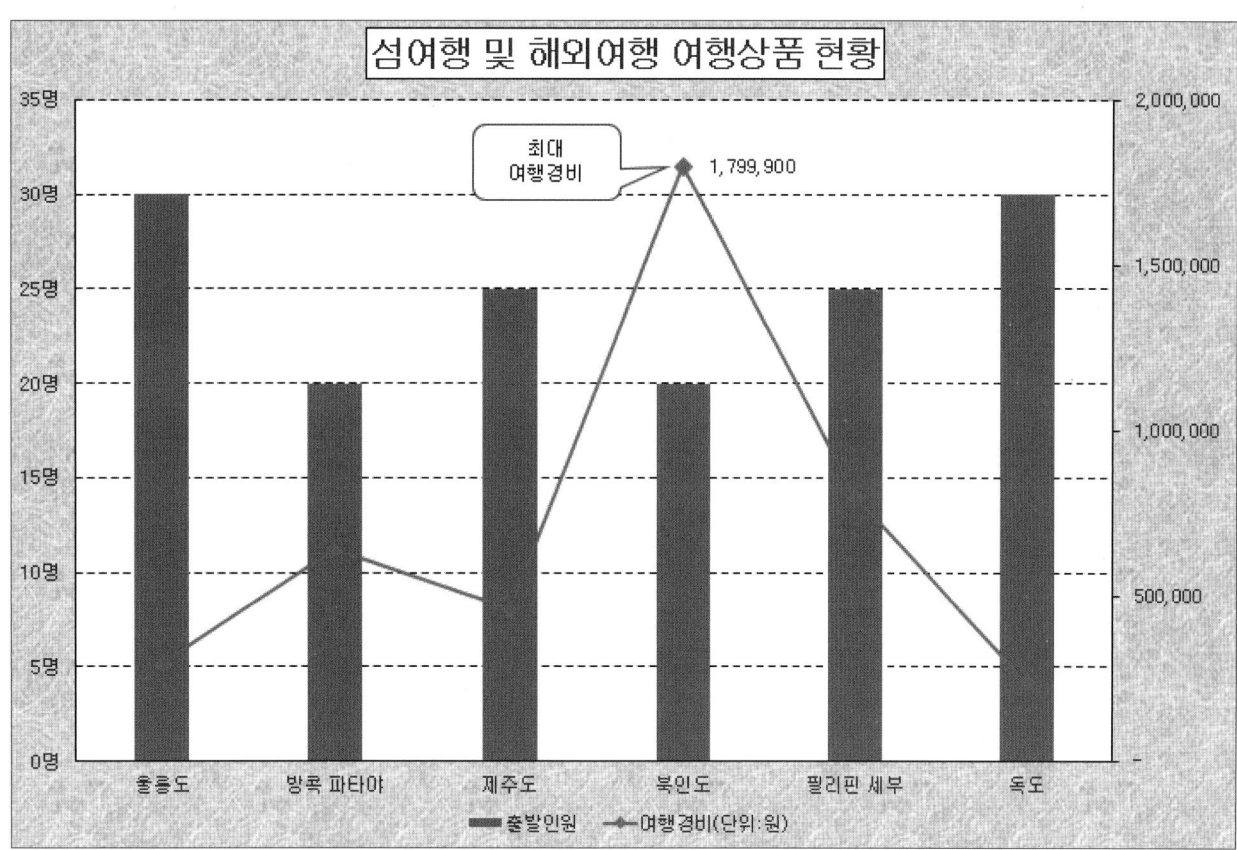

주의 ☞ 시트명 순서가 차례대로 "제1작업", "제2작업", "제3작업", "제4작업"이 되도록 할 것.

제02회 정보기술자격(ITQ) 기출제문제

MS오피스

과목	코드	문제유형	시험시간	수험번호	성명
한글엑셀	1122	B	60분		

수험자 유의사항

- 수험자는 문제지를 받는 즉시 문제지와 **수험표상의 시험과목(프로그램)이 동일한지 반드시 확인**하여야 합니다.
- 파일명은 본인의 "수험번호-성명"으로 입력하여 답안폴더(내 PC₩문서₩ITQ)에 하나의 파일로 저장해야 하며, 답안문서 파일명이 "수험번호-성명"과 일치하지 않거나, 답안파일을 전송하지 않아 미제출로 처리될 경우 실격 처리합니다(예:12345678-홍길동.xlsx).
- 답안 작성을 마치면 파일을 저장하고, '답안 전송' 버튼을 선택하여 감독위원 PC로 답안을 전송하십시오. 수험생 정보와 저장한 파일명이 다를 경우 전송되지 않으므로 주의하시기 바랍니다.
- 답안 작성 중에도 **주기적으로 저장하고, '답안 전송'**하여야 문제 발생을 줄일 수 있습니다. 작업한 내용을 저장하지 않고 전송할 경우 이전에 저장된 내용이 전송되오니 이점 유의하시기 바랍니다.
- 답안문서는 지정된 경로 외의 다른 보조기억장치에 저장하는 경우, 지정된 시험 시간 외에 작성된 파일을 활용할 경우, 기타 통신수단(이메일, 메신저, 네트워크 등)을 이용하여 타인에게 전달 또는 외부 반출하는 경우는 부정 처리합니다.
- 시험 중 부주의 또는 고의로 시스템을 파손한 경우는 수험자가 변상해야 하며, 〈수험자 유의사항〉에 기재된 방법대로 이행하지 않아 생기는 불이익은 수험생 당사자의 책임임을 알려 드립니다.
- 문제의 조건은 MS오피스 2016 버전으로 설정되어 있으니 유의하시기 바랍니다.
- 시험을 완료한 수험자는 답안파일이 전송되었는지 확인한 후 감독위원의 지시에 따라 문제지를 제출하고 퇴실합니다.

답안 작성요령

- 온라인 답안 작성 절차
  수험자 등록 ⇒ 시험 시작 ⇒ 답안파일 저장 ⇒ 답안 전송 ⇒ 시험 종료
- 문제는 총 4단계, 즉 제1작업부터 제4작업까지 구성되어 있으며 반드시 제1작업부터 순서대로 작성하고 조건대로 작업하시오.
- 모든 작업시트의 A열은 열 너비 '1'로, 나머지 열은 적당하게 조절하시오.
- 모든 작업시트의 테두리는 ≪출력형태≫와 같이 작업하시오.
- 해당 작업란에서는 각각 제시된 조건에 따라 ≪출력형태≫와 같이 작업하시오.
- 답안 시트 이름은 "제1작업", "제2작업", "제3작업", "제4작업"이어야 하며 답안 시트 이외의 것은 감점 처리됩니다.
- 각 시트를 파일로 나누어 작업해서 저장할 경우 실격 처리됩니다.

kpc 한국생산성본부

[제1작업] 표 서식 작성 및 값 계산 (240점)

☞ 다음은 '수상 태양광 설치 현황'에 대한 자료이다. 자료를 입력하고 조건에 맞도록 작업하시오.

≪출력형태≫

관리코드	사업장	형태	설치일	용량(Kw)	발전규모(Kw)	설치비용	보조 지원금	시공사
GS103	운문댐	부력일체형	2017-04-13	500	1,830	8,830,000	(1)	(2)
GE101	경남합천댐	부력일체형	2016-03-08	800	2,100	15,360,000	(1)	(2)
GA202	지평저수지	구조체형	2017-03-15	1,500	4,200	27,860,000	(1)	(2)
GS302	청호저수지	구조체형	2015-10-09	300	1,150	5,500,000	(1)	(2)
GE452	당진화력발전소	구조체형	2018-06-12	1,000	3,540	18,120,000	(1)	(2)
GA713	용당저수지	프레임형	2016-02-10	1,350	3,950	21,960,000	(1)	(2)
GT121	보령댐	부력일체형	2016-11-15	1,800	4,540	32,760,000	(1)	(2)
GS661	오창저수지	프레임형	2015-11-10	200	870	4,520,000	(1)	(2)
부력일체형 설치비용의 평균			(3)		최저 용량(Kw)			(5)
구조체형 사업장 개수			(4)		사업장	운문댐	설치비용	(6)

≪조건≫

○ 모든 데이터의 서식에는 글꼴(굴림, 11pt), 정렬은 숫자 및 회계 서식은 오른쪽 정렬, 나머지 서식은 가운데 정렬로 작성하며 예외적인 것은 ≪출력형태≫를 참조하시오.
○ 제 목 ⇒ 도형(사다리꼴)과 그림자(오프셋 오른쪽)를 이용하여 작성하고
　　　　"수상 태양광 설치 현황"을 입력한 후 다음 서식을 적용하시오
　　　　(글꼴-굴림, 24pt, 검정, 굵게, 채우기-노랑).
○ 임의의 셀에 결재란을 작성하여 그림으로 복사 기능을 이용하여 붙이기 하시오(단, 원본 삭제).
○ 「B4:J4, G14, I14」 영역은 '주황'으로 채우기 하시오.
○ 유효성 검사를 이용하여 「H14」 셀에 사업장(「C5:C12」 영역)이 선택 표시되도록 하시오.
○ 셀 서식 ⇒ 「H5:H12」 영역에 셀 서식을 이용하여 숫자 뒤에 '원'을 표시하시오(예 : 8,830,000원).
○ 「F5:F12」 영역에 대해 '용량'으로 이름정의를 하시오.

☞ (1)~(6) 셀은 반드시 **주어진 함수를 이용**하여 값을 구하시오(결과값을 직접 입력하면 해당 셀은 0점 처리됨).

(1) 보조 지원금 ⇒ 「설치비용×지원비율」로 구하되, 지원비율은 용량(Kw)이 1,000 이상이면 '50%',
　　　　　　　500 이상이면 '30%', 그 외에는 '20%'로 지정하여 구하시오(IF 함수).
(2) 시공사 ⇒ 관리코드의 마지막 글자가 1이면 '그린에너지', 2이면 '미래전자', 3이면 '한국전자'로
　　　　　구하시오(CHOOSE, RIGHT 함수).
(3) 부력일체형 설치비용의 평균 ⇒ 반올림하여 천원 단위까지 구하시오. 단, 조건은 입력데이터를 이용
　　　　　　　　　　　　　하시오(ROUND, DAVERAGE 함수)(예 : 23,456,700 → 23,457,000).
(4) 구조체형 사업장 개수 ⇒ 결과값에 '개'를 붙이시오(COUNTIF 함수, & 연산자)(예 : 1개).
(5) 최저 용량(Kw) ⇒ 정의된 이름(용량)을 이용하여 구하시오(SMALL 함수).
(6) 설치비용 ⇒ 「H14」 셀에서 선택한 사업장에 대한 설치비용을 구하시오(VLOOKUP 함수).
(7) 조건부 서식의 수식을 이용하여 용량(Kw)이 '500' 이하인 행 전체에 다음의 서식을 적용하시오
　　(글꼴 : 파랑, 굵게).

[제2작업] 필터 및 서식 (80점)

☞ "**제1작업**" 시트의 「B4:H12」 영역을 복사하여 "**제2작업**" 시트의 「B2」 셀부터 모두 붙여넣기를 한 후 다음의 조건과 같이 작업하시오.

≪조건≫

(1) 고급 필터 – 형태가 '프레임형'이거나, 용량(Kw)이 '500' 이하인 자료의 사업장, 용량(Kw), 발전규모(Kw), 설치비용 데이터만 추출하시오.
　　　　　　– 조건 범위 : 「B14」 셀부터 입력하시오.
　　　　　　– 복사 위치 : 「B18」 셀부터 나타나도록 하시오.

(2) 표 서식 – 고급필터의 결과셀을 채우기 없음으로 설정한 후 '표 스타일 보통 4'의 서식을 적용하시오.
　　　　　– 머리글 행, 줄무늬 행을 적용하시오.

[제3작업] 피벗테이블 (80점)

☞ "**제1작업**" 시트를 이용하여 "**제3작업**" 시트에 조건에 따라 ≪출력형태≫와 같이 작업하시오.

≪조건≫

(1) 설치일 및 형태별 사업장의 개수와 발전규모(Kw)의 평균을 구하시오.
(2) 설치일을 그룹화하고, 형태를 ≪출력형태≫와 같이 정렬하시오.
(3) 레이블이 있는 셀 병합 및 가운데 맞춤 적용 및 빈 셀은 '**'로 표시하시오.
(4) 행의 총합계는 지우고, 나머지 사항은 ≪출력형태≫에 맞게 작성하시오.

≪출력형태≫

A	B	C	D	E	F	G	H
1							
2		형태					
3			프레임형		부력일체형		구조체형	
4	설치일	개수 : 사업장	평균 : 발전규모(Kw)	개수 : 사업장	평균 : 발전규모(Kw)	개수 : 사업장	평균 : 발전규모(Kw)
5	2015년	1	870	**	**	1	1,150
6	2016년	1	3,950	2	3,320	**	**
7	2017년	**	**	1	1,830	1	4,200
8	2018년	**	**	**	**	1	3,540
9	총합계	2	2,410	3	2,823	3	2,963

[제4작업] 그래프 (100점)

☞ "제1작업" 시트를 이용하여 조건에 따라 ≪출력형태≫와 같이 작업하시오.

≪조건≫

(1) 차트 종류 ⇒ 〈묶은 세로 막대형〉으로 작업하시오.
(2) 데이터 범위 ⇒ "제1작업" 시트의 내용을 이용하여 작업하시오.
(3) 위치 ⇒ "새 시트"로 이동하고, "제4작업"으로 시트 이름을 바꾸시오.
(4) 차트 디자인 도구 ⇒ 레이아웃 3, 스타일 1을 선택하여 ≪출력형태≫에 맞게 작업하시오.
(5) 영역 서식 ⇒ 차트 : 글꼴(굴림, 11pt), 채우기 효과(질감-파랑 박엽지)
　　　　　　　그림 : 채우기(흰색, 배경1)
(6) 제목 서식 ⇒ 차트 제목 : 글꼴(굴림, 굵게, 20pt), 채우기(흰색, 배경1), 테두리
(7) 서식 ⇒ 설치비용 계열의 차트 종류를 〈표식이 있는 꺾은선형〉으로 변경한 후 보조 축으로 지정하시오.
　　　　　계열 : ≪출력형태≫를 참조하여 표식(마름모, 크기 10)과 레이블 값을 표시하시오.
　　　　　눈금선 : 선 스타일-파선
　　　　　축 : ≪출력형태≫를 참조하시오.
(8) 범례 ⇒ 범례명을 변경하고 ≪출력형태≫를 참조하시오.
(9) 도형 ⇒ '모서리가 둥근 사각형 설명선'을 삽입한 후 ≪출력형태≫와 같이 내용을 입력하시오.
(10) 나머지 사항은 ≪출력형태≫에 맞게 작성하시오.

≪출력형태≫

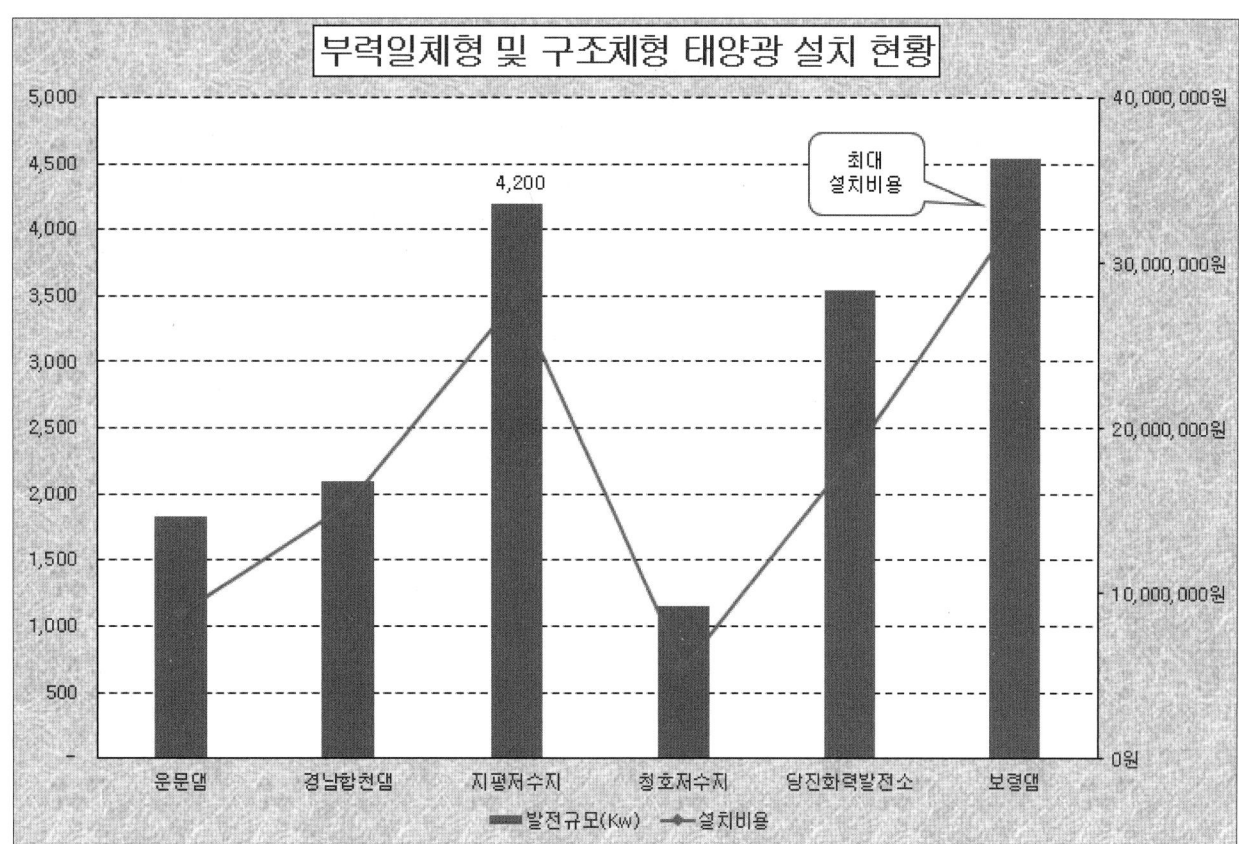

주의 ☞ 시트명 순서가 차례대로 "제1작업", "제2작업", "제3작업", "제4작업"이 되도록 할 것.

제03회 정보기술자격(ITQ) 기출제문제

MS오피스

과목	코드	문제유형	시험시간	수험번호	성명
한글엑셀	1122	C	60분		

수험자 유의사항

- 수험자는 문제지를 받는 즉시 문제지와 **수험표상의 시험과목(프로그램)이 동일한지 반드시 확인**하여야 합니다.
- 파일명은 본인의 "수험번호-성명"으로 입력하여 답안폴더(내 PC\문서\ITQ)에 하나의 파일로 저장해야 하며, 답안문서 파일명이 "수험번호-성명"과 일치하지 않거나, 답안파일을 전송하지 않아 미제출로 처리될 경우 실격 처리합니다(예:12345678-홍길동.xlsx).
- 답안 작성을 마치면 파일을 저장하고, '답안 전송' 버튼을 선택하여 감독위원 PC로 답안을 전송하십시오. 수험생 정보와 저장한 파일명이 다를 경우 전송되지 않으므로 주의하시기 바랍니다.
- 답안 작성 중에도 **주기적으로 저장하고, '답안 전송'**하여야 문제 발생을 줄일 수 있습니다. 작업한 내용을 저장하지 않고 전송할 경우 이전에 저장된 내용이 전송되오니 이점 유의하시기 바랍니다.
- 답안문서는 지정된 경로 외의 다른 보조기억장치에 저장하는 경우, 지정된 시험 시간 외에 작성된 파일을 활용할 경우, 기타 통신수단(이메일, 메신저, 네트워크 등)을 이용하여 타인에게 전달 또는 외부 반출하는 경우는 부정 처리합니다.
- 시험 중 부주의 또는 고의로 시스템을 파손한 경우는 수험자가 변상해야 하며, 〈수험자 유의사항〉에 기재된 방법대로 이행하지 않아 생기는 불이익은 수험생 당사자의 책임임을 알려 드립니다.
- 문제의 조건은 MS오피스 2016 버전으로 설정되어 있으니 유의하시기 바랍니다.
- 시험을 완료한 수험자는 답안파일이 전송되었는지 확인한 후 감독위원의 지시에 따라 문제지를 제출하고 퇴실합니다.

답안 작성요령

- 온라인 답안 작성 절차
  수험자 등록 ⇒ 시험 시작 ⇒ 답안파일 저장 ⇒ 답안 전송 ⇒ 시험 종료
- 문제는 총 4단계, 즉 제1작업부터 제4작업까지 구성되어 있으며 반드시 제1작업부터 순서대로 작성하고 조건대로 작업하시오.
- 모든 작업시트의 A열은 열 너비 '1'로, 나머지 열은 적당하게 조절하시오.
- 모든 작업시트의 테두리는 ≪출력형태≫와 같이 작업하시오.
- 해당 작업란에서는 각각 제시된 조건에 따라 ≪출력형태≫와 같이 작업하시오.
- 답안 시트 이름은 "제1작업", "제2작업", "제3작업", "제4작업"이어야 하며 답안 시트 이외의 것은 감점 처리됩니다.
- 각 시트를 파일로 나누어 작업해서 저장할 경우 실격 처리됩니다.

kpc 한국생산성본부

[제1작업] 표 서식 작성 및 값 계산 (240점)

☞ 다음은 '한빛빌딩 임대 계약 현황'에 대한 자료이다. 자료를 입력하고 조건에 맞도록 작업하시오.

≪출력형태≫

관리코드	업체명	업종	입주일	계약기간	보증금 (단위:만원)	월 임대료 (단위:원)	입주순위	비고
HS452	유앤아이	학원	2019-10-21	2	9,000	2,900,000	(1)	(2)
HJ503	지앤비	학원	2021-12-02	3	4,000	950,000	(1)	(2)
HA821	투썸	서비스	2020-07-11	2	6,000	1,600,000	(1)	(2)
HB232	신협	금융	2019-10-21	2	3,000	850,000	(1)	(2)
HA202	대신	서비스	2019-07-19	3	3,500	1,350,000	(1)	(2)
HK501	SB통신	서비스	2022-07-20	3	7,000	2,500,000	(1)	(2)
HS211	국민은행	금융	2022-03-28	2	5,000	1,500,000	(1)	(2)
HT323	눈높이	학원	2021-10-02	2	3,500	790,000	(1)	(2)
학원 업종의 월 임대료(단위:원) 평균			(3)		최대 보증금(단위:만원)			(5)
서비스 업종의 개수			(4)		업체명	유앤아이	계약기간	(6)

결재: 담당 / 팀장 / 본부장

≪조건≫

○ 모든 데이터의 서식에는 글꼴(굴림, 11pt), 정렬은 숫자 및 회계 서식은 오른쪽 정렬, 나머지 서식은 가운데 정렬로 작성하며 예외적인 것은 ≪출력형태≫를 참조하시오.
○ 제 목 ⇒ 도형(육각형)과 그림자(오프셋 오른쪽)를 이용하여 작성하고
"한빛빌딩 임대 계약 현황"을 입력한 후 다음 서식을 적용하시오
(글꼴-굴림, 24pt, 검정, 굵게, 채우기-노랑).
○ 임의의 셀에 결재란을 작성하여 그림으로 복사 기능을 이용하여 붙이기 하시오(단, 원본 삭제).
○ 「B4:J4, G14, I14」 영역은 '주황'으로 채우기 하시오.
○ 유효성 검사를 이용하여 「H14」 셀에 업체명(「C5:C12」 영역)이 선택 표시되도록 하시오.
○ 셀 서식 ⇒ 「F5:F12」 영역에 셀 서식을 이용하여 숫자 뒤에 '년'을 표시하시오(예 : 2년).
○ 「D5:D12」 영역에 대해 '업종'으로 이름정의를 하시오.

☞ (1)~(6) 셀은 반드시 **주어진 함수를 이용**하여 값을 구하시오(결과값을 직접 입력하면 해당 셀은 0점 처리됨).

(1) 입주순위 ⇒ 입주일의 오름차순 순위를 구한 결과값에 '위'를 붙이시오
(RANK.EQ 함수, & 연산자)(예 : 1위).
(2) 비고 ⇒ 관리코드의 마지막 글자가 1이면 '1층', 2이면 '2층', 3이면 '3층'으로 구하시오
(CHOOSE, RIGHT 함수).
(3) 학원 업종의 월 임대료(단위:원) 평균 ⇒ 반올림하여 만 원 단위까지 구하시오. 단, 조건은 입력
데이터를 이용하시오
(ROUND, DAVERAGE 함수)(예 : 1,256,780 → 1,260,000).
(4) 서비스 업종의 개수 ⇒ 정의된 이름(업종)을 이용하여 구하시오(COUNTIF 함수).
(5) 최대 보증금(단위:만원) ⇒ (MAX 함수)
(6) 계약기간 ⇒ 「H14」 셀에서 선택한 업체명에 대한 계약기간을 구하시오(VLOOKUP 함수).
(7) 조건부 서식의 수식을 이용하여 월 임대료(단위:원)가 '1,000,000' 이하인 행 전체에 다음의 서식을
적용하시오(글꼴 : 파랑, 굵게).

[제2작업] 필터 및 서식 (80점)

☞ "제1작업" 시트의 「B4:H12」 영역을 복사하여 "제2작업" 시트의 「B2」 셀부터 모두 붙여넣기를 한 후 다음의 조건과 같이 작업하시오.

≪조건≫

(1) 고급 필터 - 업종이 '금융'이거나, 월 임대료(단위:원)가 '2,000,000' 이상인 자료의 업체명, 계약기간, 보증금(단위:만원), 월 임대료(단위:원) 데이터만 추출하시오.
 - 조건 범위 : 「B14」 셀부터 입력하시오.
 - 복사 위치 : 「B18」 셀부터 나타나도록 하시오.

(2) 표 서식 - 고급필터의 결과셀을 채우기 없음으로 설정한 후 '표 스타일 보통 4'의 서식을 적용하시오.
 - 머리글 행, 줄무늬 행을 적용하시오.

[제3작업] 피벗테이블 (80점)

☞ "제1작업" 시트를 이용하여 "제3작업" 시트에 조건에 따라 ≪출력형태≫와 같이 작업하시오.

≪조건≫

(1) 입주일 및 업종별 업체명의 개수와 월 임대료(단위:원)의 평균을 구하시오.
(2) 입주일을 그룹화하고, 업종을 ≪출력형태≫와 같이 정렬하시오.
(3) 레이블이 있는 셀 병합 및 가운데 맞춤 적용 및 빈 셀은 '**'로 표시하시오.
(4) 행의 총합계는 지우고, 나머지 사항은 ≪출력형태≫에 맞게 작성하시오.

≪출력형태≫

	A	B	C	D	E	F	G	H
1								
2			업종 ↓					
3			학원		서비스		금융	
4		입주일 ↓	개수 : 업체명	평균 : 월 임대료(단위:원)	개수 : 업체명	평균 : 월 임대료(단위:원)	개수 : 업체명	평균 : 월 임대료(단위:원)
5		2019년	1	2,900,000	1	1,350,000	1	850,000
6		2020년	**	**	1	1,600,000	**	**
7		2021년	2	870,000	**	**	**	**
8		2022년	**	**	1	2,500,000	1	1,500,000
9		총합계	3	1,546,667	3	1,816,667	2	1,175,000

[제4작업] 그래프 (100점)

☞ "제1작업" 시트를 이용하여 조건에 따라 ≪출력형태≫와 같이 작업하시오.

≪조건≫

(1) 차트 종류 ⇒ 〈묶은 세로 막대형〉으로 작업하시오.
(2) 데이터 범위 ⇒ "제1작업" 시트의 내용을 이용하여 작업하시오.
(3) 위치 ⇒ "새 시트"로 이동하고, "제4작업"으로 시트 이름을 바꾸시오.
(4) 차트 디자인 도구 ⇒ 레이아웃 3, 스타일 1을 선택하여 ≪출력형태≫에 맞게 작업하시오.
(5) 영역 서식 ⇒ 차트 : 글꼴(굴림, 11pt), 채우기 효과(질감-파랑 박엽지)
　　　　　　　그림 : 채우기(흰색, 배경1)
(6) 제목 서식 ⇒ 차트 제목 : 글꼴(굴림, 굵게, 20pt), 채우기(흰색, 배경1), 테두리
(7) 서식 ⇒ 계약기간 계열의 차트 종류를 〈표식이 있는 꺾은선형〉으로 변경한 후 보조 축으로 지정하시오.
　　　　　계열 : ≪출력형태≫를 참조하여 표식(마름모, 크기 10)과 레이블 값을 표시하시오.
　　　　　눈금선 : 선 스타일-파선
　　　　　축 : ≪출력형태≫를 참조하시오.
(8) 범례 ⇒ 범례명을 변경하고 ≪출력형태≫를 참조하시오.
(9) 도형 ⇒ '모서리가 둥근 사각형 설명선'을 삽입한 후 ≪출력형태≫와 같이 내용을 입력하시오.
(10) 나머지 사항은 ≪출력형태≫에 맞게 작성하시오.

≪출력형태≫

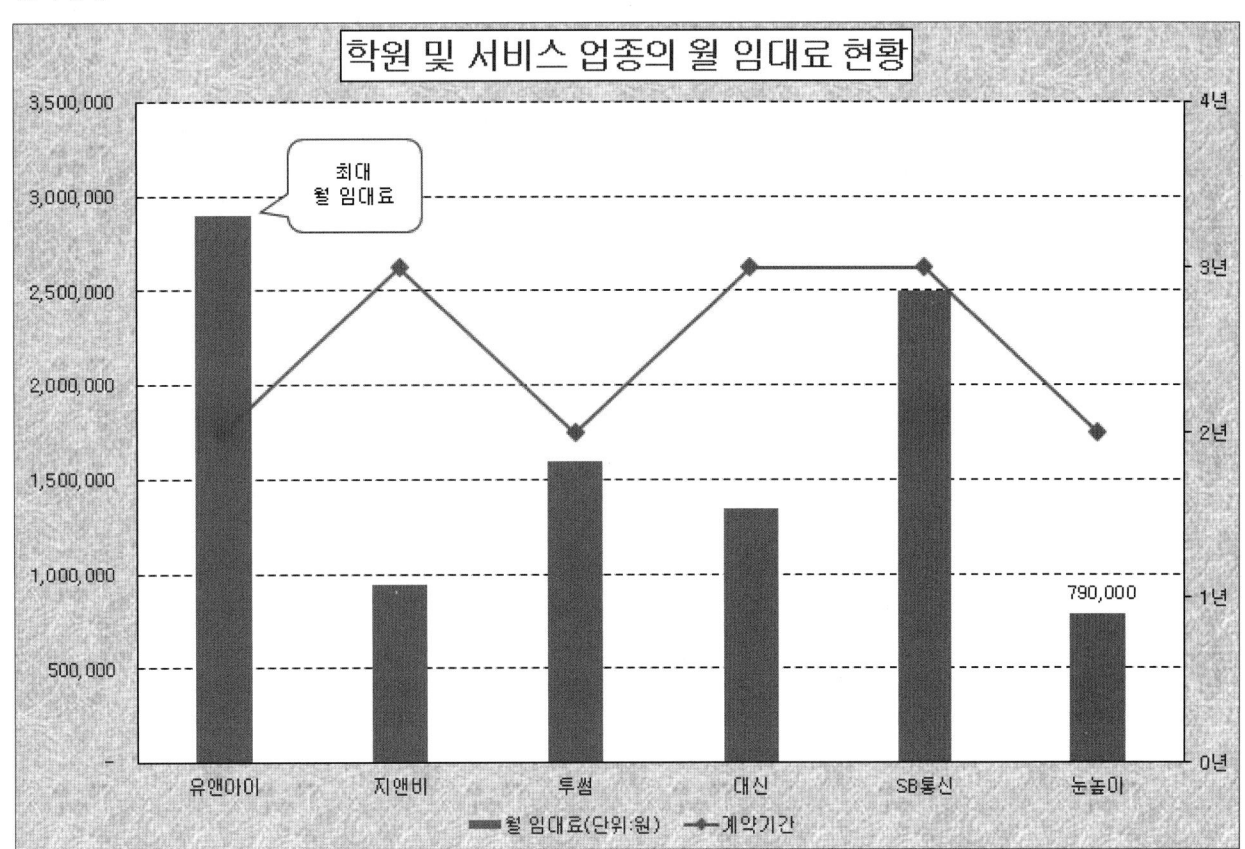

주의 ☞ 시트명 순서가 차례대로 "제1작업", "제2작업", "제3작업", "제4작업"이 되도록 할 것.

제04회 정보기술자격(ITQ) 기출제문제

MS오피스

과목	코드	문제유형	시험시간	수험번호	성명
한글엑셀	1122	D	60분		

수험자 유의사항

- 수험자는 문제지를 받는 즉시 문제지와 **수험표상의 시험과목(프로그램)이 동일한지 반드시 확인**하여야 합니다.
- 파일명은 본인의 "수험번호-성명"으로 입력하여 답안폴더(내 PC₩문서₩ITQ)에 하나의 파일로 저장해야 하며, 답안문서 파일명이 "수험번호-성명"과 일치하지 않거나, 답안파일을 전송하지 않아 미제출로 처리될 경우 실격 처리합니다(예:12345678-홍길동.xlsx).
- 답안 작성을 마치면 파일을 저장하고, '답안 전송' 버튼을 선택하여 감독위원 PC로 답안을 전송하십시오. 수험생 정보와 저장한 파일명이 다를 경우 전송되지 않으므로 주의하시기 바랍니다.
- 답안 작성 중에도 **주기적으로 저장하고, '답안 전송'**하여야 문제 발생을 줄일 수 있습니다. 작업한 내용을 저장하지 않고 전송할 경우 이전에 저장된 내용이 전송되오니 이점 유의하시기 바랍니다.
- 답안문서는 지정된 경로 외의 다른 보조기억장치에 저장하는 경우, 지정된 시험 시간 외에 작성된 파일을 활용할 경우, 기타 통신수단(이메일, 메신저, 네트워크 등)을 이용하여 타인에게 전달 또는 외부 반출하는 경우는 부정 처리합니다.
- 시험 중 부주의 또는 고의로 시스템을 파손한 경우는 수험자가 변상해야 하며, 〈수험자 유의사항〉에 기재된 방법대로 이행하지 않아 생기는 불이익은 수험생 당사자의 책임임을 알려 드립니다.
- 문제의 조건은 MS오피스 2016 버전으로 설정되어 있으니 유의하시기 바랍니다.
- 시험을 완료한 수험자는 답안파일이 전송되었는지 확인한 후 감독위원의 지시에 따라 문제지를 제출하고 퇴실합니다.

답안 작성요령

- 온라인 답안 작성 절차
  수험자 등록 ⇒ 시험 시작 ⇒ 답안파일 저장 ⇒ 답안 전송 ⇒ 시험 종료
- 문제는 총 4단계, 즉 제1작업부터 제4작업까지 구성되어 있으며 반드시 제1작업부터 순서대로 작성하고 조건대로 작업하시오.
- 모든 작업시트의 A열은 열 너비 '1'로, 나머지 열은 적당하게 조절하시오.
- 모든 작업시트의 테두리는 ≪출력형태≫와 같이 작업하시오.
- 해당 작업란에서는 각각 제시된 조건에 따라 ≪출력형태≫와 같이 작업하시오.
- 답안 시트 이름은 "제1작업", "제2작업", "제3작업", "제4작업"이어야 하며 답안 시트 이외의 것은 감점 처리됩니다.
- 각 시트를 파일로 나누어 작업해서 저장할 경우 실격 처리됩니다.

kpc 한국생산성본부

[제1작업] 표 서식 작성 및 값 계산 (240점)

☞ 다음은 '우리 인테리어 공사현황보고'에 대한 자료이다. 자료를 입력하고 조건에 맞도록 작업하시오.

《출력형태》

	B	C	D	E	F	G	H	I	J
1							결재	점장	부장	대표
2		우리 인테리어 공사현황보고							
3									
4	관리번호	주택명	지역	공사기간(일)	총공사비	공사시작일	공사내용	구분	선수금(단위:원)
5	B2-001	화이트빌	경기	5	8,558,000	2023-02-06	욕실	(1)	(2)
6	K1-001	푸르지오	서울	4	10,250,000	2023-03-20	주방	(1)	(2)
7	K3-002	시그마	경기	3	7,870,000	2023-01-30	주방	(1)	(2)
8	A1-001	아이파크	인천	13	28,850,000	2023-02-20	전체	(1)	(2)
9	B1-002	파크타운	서울	5	5,778,000	2023-03-06	욕실	(1)	(2)
10	B3-003	트레스벨	경기	6	9,560,000	2023-02-13	욕실	(1)	(2)
11	A2-002	그린빌	서울	17	32,170,000	2023-02-27	전체	(1)	(2)
12	K2-003	한솔마을	인천	4	6,768,000	2023-03-08	주방	(1)	(2)
13	서울지역 총 공사건수			(3)			가장 긴 공사기간(일)		(5)
14	욕실 총공사비 합계			(4)			관리번호	B2-001	총공사비	(6)

《조건》

○ 모든 데이터의 서식에는 글꼴(굴림, 11pt), 정렬은 숫자 및 회계 서식은 오른쪽 정렬, 나머지 서식은 가운데 정렬로 작성하며 예외적인 것은 《출력형태》를 참조하시오.
○ 제 목 ⇒ 도형(배지)과 그림자(오프셋 오른쪽)를 이용하여 작성하고
"우리 인테리어 공사현황보고"를 입력한 후 다음 서식을 적용하시오
(글꼴-굴림, 24pt, 검정, 굵게, 채우기-노랑).
○ 임의의 셀에 결재란을 작성하여 그림으로 복사 기능을 이용하여 붙이기 하시오(단, 원본 삭제).
○ 「B4:J4, G14, I14」 영역은 '주황'으로 채우기 하시오.
○ 유효성 검사를 이용하여 「H14」 셀에 관리번호(「B5:B12」 영역)가 선택 표시되도록 하시오.
○ 셀 서식 ⇒ 「F5:F12」 영역에 셀 서식을 이용하여 숫자 뒤에 '원'을 표시하시오(예 : 8,558,000원).
○ 「E5:E12」 영역에 대해 '공사기간'으로 이름정의를 하시오.

☞ (1)~(6) 셀은 반드시 **주어진 함수를 이용**하여 값을 구하시오(결과값을 직접 입력하면 해당 셀은 0점 처리됨).

(1) 구분 ⇒ 관리번호 두 번째 글자가 1이면 '아파트', 2이면 '빌라' 3이면 '오피스텔'로 구하시오
(CHOOSE, MID 함수).
(2) 선수금(단위:원) ⇒ 공사내용이 전체이면 「총공사비×30%」, 그 외에는 「총공사비×20%」로 반올림하여 십만 단위까지 구하시오(ROUND, IF 함수)(예 : 1,456,273 → 1,500,000).
(3) 서울지역 총 공사건수 ⇒ 결과값에 '건'을 붙이시오(COUNTIF 함수, & 연산자)(예 : 1건).
(4) 욕실 총공사비 합계 ⇒ 공사내용이 욕실인 공사의 총공사비 합계를 구하시오.
단, 조건은 입력 데이터를 이용하시오(DSUM 함수).
(5) 가장 긴 공사기간(일) ⇒ 정의된 이름(공사기간)을 이용하여 구하시오(MAX 함수).
(6) 총공사비 ⇒ 「H14」 셀에서 선택한 관리번호에 대한 총공사비를 구하시오(VLOOKUP 함수).
(7) 조건부 서식의 수식을 이용하여 총공사비가 '8,000,000' 이하인 행 전체에 다음의 서식을 적용하시오
(글꼴 : 파랑, 굵게).

[제2작업] 목표값 찾기 및 필터 (80점)

☞ "제1작업" 시트의 「B4:H12」 영역을 복사하여 "제2작업" 시트의 「B2」 셀부터 모두 붙여넣기를 한 후 다음의 조건과 같이 작업하시오.

≪조건≫

(1) 목표값 찾기 – 「B11:G11」 셀을 병합하여 "욕실의 총공사비 평균"을 입력한 후 「H11」 셀에 욕실의 총공사비 평균을 구하시오. 단, 조건은 입력데이터를 이용하시오 (DAVERAGE 함수, 테두리, 가운데 맞춤).
 – '욕실의 총공사비 평균'이 '8,000,000'이 되려면 화이트빌의 총공사비가 얼마가 되어야 하는지 목표값을 구하시오.

(2) 고급 필터 – 지역이 '서울'이 아니면서 공사기간(일)이 '5' 이상인 자료의 관리번호, 주택명, 공사시작일, 공사내용 데이터만 추출하시오.
 – 조건 범위 : 「B14」 셀부터 입력하시오.
 – 복사 위치 : 「B18」 셀부터 나타나도록 하시오.

[제3작업] 정렬 및 부분합 (80점)

☞ "제1작업" 시트의 「B4:H12」 영역을 복사하여 "제3작업" 시트의 「B2」 셀부터 모두 붙여넣기를 한 후 다음의 조건과 같이 작업하시오.

≪조건≫

(1) 부분합 – ≪출력형태≫처럼 정렬하고, 주택명의 개수와 총공사비의 평균을 구하시오.
(2) 윤곽 – 지우시오.
(3) 나머지 사항은 ≪출력형태≫에 맞게 작성하시오.

≪출력형태≫

A	B	C	D	E	F	G	H
1							
2	관리번호	주택명	지역	공사기간(일)	총공사비	공사시작일	공사내용
3	A1-001	아이파크	인천	13	28,850,000원	2023-02-20	전체
4	K2-003	한솔마을	인천	4	6,768,000원	2023-03-08	주방
5			인천 평균		17,809,000원		
6		2	인천 개수				
7	K1-001	푸르지오	서울	4	10,250,000원	2023-03-20	주방
8	B1-002	파크타운	서울	5	5,778,000원	2023-03-06	욕실
9	A2-002	그린빌	서울	17	32,170,000원	2023-02-27	전체
10			서울 평균		16,066,000원		
11		3	서울 개수				
12	B2-001	화이트빌	경기	5	8,558,000원	2023-02-06	욕실
13	K3-002	시그마	경기	3	7,870,000원	2023-01-30	주방
14	B3-003	트레스벨	경기	6	9,560,000원	2023-02-13	욕실
15			경기 평균		8,662,667원		
16		3	경기 개수				
17			전체 평균		13,725,500원		
18		8	전체 개수				

[제4작업] 그래프 (100점)

☞ "제1작업" 시트를 이용하여 조건에 따라 ≪출력형태≫와 같이 작업하시오.

≪조건≫

    (1) 차트 종류 ⇒ 〈묶은 세로 막대형〉으로 작업하시오.
    (2) 데이터 범위 ⇒ "제1작업" 시트의 내용을 이용하여 작업하시오.
    (3) 위치 ⇒ "새 시트"로 이동하고, "제4작업"으로 시트 이름을 바꾸시오.
    (4) 차트 디자인 도구 ⇒ 레이아웃 3, 스타일 1을 선택하여 ≪출력형태≫에 맞게 작업하시오.
    (5) 영역 서식 ⇒ 차트 : 글꼴(굴림, 11pt), 채우기 효과(질감-파랑 박엽지)
                그림 : 채우기(흰색, 배경1)
    (6) 제목 서식 ⇒ 차트 제목 : 글꼴(굴림, 굵게, 20pt), 채우기(흰색, 배경1), 테두리
    (7) 서식 ⇒ 공사기간(일) 계열의 차트 종류를 〈표식이 있는 꺾은선형〉으로 변경한 후 보조 축으로 지정하시오.
           계열 : ≪출력형태≫를 참조하여 표식(세모, 크기 10)과 레이블 값을 표시하시오.
           눈금선 : 선 스타일-파선
           축 : ≪출력형태≫를 참조하시오.
    (8) 범례 ⇒ 범례명을 변경하고 ≪출력형태≫를 참조하시오.
    (9) 도형 ⇒ '모서리가 둥근 사각형 설명선'을 삽입한 후 ≪출력형태≫와 같이 내용을 입력하시오.
    (10) 나머지 사항은 ≪출력형태≫에 맞게 작성하시오.

≪출력형태≫

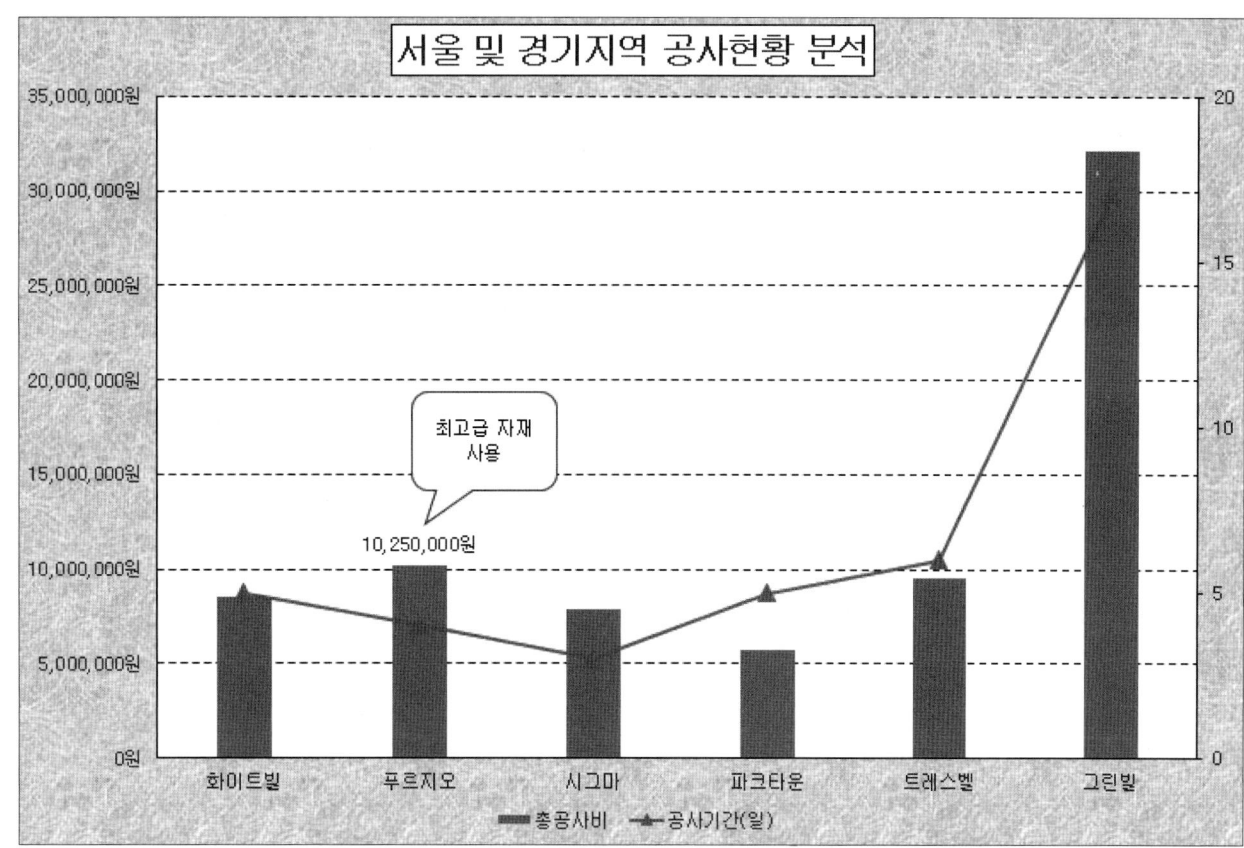

주의 ☞ 시트명 순서가 차례대로 "제1작업", "제2작업", "제3작업", "제4작업"이 되도록 할 것.

제05회 정보기술자격(ITQ) 기출제문제

MS오피스

과목	코드	문제유형	시험시간	수험번호	성명
한글엑셀	1122	E	60분		

수험자 유의사항

- 수험자는 문제지를 받는 즉시 문제지와 **수험표상의 시험과목(프로그램)이 동일한지 반드시 확인**하여야 합니다.
- 파일명은 본인의 "수험번호-성명"으로 입력하여 답안폴더(내 PC₩문서₩ITQ)에 하나의 파일로 저장해야 하며, 답안문서 파일명이 "수험번호-성명"과 일치하지 않거나, 답안파일을 전송하지 않아 미제출로 처리될 경우 실격 처리합니다(예:12345678-홍길동.xlsx).
- 답안 작성을 마치면 파일을 저장하고, '답안 전송' 버튼을 선택하여 감독위원 PC로 답안을 전송하십시오. 수험생 정보와 저장한 파일명이 다를 경우 전송되지 않으므로 주의하시기 바랍니다.
- 답안 작성 중에도 **주기적으로 저장하고, '답안 전송'**하여야 문제 발생을 줄일 수 있습니다. 작업한 내용을 저장하지 않고 전송할 경우 이전에 저장된 내용이 전송되오니 이점 유의하시기 바랍니다.
- 답안문서는 지정된 경로 외의 다른 보조기억장치에 저장하는 경우, 지정된 시험 시간 외에 작성된 파일을 활용할 경우, 기타 통신수단(이메일, 메신저, 네트워크 등)을 이용하여 타인에게 전달 또는 외부 반출하는 경우는 부정 처리합니다.
- 시험 중 부주의 또는 고의로 시스템을 파손한 경우는 수험자가 변상해야 하며, 〈수험자 유의사항〉에 기재된 방법대로 이행하지 않아 생기는 불이익은 수험생 당사자의 책임임을 알려 드립니다.
- 문제의 조건은 MS오피스 2016 버전으로 설정되어 있으니 유의하시기 바랍니다.
- 시험을 완료한 수험자는 답안파일이 전송되었는지 확인한 후 감독위원의 지시에 따라 문제지를 제출하고 퇴실합니다.

답안 작성요령

- 온라인 답안 작성 절차
  수험자 등록 ⇒ 시험 시작 ⇒ 답안파일 저장 ⇒ 답안 전송 ⇒ 시험 종료
- 문제는 총 4단계, 즉 제1작업부터 제4작업까지 구성되어 있으며 반드시 제1작업부터 순서대로 작성하고 조건대로 작업하시오.
- 모든 작업시트의 A열은 열 너비 '1'로, 나머지 열은 적당하게 조절하시오.
- 모든 작업시트의 테두리는 ≪출력형태≫와 같이 작업하시오.
- 해당 작업란에서는 각각 제시된 조건에 따라 ≪출력형태≫와 같이 작업하시오.
- 답안 시트 이름은 "제1작업", "제2작업", "제3작업", "제4작업"이어야 하며 답안 시트 이외의 것은 감점 처리됩니다.
- 각 시트를 파일로 나누어 작업해서 저장할 경우 실격 처리됩니다.

kpc 한국생산성본부

[제1작업] 표 서식 작성 및 값 계산 (240점)

☞ 다음은 '1월 사원 출장 현황'에 대한 자료이다. 자료를 입력하고 조건에 맞도록 작업하시오.

≪출력형태≫

	A	B	C	D	E	F	G	H	I	J
1								결재	담당	팀장	부장
2			**1월 사원 출장현황**								
3											
4		사원번호	사원명	직급	부서명	출장비 (단위:원)	출장일수	출발일자	출발 요일	비고
5		C11-23	민시후	사원	영업부	520,000	6	2023-01-07	(1)	(2)
6		C10-25	한창훈	사원	인사부	128,000	2	2023-01-21	(1)	(2)
7		A07-01	윤정은	대리	영업부	225,000	2	2023-01-07	(1)	(2)
8		A07-45	조재은	사원	기획부	415,000	3	2023-01-03	(1)	(2)
9		E10-25	박금희	대리	인사부	280,000	2	2023-01-15	(1)	(2)
10		A08-23	한효빈	과장	기획부	546,000	5	2023-01-17	(1)	(2)
11		E09-53	김지은	과장	영업부	197,000	3	2023-01-06	(1)	(2)
12		E09-12	김지효	대리	기획부	150,000	2	2023-01-12	(1)	(2)
13		인사부의 출장일수 평균			(3)			최대 출장비(단위:원)		(5)
14		사원의 출장일수 합계			(4)		사원번호	C11-23	출장일수	(6)

≪조건≫

○ 모든 데이터의 서식에는 글꼴(굴림, 11pt), 정렬은 숫자 및 회계 서식은 오른쪽 정렬, 나머지 서식은 가운데 정렬로 작성하며 예외적인 것은 ≪출력형태≫를 참조하시오.
○ 제 목 ⇒ 도형(평행 사변형)과 그림자(오프셋 오른쪽)를 이용하여 작성하고 "1월 사원 출장 현황"을 입력한 후 다음 서식을 적용하시오 (글꼴-굴림, 24pt, 검정, 굵게, 채우기-노랑).
○ 임의의 셀에 결재란을 작성하여 그림으로 복사 기능을 이용하여 붙이기 하시오(단, 원본 삭제).
○ 「B4:J4, G14, I14」 영역은 '주황'으로 채우기 하시오.
○ 유효성 검사를 이용하여 「H14」셀에 사원번호(「B5:B12」 영역)가 선택 표시되도록 하시오.
○ 셀 서식 ⇒ 「G5:G12」 영역에 셀 서식을 이용하여 숫자 뒤에 '일'을 표시하시오(예 : 6일).
○ 「F5:F12」 영역에 대해 '출장비'로 이름정의를 하시오.

☞ (1)~(6) 셀은 반드시 **주어진 함수를 이용**하여 값을 구하시오(결과값을 직접 입력하면 해당 셀은 0점 처리됨).

(1) 출발요일 ⇒ 출발일자의 요일을 예와 같이 구하시오(CHOOSE, WEEKDAY 함수)(예 : 월요일).
(2) 비고 ⇒ 출장일수가 '5' 이상이면 '출장일수 많음', 그 외에는 공백으로 표시하시오(IF 함수).
(3) 인사부의 출장일수 평균 ⇒ (SUMIF, COUNTIF 함수)
(4) 사원의 출장일수 합계 ⇒ 결과값에 '일'을 붙이시오. 단, 조건은 입력데이터를 이용하시오 (DSUM 함수, & 연산자)(예 : 1일).
(5) 최대 출장비(단위:원) ⇒ 정의된 이름(출장비)을 이용하여 구하시오(MAX 함수).
(6) 출장일수 ⇒ 「H14」셀에서 선택한 사원번호에 대한 출장일수를 구하시오(VLOOKUP 함수).
(7) 조건부 서식의 수식을 이용하여 출장비(단위:원)가 '200,000' 이하인 행 전체에 다음의 서식을 적용하시오(글꼴 : 파랑, 굵게).

[제2작업] 목표값 찾기 및 필터 (80점)

☞ "제1작업" 시트의 「B4:H12」 영역을 복사하여 "제2작업" 시트의 「B2」 셀부터 모두 붙여넣기를 한 후 다음의 조건과 같이 작업하시오.

≪조건≫

(1) 목표값 찾기 – 「B11:G11」 셀을 병합하여 "영업부의 출장비(단위:원) 평균"을 입력한 후 「H11」 셀에 영업부의 출장비(단위:원) 평균을 구하시오. 단, 조건은 입력데이터를 이용하시오 (DAVERAGE 함수, 테두리, 가운데 맞춤).
 – '영업부의 출장비(단위:원) 평균'이 '300,000'이 되려면 민시후의 출장비(단위:원)가 얼마가 되어야 하는지 목표값을 구하시오.

(2) 고급 필터 – 부서명이 '영업부'가 아니면서 출장일수가 '4' 이하인 자료의 사원명, 직급, 출장일수, 출발일자 데이터만 추출하시오.
 – 조건 범위 : 「B14」 셀부터 입력하시오.
 – 복사 위치 : 「B18」 셀부터 나타나도록 하시오.

[제3작업] 정렬 및 부분합 (80점)

☞ "제1작업" 시트의 「B4:H12」 영역을 복사하여 "제3작업" 시트의 「B2」 셀부터 모두 붙여넣기를 한 후 다음의 조건과 같이 작업하시오.

≪조건≫

(1) 부분합 – ≪출력형태≫처럼 정렬하고, 사원명의 개수와 출장비(단위:원)의 평균을 구하시오.
(2) 윤곽 – 지우시오.
(3) 나머지 사항은 ≪출력형태≫에 맞게 작성하시오.

≪출력형태≫

A	B	C	D	E	F	G	H
1							
2	사원번호	사원명	직급	부서명	출장비 (단위:원)	출장일수	출발일자
3	C10-25	한참훈	사원	인사부	128,000	2일	2023-01-21
4	E10-25	박금희	대리	인사부	280,000	2일	2023-01-15
5				**인사부 평균**	204,000		
6		2		**인사부 개수**			
7	C11-23	민시후	사원	영업부	520,000	6일	2023-01-07
8	A07-01	윤정은	대리	영업부	225,000	2일	2023-01-07
9	E09-53	김지은	과장	영업부	197,000	3일	2023-01-06
10				**영업부 평균**	314,000		
11		3		**영업부 개수**			
12	A07-45	조재은	사원	기획부	415,000	3일	2023-01-03
13	A08-23	한효빈	과장	기획부	546,000	5일	2023-01-17
14	E09-12	김지효	대리	기획부	150,000	2일	2023-01-12
15				**기획부 평균**	370,333		
16		3		**기획부 개수**			
17				**전체 평균**	307,625		
18		8		**전체 개수**			

[제4작업] 그래프 (100점)

☞ "제1작업" 시트를 이용하여 조건에 따라 ≪출력형태≫와 같이 작업하시오.

≪조건≫

(1) 차트 종류 ⇒ 〈묶은 세로 막대형〉으로 작업하시오.
(2) 데이터 범위 ⇒ "제1작업" 시트의 내용을 이용하여 작업하시오.
(3) 위치 ⇒ "새 시트"로 이동하고, "제4작업"으로 시트 이름을 바꾸시오.
(4) 차트 디자인 도구 ⇒ 레이아웃 3, 스타일 1을 선택하여 ≪출력형태≫에 맞게 작업하시오.
(5) 영역 서식 ⇒ 차트 : 글꼴(굴림, 11pt), 채우기 효과(질감-파랑 박엽지)
　　　　　　　　그림 : 채우기(흰색, 배경1)
(6) 제목 서식 ⇒ 차트 제목 : 글꼴(굴림, 굵게, 20pt), 채우기(흰색, 배경1), 테두리
(7) 서식 ⇒ 출장일수 계열의 차트 종류를 〈표식이 있는 꺾은선형〉으로 변경한 후 보조 축으로 지정하시오.
　　　　　계열 : ≪출력형태≫를 참조하여 표식(세모, 크기 10)과 레이블 값을 표시하시오.
　　　　　눈금선 : 선 스타일-파선
　　　　　축 : ≪출력형태≫를 참조하시오.
(8) 범례 ⇒ 범례명을 변경하고 ≪출력형태≫를 참조하시오.
(9) 도형 ⇒ '모서리가 둥근 사각형 설명선'을 삽입한 후 ≪출력형태≫와 같이 내용을 입력하시오.
(10) 나머지 사항은 ≪출력형태≫에 맞게 작성하시오.

≪출력형태≫

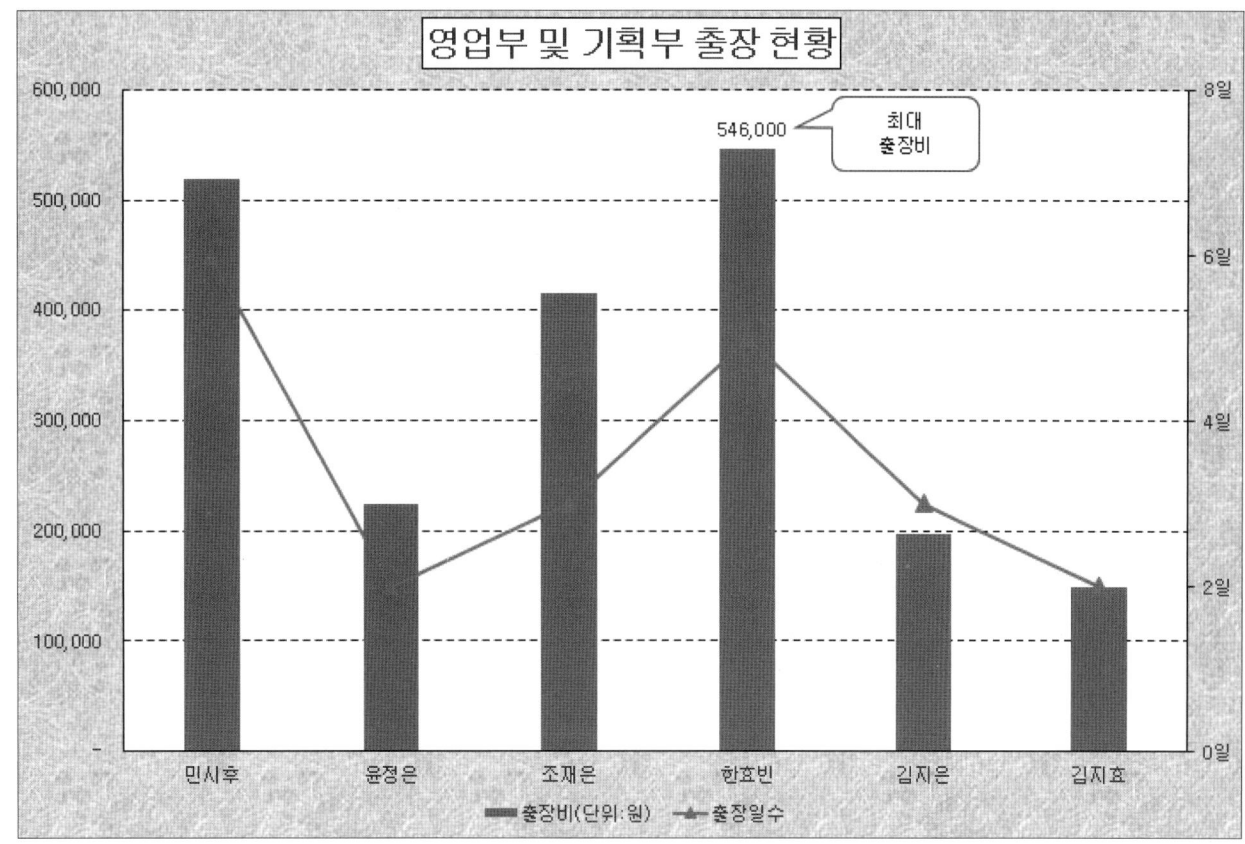

주의 ☞ 시트명 순서가 차례대로 "제1작업", "제2작업", "제3작업", "제4작업"이 되도록 할 것.

제06회 정보기술자격(ITQ) 기출제문제

MS오피스

과목	코드	문제유형	시험시간	수험번호	성명
한글엑셀	1122	A	60분		

수험자 유의사항

- 수험자는 문제지를 받는 즉시 문제지와 **수험표상의 시험과목(프로그램)이 동일한지 반드시 확인**하여야 합니다.
- 파일명은 본인의 "수험번호-성명"으로 입력하여 답안폴더(내 PC\문서\ITQ)에 하나의 파일로 저장해야 하며, 답안문서 파일명이 "수험번호-성명"과 일치하지 않거나, 답안파일을 전송하지 않아 미제출로 처리될 경우 실격 처리합니다(예:12345678-홍길동.xlsx).
- 답안 작성을 마치면 파일을 저장하고, '답안 전송' 버튼을 선택하여 감독위원 PC로 답안을 전송하십시오. 수험생 정보와 저장한 파일명이 다를 경우 전송되지 않으므로 주의하시기 바랍니다.
- 답안 작성 중에도 **주기적으로 저장하고, '답안 전송'** 하여야 문제 발생을 줄일 수 있습니다. 작업한 내용을 저장하지 않고 전송할 경우 이전에 저장된 내용이 전송되오니 이점 유의하시기 바랍니다.
- 답안문서는 지정된 경로 외의 다른 보조기억장치에 저장하는 경우, 지정된 시험 시간 외에 작성된 파일을 활용할 경우, 기타 통신수단(이메일, 메신저, 네트워크 등)을 이용하여 타인에게 전달 또는 외부 반출하는 경우는 부정 처리합니다.
- 시험 중 부주의 또는 고의로 시스템을 파손한 경우는 수험자가 변상해야 하며, 〈수험자 유의사항〉에 기재된 방법대로 이행하지 않아 생기는 불이익은 수험생 당사자의 책임임을 알려 드립니다.
- 문제의 조건은 MS오피스 2016 버전으로 설정되어 있으니 유의하시기 바랍니다.
- 시험을 완료한 수험자는 답안파일이 전송되었는지 확인한 후 감독위원의 지시에 따라 문제지를 제출하고 퇴실합니다.

답안 작성요령

- 온라인 답안 작성 절차
  수험자 등록 ⇒ 시험 시작 ⇒ 답안파일 저장 ⇒ 답안 전송 ⇒ 시험 종료
- 문제는 총 4단계, 즉 제1작업부터 제4작업까지 구성되어 있으며 반드시 제1작업부터 순서대로 작성하고 조건대로 작업하시오.
- 모든 작업시트의 A열은 열 너비 '1'로, 나머지 열은 적당하게 조절하시오.
- 모든 작업시트의 테두리는 ≪출력형태≫와 같이 작업하시오.
- 해당 작업란에서는 각각 제시된 조건에 따라 ≪출력형태≫와 같이 작업하시오.
- 답안 시트 이름은 "제1작업", "제2작업", "제3작업", "제4작업"이어야 하며 답안 시트 이외의 것은 감점 처리됩니다.
- 각 시트를 파일로 나누어 작업해서 저장할 경우 실격 처리됩니다.

kpc 한국생산성본부

[제1작업] 표 서식 작성 및 값 계산 (240점)

☞ 다음은 'JS렌터카 렌트 현황'에 대한 자료이다. 자료를 입력하고 조건에 맞도록 작업하시오.

≪출력형태≫

차량코드	렌트차종	출고일	제조사	렌트기간	렌트비용 (단위:원)	연료	연식	차량 구분
M-0571	SM3	2015-06-10	르노코리아	5	342,000	전기	(1)	(2)
R-0253	스타렉스	2013-05-10	현대자동차	3	325,000	LPG	(1)	(2)
L-9372	그랜저 TG	2011-02-20	현대자동차	2	175,000	가솔린	(1)	(2)
R-8133	뉴카니발	2012-12-20	기아자동차	4	215,000	디젤	(1)	(2)
L-4502	다이너스티	2010-09-30	현대자동차	1	85,000	가솔린	(1)	(2)
C-6362	에쿠스	2012-05-20	현대자동차	2	165,000	가솔린	(1)	(2)
M-7201	K5	2010-04-15	기아자동차	4	270,000	LPG	(1)	(2)
R-9353	QM3	2014-03-15	르노코리아	1	95,000	디젤	(1)	(2)
기아자동차 렌트기간의 평균			(3)		최대 렌트비용(단위:원)			(5)
르노코리아 렌트비용(단위:원)의 합계			(4)		차량코드	M-0571	렌트기간	(6)

≪조건≫

○ 모든 데이터의 서식에는 글꼴(굴림, 11pt), 정렬은 숫자 및 회계 서식은 오른쪽 정렬, 나머지 서식은 가운데 정렬로 작성하며 예외적인 것은 ≪출력형태≫를 참조하시오.
○ 제 목 ⇒ 도형(사다리꼴)과 그림자(오프셋 오른쪽)를 이용하여 작성하고
"JS렌터카 렌트 현황"을 입력한 후 다음 서식을 적용하시오
(글꼴-굴림, 24pt, 검정, 굵게, 채우기-노랑).
○ 임의의 셀에 결재란을 작성하여 그림으로 복사 기능을 이용하여 붙이기 하시오(단, 원본 삭제).
○ 「B4:J4, G14, I14」 영역은 '주황'으로 채우기 하시오.
○ 유효성 검사를 이용하여 「H14」 셀에 차량코드(「B5:B12」 영역)가 선택 표시되도록 하시오.
○ 셀 서식 ⇒ 「F5:F12」 영역에 셀 서식을 이용하여 숫자 뒤에 '일'을 표시하시오(예 : 5일).
○ 「G5:G12」 영역에 대해 '렌트비용'으로 이름정의를 하시오.

☞ (1)~(6) 셀은 반드시 **주어진 함수를 이용**하여 값을 구하시오(결과값을 직접 입력하면 해당 셀은 0점 처리됨).

(1) 연식 ⇒ 출고일의 연도를 구한 결과값에 '년식'을 붙이시오(YEAR 함수, & 연산자)(예 : 2013년식).
(2) 차량구분 ⇒ 차량코드의 마지막 글자가 1이면 '중형', 2이면 '대형', 3이면 '승합'으로 구하시오
(CHOOSE, RIGHT 함수).
(3) 기아자동차 렌트기간의 평균 ⇒ (SUMIF, COUNTIF 함수)
(4) 르노코리아 렌트비용(단위:원)의 합계 ⇒ 조건은 입력데이터를 이용하시오(DSUM 함수).
(5) 최대 렌트비용(단위:원) ⇒ 정의된 이름(렌트비용)을 이용하여 구하시오(MAX 함수).
(6) 렌트기간 ⇒ 「H14」 셀에서 선택한 차량코드에 대한 렌트기간을 구하시오(VLOOKUP 함수).
(7) 조건부 서식의 수식을 이용하여 렌트비용(단위:원)이 '100,000' 이하인 행 전체에 다음의 서식을 적용하시오(글꼴 : 파랑, 굵게).

[제2작업] 목표값 찾기 및 필터 (80점)

☞ "제1작업" 시트의 「B4:H12」 영역을 복사하여 "제2작업" 시트의 「B2」 셀부터 모두 붙여넣기를 한 후 다음의 조건과 같이 작업하시오.

≪조건≫

(1) 목표값 찾기 – 「B11:G11」 셀을 병합하여 "르노코리아의 렌트비용(단위:원) 평균"을 입력한 후
「H11」 셀에 르노코리아의 렌트비용(단위:원) 평균을 구하시오.
단, 조건은 입력데이터를 이용하시오(DAVERAGE 함수, 테두리, 가운데 맞춤).
– '르노코리아의 렌트비용(단위:원) 평균'이 '230,000'이 되려면
SM3의 렌트비용(단위:원)이 얼마가 되어야 하는지 목표값을 구하시오.

(2) 고급 필터 – 제조사가 '르노코리아'가 아니면서 렌트기간이 '2' 이하인 자료의 차량코드, 출고일,
렌트기간, 렌트비용(단위:원) 데이터만 추출하시오.
– 조건 범위 : 「B14」 셀부터 입력하시오.
– 복사 위치 : 「B18」 셀부터 나타나도록 하시오.

[제3작업] 정렬 및 부분합 (80점)

☞ "제1작업" 시트의 「B4:H12」 영역을 복사하여 "제3작업" 시트의 「B2」 셀부터 모두 붙여넣기를 한 후 다음의 조건과 같이 작업하시오.

≪조건≫

(1) 부분합 – ≪출력형태≫처럼 정렬하고, 렌트차종의 개수와 렌트비용(단위:원)의 평균을 구하시오.
(2) 윤곽 – 지우시오.
(3) 나머지 사항은 ≪출력형태≫에 맞게 작성하시오.

≪출력형태≫

A	B	C	D	E	F	G	H
1							
2	차량코드	렌트차종	출고일	제조사	렌트기간	렌트비용(단위:원)	연료
3	R-0253	스타렉스	2013-05-10	현대자동차	3일	325,000	LPG
4	L-9372	그랜저 TG	2011-02-20	현대자동차	2일	175,000	가솔린
5	L-4502	다이너스티	2010-09-30	현대자동차	1일	85,000	가솔린
6	C-6362	에쿠스	2012-05-20	현대자동차	2일	165,000	가솔린
7				현대자동차 평균		187,500	
8		4		현대자동차 개수			
9	M-0571	SM3	2015-06-10	르노코리아	5일	342,000	전기
10	R-9353	QM3	2014-03-15	르노코리아	1일	95,000	디젤
11				르노코리아 평균		218,500	
12		2		르노코리아 개수			
13	R-8133	뉴카니발	2012-12-20	기아자동차	4일	215,000	디젤
14	M-7201	K5	2010-04-15	기아자동차	4일	270,000	LPG
15				기아자동차 평균		242,500	
16		2		기아자동차 개수			
17				전체 평균		209,000	
18		8		전체 개수			

[제4작업] 그래프 (100점)

☞ "제1작업" 시트를 이용하여 조건에 따라 ≪출력형태≫와 같이 작업하시오.

≪조건≫

(1) 차트 종류 ⇒ 〈묶은 세로 막대형〉으로 작업하시오.
(2) 데이터 범위 ⇒ "제1작업" 시트의 내용을 이용하여 작업하시오.
(3) 위치 ⇒ "새 시트"로 이동하고, "제4작업"으로 시트 이름을 바꾸시오.
(4) 차트 디자인 도구 ⇒ 레이아웃 3, 스타일 1을 선택하여 ≪출력형태≫에 맞게 작업하시오.
(5) 영역 서식 ⇒ 차트 : 글꼴(굴림, 11pt), 채우기 효과(질감-파랑 박엽지)
   그림 : 채우기(흰색, 배경1)
(6) 제목 서식 ⇒ 차트 제목 : 글꼴(굴림, 굵게, 20pt), 채우기(흰색, 배경1), 테두리
(7) 서식 ⇒ 렌트비용(단위:원) 계열의 차트 종류를 〈표식이 있는 꺾은선형〉으로 변경한 후 보조 축으로 지정하시오.
   계열 : ≪출력형태≫를 참조하여 표식(세모, 크기 10)과 레이블 값을 표시하시오.
   눈금선 : 선 스타일-파선
   축 : ≪출력형태≫를 참조하시오.
(8) 범례 ⇒ 범례명을 변경하고 ≪출력형태≫를 참조하시오.
(9) 도형 ⇒ '모서리가 둥근 사각형 설명선'을 삽입한 후 ≪출력형태≫와 같이 내용을 입력하시오.
(10) 나머지 사항은 ≪출력형태≫에 맞게 작성하시오.

≪출력형태≫

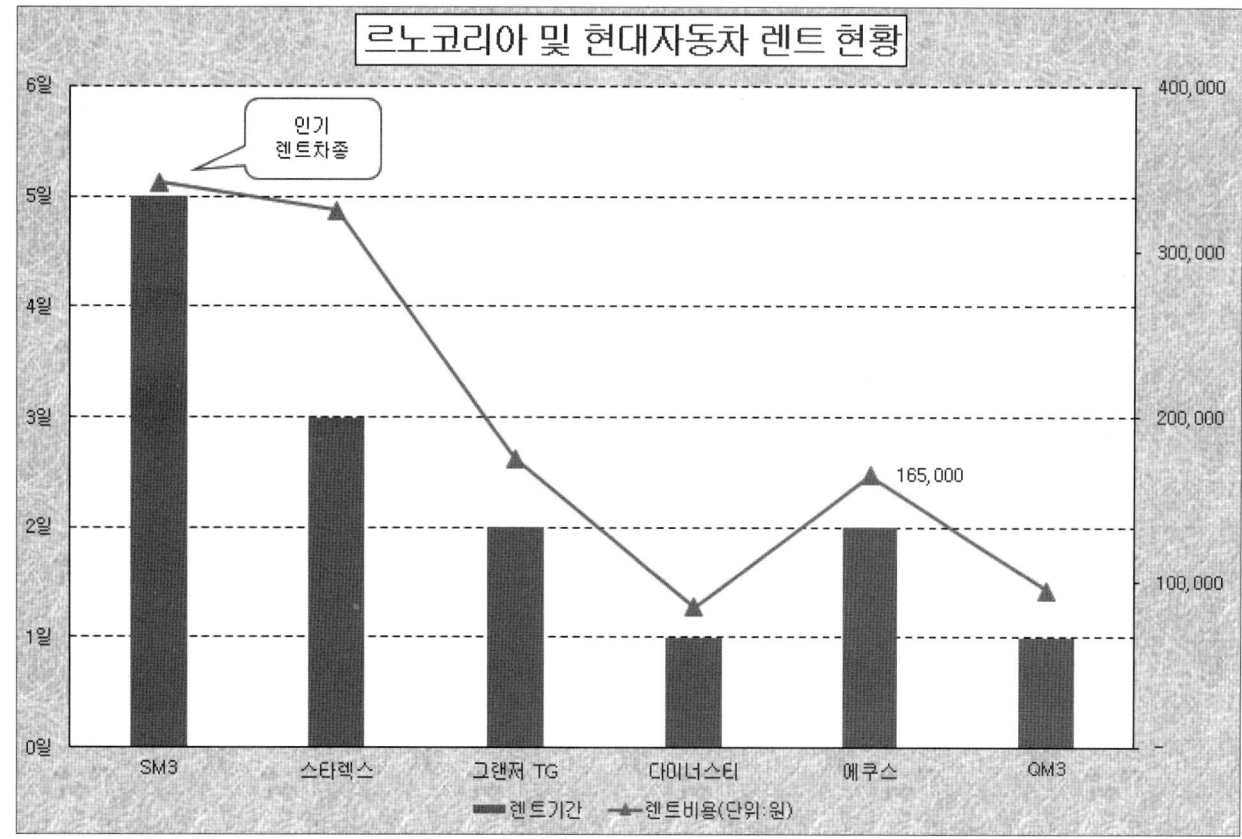

주의 ☞ 시트명 순서가 차례대로 "제1작업", "제2작업", "제3작업", "제4작업"이 되도록 할 것.

제07회 정보기술자격(ITQ) 기출제문제

MS오피스

과목	코드	문제유형	시험시간	수험번호	성명
한글엑셀	1122	B	60분		

수험자 유의사항

- 수험자는 문제지를 받는 즉시 문제지와 **수험표상의 시험과목(프로그램)이 동일한지 반드시 확인**하여야 합니다.
- 파일명은 본인의 "수험번호-성명"으로 입력하여 답안폴더(내 PC₩문서₩ITQ)에 하나의 파일로 저장해야 하며, 답안문서 파일명이 "수험번호-성명"과 일치하지 않거나, 답안파일을 전송하지 않아 미제출로 처리될 경우 실격 처리합니다(예:12345678-홍길동.xlsx).
- 답안 작성을 마치면 파일을 저장하고, '답안 전송' 버튼을 선택하여 감독위원 PC로 답안을 전송하십시오. 수험생 정보와 저장한 파일명이 다를 경우 전송되지 않으므로 주의하시기 바랍니다.
- 답안 작성 중에도 **주기적으로 저장하고, '답안 전송'**하여야 문제 발생을 줄일 수 있습니다. 작업한 내용을 저장하지 않고 전송할 경우 이전에 저장된 내용이 전송되오니 이점 유의하시기 바랍니다.
- 답안문서는 지정된 경로 외의 다른 보조기억장치에 저장하는 경우, 지정된 시험 시간 외에 작성된 파일을 활용할 경우, 기타 통신수단(이메일, 메신저, 네트워크 등)을 이용하여 타인에게 전달 또는 외부 반출하는 경우는 부정 처리합니다.
- 시험 중 부주의 또는 고의로 시스템을 파손한 경우는 수험자가 변상해야 하며, 〈수험자 유의사항〉에 기재된 방법대로 이행하지 않아 생기는 불이익은 수험생 당사자의 책임임을 알려 드립니다.
- 문제의 조건은 MS오피스 2016 버전으로 설정되어 있으니 유의하시기 바랍니다.
- 시험을 완료한 수험자는 답안파일이 전송되었는지 확인한 후 감독위원의 지시에 따라 문제지를 제출하고 퇴실합니다.

답안 작성요령

- 온라인 답안 작성 절차
  수험자 등록 ⇒ 시험 시작 ⇒ 답안파일 저장 ⇒ 답안 전송 ⇒ 시험 종료
- 문제는 총 4단계, 즉 제1작업부터 제4작업까지 구성되어 있으며 반드시 제1작업부터 순서대로 작성하고 조건대로 작업하시오.
- 모든 작업시트의 A열은 열 너비 '1'로, 나머지 열은 적당하게 조절하시오.
- 모든 작업시트의 테두리는 ≪출력형태≫와 같이 작업하시오.
- 해당 작업란에서는 각각 제시된 조건에 따라 ≪출력형태≫와 같이 작업하시오.
- 답안 시트 이름은 "제1작업", "제2작업", "제3작업", "제4작업"이어야 하며 답안 시트 이외의 것은 감점 처리됩니다.
- 각 시트를 파일로 나누어 작업해서 저장할 경우 실격 처리됩니다.

kpc 한국생산성본부

[제1작업] 표 서식 작성 및 값 계산 (240점)

☞ 다음은 '앱개발 경진대회 신청 현황'에 대한 자료이다. 자료를 입력하고 조건에 맞도록 작업하시오.

≪출력형태≫

코드	팀명	지도교수	지원분야	신청일	활동비 (단위:원)	활동시간	서류심사 담당자	문자 발송일
E1451	지혜의 샘	이지은	교육	2022-09-01	55,000	152	(1)	(2)
H2512	사물헬스케어	박순호	건강	2022-08-15	180,000	205	(1)	(2)
C3613	자연힐링	김경호	문화	2022-09-03	65,500	115	(1)	(2)
E1452	메타미래	정유미	교육	2022-09-15	195,500	235	(1)	(2)
H2513	건강자가진단	손기현	건강	2022-08-27	178,000	170	(1)	(2)
E1458	늘탐구	김철수	교육	2022-09-05	134,000	155	(1)	(2)
H2518	코로나19	서영희	건강	2022-09-10	85,000	88	(1)	(2)
C3615	시공담문화	장민호	문화	2022-08-25	195,000	190	(1)	(2)
교육분야 평균 활동시간			(3)		최대 활동비(단위:원)			(5)
문화분야 신청 건수			(4)		팀명	지혜의 샘	활동시간	(6)

≪조건≫

○ 모든 데이터의 서식에는 글꼴(굴림, 11pt), 정렬은 숫자 및 회계 서식은 오른쪽 정렬, 나머지 서식은 가운데 정렬로 작성하며 예외적인 것은 ≪출력형태≫를 참조하시오.
○ 제 목 ⇒ 도형(육각형)과 그림자(오프셋 아래쪽)를 이용하여 작성하고
   "앱개발 경진대회 신청 현황"을 입력한 후 다음 서식을 적용하시오
   (글꼴-굴림, 24pt, 검정, 굵게, 채우기-노랑).
○ 임의의 셀에 결재란을 작성하여 그림으로 복사 기능을 이용하여 붙이기 하시오(단, 원본 삭제).
○ 「B4:J4, G14, I14」 영역은 '주황'으로 채우기 하시오.
○ 유효성 검사를 이용하여 「H14」 셀에 팀명(「C5:C12」 영역)이 선택 표시되도록 하시오.
○ 셀 서식 ⇒ 「H5:H12」 영역에 셀 서식을 이용하여 숫자 뒤에 '시간'을 표시하시오(예 : 100시간).
○ 「G5:G12」 영역에 대해 '활동비'로 이름정의를 하시오.

☞ (1)~(6) 셀은 반드시 **주어진 함수를 이용**하여 값을 구하시오(결과값을 직접 입력하면 해당 셀은 0점 처리됨).

(1) 서류심사 담당자 ⇒ 지원분야가 교육이면 '민수진', 건강이면 '변정훈', 문화이면 '신동진'으로
    구하시오(IF 함수).
(2) 문자 발송일 ⇒ 신청일의 요일이 평일이면 「신청일+3」, 주말이면 「신청일+5」로 구하시오
    (CHOOSE, WEEKDAY 함수).
(3) 교육분야 평균 활동시간 ⇒ 평균을 올림하여 정수로 구하시오. 단, 조건은 입력데이터를 이용하시오
    (ROUNDUP, DAVERAGE 함수).
(4) 문화분야 신청 건수 ⇒ 결과값에 '건'을 붙이시오(COUNTIF 함수, & 연산자)(예 : 1건).
(5) 최대 활동비(단위:원) ⇒ 정의된 이름(활동비)을 이용하여 구하시오(LARGE 함수).
(6) 활동시간 ⇒ 「H14」 셀에서 선택한 팀명에 대한 활동시간을 구하시오(VLOOKUP 함수).
(7) 조건부 서식의 수식을 이용하여 활동시간이 '200' 이상인 행 전체에 다음의 서식을 적용하시오
    (글꼴 : 파랑, 굵게).

[제2작업] 필터 및 서식 (80점)

☞ "제1작업" 시트의 「B4:H12」 영역을 복사하여 "제2작업" 시트의 「B2」 셀부터 모두 붙여넣기를 한 후 다음의 조건과 같이 작업하시오.

≪조건≫

(1) 고급 필터 – 지원분야가 '교육'이거나, 활동비(단위:원)가 '190,000' 이상인 자료의 팀명, 지도교수, 활동비(단위:원), 활동시간 데이터만 추출하시오.
　　　　　　　– 조건 범위 : 「B14」 셀부터 입력하시오.
　　　　　　　– 복사 위치 : 「B18」 셀부터 나타나도록 하시오.

(2) 표 서식 – 고급필터의 결과셀을 채우기 없음으로 설정한 후 '표 스타일 보통 5'의 서식을 적용하시오.
　　　　　　– 머리글 행, 줄무늬 행을 적용하시오.

[제3작업] 피벗테이블 (80점)

☞ "제1작업" 시트를 이용하여 "제3작업" 시트에 조건에 따라 ≪출력형태≫와 같이 작업하시오.

≪조건≫

(1) 활동시간 및 지원분야별 팀명의 개수와 활동비(단위:원)의 평균을 구하시오.
(2) 활동시간을 그룹화하고, 지원분야를 ≪출력형태≫와 같이 정렬하시오.
(3) 레이블이 있는 셀 병합 및 가운데 맞춤 적용 및 빈 셀은 '**'로 표시하시오.
(4) 행의 총합계는 지우고, 나머지 사항은 ≪출력형태≫에 맞게 작성하시오.

≪출력형태≫

	A	B	C	D	E	F	G	H
1								
2			지원분야					
3			문화		교육		건강	
4		활동시간	개수 : 팀명	평균 : 활동비(단위:원)	개수 : 팀명	평균 : 활동비(단위:원)	개수 : 팀명	평균 : 활동비(단위:원)
5		1-100	**	**	**	**	1	85,000
6		101-200	2	130,250	2	94,500	1	178,000
7		201-300	**	**	1	195,500	1	180,000
8		총합계	2	130,250	3	128,167	3	147,667

[제4작업] 그래프 (100점)

☞ "제1작업" 시트를 이용하여 조건에 따라 ≪출력형태≫와 같이 작업하시오.

≪조건≫

 (1) 차트 종류 ⇒ 〈묶은 세로 막대형〉으로 작업하시오.
 (2) 데이터 범위 ⇒ "제1작업" 시트의 내용을 이용하여 작업하시오.
 (3) 위치 ⇒ "새 시트"로 이동하고, "제4작업"으로 시트 이름을 바꾸시오.
 (4) 차트 디자인 도구 ⇒ 레이아웃 3, 스타일 1을 선택하여 ≪출력형태≫에 맞게 작업하시오.
 (5) 영역 서식 ⇒ 차트 : 글꼴(굴림, 11pt), 채우기 효과(질감-파랑 박엽지)
      그림 : 채우기(흰색, 배경1)
 (6) 제목 서식 ⇒ 차트 제목 : 글꼴(굴림, 굵게, 20pt), 채우기(흰색, 배경1), 테두리
 (7) 서식 ⇒ 활동비(단위:원) 계열의 차트 종류를 〈표식이 있는 꺾은선형〉으로 변경한 후 보조 축으로 지정하시오.
   계열 : ≪출력형태≫를 참조하여 표식(세모, 크기 10)과 레이블 값을 표시하시오.
   눈금선 : 선 스타일-파선
   축 : ≪출력형태≫를 참조하시오.
 (8) 범례 ⇒ 범례명을 변경하고 ≪출력형태≫를 참조하시오.
 (9) 도형 ⇒ '모서리가 둥근 사각형 설명선'을 삽입한 후 ≪출력형태≫와 같이 내용을 입력하시오.
 (10) 나머지 사항은 ≪출력형태≫에 맞게 작성하시오.

≪출력형태≫

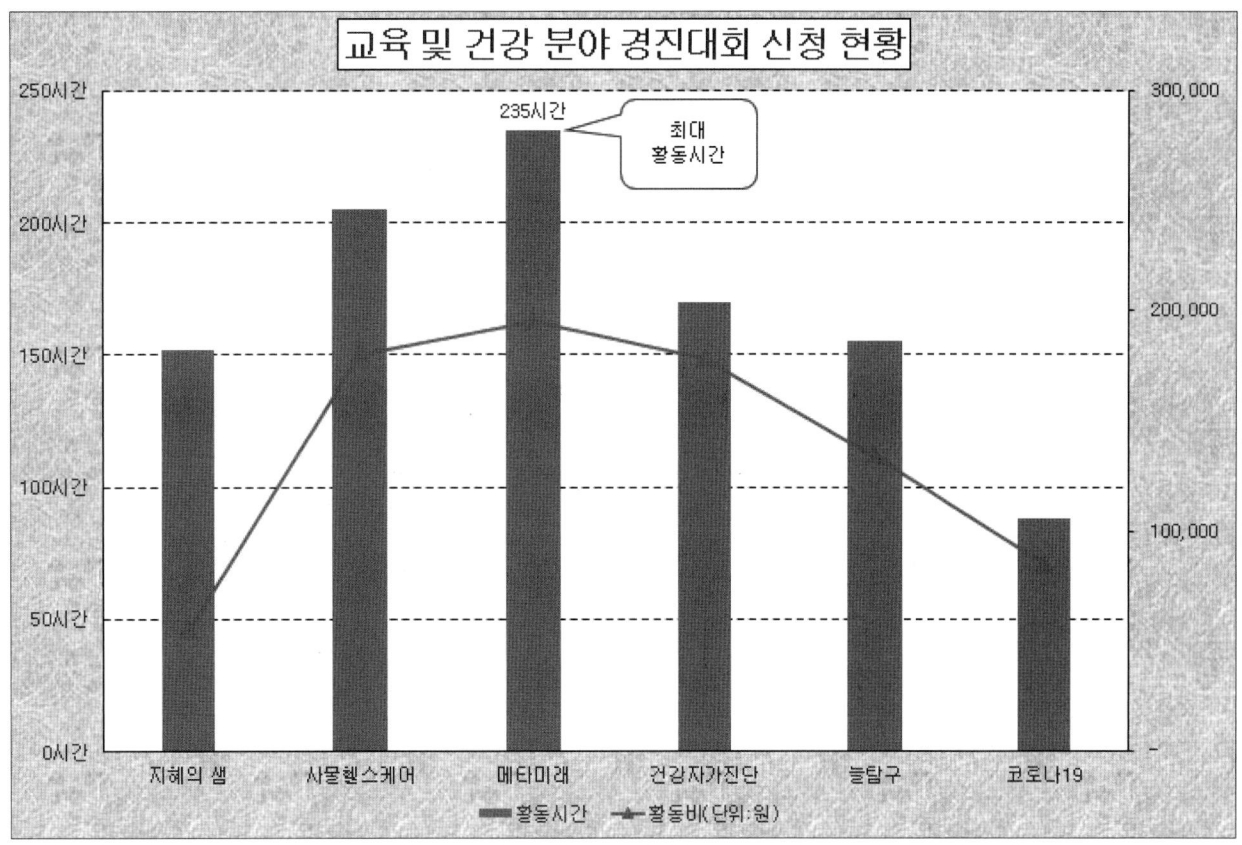

주의 ☞ 시트명 순서가 차례대로 "제1작업", "제2작업", "제3작업", "제4작업"이 되도록 할 것.

제08회 정보기술자격(ITQ) 기출제문제

MS오피스

과목	코드	문제유형	시험시간	수험번호	성명
한글엑셀	1122	C	60분		

수험자 유의사항

- 수험자는 문제지를 받는 즉시 문제지와 **수험표상의 시험과목(프로그램)이 동일한지 반드시 확인**하여야 합니다.
- 파일명은 본인의 "수험번호-성명"으로 입력하여 답안폴더(내 PC₩문서₩ITQ)에 하나의 파일로 저장해야 하며, 답안문서 파일명이 "수험번호-성명"과 일치하지 않거나, 답안파일을 전송하지 않아 미제출로 처리될 경우 실격 처리합니다(예:12345678-홍길동.xlsx).
- 답안 작성을 마치면 파일을 저장하고, '답안 전송' 버튼을 선택하여 감독위원 PC로 답안을 전송하십시오. 수험생 정보와 저장한 파일명이 다를 경우 전송되지 않으므로 주의하시기 바랍니다.
- 답안 작성 중에도 **주기적으로 저장하고, '답안 전송'** 하여야 문제 발생을 줄일 수 있습니다. 작업한 내용을 저장하지 않고 전송할 경우 이전에 저장된 내용이 전송되오니 이점 유의하시기 바랍니다.
- 답안문서는 지정된 경로 외의 다른 보조기억장치에 저장하는 경우, 지정된 시험 시간 외에 작성된 파일을 활용할 경우, 기타 통신수단(이메일, 메신저, 네트워크 등)을 이용하여 타인에게 전달 또는 외부 반출하는 경우는 부정 처리합니다.
- 시험 중 부주의 또는 고의로 시스템을 파손한 경우는 수험자가 변상해야 하며, 〈수험자 유의사항〉에 기재된 방법대로 이행하지 않아 생기는 불이익은 수험생 당사자의 책임임을 알려 드립니다.
- 문제의 조건은 MS오피스 2016 버전으로 설정되어 있으니 유의하시기 바랍니다.
- 시험을 완료한 수험자는 답안파일이 전송되었는지 확인한 후 감독위원의 지시에 따라 문제지를 제출하고 퇴실합니다.

답안 작성요령

- 온라인 답안 작성 절차
  수험자 등록 ⇒ 시험 시작 ⇒ 답안파일 저장 ⇒ 답안 전송 ⇒ 시험 종료
- 문제는 총 4단계, 즉 제1작업부터 제4작업까지 구성되어 있으며 반드시 제1작업부터 순서대로 작성하고 조건대로 작업하시오.
- 모든 작업시트의 A열은 열 너비 '1'로, 나머지 열은 적당하게 조절하시오.
- 모든 작업시트의 테두리는 ≪출력형태≫와 같이 작업하시오.
- 해당 작업란에서는 각각 제시된 조건에 따라 ≪출력형태≫와 같이 작업하시오.
- 답안 시트 이름은 "제1작업", "제2작업", "제3작업", "제4작업"이어야 하며 답안 시트 이외의 것은 감점 처리됩니다.
- 각 시트를 파일로 나누어 작업해서 저장할 경우 실격 처리됩니다.

kpc 한국생산성본부

[제1작업] 표 서식 작성 및 값 계산 (240점)

☞ 다음은 '주요 국제 영화제 개최 현황'에 대한 자료이다. 자료를 입력하고 조건에 맞도록 작업하시오.

≪출력형태≫

	A	B	C	D	E	F	G	H	I	J
1								결재	선임	책임	팀장
2		주요 국제 영화제 개최 현황								
3										
4		관리코드	영화제 명칭	주최국	대륙	1회 개막일자	예상 관객수	개최 횟수 (단위:회)	개최 순위	비고
5		T6522	토론토 국제	캐나다	북미	1976-10-18	500,000	47	(1)	(2)
6		B8241	베를린 국제	독일	유럽	1951-06-06	500,000	72	(1)	(2)
7		B1543	베이징 국제	중국	아시아	2011-04-23	300,000	12	(1)	(2)
8		B1453	부산 국제	한국	아시아	1996-09-13	180,000	27	(1)	(2)
9		J6653	전주 국제	한국	아시아	2000-04-28	80,000	23	(1)	(2)
10		S6323	선댄스	미국	북미	1985-01-20	70,000	38	(1)	(2)
11		F7351	칸	프랑스	유럽	1946-09-20	650,000	75	(1)	(2)
12		V2411	베네치아 국제	이탈리아	유럽	1932-08-06	700,000	79	(1)	(2)
13		최대 개최 횟수(단위:회)			(3)			북미 대륙 예상 관객수 평균		(5)
14		한국 영화제 개최 횟수(단위:회) 평균			(4)			관리코드	T6522	주최국	(6)

≪조건≫

○ 모든 데이터의 서식에는 글꼴(굴림, 11pt), 정렬은 숫자 및 회계 서식은 오른쪽 정렬, 나머지 서식은 가운데 정렬로 작성하며 예외적인 것은 ≪출력형태≫를 참조하시오.
○ 제 목 ⇒ 도형(평행 사변형)과 그림자(오프셋 아래쪽)를 이용하여 작성하고
  "주요 국제 영화제 개최 현황"을 입력한 후 다음 서식을 적용하시오
  (글꼴-굴림, 24pt, 검정, 굵게, 채우기-노랑).
○ 임의의 셀에 결재란을 작성하여 그림으로 복사 기능을 이용하여 붙이기 하시오(단, 원본 삭제).
○ 「B4:J4, G14, I14」 영역은 '주황'으로 채우기 하시오.
○ 유효성 검사를 이용하여 「H14」 셀에 관리코드(「B5:B12」 영역)가 선택 표시되도록 하시오.
○ 셀 서식 ⇒ 「G5:G12」 영역에 셀 서식을 이용하여 숫자 뒤에 '명'을 표시하시오(예 : 500,000명).
○ 「D5:D12」 영역에 대해 '주최국'으로 이름정의를 하시오.

☞ (1)~(6) 셀은 반드시 **주어진 함수를 이용**하여 값을 구하시오(결과값을 직접 입력하면 해당 셀은 0점 처리됨).

(1) 개최 순위 ⇒ 1회 개막일자의 오름차순 순위를 구한 결과값에 '위'를 붙이시오
  (RANK.EQ 함수, & 연산자)(예 : 1위).
(2) 비고 ⇒ 관리코드의 마지막 글자가 1이면 '세계3대', 2이면 '세계4대', 그 외에는 공백으로 표시하시오
  (IF, RIGHT 함수).
(3) 최대 개최 횟수(단위:회) ⇒ (MAX 함수)
(4) 한국 영화제 개최 횟수(단위:회) 평균 ⇒ 정의된 이름(주최국)을 이용하여 구하시오
  (SUMIF, COUNTIF 함수).
(5) 북미 대륙 예상 관객수 평균 ⇒ 조건은 입력데이터를 이용하시오(DAVERAGE 함수).
(6) 주최국 ⇒ 「H14」 셀에서 선택한 관리코드에 대한 주최국을 구하시오(VLOOKUP 함수).
(7) 조건부 서식의 수식을 이용하여 예상 관객수가 '100,000' 이하인 행 전체에 다음의 서식을 적용하시오(글꼴 : 파랑, 굵게).

[제2작업] 필터 및 서식 (80점)

☞ "제1작업" 시트의 「B4:H12」 영역을 복사하여 "제2작업" 시트의 「B2」 셀부터 모두 붙여넣기를 한 후 다음의 조건과 같이 작업하시오.

≪조건≫

(1) 고급 필터 – 대륙이 '북미'이거나, 개최 횟수(단위:회)가 '20' 이하인 자료의 영화제 명칭, 주최국, 예상 관객수, 개최 횟수(단위:회) 데이터만 추출하시오.
  – 조건 범위 : 「B14」 셀부터 입력하시오.
  – 복사 위치 : 「B18」 셀부터 나타나도록 하시오.

(2) 표 서식 – 고급필터의 결과셀을 채우기 없음으로 설정한 후 '표 스타일 보통 5'의 서식을 적용하시오.
  – 머리글 행, 줄무늬 행을 적용하시오.

[제3작업] 피벗테이블 (80점)

☞ "제1작업" 시트를 이용하여 "제3작업" 시트에 조건에 따라 ≪출력형태≫와 같이 작업하시오.

≪조건≫

(1) 개최 횟수(단위:회) 및 대륙별 관리코드의 개수와 예상 관객수의 평균을 구하시오.
(2) 개최 횟수(단위:회)를 그룹화하고, 대륙을 ≪출력형태≫와 같이 정렬하시오.
(3) 레이블이 있는 셀 병합 및 가운데 맞춤 적용 및 빈 셀은 '**'로 표시하시오.
(4) 행의 총합계는 지우고, 나머지 사항은 ≪출력형태≫에 맞게 작성하시오.

≪출력형태≫

	A	B	C	D	E	F	G	H
1								
2			대륙					
3			유럽		아시아		북미	
4		개최 횟수(단위:회)	개수 : 관리코드	평균 : 예상 관객수	개수 : 관리코드	평균 : 예상 관객수	개수 : 관리코드	평균 : 예상 관객수
5		1-30	**	**	3	186,667	**	**
6		31-60	**	**	**	**	2	285,000
7		61-90	3	616,667	**	**	**	**
8		총합계	3	616,667	3	186,667	2	285,000

[제4작업] 그래프 (100점)

☞ "제1작업" 시트를 이용하여 조건에 따라 ≪출력형태≫와 같이 작업하시오.

≪조건≫

(1) 차트 종류 ⇒ ⟨묶은 세로 막대형⟩으로 작업하시오.
(2) 데이터 범위 ⇒ "제1작업" 시트의 내용을 이용하여 작업하시오.
(3) 위치 ⇒ "새 시트"로 이동하고, "제4작업"으로 시트 이름을 바꾸시오.
(4) 차트 디자인 도구 ⇒ 레이아웃 3, 스타일 1을 선택하여 ≪출력형태≫에 맞게 작업하시오.
(5) 영역 서식 ⇒ 차트 : 글꼴(굴림, 11pt), 채우기 효과(질감-파랑 박엽지)
　　　　　　　　그림 : 채우기(흰색, 배경1)
(6) 제목 서식 ⇒ 차트 제목 : 글꼴(굴림, 굵게, 20pt), 채우기(흰색, 배경1), 테두리
(7) 서식 ⇒ 개최 횟수(단위:회) 계열의 차트 종류를 ⟨표식이 있는 꺾은선형⟩으로 변경한 후 보조 축으로 지정하시오.
　　　　　계열 : ≪출력형태≫를 참조하여 표식(세모, 크기 10)과 레이블 값을 표시하시오.
　　　　　눈금선 : 선 스타일-파선
　　　　　축 : ≪출력형태≫를 참조하시오.
(8) 범례 ⇒ 범례명을 변경하고 ≪출력형태≫를 참조하시오.
(9) 도형 ⇒ '모서리가 둥근 사각형 설명선'을 삽입한 후 ≪출력형태≫와 같이 내용을 입력하시오.
(10) 나머지 사항은 ≪출력형태≫에 맞게 작성하시오.

≪출력형태≫

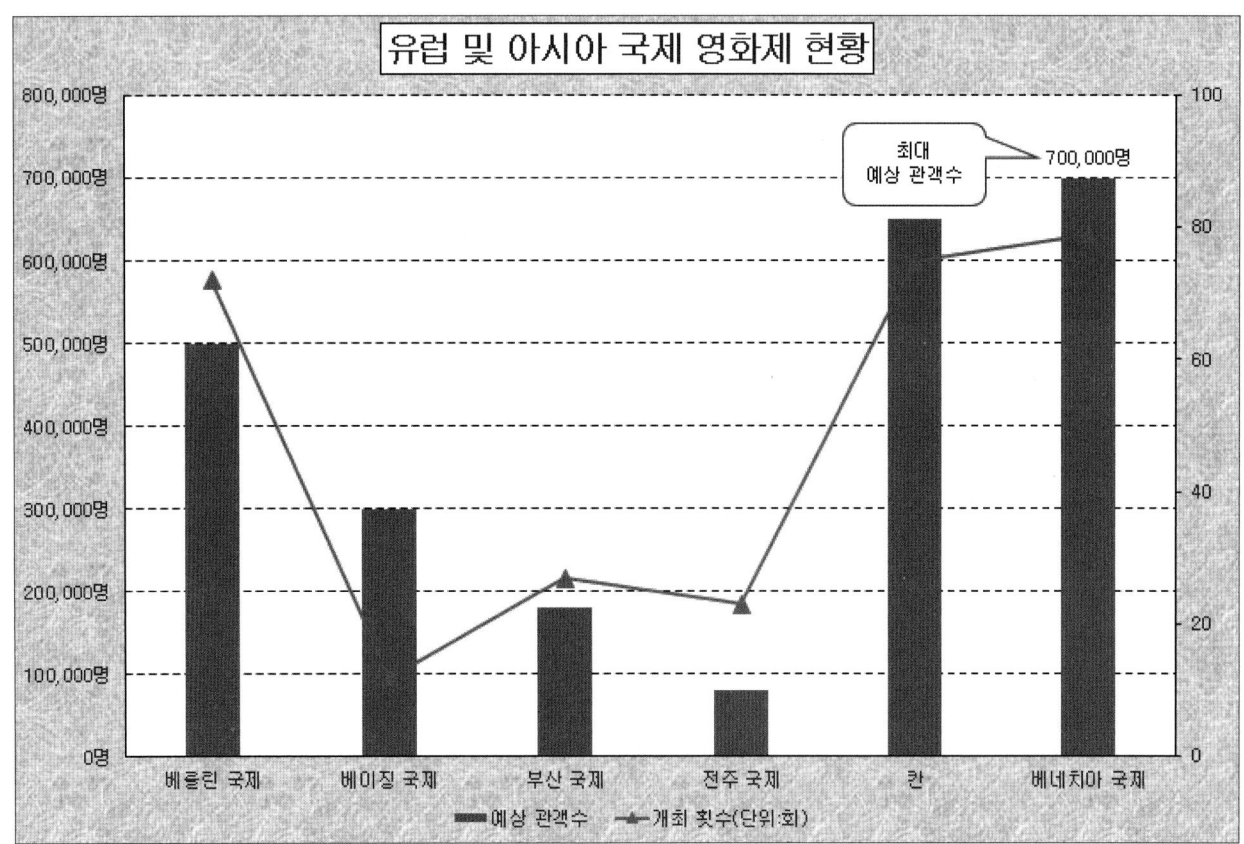

주의 ☞ 시트명 순서가 차례대로 "제1작업", "제2작업", "제3작업", "제4작업"이 되도록 할 것.

제09회 정보기술자격(ITQ) 기출제문제

MS오피스

과목	코드	문제유형	시험시간	수험번호	성명
한글엑셀	1122	D	60분		

수험자 유의사항

- 수험자는 문제지를 받는 즉시 문제지와 **수험표상의 시험과목(프로그램)이 동일한지 반드시 확인**하여야 합니다.
- 파일명은 본인의 "수험번호-성명"으로 입력하여 답안폴더(내 PC₩문서₩ITQ)에 하나의 파일로 저장해야 하며, 답안문서 파일명이 "수험번호-성명"과 일치하지 않거나, 답안파일을 전송하지 않아 미제출로 처리될 경우 실격 처리합니다(예:12345678-홍길동.xlsx).
- 답안 작성을 마치면 파일을 저장하고, '답안 전송' 버튼을 선택하여 감독위원 PC로 답안을 전송하십시오. 수험생 정보와 저장한 파일명이 다를 경우 전송되지 않으므로 주의하시기 바랍니다.
- 답안 작성 중에도 **주기적으로 저장하고, '답안 전송'**하여야 문제 발생을 줄일 수 있습니다. 작업한 내용을 저장하지 않고 전송할 경우 이전에 저장된 내용이 전송되오니 이점 유의하시기 바랍니다.
- 답안문서는 지정된 경로 외의 다른 보조기억장치에 저장하는 경우, 지정된 시험 시간 외에 작성된 파일을 활용할 경우, 기타 통신수단(이메일, 메신저, 네트워크 등)을 이용하여 타인에게 전달 또는 외부 반출하는 경우는 부정 처리합니다.
- 시험 중 부주의 또는 고의로 시스템을 파손한 경우는 수험자가 변상해야 하며, 〈수험자 유의사항〉에 기재된 방법대로 이행하지 않아 생기는 불이익은 수험생 당사자의 책임임을 알려 드립니다.
- 문제의 조건은 MS오피스 2016 버전으로 설정되어 있으니 유의하시기 바랍니다.
- 시험을 완료한 수험자는 답안파일이 전송되었는지 확인한 후 감독위원의 지시에 따라 문제지를 제출하고 퇴실합니다.

답안 작성요령

- 온라인 답안 작성 절차
  수험자 등록 ⇒ 시험 시작 ⇒ 답안파일 저장 ⇒ 답안 전송 ⇒ 시험 종료
- 문제는 총 4단계, 즉 제1작업부터 제4작업까지 구성되어 있으며 반드시 제1작업부터 순서대로 작성하고 조건대로 작업하시오.
- 모든 작업시트의 A열은 열 너비 '1'로, 나머지 열은 적당하게 조절하시오.
- 모든 작업시트의 테두리는 ≪출력형태≫와 같이 작업하시오.
- 해당 작업란에서는 각각 제시된 조건에 따라 ≪출력형태≫와 같이 작업하시오.
- 답안 시트 이름은 "제1작업", "제2작업", "제3작업", "제4작업"이어야 하며 답안 시트 이외의 것은 감점 처리됩니다.
- 각 시트를 파일로 나누어 작업해서 저장할 경우 실격 처리됩니다.

kpc 한국생산성본부

[제1작업] 표 서식 작성 및 값 계산 (240점)

☞ 다음은 '현진대학특강 수강 현황'에 대한 자료이다. 자료를 입력하고 조건에 맞도록 작업하시오.

≪출력형태≫

강좌코드	강좌명	강사명	구분	수강인원	개강일	수강료(단위:원)	강의실	개강요일
A5641	영어회화	김은희	어학	26	2022-12-05	100,000	(1)	(2)
C6942	포토샵활용	정예인	컴퓨터	28	2022-12-06	110,000	(1)	(2)
B6541	비즈니스 일본어	장현오	어학	42	2022-12-05	120,000	(1)	(2)
V6312	엑셀과 파워포인트	박은빈	컴퓨터	31	2022-12-07	80,000	(1)	(2)
W2321	중국어회화	김찬호	어학	19	2022-12-09	110,000	(1)	(2)
F8923	ERP 1급	장서준	회계	36	2022-12-09	170,000	(1)	(2)
M4513	ERP 2급	배은주	회계	29	2022-12-05	150,000	(1)	(2)
E3942	인디자인 마스터	곽소형	컴퓨터	18	2022-12-06	90,000	(1)	(2)
어학 강좌의 수강인원 합계			(3)		최대 수강인원			(5)
어학 강좌의 평균 수강료(단위:원)			(4)		강좌코드	A5641	수강인원	(6)

제목 위에 결재란(사원, 팀장, 사장)이 있음.

≪조건≫

○ 모든 데이터의 서식에는 글꼴(굴림, 11pt), 정렬은 숫자 및 회계 서식은 오른쪽 정렬, 나머지 서식은 가운데 정렬로 작성하며 예외적인 것은 ≪출력형태≫를 참조하시오.
○ 제 목 ⇒ 도형(사다리꼴)과 그림자(오프셋 아래쪽)를 이용하여 작성하고
"현진대학특강 수강 현황"을 입력한 후 다음 서식을 적용하시오
(글꼴-굴림, 24pt, 검정, 굵게, 채우기-노랑).
○ 임의의 셀에 결재란을 작성하여 그림으로 복사 기능을 이용하여 붙이기 하시오(단, 원본 삭제).
○「B4:J4, G14, I14」영역은 '주황'으로 채우기 하시오.
○ 유효성 검사를 이용하여「H14」셀에 강좌코드(「B5:B12」영역)가 선택 표시되도록 하시오.
○ 셀 서식 ⇒「F5:F12」영역에 셀 서식을 이용하여 숫자 뒤에 '명'을 표시하시오(예 : 26명).
○「F5:F12」영역에 대해 '수강인원'으로 이름정의를 하시오.

☞ (1)~(6) 셀은 반드시 **주어진 함수를 이용**하여 값을 구하시오(결과값을 직접 입력하면 해당 셀은 0점 처리됨).

(1) 강의실 ⇒ 강좌코드의 마지막 글자가 1이면 '어학실', 그 외에는 '컴퓨터실'로 구하시오
(IF, RIGHT 함수).
(2) 개강요일 ⇒ 개강일의 요일을 구하시오(CHOOSE, WEEKDAY 함수)(예 : 월요일).
(3) 어학 강좌의 수강인원 합계 ⇒ 조건은 입력데이터를 이용하시오(DSUM 함수).
(4) 어학 강좌의 평균 수강료(단위:원) ⇒ 조건은 입력데이터를 이용하시오(DAVERAGE 함수).
(5) 최대 수강인원 ⇒ 정의된 이름(수강인원)을 이용하여 구한 결과값에 '명'을 붙이시오
(MAX 함수, & 연산자)(예 : 1명).
(6) 수강인원 ⇒「H14」셀에서 선택한 강좌코드에 대한 수강인원을 구하시오(VLOOKUP 함수).
(7) 조건부 서식의 수식을 이용하여 수강료(단위:원)가 '100,000' 이하인 행 전체에 다음의 서식을 적용하시오(글꼴 : 파랑, 굵게).

[제2작업] 필터 및 서식 (80점)

☞ "제1작업" 시트의 「B4:H12」 영역을 복사하여 "제2작업" 시트의 「B2」 셀부터 모두 붙여넣기를 한 후 다음의 조건과 같이 작업하시오.

≪조건≫

(1) 고급 필터 – 구분이 '회계'이거나, 수강료(단위:원)가 '100,000' 이하인 자료의 강좌명, 강사명, 수강인원, 수강료(단위:원) 데이터만 추출하시오.
– 조건 범위 : 「B14」 셀부터 입력하시오.
– 복사 위치 : 「B18」 셀부터 나타나도록 하시오.

(2) 표 서식 – 고급필터의 결과셀을 채우기 없음으로 설정한 후 '표 스타일 보통 5'의 서식을 적용하시오.
– 머리글 행, 줄무늬 행을 적용하시오.

[제3작업] 피벗테이블 (80점)

☞ "제1작업" 시트를 이용하여 "제3작업" 시트에 조건에 따라 ≪출력형태≫와 같이 작업하시오.

≪조건≫

(1) 수강인원 및 구분별 강좌명의 개수와 수강료(단위:원)의 평균을 구하시오.
(2) 수강인원을 그룹화하고, 구분을 ≪출력형태≫와 같이 정렬하시오.
(3) 레이블이 있는 셀 병합 및 가운데 맞춤 적용 및 빈 셀은 '**'로 표시하시오.
(4) 행의 총합계는 지우고, 나머지 사항은 ≪출력형태≫에 맞게 작성하시오.

≪출력형태≫

	A	B	C	D	E	F	G	H
1								
2			구분					
3				회계		컴퓨터		어학
4		수강인원	개수 : 강좌명	평균 : 수강료(단위:원)	개수 : 강좌명	평균 : 수강료(단위:원)	개수 : 강좌명	평균 : 수강료(단위:원)
5		1-20	**	**	1	90,000	1	110,000
6		21-40	2	160,000	2	95,000	1	100,000
7		41-60	**	**	**	**	1	120,000
8		총합계	2	160,000	3	93,333	3	110,000

[제4작업] 그래프 (100점)

☞ "제1작업" 시트를 이용하여 조건에 따라 ≪출력형태≫와 같이 작업하시오.

≪조건≫

　　(1) 차트 종류 ⇒ 〈묶은 세로 막대형〉으로 작업하시오.
　　(2) 데이터 범위 ⇒ "제1작업" 시트의 내용을 이용하여 작업하시오.
　　(3) 위치 ⇒ "새 시트"로 이동하고, "제4작업"으로 시트 이름을 바꾸시오.
　　(4) 차트 디자인 도구 ⇒ 레이아웃 3, 스타일 1을 선택하여 ≪출력형태≫에 맞게 작업하시오.
　　(5) 영역 서식 ⇒ 차트 : 글꼴(굴림, 11pt), 채우기 효과(질감-파랑 박엽지)
　　　　　　　　　그림 : 채우기(흰색, 배경1)
　　(6) 제목 서식 ⇒ 차트 제목 : 글꼴(굴림, 굵게, 20pt), 채우기(흰색, 배경1), 테두리
　　(7) 서식 ⇒ 수강료(단위:원) 계열의 차트 종류를 〈표식이 있는 꺾은선형〉으로 변경한 후 보조 축으로
　　　　　　　지정하시오.
　　　　　　　계열 : ≪출력형태≫를 참조하여 표식(세모, 크기 10)과 레이블 값을 표시하시오.
　　　　　　　눈금선 : 선 스타일-파선
　　　　　　　축 : ≪출력형태≫를 참조하시오.
　　(8) 범례 ⇒ 범례명을 변경하고 ≪출력형태≫를 참조하시오.
　　(9) 도형 ⇒ '모서리가 둥근 사각형 설명선'을 삽입한 후 ≪출력형태≫와 같이 내용을 입력하시오.
　　(10) 나머지 사항은 ≪출력형태≫에 맞게 작성하시오.

≪출력형태≫

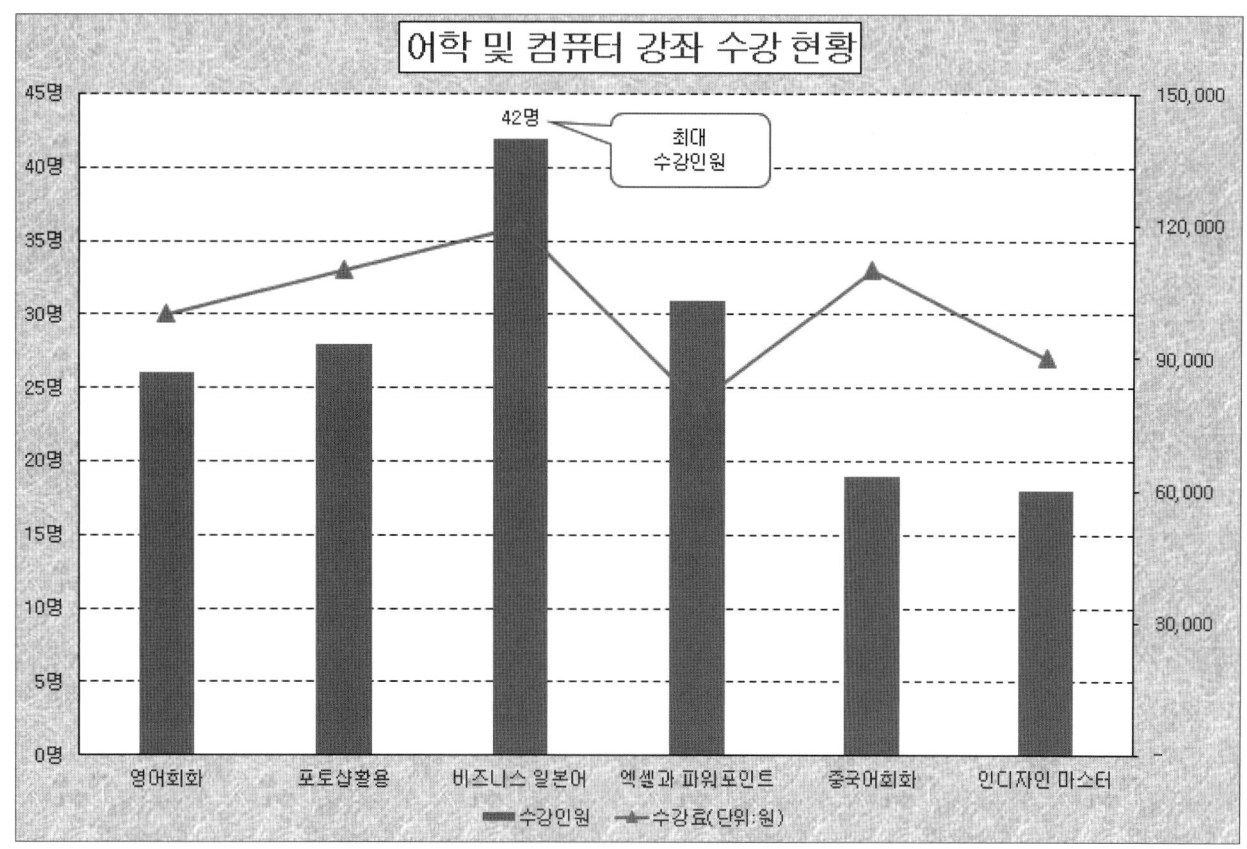

주의 ☞ 시트명 순서가 차례대로 "제1작업", "제2작업", "제3작업", "제4작업"이 되도록 할 것.

제10회 정보기술자격(ITQ) 기출제문제

MS오피스

과목	코드	문제유형	시험시간	수험번호	성명
한글엑셀	1122	E	60분		

수험자 유의사항

- 수험자는 문제지를 받는 즉시 문제지와 **수험표상의 시험과목(프로그램)이 동일한지 반드시 확인**하여야 합니다.
- 파일명은 본인의 "수험번호-성명"으로 입력하여 답안폴더(내 PC₩문서₩ITQ)에 하나의 파일로 저장해야 하며, 답안문서 파일명이 "수험번호-성명"과 일치하지 않거나, 답안파일을 전송하지 않아 미제출로 처리될 경우 실격 처리합니다(예:12345678-홍길동.xlsx).
- 답안 작성을 마치면 파일을 저장하고, '답안 전송' 버튼을 선택하여 감독위원 PC로 답안을 전송하십시오. 수험생 정보와 저장한 파일명이 다를 경우 전송되지 않으므로 주의하시기 바랍니다.
- 답안 작성 중에도 **주기적으로 저장하고, '답안 전송'**하여야 문제 발생을 줄일 수 있습니다. 작업한 내용을 저장하지 않고 전송할 경우 이전에 저장된 내용이 전송되오니 이점 유의하시기 바랍니다.
- 답안문서는 지정된 경로 외의 다른 보조기억장치에 저장하는 경우, 지정된 시험 시간 외에 작성된 파일을 활용할 경우, 기타 통신수단(이메일, 메신저, 네트워크 등)을 이용하여 타인에게 전달 또는 외부 반출하는 경우는 부정 처리합니다.
- 시험 중 부주의 또는 고의로 시스템을 파손한 경우는 수험자가 변상해야 하며, 〈수험자 유의사항〉에 기재된 방법대로 이행하지 않아 생기는 불이익은 수험생 당사자의 책임임을 알려 드립니다.
- 문제의 조건은 MS오피스 2016 버전으로 설정되어 있으니 유의하시기 바랍니다.
- 시험을 완료한 수험자는 답안파일이 전송되었는지 확인한 후 감독위원의 지시에 따라 문제지를 제출하고 퇴실합니다.

답안 작성요령

- 온라인 답안 작성 절차
  수험자 등록 ⇒ 시험 시작 ⇒ 답안파일 저장 ⇒ 답안 전송 ⇒ 시험 종료
- 문제는 총 4단계, 즉 제1작업부터 제4작업까지 구성되어 있으며 반드시 제1작업부터 순서대로 작성하고 조건대로 작업하시오.
- 모든 작업시트의 A열은 열 너비 '1'로, 나머지 열은 적당하게 조절하시오.
- 모든 작업시트의 테두리는 ≪출력형태≫와 같이 작업하시오.
- 해당 작업란에서는 각각 제시된 조건에 따라 ≪출력형태≫와 같이 작업하시오.
- 답안 시트 이름은 "제1작업", "제2작업", "제3작업", "제4작업"이어야 하며 답안 시트 이외의 것은 감점 처리됩니다.
- 각 시트를 파일로 나누어 작업해서 저장할 경우 실격 처리됩니다.

kpc 한국생산성본부

[제1작업] 표 서식 작성 및 값 계산 (240점)

☞ 다음은 '분야별 인기 검색어 현황'에 대한 자료이다. 자료를 입력하고 조건에 맞도록 작업하시오.

≪출력형태≫

검색코드	검색어	분야	연령대	PC 클릭 수	모바일 클릭 비율	환산점수	순위	검색엔진
BO-112	인문 일반	도서	40대	2,950	28.5%	2.9	(1)	(2)
LH-361	차량 실내용품	생활/건강	30대	4,067	34.0%	4.1	(1)	(2)
BO-223	어린이 문학	도서	40대	2,432	52.6%	2.4	(1)	(2)
LH-131	먼지 차단 마스크	생활/건강	50대	4,875	78.5%	4.9	(1)	(2)
LC-381	국내 숙박	여가/생활편의	30대	1,210	48.9%	1.2	(1)	(2)
LH-155	안마기	생활/건강	60대	3,732	69.3%	3.7	(1)	(2)
BO-235	장르소설	도서	20대	4,632	37.8%	4.6	(1)	(2)
LC-122	꽃/케이크배달	여가/생활편의	30대	3,867	62.8%	3.9	(1)	(2)
어린이 문학 검색어의 환산점수			(3)		최대 모바일 클릭 비율			(5)
도서 분야의 PC 클릭 수 평균			(4)		검색어	인문 일반	PC 클릭 수	(6)

확인 | 담당 | 팀장 | 이사

≪조건≫

○ 모든 데이터의 서식에는 글꼴(굴림, 11pt), 정렬은 숫자 및 회계 서식은 오른쪽 정렬, 나머지 서식은 가운데 정렬로 작성하며 예외적인 것은 ≪출력형태≫를 참조하시오.
○ 제 목 ⇒ 도형(배지)과 그림자(오프셋 오른쪽)를 이용하여 작성하고
"분야별 인기 검색어 현황"을 입력한 후 다음 서식을 적용하시오
(글꼴-굴림, 24pt, 검정, 굵게, 채우기-노랑).
○ 임의의 셀에 결재란을 작성하여 그림으로 복사 기능을 이용하여 붙이기 하시오(단, 원본 삭제).
○ 「B4:J4, G14, I14」 영역은 '주황'으로 채우기 하시오.
○ 유효성 검사를 이용하여 「H14」 셀에 검색어(「C5:C12」 영역)가 선택 표시되도록 하시오.
○ 셀 서식 ⇒ 「F5:F12」 영역에 셀 서식을 이용하여 숫자 뒤에 '회'를 표시하시오(예 : 2,950회).
○ 「G5:G12」 영역에 대해 '클릭비율'로 이름정의를 하시오.

☞ (1)~(6) 셀은 반드시 **주어진 함수를 이용**하여 값을 구하시오(결과값을 직접 입력하면 해당 셀은 0점 처리됨).

(1) 순위 ⇒ 환산점수의 내림차순 순위를 구하시오(RANK.EQ 함수).
(2) 검색엔진 ⇒ 검색코드의 네 번째 글자가 1이면 '네이버', 2이면 '구글', 그 외에는 '다음'으로 구하시오
(IF, MID 함수).
(3) 어린이 문학 검색어의 환산점수 ⇒ 결과값에 '점'을 붙이시오
(INDEX, MATCH 함수, & 연산자)(예 : 4.5점).
(4) 도서 분야의 PC 클릭 수 평균 ⇒ 조건은 입력데이터를 이용하시오(DAVERAGE 함수).
(5) 최대 모바일 클릭 비율 ⇒ 정의된 이름(클릭비율)을 이용하여 구하시오(LARGE 함수).
(6) PC 클릭 수 ⇒ 「H14」 셀에서 선택한 검색어에 대한 PC 클릭 수를 구하시오(VLOOKUP 함수).
(7) 조건부 서식의 수식을 이용하여 PC 클릭 수가 '4,000' 이상인 행 전체에 다음의 서식을 적용하시오
(글꼴 : 파랑, 굵게).

[제2작업] 목표값 찾기 및 필터 (80점)

☞ **"제1작업"** 시트의 「B4:H12」 영역을 복사하여 **"제2작업"** 시트의 「B2」 셀부터 모두 붙여넣기를 한 후 다음의 조건과 같이 작업하시오.

≪조건≫

(1) 목표값 찾기 – 「B11:G11」 셀을 병합하여 "환산점수의 전체 평균"을 입력한 후 「H11」 셀에 환산점수의 전체 평균을 구하시오(AVERAGE 함수, 테두리, 가운데 맞춤).
– '환산점수의 전체 평균'이 '3.6'이 되려면 인문 일반의 환산점수가 얼마가 되어야 하는지 목표값을 구하시오.

(2) 고급 필터 – 검색코드가 'L'로 시작하면서 모바일 클릭 비율이 '50%' 이상인 자료의 검색어, 분야, PC 클릭 수, 환산점수 데이터만 추출하시오.
– 조건 범위 : 「B14」 셀부터 입력하시오.
– 복사 위치 : 「B18」 셀부터 나타나도록 하시오.

[제3작업] 정렬 및 부분합 (80점)

☞ **"제1작업"** 시트의 「B4:H12」 영역을 복사하여 **"제3작업"** 시트의 「B2」 셀부터 모두 붙여넣기를 한 후 다음의 조건과 같이 작업하시오.

≪조건≫

(1) 부분합 – ≪출력형태≫처럼 정렬하고, 검색어의 개수와 PC 클릭 수의 평균을 구하시오.
(2) 윤곽 – 지우시오.
(3) 나머지 사항은 ≪출력형태≫에 맞게 작성하시오.

≪출력형태≫

	A	B	C	D	E	F	G	H
1								
2		검색코드	검색어	분야	연령대	PC 클릭 수	모바일 클릭 비율	환산점수
3		LC-381	국내 숙박	여가/생활편의	30대	1,210회	48.9%	1.2
4		LC-122	꽃/케이크배달	여가/생활편의	30대	3,867회	62.8%	3.9
5				여가/생활편의 평균		2,539회		
6			2	여가/생활편의 개수				
7		LH-361	차량 실내용품	생활/건강	30대	4,067회	34.0%	4.1
8		LH-131	먼지 차단 마스크	생활/건강	50대	4,875회	78.5%	4.9
9		LH-155	안마기	생활/건강	60대	3,732회	69.3%	3.7
10				생활/건강 평균		4,225회		
11			3	생활/건강 개수				
12		BO-112	인문 일반	도서	40대	2,950회	28.5%	2.9
13		BO-223	어린이 문학	도서	40대	2,432회	52.6%	2.4
14		BO-235	장르소설	도서	20대	4,632회	37.8%	4.6
15				도서 평균		3,338회		
16			3	도서 개수				
17				전체 평균		3,471회		
18			8	전체 개수				

[제4작업] 그래프 (100점)

☞ "**제1작업**" 시트를 이용하여 조건에 따라 ≪출력형태≫와 같이 작업하시오.

≪조건≫

(1) 차트 종류 ⇒ 〈묶은 세로 막대형〉으로 작업하시오.
(2) 데이터 범위 ⇒ "제1작업" 시트의 내용을 이용하여 작업하시오.
(3) 위치 ⇒ "새 시트"로 이동하고, "제4작업"으로 시트 이름을 바꾸시오.
(4) 차트 디자인 도구 ⇒ 레이아웃 3, 스타일 1을 선택하여 ≪출력형태≫에 맞게 작업하시오.
(5) 영역 서식 ⇒ 차트 : 글꼴(굴림, 11pt), 채우기 효과(질감-파랑 박엽지)
　　　　　　　　그림 : 채우기(흰색, 배경1)
(6) 제목 서식 ⇒ 차트 제목 : 글꼴(굴림, 굵게, 20pt), 채우기(흰색, 배경1), 테두리
(7) 서식 ⇒ PC 클릭 수 계열의 차트 종류를 〈표식이 있는 꺾은선형〉으로 변경한 후 보조 축으로 지정하시오.
　　　　　계열 : ≪출력형태≫를 참조하여 표식(세모, 크기 10)과 레이블 값을 표시하시오.
　　　　　눈금선 : 선 스타일-파선
　　　　　축 : ≪출력형태≫를 참조하시오.
(8) 범례 ⇒ 범례명을 변경하고 ≪출력형태≫를 참조하시오.
(9) 도형 ⇒ '모서리가 둥근 사각형 설명선'을 삽입한 후 ≪출력형태≫와 같이 내용을 입력하시오.
(10) 나머지 사항은 ≪출력형태≫에 맞게 작성하시오.

≪출력형태≫

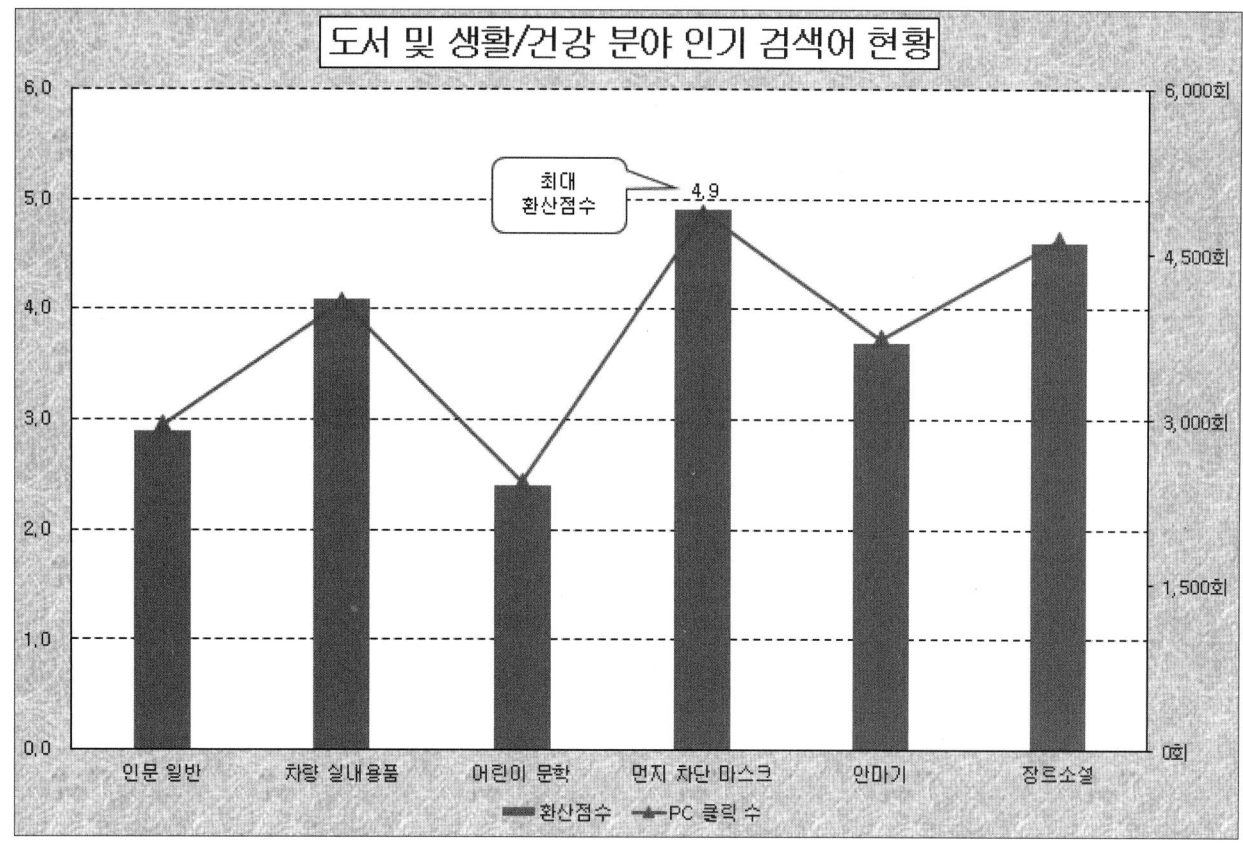

주의 ☞ 시트명 순서가 차례대로 "제1작업", "제2작업", "제3작업", "제4작업"이 되도록 할 것.

제 11 회 정보기술자격(ITQ) 기출제문제

MS오피스

과목	코드	문제유형	시험시간	수험번호	성명
한글엑셀	1122	A	60분		

수험자 유의사항

- 수험자는 문제지를 받는 즉시 문제지와 **수험표상의 시험과목(프로그램)이 동일한지 반드시 확인**하여야 합니다.
- 파일명은 본인의 "수험번호-성명"으로 입력하여 답안폴더(내 PC₩문서₩ITQ)에 하나의 파일로 저장해야 하며, 답안문서 파일명이 "수험번호-성명"과 일치하지 않거나, 답안파일을 전송하지 않아 미제출로 처리될 경우 실격 처리합니다(예:12345678-홍길동.xlsx).
- 답안 작성을 마치면 파일을 저장하고, '답안 전송' 버튼을 선택하여 감독위원 PC로 답안을 전송하십시오. 수험생 정보와 저장한 파일명이 다를 경우 전송되지 않으므로 주의하시기 바랍니다.
- 답안 작성 중에도 **주기적으로 저장하고, '답안 전송'**하여야 문제 발생을 줄일 수 있습니다. 작업한 내용을 저장하지 않고 전송할 경우 이전에 저장된 내용이 전송되오니 이점 유의하시기 바랍니다.
- 답안문서는 지정된 경로 외의 다른 보조기억장치에 저장하는 경우, 지정된 시험 시간 외에 작성된 파일을 활용할 경우, 기타 통신수단(이메일, 메신저, 네트워크 등)을 이용하여 타인에게 전달 또는 외부 반출하는 경우는 부정 처리합니다.
- 시험 중 부주의 또는 고의로 시스템을 파손한 경우는 수험자가 변상해야 하며, 〈수험자 유의사항〉에 기재된 방법대로 이행하지 않아 생기는 불이익은 수험생 당사자의 책임임을 알려 드립니다.
- 문제의 조건은 MS오피스 2016 버전으로 설정되어 있으니 유의하시기 바랍니다.
- 시험을 완료한 수험자는 답안파일이 전송되었는지 확인한 후 감독위원의 지시에 따라 문제지를 제출하고 퇴실합니다.

답안 작성요령

- 온라인 답안 작성 절차
  수험자 등록 ⇒ 시험 시작 ⇒ 답안파일 저장 ⇒ 답안 전송 ⇒ 시험 종료
- 문제는 총 4단계, 즉 제1작업부터 제4작업까지 구성되어 있으며 반드시 제1작업부터 순서대로 작성하고 조건대로 작업하시오.
- 모든 작업시트의 A열은 열 너비 '1'로, 나머지 열은 적당하게 조절하시오.
- 모든 작업시트의 테두리는 ≪출력형태≫와 같이 작업하시오.
- 해당 작업란에서는 각각 제시된 조건에 따라 ≪출력형태≫와 같이 작업하시오.
- 답안 시트 이름은 "제1작업", "제2작업", "제3작업", "제4작업"이어야 하며 답안 시트 이외의 것은 감점 처리됩니다.
- 각 시트를 파일로 나누어 작업해서 저장할 경우 실격 처리됩니다.

kpc 한국생산성본부

[제1작업] 표 서식 작성 및 값 계산 (240점)

☞ 다음은 '세계의 마천루 빌딩 현황'에 대한 자료이다. 자료를 입력하고 조건에 맞도록 작업하시오.

≪출력형태≫

	B	C	D	E	F	G	H	I	J
1~3		세계의 마천루 빌딩 현황					확인	담당 / 팀장 / 부장	
4	건물코드	건물명	주요 용도	완공연도	높이	층수	연면적(제곱미터)	순위	지역
5	FC-452	CTF 빌딩	사무/호텔	2015년	530	111	398,000	(1)	(2)
6	TC-143	제1 세계무역센터	사무/관광	2013년	541	108	325,279	(1)	(2)
7	PA-212	핑안 국제금융센터	사무/호텔	2017년	599	115	385,918	(1)	(2)
8	SH-122	상하이 타워	사무/관광	2015년	632	128	380,000	(1)	(2)
9	BR-341	부르즈 할리파	사무/호텔/주거	2010년	830	130	344,000	(1)	(2)
10	AB-211	아브라즈 알 바이트	사무/호텔/주거	2012년	601	120	310,638	(1)	(2)
11	TC-422	타이베이 101	사무/관광	2004년	509	101	412,500	(1)	(2)
12	LT-102	롯데월드타워	사무/호텔/주거	2016년	556	123	328,351	(1)	(2)
13	주요 용도에 호텔이 포함된 건물의 개수			(3)			최대 연면적(제곱미터)		(5)
14	아브라즈 알 바이트의 층수			(4)		건물명	CTF 빌딩	연면적(제곱미터)	(6)

≪조건≫

○ 모든 데이터의 서식에는 글꼴(굴림, 11pt), 정렬은 숫자 및 회계 서식은 오른쪽 정렬, 나머지 서식은 가운데 정렬로 작성하며 예외적인 것은 ≪출력형태≫를 참조하시오.
○ 제 목 ⇒ 도형(육각형)과 그림자(오프셋 오른쪽)를 이용하여 작성하고
  "세계의 마천루 빌딩 현황"을 입력한 후 다음 서식을 적용하시오
  (글꼴-굴림, 24pt, 검정, 굵게, 채우기-노랑).
○ 임의의 셀에 결재란을 작성하여 그림으로 복사 기능을 이용하여 붙이기 하시오(단, 원본 삭제).
○ 「B4:J4, G14, I14」 영역은 '주황'으로 채우기 하시오.
○ 유효성 검사를 이용하여 「H14」 셀에 건물명(「C5:C12」 영역)이 선택 표시되도록 하시오.
○ 셀 서식 ⇒ 「F5:F12」 영역에 셀 서식을 이용하여 숫자 뒤에 'm'를 표시하시오(예 : 530m).
○ 「D5:D12」 영역에 대해 '용도'로 이름정의를 하시오.

☞ (1)~(6) 셀은 반드시 **주어진 함수를 이용**하여 값을 구하시오(결과값을 직접 입력하면 해당 셀은 0점 처리됨).

(1) 순위 ⇒ 높이의 내림차순 순위를 구한 결과값에 '위'를 붙이오
  (RANK.EQ 함수, & 연산자)(예 : 1위).
(2) 지역 ⇒ 건물코드의 마지막 글자가 1이면 '서아시아', 2이면 '동아시아', 3이면 '미주'로 구하시오.
  (CHOOSE, RIGHT 함수).
(3) 주요 용도에 호텔이 포함된 건물의 개수 ⇒ 정의된 이름(용도)을 이용하여 구하시오
  (COUNTIF 함수).
(4) 아브라즈 알 바이트의 층수 ⇒ (INDEX, MATCH 함수)
(5) 최대 연면적(제곱미터) ⇒ (MAX 함수)
(6) 연면적(제곱미터) ⇒ 「H14」 셀에서 선택한 건물명에 대한 연면적(제곱미터)을 구하시오
  (VLOOKUP 함수).
(7) 조건부 서식의 수식을 이용하여 연면적(제곱미터)이 '380,000' 이상인 행 전체에 다음의 서식을 적용하시오(글꼴 : 파랑, 굵게).

[제2작업] 목표값 찾기 및 필터 (80점)

☞ "제1작업" 시트의 「B4:H12」 영역을 복사하여 "제2작업" 시트의 「B2」 셀부터 모두 붙여넣기를 한 후 다음의 조건과 같이 작업하시오.

≪조건≫

(1) 목표값 찾기 - 「B11:G11」 셀을 병합하여 "연면적(제곱미터)의 전체 평균"을 입력한 후 「H11」 셀에 연면적(제곱미터)의 전체 평균을 구하시오(AVERAGE 함수, 테두리, 가운데 맞춤).
  - '연면적(제곱미터)의 전체 평균'이 '361,000'이 되려면 CTF 빌딩의 연면적(제곱미터)이 얼마가 되어야 하는지 목표값을 구하시오.

(2) 고급 필터 - 건물코드가 'T'로 시작하거나, 높이가 '800' 이상인 자료의 건물명, 높이, 층수, 연면적(제곱미터) 데이터만 추출하시오.
  - 조건 범위 : 「B14」 셀부터 입력하시오.
  - 복사 위치 : 「B18」 셀부터 나타나도록 하시오.

[제3작업] 정렬 및 부분합 (80점)

☞ "제1작업" 시트의 「B4:H12」 영역을 복사하여 "제3작업" 시트의 「B2」 셀부터 모두 붙여넣기를 한 후 다음의 조건과 같이 작업하시오.

≪조건≫

(1) 부분합 - ≪출력형태≫처럼 정렬하고, 건물명의 개수와 연면적(제곱미터)의 평균을 구하시오.
(2) 윤곽 - 지우시오.
(3) 나머지 사항은 ≪출력형태≫에 맞게 작성하시오.

≪출력형태≫

A	B	C	D	E	F	G	H
1							
2	건물코드	건물명	주요 용도	완공 연도	높이	층수	연면적 (제곱미터)
3	BR-341	부르즈 할리파	사무/호텔/주거	2010년	830m	130	344,000
4	AB-211	아브라즈 알 바이트	사무/호텔/주거	2012년	601m	120	310,638
5	LT-102	롯데월드타워	사무/호텔/주거	2016년	556m	123	328,351
6			사무/호텔/주거 평균				327,663
7		3	사무/호텔/주거 개수				
8	FC-452	CTF 빌딩	사무/호텔	2015년	530m	111	398,000
9	PA-212	핑안 국제금융센터	사무/호텔	2017년	599m	115	385,918
10			사무/호텔 평균				391,959
11		2	사무/호텔 개수				
12	TC-143	제1 세계무역센터	사무/관광	2013년	541m	108	325,279
13	SH-122	상하이 타워	사무/관광	2015년	632m	128	380,000
14	TC-422	타이베이 101	사무/관광	2004년	509m	101	412,500
15			사무/관광 평균				372,593
16		3	사무/관광 개수				
17			전체 평균				360,586
18		8	전체 개수				

[제4작업] 그래프 (100점)

☞ "제1작업" 시트를 이용하여 조건에 따라 ≪출력형태≫와 같이 작업하시오.

≪조건≫

(1) 차트 종류 ⇒ 〈묶은 세로 막대형〉으로 작업하시오.
(2) 데이터 범위 ⇒ "제1작업" 시트의 내용을 이용하여 작업하시오.
(3) 위치 ⇒ "새 시트"로 이동하고, "제4작업"으로 시트 이름을 바꾸시오.
(4) 차트 디자인 도구 ⇒ 레이아웃 3, 스타일 1을 선택하여 ≪출력형태≫에 맞게 작업하시오.
(5) 영역 서식 ⇒ 차트 : 글꼴(굴림, 11pt), 채우기 효과(질감-파랑 박엽지)
　　　　　　　　그림 : 채우기(흰색, 배경1)
(6) 제목 서식 ⇒ 차트 제목 : 글꼴(굴림, 굵게, 20pt), 채우기(흰색, 배경1), 테두리
(7) 서식 ⇒ 높이 계열의 차트 종류를 〈표식이 있는 꺾은선형〉으로 변경한 후 보조 축으로 지정하시오.
　　　계열 : ≪출력형태≫를 참조하여 표식(세모, 크기 10)과 레이블 값을 표시하시오.
　　　눈금선 : 선 스타일-파선
　　　축 : ≪출력형태≫를 참조하시오.
(8) 범례 ⇒ 범례명을 변경하고 ≪출력형태≫를 참조하시오.
(9) 도형 ⇒ '모서리가 둥근 사각형 설명선'을 삽입한 후 ≪출력형태≫와 같이 내용을 입력하시오.
(10) 나머지 사항은 ≪출력형태≫에 맞게 작성하시오.

≪출력형태≫

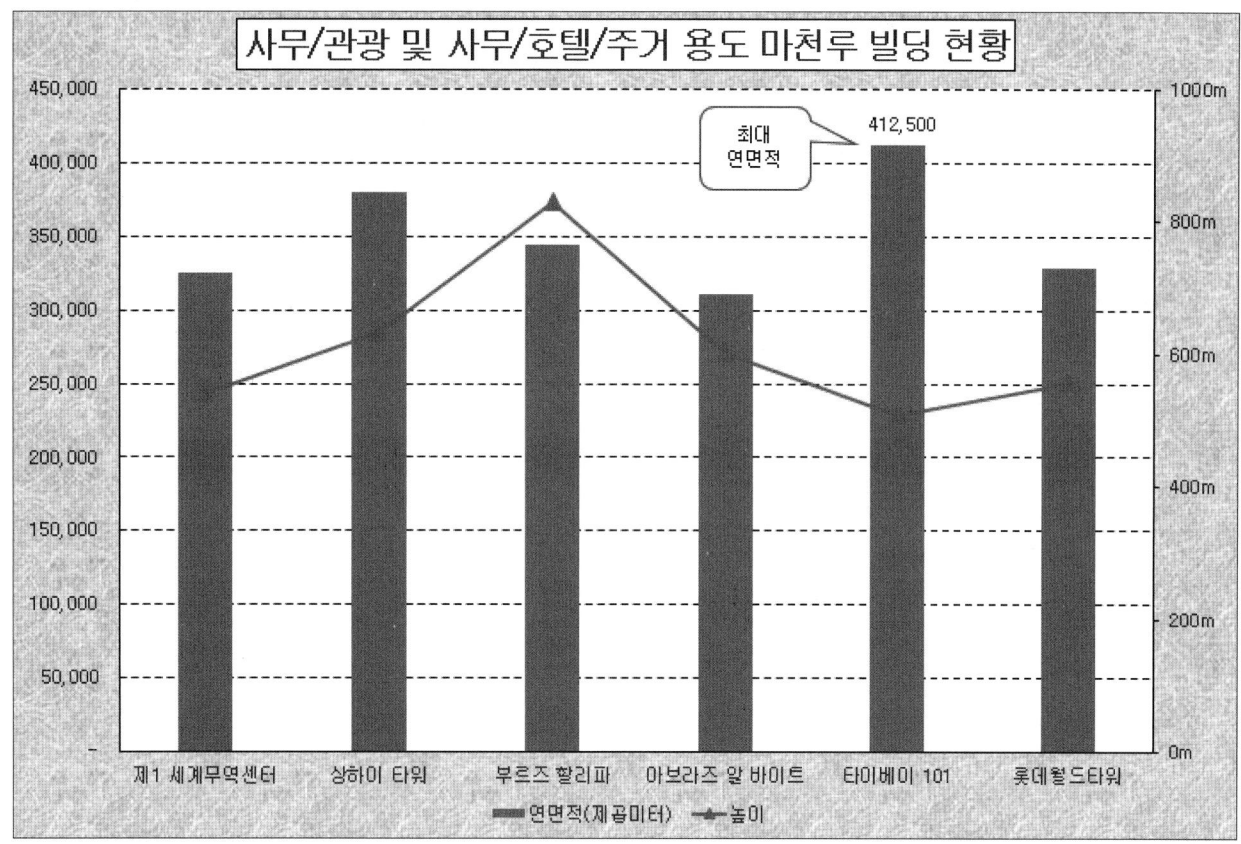

주의 ☞ 시트명 순서가 차례대로 "제1작업", "제2작업", "제3작업", "제4작업"이 되도록 할 것.

제12회 정보기술자격(ITQ) 기출제문제

MS오피스

과목	코드	문제유형	시험시간	수험번호	성명
한글엑셀	1122	B	60분		

수험자 유의사항

- 수험자는 문제지를 받는 즉시 문제지와 **수험표상의 시험과목(프로그램)이 동일한지 반드시 확인**하여야 합니다.
- 파일명은 본인의 "수험번호-성명"으로 입력하여 답안폴더(내 PC₩문서₩ITQ)에 하나의 파일로 저장해야 하며, 답안문서 파일명이 "수험번호-성명"과 일치하지 않거나, 답안파일을 전송하지 않아 미제출로 처리될 경우 실격 처리합니다(예:12345678-홍길동.xlsx).
- 답안 작성을 마치면 파일을 저장하고, '답안 전송' 버튼을 선택하여 감독위원 PC로 답안을 전송하십시오. 수험생 정보와 저장한 파일명이 다를 경우 전송되지 않으므로 주의하시기 바랍니다.
- 답안 작성 중에도 **주기적으로 저장하고, '답안 전송'**하여야 문제 발생을 줄일 수 있습니다. 작업한 내용을 저장하지 않고 전송할 경우 이전에 저장된 내용이 전송되오니 이점 유의하시기 바랍니다.
- 답안문서는 지정된 경로 외의 다른 보조기억장치에 저장하는 경우, 지정된 시험 시간 외에 작성된 파일을 활용할 경우, 기타 통신수단(이메일, 메신저, 네트워크 등)을 이용하여 타인에게 전달 또는 외부 반출하는 경우는 부정 처리합니다.
- 시험 중 부주의 또는 고의로 시스템을 파손한 경우는 수험자가 변상해야 하며, 〈수험자 유의사항〉에 기재된 방법대로 이행하지 않아 생기는 불이익은 수험생 당사자의 책임임을 알려 드립니다.
- 문제의 조건은 MS오피스 2016 버전으로 설정되어 있으니 유의하시기 바랍니다.
- 시험을 완료한 수험자는 답안파일이 전송되었는지 확인한 후 감독위원의 지시에 따라 문제지를 제출하고 퇴실합니다.

답안 작성요령

- 온라인 답안 작성 절차
  수험자 등록 ⇒ 시험 시작 ⇒ 답안파일 저장 ⇒ 답안 전송 ⇒ 시험 종료
- 문제는 총 4단계, 즉 제1작업부터 제4작업까지 구성되어 있으며 반드시 제1작업부터 순서대로 작성하고 조건대로 작업하시오.
- 모든 작업시트의 A열은 열 너비 '1'로, 나머지 열은 적당하게 조절하시오.
- 모든 작업시트의 테두리는 ≪출력형태≫와 같이 작업하시오.
- 해당 작업란에서는 각각 제시된 조건에 따라 ≪출력형태≫와 같이 작업하시오.
- 답안 시트 이름은 "제1작업", "제2작업", "제3작업", "제4작업"이어야 하며 답안 시트 이외의 것은 감점 처리됩니다.
- 각 시트를 파일로 나누어 작업해서 저장할 경우 실격 처리됩니다.

kpc 한국생산성본부

[제1작업] 표 서식 작성 및 값 계산 (240점)

☞ 다음은 '11월 공연 예매 현황'에 대한 자료이다. 자료를 입력하고 조건에 맞도록 작업하시오.

≪출력형태≫

관리번호	공연명	공연장	관람등급	공연시간(분)	관람료(단위:원)	예매수량	관람가능 좌석수	예매순위
GM-252	여도	백암아트홀	12세 이상	130	40,000	1,719	(1)	(2)
LM-143	드래곤 플라워	백암아트홀	전체관람가	150	35,000	2,752	(1)	(2)
CM-121	공주전	영등포아트홀	3세 이상	60	20,000	598	(1)	(2)
SM-313	82년생 김지영	백암아트홀	11세 이상	105	55,000	1,954	(1)	(2)
SG-132	신바람 삼대	우리소극장	13세 이상	90	35,000	800	(1)	(2)
PM-112	오만과 편견	우리소극장	11세 이상	150	55,000	667	(1)	(2)
HM-562	네 이름은 무엇이냐	영등포아트홀	8세 이상	100	30,000	705	(1)	(2)
AM-843	사춘기메들리	우리소극장	7세 이상	90	35,000	521	(1)	(2)
드래곤 플라워의 예매수량			(3)		최고 관람료(단위:원)			(5)
영등포아트홀의 공연 개수			(4)		공연명	여도	관람료(단위:원)	(6)

제목: 11월 공연 예매 현황
확인 / 담당 / 과장 / 부장

≪조건≫

○ 모든 데이터의 서식에는 글꼴(굴림, 11pt), 정렬은 숫자 및 회계 서식은 오른쪽 정렬, 나머지 서식은 가운데 정렬로 작성하며 예외적인 것은 ≪출력형태≫를 참조하시오.
○ 제 목 ⇒ 도형(사다리꼴)과 그림자(오프셋 오른쪽)를 이용하여 작성하고
　　　　　"11월 공연 예매 현황"을 입력한 후 다음 서식을 적용하시오
　　　　　(글꼴-굴림, 24pt, 검정, 굵게, 채우기-노랑).
○ 임의의 셀에 결재란을 작성하여 그림으로 복사 기능을 이용하여 붙이기 하시오(단, 원본 삭제).
○ 「B4:J4, G14, I14」 영역은 '주황'으로 채우기 하시오.
○ 유효성 검사를 이용하여 「H14」 셀에 공연명(「C5:C12」 영역)이 선택 표시되도록 하시오.
○ 셀 서식 ⇒ 「H5:H12」 영역에 셀 서식을 이용하여 숫자 뒤에 '매'를 표시하시오(예 : 1,719매).
○ 「D5:D12」 영역에 대해 '공연장'으로 이름정의를 하시오.

☞ (1)~(6) 셀은 반드시 **주어진 함수를 이용**하여 값을 구하시오(결과값을 직접 입력하면 해당 셀은 0점 처리됨).

(1) 관람가능 좌석수 ⇒ 「관리번호의 마지막 글자×1,000」으로 구하시오(RIGHT 함수).
(2) 예매순위 ⇒ 예매수량의 내림차순 순위를 1~3까지 구한 결과값에 '위'를 붙이고, 그 외에는 공백으로
　　　　　　　표시하시오(IF, RANK.EQ 함수, & 연산자)(예 : 1위).
(3) 드래곤 플라워의 예매수량 ⇒ (INDEX, MATCH 함수)
(4) 영등포아트홀의 공연 개수 ⇒ 정의된 이름(공연장)을 이용하여 구하시오(COUNTIF 함수).
(5) 최고 관람료(단위:원) ⇒ (MAX 함수)
(6) 관람료(단위:원) ⇒ 「H14」 셀에서 선택한 공연명에 대한 관람료(단위:원)를 구하시오
　　　　　　　　　(VLOOKUP 함수).
(7) 조건부 서식의 수식을 이용하여 예매수량이 '1,000' 이상인 행 전체에 다음의 서식을 적용하시오
　　(글꼴 : 파랑, 굵게).

[제2작업] 목표값 찾기 및 필터 (80점)

☞ "**제1작업**" 시트의 「B4:H12」 영역을 복사하여 "**제2작업**" 시트의 「B2」 셀부터 모두 붙여넣기를 한 후 다음의 조건과 같이 작업하시오.

≪조건≫

(1) 목표값 찾기 – 「B11:G11」 셀을 병합하여 "예매수량의 전체 평균"을 입력한 후 「H11」 셀에
예매수량의 전체 평균을 구하시오(AVERAGE 함수, 테두리, 가운데 맞춤).
– '예매수량의 전체 평균'이 '1,220'이 되려면 여도의 예매수량이 얼마가 되어야 하는지
목표값을 구하시오.

(2) 고급 필터 – 관리번호가 'S'로 시작하거나, 관람료(단위:원)가 '50,000' 이상인 자료의 공연명,
공연시간(분), 관람료(단위:원), 예매수량 데이터만 추출하시오.
– 조건 범위 : 「B14」 셀부터 입력하시오.
– 복사 위치 : 「B18」 셀부터 나타나도록 하시오.

[제3작업] 정렬 및 부분합 (80점)

☞ "**제1작업**" 시트의 「B4:H12」 영역을 복사하여 "**제3작업**" 시트의 「B2」 셀부터 모두 붙여넣기를 한 후 다음의 조건과 같이 작업하시오.

≪조건≫

(1) 부분합 – ≪출력형태≫처럼 정렬하고, 공연명의 개수와 예매수량의 평균을 구하시오.
(2) 윤곽 – 지우시오.
(3) 나머지 사항은 ≪출력형태≫에 맞게 작성하시오.

≪출력형태≫

A	B	C	D	E	F	G	H
	관리번호	공연명	공연장	관람등급	공연시간(분)	관람료(단위:원)	예매수량
	SG-132	신바람 삼대	우리소극장	13세 이상	90	35,000	800매
	PM-112	오만과 편견	우리소극장	11세 이상	150	55,000	667매
	AM-843	사춘기메들리	우리소극장	7세 이상	90	35,000	521매
			우리소극장 평균				663매
		3	우리소극장 개수				
	CM-121	공주전	영등포아트홀	3세 이상	60	20,000	598매
	HM-562	네 이름은 무엇이냐	영등포아트홀	8세 이상	100	30,000	705매
			영등포아트홀 평균				652매
		2	영등포아트홀 개수				
	GM-252	여도	벽암아트홀	12세 이상	130	40,000	1,719매
	LM-143	드래곤 플라워	벽암아트홀	전체관람가	150	35,000	2,752매
	SM-313	82년생 김지영	벽암아트홀	11세 이상	105	55,000	1,954매
			벽암아트홀 평균				2,142매
		3	벽암아트홀 개수				
			전체 평균				1,215매
		8	전체 개수				

[제4작업] 그래프 (100점)

☞ "제1작업" 시트를 이용하여 조건에 따라 ≪출력형태≫와 같이 작업하시오.

≪조건≫

(1) 차트 종류 ⇒ 〈묶은 세로 막대형〉으로 작업하시오.
(2) 데이터 범위 ⇒ "제1작업" 시트의 내용을 이용하여 작업하시오.
(3) 위치 ⇒ "새 시트"로 이동하고, "제4작업"으로 시트 이름을 바꾸시오.
(4) 차트 디자인 도구 ⇒ 레이아웃 3, 스타일 1을 선택하여 ≪출력형태≫에 맞게 작업하시오.
(5) 영역 서식 ⇒ 차트 : 글꼴(굴림, 11pt), 채우기 효과(질감-파랑 박엽지)
　　　　　　　　그림 : 채우기(흰색, 배경1)
(6) 제목 서식 ⇒ 차트 제목 : 글꼴(굴림, 굵게, 20pt), 채우기(흰색, 배경1), 테두리
(7) 서식 ⇒ 관람료(단위:원) 계열의 차트 종류를 〈표식이 있는 꺾은선형〉으로 변경한 후 보조 축으로 지정하시오.
　　　　　계열 : ≪출력형태≫를 참조하여 표식(세모, 크기 10)과 레이블 값을 표시하시오.
　　　　　눈금선 : 선 스타일-파선
　　　　　축 : ≪출력형태≫를 참조하시오.
(8) 범례 ⇒ 범례명을 변경하고 ≪출력형태≫를 참조하시오.
(9) 도형 ⇒ '모서리가 둥근 사각형 설명선'을 삽입한 후 ≪출력형태≫와 같이 내용을 입력하시오.
(10) 나머지 사항은 ≪출력형태≫에 맞게 작성하시오.

≪출력형태≫

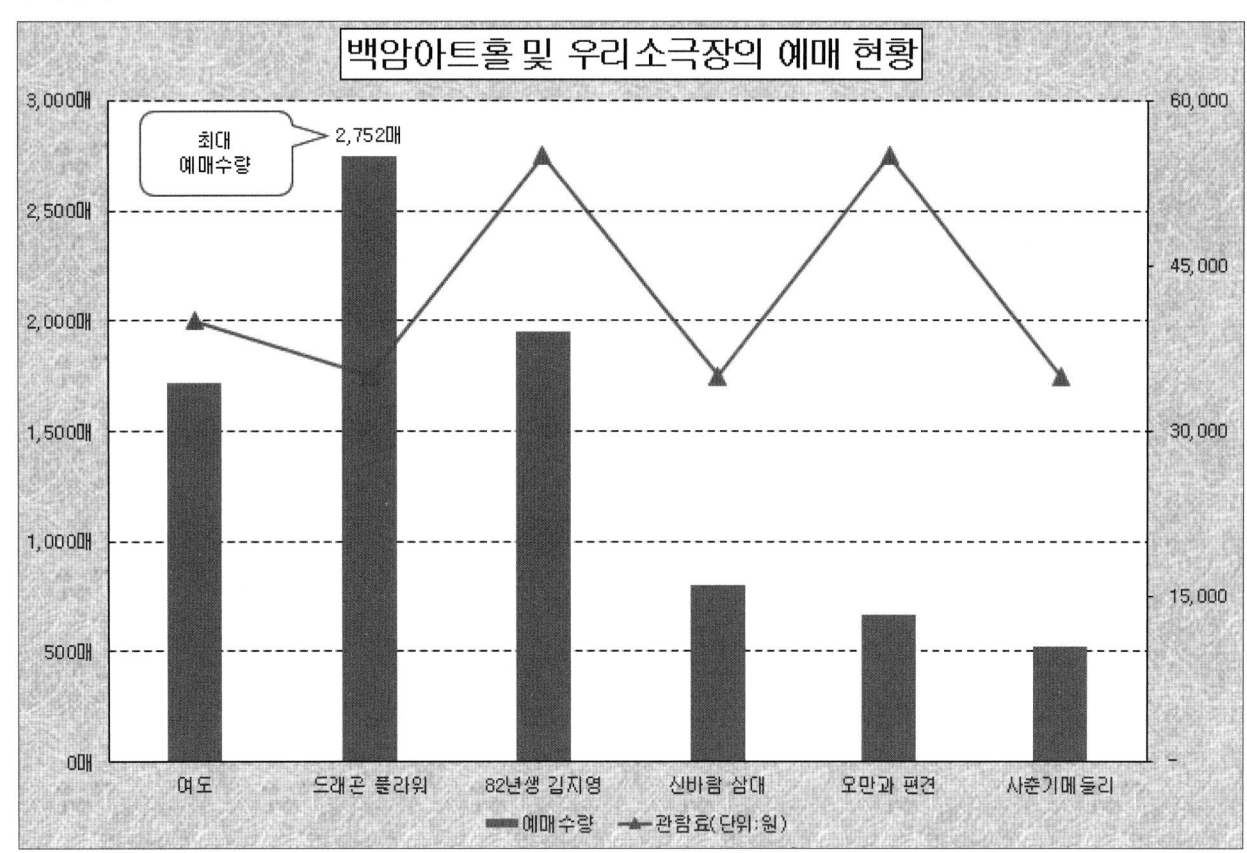

주의 ☞ 시트명 순서가 차례대로 "제1작업", "제2작업", "제3작업", "제4작업"이 되도록 할 것.

제13회 정보기술자격(ITQ) 기출제문제

MS오피스

과목	코드	문제유형	시험시간	수험번호	성명
한글엑셀	1122	C	60분		

수험자 유의사항

- 수험자는 문제지를 받는 즉시 문제지와 **수험표상의 시험과목(프로그램)이 동일한지 반드시 확인**하여야 합니다.
- 파일명은 본인의 "수험번호-성명"으로 입력하여 답안폴더(내 PC₩문서₩ITQ)에 하나의 파일로 저장해야 하며, 답안문서 파일명이 "수험번호-성명"과 일치하지 않거나, 답안파일을 전송하지 않아 미제출로 처리될 경우 실격 처리합니다(예:12345678-홍길동.xlsx).
- 답안 작성을 마치면 파일을 저장하고, '답안 전송' 버튼을 선택하여 감독위원 PC로 답안을 전송하십시오. 수험생 정보와 저장한 파일명이 다를 경우 전송되지 않으므로 주의하시기 바랍니다.
- 답안 작성 중에도 **주기적으로 저장하고, '답안 전송'**하여야 문제 발생을 줄일 수 있습니다. 작업한 내용을 저장하지 않고 전송할 경우 이전에 저장된 내용이 전송되오니 이점 유의하시기 바랍니다.
- 답안문서는 지정된 경로 외의 다른 보조기억장치에 저장하는 경우, 지정된 시험 시간 외에 작성된 파일을 활용할 경우, 기타 통신수단(이메일, 메신저, 네트워크 등)을 이용하여 타인에게 전달 또는 외부 반출하는 경우는 부정 처리합니다.
- 시험 중 부주의 또는 고의로 시스템을 파손한 경우는 수험자가 변상해야 하며, 〈수험자 유의사항〉에 기재된 방법대로 이행하지 않아 생기는 불이익은 수험생 당사자의 책임임을 알려 드립니다.
- 문제의 조건은 MS오피스 2016 버전으로 설정되어 있으니 유의하시기 바랍니다.
- 시험을 완료한 수험자는 답안파일이 전송되었는지 확인한 후 감독위원의 지시에 따라 문제지를 제출하고 퇴실합니다.

답안 작성요령

- 온라인 답안 작성 절차
  수험자 등록 ⇒ 시험 시작 ⇒ 답안파일 저장 ⇒ 답안 전송 ⇒ 시험 종료
- 문제는 총 4단계, 즉 제1작업부터 제4작업까지 구성되어 있으며 반드시 제1작업부터 순서대로 작성하고 조건대로 작업하시오.
- 모든 작업시트의 A열은 열 너비 '1'로, 나머지 열은 적당하게 조절하시오.
- 모든 작업시트의 테두리는 ≪출력형태≫와 같이 작업하시오.
- 해당 작업란에서는 각각 제시된 조건에 따라 ≪출력형태≫와 같이 작업하시오.
- 답안 시트 이름은 "제1작업", "제2작업", "제3작업", "제4작업"이어야 하며 답안 시트 이외의 것은 감점 처리됩니다.
- 각 시트를 파일로 나누어 작업해서 저장할 경우 실격 처리됩니다.

kpc 한국생산성본부

[제1작업] 표 서식 작성 및 값 계산 (240점)

☞ 다음은 '음식물 쓰레기통 비교'에 대한 자료이다. 자료를 입력하고 조건에 맞도록 작업하시오.

≪출력형태≫

	A	B	C	D	E	F	G	H	I	J
1								확인	담당	팀장	본부장
2			음식물 쓰레기통 비교								
3											
4		제품코드	제품명	등록일	유통사	최저가(단위:원)	소비전력	무게 감소량	음식물 처리 방식	비고
5		PC1002	모던그레이	2020-06-01	스마트홈	625,150	500	90%	(1)	(2)
6		CA2020	클린바이오	2022-03-10	웰빙케어	704,970	92	95%	(1)	(2)
7		PR2014	린클	2021-10-03	현대케어	663,100	130	98%	(1)	(2)
8		EJ3003	락앤락	2021-09-15	웰빙케어	94,050	48	0%	(1)	(2)
9		HD1002	휴렉히어로	2021-06-25	스마트홈	790,000	700	90%	(1)	(2)
10		GL2020	지멜플러스	2022-01-02	웰빙케어	521,940	92	95%	(1)	(2)
11		HE3005	쿨키퍼	2022-04-07	스마트홈	129,000	48	0%	(1)	(2)
12		H71003	사하라홈	2022-03-22	현대케어	1,102,900	600	92%	(1)	(2)
13		스마트홈 제품 개수			(3)			최대 소비전력		(5)
14		웰빙케어 최저가(단위:원) 평균			(4)		제품코드	PC1002	무게 감소량	(6)

≪조건≫

○ 모든 데이터의 서식에는 글꼴(굴림, 11pt), 정렬은 숫자 및 회계 서식은 오른쪽 정렬, 나머지 서식은 가운데 정렬로 작성하며 예외적인 것은 ≪출력형태≫를 참조하시오.
○ 제 목 ⇒ 도형(평행 사변형)과 그림자(오프셋 오른쪽)를 이용하여 작성하고
"음식물 쓰레기통 비교"를 입력한 후 다음 서식을 적용하시오
(글꼴-굴림, 24pt, 검정, 굵게, 채우기-노랑).
○ 임의의 셀에 결재란을 작성하여 그림으로 복사 기능을 이용하여 붙이기 하시오(단, 원본 삭제).
○ 「B4:J4, G14, I14」 영역은 '주황'으로 채우기 하시오.
○ 유효성 검사를 이용하여 「H14」 셀에 제품코드(「B5:B12」 영역)가 선택 표시되도록 하시오.
○ 셀 서식 ⇒ 「G5:G12」 영역에 셀 서식을 이용하여 숫자 뒤에 'W/h'를 표시하시오(예 : 500W/h).
○ 「E5:E12」 영역에 대해 '유통사'로 이름정의를 하시오.

☞ (1)~(6) 셀은 반드시 **주어진 함수를 이용**하여 값을 구하시오(결과값을 직접 입력하면 해당 셀은 0점 처리됨).

(1) 음식물 처리 방식 ⇒ 제품코드의 세 번째 값이 1이면 '건조분쇄', 2이면 '미생물발효', 3이면 '냉장형'으로 구하시오(CHOOSE, MID 함수).

(2) 비고 ⇒ 무게 감소량의 내림차순 순위를 구하시오(RANK.EQ 함수).

(3) 스마트홈 제품 개수 ⇒ 결과값에 '개'를 붙이오. 단, 조건은 입력데이터를 이용하시오
(DCOUNTA 함수, & 연산자)(예 : 1개).

(4) 웰빙케어 최저가(단위:원) 평균 ⇒ 정의된 이름(유통사)을 이용하여 구하시오
(SUMIF, COUNTIF 함수).

(5) 최대 소비전력 ⇒ (MAX 함수)

(6) 무게 감소량 ⇒ 「H14」 셀에서 선택한 제품코드에 대한 무게 감소량을 구하시오(VLOOKUP 함수).

(7) 조건부 서식의 수식을 이용하여 무게 감소량이 '95%' 이상인 행 전체에 다음의 서식을 적용하시오
(글꼴 : 파랑, 굵게).

[제2작업] 필터 및 서식 (80점)

☞ "**제1작업**" 시트의 「B4:H12」 영역을 복사하여 "**제2작업**" 시트의 「B2」 셀부터 모두 붙여넣기를 한 후 다음의 조건과 같이 작업하시오.

≪조건≫

(1) 고급 필터 – 제품코드가 'H'로 시작하거나, 소비전력이 '50' 이하인 자료의 제품코드, 제품명, 최저가(단위:원), 무게 감소량 데이터만 추출하시오.
– 조건 범위 : 「B14」 셀부터 입력하시오.
– 복사 위치 : 「B18」 셀부터 나타나도록 하시오.

(2) 표 서식 – 고급필터의 결과셀을 채우기 없음으로 설정한 후 '표 스타일 보통 6'의 서식을 적용하시오.
– 머리글 행, 줄무늬 행을 적용하시오.

[제3작업] 피벗테이블 (80점)

☞ "**제1작업**" 시트를 이용하여 "**제3작업**" 시트에 조건에 따라 ≪출력형태≫와 같이 작업하시오.

≪조건≫

(1) 소비전력 및 유통사별 제품명의 개수와 최저가(단위:원)의 평균을 구하시오.
(2) 소비전력을 그룹화하고, 유통사를 ≪출력형태≫와 같이 정렬하시오.
(3) 레이블이 있는 셀 병합 및 가운데 맞춤 적용 및 빈 셀은 '**'로 표시하시오.
(4) 행의 총합계는 지우고, 나머지 사항은 ≪출력형태≫에 맞게 작성하시오.

≪출력형태≫

소비전력	유통사						
	현대케어		웰빙케어		스마트홈	
	개수 : 제품명	평균 : 최저가(단위:원)	개수 : 제품명	평균 : 최저가(단위:원)	개수 : 제품명	평균 : 최저가(단위:원)
1-300	1	663,100	3	440,320	1	129,000
301-600	1	1,102,900	**	**	1	625,150
601-900	**	**	**	**	1	790,000
총합계	2	883,000	3	440,320	3	514,717

[제4작업] 그래프 (100점)

☞ "제1작업" 시트를 이용하여 조건에 따라 ≪출력형태≫와 같이 작업하시오.

≪조건≫

(1) 차트 종류 ⇒ 〈묶은 세로 막대형〉으로 작업하시오.
(2) 데이터 범위 ⇒ "제1작업" 시트의 내용을 이용하여 작업하시오.
(3) 위치 ⇒ "새 시트"로 이동하고, "제4작업"으로 시트 이름을 바꾸시오.
(4) 차트 디자인 도구 ⇒ 레이아웃 3, 스타일 1을 선택하여 ≪출력형태≫에 맞게 작업하시오.
(5) 영역 서식 ⇒ 차트 : 글꼴(굴림, 11pt), 채우기 효과(질감-파랑 박엽지)
　　　　　　　　 그림 : 채우기(흰색, 배경1)
(6) 제목 서식 ⇒ 차트 제목 : 글꼴(굴림, 굵게, 20pt), 채우기(흰색, 배경1), 테두리
(7) 서식 ⇒ 최저가(단위:원) 계열의 차트 종류를 〈표식이 있는 꺾은선형〉으로 변경한 후 보조 축으로 지정하시오.
　　　　　 계열 : ≪출력형태≫를 참조하여 표식(세모, 크기 10)과 레이블 값을 표시하시오.
　　　　　 눈금선 : 선 스타일-파선
　　　　　 축 : ≪출력형태≫를 참조하시오.
(8) 범례 ⇒ 범례명을 변경하고 ≪출력형태≫를 참조하시오.
(9) 도형 ⇒ '모서리가 둥근 사각형 설명선'을 삽입한 후 ≪출력형태≫와 같이 내용을 입력하시오.
(10) 나머지 사항은 ≪출력형태≫에 맞게 작성하시오.

≪출력형태≫

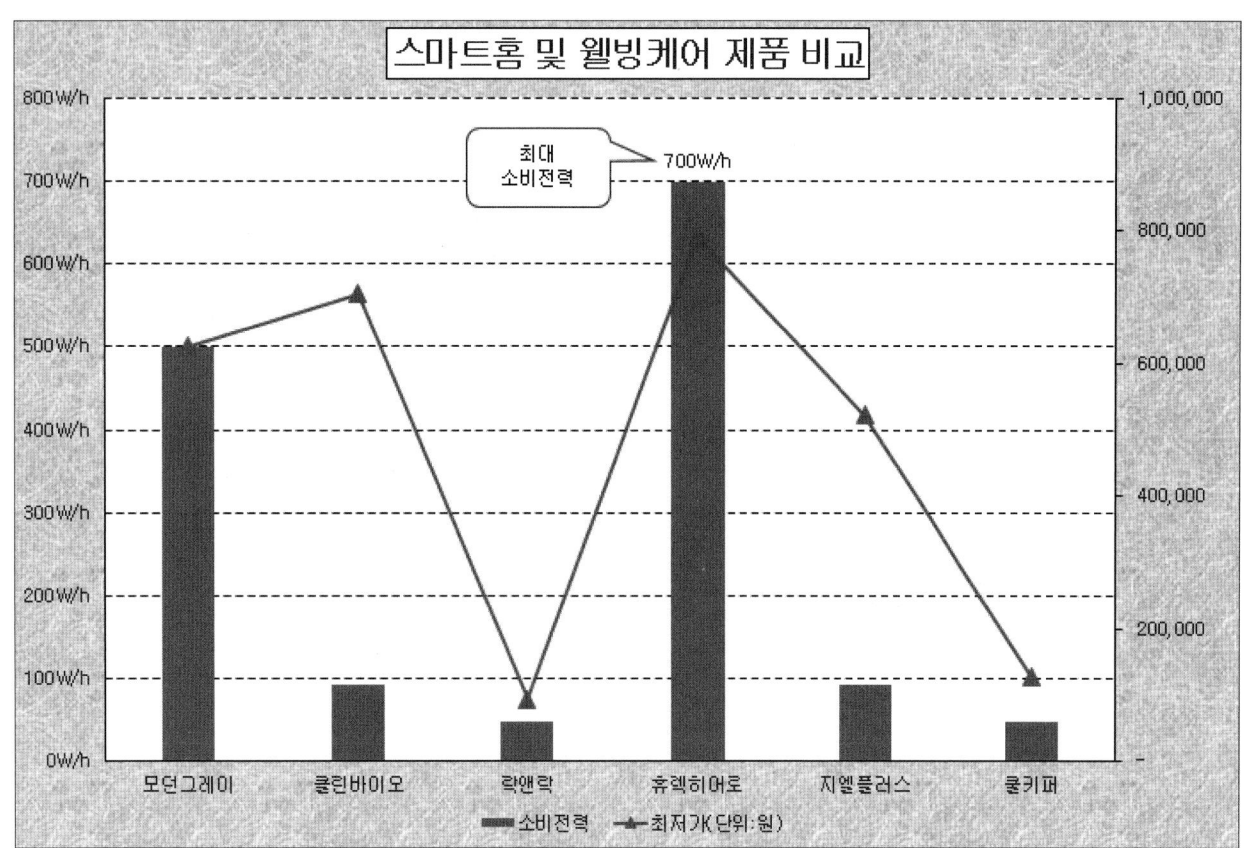

주의 ☞ 시트명 순서가 차례대로 "제1작업", "제2작업", "제3작업", "제4작업"이 되도록 할 것.

제14회 정보기술자격(ITQ) 기출제문제

MS오피스

과목	코드	문제유형	시험시간	수험번호	성명
한글엑셀	1122	D	60분		

수험자 유의사항

- 수험자는 문제지를 받는 즉시 문제지와 **수험표상의 시험과목(프로그램)이 동일한지 반드시 확인**하여야 합니다.
- 파일명은 본인의 "수험번호-성명"으로 입력하여 답안폴더(내 PC₩문서₩ITQ)에 하나의 파일로 저장해야 하며, 답안문서 파일명이 "수험번호-성명"과 일치하지 않거나, 답안파일을 전송하지 않아 미제출로 처리될 경우 실격 처리합니다(예:12345678-홍길동.xlsx).
- 답안 작성을 마치면 파일을 저장하고, '답안 전송' 버튼을 선택하여 감독위원 PC로 답안을 전송하십시오. 수험생 정보와 저장한 파일명이 다를 경우 전송되지 않으므로 주의하시기 바랍니다.
- 답안 작성 중에도 **주기적으로 저장하고, '답안 전송'**하여야 문제 발생을 줄일 수 있습니다. 작업한 내용을 저장하지 않고 전송할 경우 이전에 저장된 내용이 전송되오니 이점 유의하시기 바랍니다.
- 답안문서는 지정된 경로 외의 다른 보조기억장치에 저장하는 경우, 지정된 시험 시간 외에 작성된 파일을 활용할 경우, 기타 통신수단(이메일, 메신저, 네트워크 등)을 이용하여 타인에게 전달 또는 외부 반출하는 경우는 부정 처리합니다.
- 시험 중 부주의 또는 고의로 시스템을 파손한 경우는 수험자가 변상해야 하며, 〈수험자 유의사항〉에 기재된 방법대로 이행하지 않아 생기는 불이익은 수험생 당사자의 책임임을 알려 드립니다.
- 문제의 조건은 MS오피스 2016 버전으로 설정되어 있으니 유의하시기 바랍니다.
- 시험을 완료한 수험자는 답안파일이 전송되었는지 확인한 후 감독위원의 지시에 따라 문제지를 제출하고 퇴실합니다.

답안 작성요령

- 온라인 답안 작성 절차
  수험자 등록 ⇒ 시험 시작 ⇒ 답안파일 저장 ⇒ 답안 전송 ⇒ 시험 종료
- 문제는 총 4단계, 즉 제1작업부터 제4작업까지 구성되어 있으며 반드시 제1작업부터 순서대로 작성하고 조건대로 작업하시오.
- 모든 작업시트의 A열은 열 너비 '1'로, 나머지 열은 적당하게 조절하시오.
- 모든 작업시트의 테두리는 ≪출력형태≫와 같이 작업하시오.
- 해당 작업란에서는 각각 제시된 조건에 따라 ≪출력형태≫와 같이 작업하시오.
- 답안 시트 이름은 "제1작업", "제2작업", "제3작업", "제4작업"이어야 하며 답안 시트 이외의 것은 감점 처리됩니다.
- 각 시트를 파일로 나누어 작업해서 저장할 경우 실격 처리됩니다.

kpc 한국생산성본부

[제1작업] 표 서식 작성 및 값 계산 (240점)

☞ 다음은 '체험학습 신청 현황'에 대한 자료이다. 자료를 입력하고 조건에 맞도록 작업하시오.

≪출력형태≫

	A	B	C	D	E	F	G	H	I	J
1								확인	담당	팀장	이사
2			체험학습 신청 현황								
3											
4		체험코드	체험학습명	분류	체험일	신청인원(단위:명)	체험비용	체험시간(분)	순위	체험요일
5		HL2010	4륜 바이크	레포츠	2022-11-05	87	25,000	40	(1)	(2)
6		PZ2140	곤충표본	생태	2022-11-16	152	18,000	30	(1)	(2)
7		DS3250	워킹 로봇	과학	2022-11-18	121	15,000	50	(1)	(2)
8		ML1110	새총 만들기	생태	2022-10-22	92	7,000	20	(1)	(2)
9		CK2130	압화 보석함	생태	2018-11-24	79	13,000	30	(1)	(2)
10		SP1245	로봇 청소기	과학	2022-10-25	122	21,000	45	(1)	(2)
11		GP2030	윈드서핑	레포츠	2022-11-28	65	35,000	40	(1)	(2)
12		HC3225	태양열 로봇	과학	2022-11-30	108	12,000	35	(1)	(2)
13		과학 체험 신청인원(단위:명)의 평균			(3)			최다 신청인원(단위:명)		(5)
14		레포츠 체험비용의 합계			(4)		체험학습명	4륜 바이크	체험비용	(6)

≪조건≫

- 모든 데이터의 서식에는 글꼴(굴림, 11pt), 정렬은 숫자 및 회계 서식은 오른쪽 정렬, 나머지 서식은 가운데 정렬로 작성하며 예외적인 것은 ≪출력형태≫를 참조하시오.
- 제 목 ⇒ 도형(평행 사변형)과 그림자(오프셋 오른쪽)를 이용하여 작성하고
  "체험학습 신청 현황"을 입력한 후 다음 서식을 적용하시오
  (글꼴-굴림, 24pt, 검정, 굵게, 채우기-노랑).
- 임의의 셀에 결재란을 작성하여 그림으로 복사 기능을 이용하여 붙이기 하시오(단, 원본 삭제).
- 「B4:J4, G14, I14」 영역은 '주황'으로 채우기 하시오.
- 유효성 검사를 이용하여 「H14」 셀에 체험학습명(「C5:C12」 영역)이 선택 표시되도록 하시오.
- 셀 서식 ⇒ 「G5:G12」 영역에 셀 서식을 이용하여 숫자 뒤에 '원'을 표시하시오(예 : 25,000원).
- 「D5:D12」 영역에 대해 '분류'로 이름정의를 하시오.

☞ (1)~(6) 셀은 반드시 **주어진 함수를 이용**하여 값을 구하시오(결과값을 직접 입력하면 해당 셀은 0점 처리됨).

(1) 순위 ⇒ 신청인원(단위:명)의 내림차순 순위를 구한 결과값에 '위'를 붙이오
  (RANK.EQ 함수, & 연산자)(예 : 1위).

(2) 체험요일 ⇒ 체험일에 대한 체험요일을 구하시오(CHOOSE, WEEKDAY 함수)(예 : 월요일).

(3) 과학 체험 신청인원(단위:명)의 평균 ⇒ 정의된 이름(분류)을 이용하여 구하시오
  (SUMIF, COUNTIF 함수).

(4) 레포츠 체험비용의 합계 ⇒ 조건은 입력데이터를 이용하시오(DSUM 함수).

(5) 최다 신청인원(단위:명) ⇒ (MAX 함수)

(6) 체험비용 ⇒ 「H14」 셀에서 선택한 체험학습명에 대한 체험비용을 구하시오(VLOOKUP 함수).

(7) 조건부 서식의 수식을 이용하여 체험비용이 '20,000' 이상인 행 전체에 다음의 서식을 적용하시오
  (글꼴 : 파랑, 굵게).

[제2작업] 필터 및 서식 (80점)

☞ "제1작업" 시트의 「B4:H12」 영역을 복사하여 "제2작업" 시트의 「B2」 셀부터 모두 붙여넣기를 한 후 다음의 조건과 같이 작업하시오.

≪조건≫

(1) 고급 필터 – 체험코드가 'H'로 시작하거나, 신청인원(단위:명)이 '90' 이하인 자료의 체험학습명, 체험일, 신청인원(단위:명), 체험비용 데이터만 추출하시오.
- 조건 범위 : 「B14」셀부터 입력하시오.
- 복사 위치 : 「B18」셀부터 나타나도록 하시오.

(2) 표 서식 – 고급필터의 결과셀을 채우기 없음으로 설정한 후 '표 스타일 보통 6'의 서식을 적용하시오.
- 머리글 행, 줄무늬 행을 적용하시오.

[제3작업] 피벗테이블 (80점)

☞ "제1작업" 시트를 이용하여 "제3작업" 시트에 조건에 따라 ≪출력형태≫와 같이 작업하시오.

≪조건≫

(1) 체험비용 및 분류별 체험학습명의 개수와 신청인원(단위:명)의 평균을 구하시오.
(2) 체험비용을 그룹화하고, 분류를 ≪출력형태≫와 같이 정렬하시오.
(3) 레이블이 있는 셀 병합 및 가운데 맞춤 적용 및 빈 셀은 '**'로 표시하시오.
(4) 행의 총합계는 지우고, 나머지 사항은 ≪출력형태≫에 맞게 작성하시오.

≪출력형태≫

	A	B	C	D	E	F	G	H
1								
2			분류					
3			생태		레포츠		과학	
4		체험비용	개수 : 체험학습명	평균 : 신청인원(단위:명)	개수 : 체험학습명	평균 : 신청인원(단위:명)	개수 : 체험학습명	평균 : 신청인원(단위:명)
5		1-15000	2	86	**	**	2	115
6		15001-30000	1	152	1	87	1	122
7		30001-45000	**	**	1	65	**	**
8		총합계	3	108	2	76	3	117

[제4작업] 그래프 (100점)

☞ "제1작업" 시트를 이용하여 조건에 따라 ≪출력형태≫와 같이 작업하시오.

≪조건≫

(1) 차트 종류 ⇒ 〈묶은 세로 막대형〉으로 작업하시오.
(2) 데이터 범위 ⇒ "제1작업" 시트의 내용을 이용하여 작업하시오.
(3) 위치 ⇒ "새 시트"로 이동하고, "제4작업"으로 시트 이름을 바꾸시오.
(4) 차트 디자인 도구 ⇒ 레이아웃 3, 스타일 1을 선택하여 ≪출력형태≫에 맞게 작업하시오.
(5) 영역 서식 ⇒ 차트 : 글꼴(굴림, 11pt), 채우기 효과(질감-파랑 박엽지)
　　　　　　　　그림 : 채우기(흰색, 배경1)
(6) 제목 서식 ⇒ 차트 제목 : 글꼴(굴림, 굵게, 20pt), 채우기(흰색, 배경1), 테두리
(7) 서식 ⇒ 신청인원(단위:명) 계열의 차트 종류를 〈표식이 있는 꺾은선형〉으로 변경한 후 보조 축으로 지정하시오.
　　　　　계열 : ≪출력형태≫를 참조하여 표식(세모, 크기 10)과 레이블 값을 표시하시오.
　　　　　눈금선 : 선 스타일-파선
　　　　　축 : ≪출력형태≫를 참조하시오.
(8) 범례 ⇒ 범례명을 변경하고 ≪출력형태≫를 참조하시오.
(9) 도형 ⇒ '모서리가 둥근 사각형 설명선'을 삽입한 후 ≪출력형태≫와 같이 내용을 입력하시오.
(10) 나머지 사항은 ≪출력형태≫에 맞게 작성하시오.

≪출력형태≫

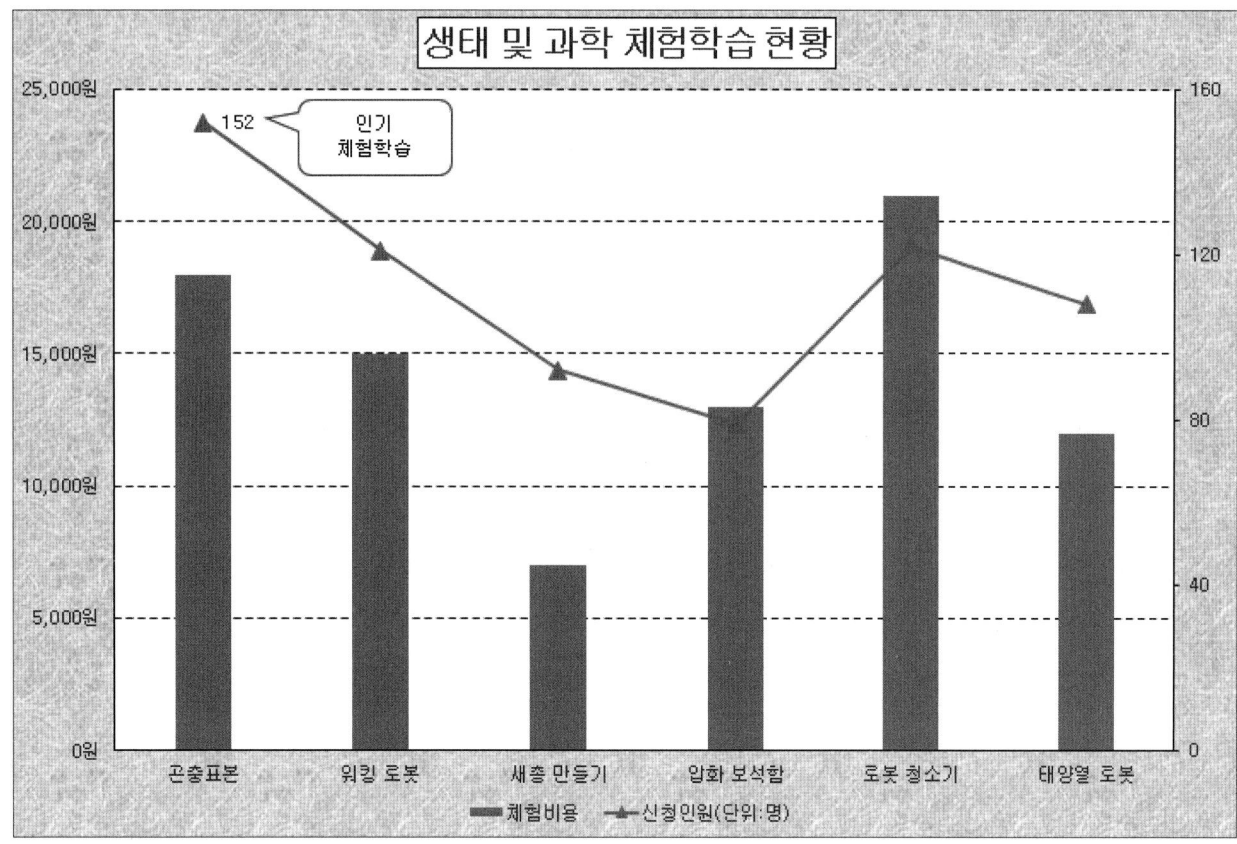

주의 ☞ 시트명 순서가 차례대로 "제1작업", "제2작업", "제3작업", "제4작업"이 되도록 할 것.

제15회 정보기술자격(ITQ) 기출제문제

MS오피스

과목	코드	문제유형	시험시간	수험번호	성명
한글엑셀	1122	E	60분		

수험자 유의사항

- 수험자는 문제지를 받는 즉시 문제지와 **수험표상의 시험과목(프로그램)이 동일한지 반드시 확인**하여야 합니다.
- 파일명은 본인의 "수험번호-성명"으로 입력하여 답안폴더(내 PC₩문서₩ITQ)에 하나의 파일로 저장해야 하며, 답안문서 파일명이 "수험번호-성명"과 일치하지 않거나, 답안파일을 전송하지 않아 미제출로 처리될 경우 실격 처리합니다(예:12345678-홍길동.xlsx).
- 답안 작성을 마치면 파일을 저장하고, '답안 전송' 버튼을 선택하여 감독위원 PC로 답안을 전송하십시오. 수험생 정보와 저장한 파일명이 다를 경우 전송되지 않으므로 주의하시기 바랍니다.
- 답안 작성 중에도 **주기적으로 저장하고, '답안 전송'**하여야 문제 발생을 줄일 수 있습니다. 작업한 내용을 저장하지 않고 전송할 경우 이전에 저장된 내용이 전송되오니 이점 유의하시기 바랍니다.
- 답안문서는 지정된 경로 외의 다른 보조기억장치에 저장하는 경우, 지정된 시험 시간 외에 작성된 파일을 활용할 경우, 기타 통신수단(이메일, 메신저, 네트워크 등)을 이용하여 타인에게 전달 또는 외부 반출하는 경우는 부정 처리합니다.
- 시험 중 부주의 또는 고의로 시스템을 파손한 경우는 수험자가 변상해야 하며, 〈수험자 유의사항〉에 기재된 방법대로 이행하지 않아 생기는 불이익은 수험생 당사자의 책임임을 알려 드립니다.
- 문제의 조건은 MS오피스 2016 버전으로 설정되어 있으니 유의하시기 바랍니다.
- 시험을 완료한 수험자는 답안파일이 전송되었는지 확인한 후 감독위원의 지시에 따라 문제지를 제출하고 퇴실합니다.

답안 작성요령

- 온라인 답안 작성 절차
  수험자 등록 ⇒ 시험 시작 ⇒ 답안파일 저장 ⇒ 답안 전송 ⇒ 시험 종료
- 문제는 총 4단계, 즉 제1작업부터 제4작업까지 구성되어 있으며 반드시 제1작업부터 순서대로 작성하고 조건대로 작업하시오.
- 모든 작업시트의 A열은 열 너비 '1'로, 나머지 열은 적당하게 조절하시오.
- 모든 작업시트의 테두리는 ≪출력형태≫와 같이 작업하시오.
- 해당 작업란에서는 각각 제시된 조건에 따라 ≪출력형태≫와 같이 작업하시오.
- 답안 시트 이름은 "제1작업", "제2작업", "제3작업", "제4작업"이어야 하며 답안 시트 이외의 것은 감점 처리됩니다.
- 각 시트를 파일로 나누어 작업해서 저장할 경우 실격 처리됩니다.

kpc 한국생산성본부

[제1작업] 표 서식 작성 및 값 계산 (240점)

☞ 다음은 '경기지역 요양원 현황'에 대한 자료이다. 자료를 입력하고 조건에 맞도록 작업하시오.

≪출력형태≫

관리번호	지역	요양원	설립일	본인부담금	현재인원(명)	요양보호사수(명)	등급	시설구분
S1-001	수원	행복나라	2013-01-02	731,400	210	101	(1)	(2)
N2-001	남양주	늘봄실버	2010-07-10	791,400	70	37	(1)	(2)
S3-002	수원	중앙실버케어	2014-02-20	678,300	25	12	(1)	(2)
Y1-001	용인	민들레	2015-07-10	728,400	130	62	(1)	(2)
N1-002	남양주	하나케어	2009-02-10	731,400	200	103	(1)	(2)
N3-003	남양주	행복한집	2008-06-20	648,300	27	15	(1)	(2)
Y3-002	용인	온누리	2019-02-10	783,900	20	9	(1)	(2)
S2-003	수원	봄날실버	2016-12-20	737,400	62	29	(1)	(2)
수원 지역 본인부담금 평균			(3)		최저 본인부담금			(5)
현재인원(명) 100 미만인 요양원 수			(4)		요양원	행복나라	본인부담금	(6)

제목: 경기지역 요양원 현황

결재: 팀장 / 과장 / 대표

≪조건≫

○ 모든 데이터의 서식에는 글꼴(굴림, 11pt), 정렬은 숫자 및 회계 서식은 오른쪽 정렬, 나머지 서식은 가운데 정렬로 작성하며 예외적인 것은 ≪출력형태≫를 참조하시오.
○ 제 목 ⇒ 도형(사다리꼴)과 그림자(오프셋 오른쪽)를 이용하여 작성하고
   "경기지역 요양원 현황"을 입력한 후 다음 서식을 적용하시오
   (글꼴-굴림, 24pt, 검정, 굵게, 채우기-노랑).
○ 임의의 셀에 결재란을 작성하여 그림으로 복사 기능을 이용하여 붙이기 하시오(단, 원본 삭제).
○ 「B4:J4, G14, I14」 영역은 '주황'으로 채우기 하시오.
○ 유효성 검사를 이용하여 「H14」 셀에 요양원(「D5:D12」 영역)이 선택 표시되도록 하시오.
○ 셀 서식 ⇒ 「F5:F12」 영역에 셀 서식을 이용하여 숫자 뒤에 '원'을 표시하시오(예 : 731,400원).
○ 「F5:F12」 영역에 대해 '본인부담금'으로 이름정의를 하시오.

☞ (1)~(6) 셀은 반드시 **주어진 함수를 이용**하여 값을 구하시오(결과값을 직접 입력하면 해당 셀은 0점 처리됨).

(1) 등급 ⇒ 현재인원(명)을 2로 나눈 값이 요양보호사수(명) 보다 작으면 'A', 그 외에는 'B'로 구하시오 (IF 함수).

(2) 시설구분 ⇒ 관리번호의 두 번째 글자가 1이면 '대형', 2이면 '중형', 3이면 '소형'으로 구하시오 (CHOOSE, MID 함수).

(3) 수원 지역 본인부담금 평균 ⇒ 반올림하여 천원 단위까지 구하고, 조건은 입력데이터를 이용하시오 (ROUND, DAVERAGE 함수)(예 : 624,700 → 625,000).

(4) 현재인원(명) 100 미만인 요양원 수 ⇒ 결과값에 '개'를 붙이시오 (COUNTIF 함수, & 연산자)(예 : 2개).

(5) 최저 본인부담금 ⇒ 정의된 이름(본인부담금)을 이용하여 구하시오(MIN 함수).

(6) 본인부담금 ⇒ 「H14」 셀에서 선택한 요양원에 대한 본인부담금을 구하시오(VLOOKUP 함수).

(7) 조건부 서식의 수식을 이용하여 요양보호사수(명)가 '100' 이상인 행 전체에 다음의 서식을 적용하시오(글꼴 : 파랑, 굵게).

[제2작업] 목표값 찾기 및 필터 (80점)

☞ "제1작업" 시트의 「B4:H12」 영역을 복사하여 "제2작업" 시트의 「B2」 셀부터 모두 붙여넣기를 한 후 다음의 조건과 같이 작업하시오.

≪조건≫

(1) 목표값 찾기 – 「B11:G11」 셀을 병합하여 "본인부담금의 전체 평균"을 입력한 후 「H11」 셀에 본인부담금의 전체 평균을 구하시오(AVERAGE 함수, 테두리, 가운데 맞춤).
– '본인부담금의 전체 평균'이 '725,000'이 되려면 행복나라의 본인부담금이 얼마가 되어야 하는지 목표값을 구하시오.

(2) 고급 필터 – 지역이 '수원'이 아니면서 현재인원(명)이 '50' 이상인 자료의 데이터만 추출하시오.
– 조건 범위 : 「B14」 셀부터 입력하시오.
– 복사 위치 : 「B18」 셀부터 나타나도록 하시오.

[제3작업] 정렬 및 부분합 (80점)

☞ "제1작업" 시트의 「B4:H12」 영역을 복사하여 "제3작업" 시트의 「B2」 셀부터 모두 붙여넣기를 한 후 다음의 조건과 같이 작업하시오.

≪조건≫

(1) 부분합 – ≪출력형태≫처럼 정렬하고, 요양원의 개수와 본인부담금의 평균을 구하시오.
(2) 윤곽 – 지우시오.
(3) 나머지 사항은 ≪출력형태≫에 맞게 작성하시오.

≪출력형태≫

A	B	C	D	E	F	G	H
1							
2	관리번호	지역	요양원	설립일	본인부담금	현재인원(명)	요양보호사수(명)
3	Y1-001	용인	민들레	2015-07-10	728,400원	130	62
4	Y3-002	용인	온누리	2019-02-10	783,900원	20	9
5		용인 평균			756,150원		
6		용인 개수	2				
7	S1-001	수원	행복나라	2013-01-02	731,400원	210	101
8	S3-002	수원	중앙실버케어	2014-02-20	678,300원	25	12
9	S2-003	수원	봄날실버	2016-12-20	737,400원	62	29
10		수원 평균			715,700원		
11		수원 개수	3				
12	N2-001	남양주	늘봄실버	2010-07-10	791,400원	70	37
13	N1-002	남양주	하나케어	2009-02-10	731,400원	200	103
14	N3-003	남양주	행복한집	2008-06-20	648,300원	27	15
15		남양주 평균			723,700원		
16		남양주 개수	3				
17		전체 평균			728,813원		
18		전체 개수	8				

[제4작업] 그래프 (100점)

☞ "제1작업" 시트를 이용하여 조건에 따라 ≪출력형태≫와 같이 작업하시오.

≪조건≫

(1) 차트 종류 ⇒ 〈묶은 세로 막대형〉으로 작업하시오.
(2) 데이터 범위 ⇒ "제1작업" 시트의 내용을 이용하여 작업하시오.
(3) 위치 ⇒ "새 시트"로 이동하고, "제4작업"으로 시트 이름을 바꾸시오.
(4) 차트 디자인 도구 ⇒ 레이아웃 3, 스타일 1을 선택하여 ≪출력형태≫에 맞게 작업하시오.
(5) 영역 서식 ⇒ 차트 : 글꼴(굴림, 11pt), 채우기 효과(질감-파랑 박엽지)
　　　　　　　　그림 : 채우기(흰색, 배경1)
(6) 제목 서식 ⇒ 차트 제목 : 글꼴(굴림, 굵게, 20pt), 채우기(흰색, 배경1), 테두리
(7) 서식 ⇒ 현재인원(명) 계열의 차트 종류를 〈표식이 있는 꺾은선형〉으로 변경한 후 보조 축으로 지정하시오.
　　　　　계열 : ≪출력형태≫를 참조하여 표식(마름모, 크기 10)과 레이블 값을 표시하시오.
　　　　　눈금선 : 선 스타일-파선
　　　　　축 : ≪출력형태≫를 참조하시오.
(8) 범례 ⇒ 범례명을 변경하고 ≪출력형태≫를 참조하시오.
(9) 도형 ⇒ '타원형 설명선'을 삽입한 후 ≪출력형태≫와 같이 내용을 입력하시오.
(10) 나머지 사항은 ≪출력형태≫에 맞게 작성하시오.

≪출력형태≫

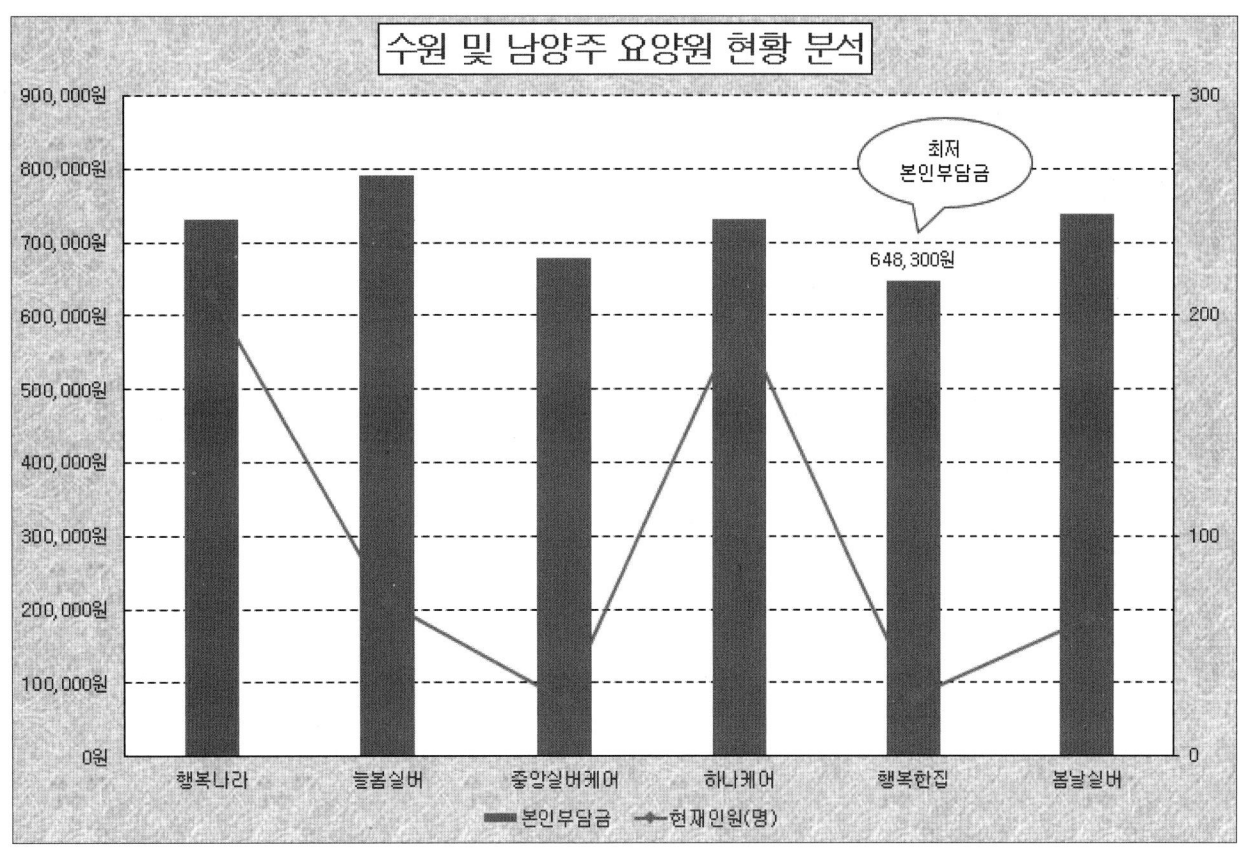

주의 ☞ 시트명 순서가 차례대로 "제1작업", "제2작업", "제3작업", "제4작업"이 되도록 할 것.

제16회 정보기술자격(ITQ) 기출제문제

MS오피스

과목	코드	문제유형	시험시간	수험번호	성명
한글엑셀	1122	A	60분		

수험자 유의사항

- 수험자는 문제지를 받는 즉시 문제지와 **수험표상의 시험과목(프로그램)이 동일한지 반드시 확인**하여야 합니다.
- 파일명은 본인의 "수험번호-성명"으로 입력하여 답안폴더(내 PC₩문서₩ITQ)에 하나의 파일로 저장해야 하며, 답안문서 파일명이 "수험번호-성명"과 일치하지 않거나, 답안파일을 전송하지 않아 미제출로 처리될 경우 실격 처리합니다(예:12345678-홍길동.xlsx).
- 답안 작성을 마치면 파일을 저장하고, '답안 전송' 버튼을 선택하여 감독위원 PC로 답안을 전송하십시오. 수험생 정보와 저장한 파일명이 다를 경우 전송되지 않으므로 주의하시기 바랍니다.
- 답안 작성 중에도 **주기적으로 저장하고, '답안 전송'**하여야 문제 발생을 줄일 수 있습니다. 작업한 내용을 저장하지 않고 전송할 경우 이전에 저장된 내용이 전송되오니 이점 유의하시기 바랍니다.
- 답안문서는 지정된 경로 외의 다른 보조기억장치에 저장하는 경우, 지정된 시험 시간 외에 작성된 파일을 활용할 경우, 기타 통신수단(이메일, 메신저, 네트워크 등)을 이용하여 타인에게 전달 또는 외부 반출하는 경우는 부정 처리합니다.
- 시험 중 부주의 또는 고의로 시스템을 파손한 경우는 수험자가 변상해야 하며, 〈수험자 유의사항〉에 기재된 방법대로 이행하지 않아 생기는 불이익은 수험생 당사자의 책임임을 알려 드립니다.
- 문제의 조건은 MS오피스 2016 버전으로 설정되어 있으니 유의하시기 바랍니다.
- 시험을 완료한 수험자는 답안파일이 전송되었는지 확인한 후 감독위원의 지시에 따라 문제지를 제출하고 퇴실합니다.

답안 작성요령

- 온라인 답안 작성 절차
  수험자 등록 ⇒ 시험 시작 ⇒ 답안파일 저장 ⇒ 답안 전송 ⇒ 시험 종료
- 문제는 총 4단계, 즉 제1작업부터 제4작업까지 구성되어 있으며 반드시 제1작업부터 순서대로 작성하고 조건대로 작업하시오.
- 모든 작업시트의 A열은 열 너비 '1'로, 나머지 열은 적당하게 조절하시오.
- 모든 작업시트의 테두리는 ≪출력형태≫와 같이 작업하시오.
- 해당 작업란에서는 각각 제시된 조건에 따라 ≪출력형태≫와 같이 작업하시오.
- 답안 시트 이름은 "제1작업", "제2작업", "제3작업", "제4작업"이어야 하며 답안 시트 이외의 것은 감점 처리됩니다.
- 각 시트를 파일로 나누어 작업해서 저장할 경우 실격 처리됩니다.

kpc 한국생산성본부

[제1작업] 표 서식 작성 및 값 계산 (240점)

☞ 다음은 '수목터널 조성 헌수 운동'에 대한 자료이다. 자료를 입력하고 조건에 맞도록 작업하시오.

≪출력형태≫

관리코드	나무종류	회원구분	식재일	후원금액	수량(단위:그루)	나무두께(cm)	나무위치	식재연도
L1-312	왕벚나무	단체	2010-10-20	4,000	40	15	(1)	(2)
R3-301	물푸레나무	주민	2013-04-26	140	3	12	(1)	(2)
L2-100	왕벚나무	단체	2010-03-31	3,000	30	10	(1)	(2)
C4-201	느릅나무	주민	2014-04-05	250	5	18	(1)	(2)
R2-101	물푸레나무	기업	2013-04-26	10,500	150	12	(1)	(2)
L3-202	왕벚나무	기업	2014-10-05	10,000	100	15	(1)	(2)
R1-120	물푸레나무	기업	2014-11-15	4,200	60	12	(1)	(2)
C4-202	느릅나무	단체	2013-10-26	2,500	50	12	(1)	(2)
두 번째로 큰 후원금액			(3)			단체 회원의 수량(단위:그루) 합계		(5)
물푸레나무의 수량(단위:그루) 평균			(4)			관리코드	L1-312	후원금액	(6)

제목 영역에는 "수목터널 조성 헌수 운동"과 결재란(담당, 팀장, 센터장)이 있음.

≪조건≫

○ 모든 데이터의 서식에는 글꼴(굴림, 11pt), 정렬은 숫자 및 회계 서식은 오른쪽 정렬, 나머지 서식은 가운데 정렬로 작성하며 예외적인 것은 ≪출력형태≫를 참조하시오.
○ 제 목 ⇒ 도형(사다리꼴)과 그림자(오프셋 오른쪽)를 이용하여 작성하고
  "수목터널 조성 헌수 운동"을 입력한 후 다음 서식을 적용하시오
  (글꼴-굴림, 24pt, 검정, 굵게, 채우기-노랑).
○ 임의의 셀에 결재란을 작성하여 그림으로 복사 기능을 이용하여 붙이기 하시오(단, 원본 삭제).
○「B4:J4, G14, I14」영역은 '주황'으로 채우기 하시오.
○ 유효성 검사를 이용하여「H14」셀에 관리코드(「B5:B12」영역)가 선택 표시되도록 하시오.
○ 셀 서식 ⇒「F5:F12」영역에 셀 서식을 이용하여 숫자 뒤에 '천원'을 표시하시오(예 : 4,000천원).
○「F5:F12」영역에 대해 '후원금액'으로 이름정의를 하시오.

☞ (1)~(6) 셀은 반드시 **주어진 함수를 이용**하여 값을 구하시오(결과값을 직접 입력하면 해당 셀은 0점 처리됨).

(1) 나무위치 ⇒ 관리코드의 첫 번째 문자가 'L'이면 '좌안', 'R'이면 '우안', 그 외에는 공백으로 표시하시오(IF, LEFT 함수).
(2) 식재연도 ⇒ 식재일의 연도를 구한 결과값에 '년'을 붙이시오(YEAR 함수, & 연산자)(예 : 2010년).
(3) 두 번째로 큰 후원금액 ⇒ 정의된 이름(후원금액)을 이용하여 구하시오(LARGE 함수).
(4) 물푸레나무의 수량(단위:그루) 평균 ⇒ (SUMIF, COUNTIF 함수)
(5) 단체 회원의 수량(단위:그루) 합계 ⇒ 조건은 입력데이터를 이용하시오(DSUM 함수).
(6) 후원금액 ⇒「H14」셀에서 선택한 관리코드에 대한 후원금액을 구하시오(VLOOKUP 함수).
(7) 조건부 서식의 수식을 이용하여 나무두께(cm)가 '15' 이상인 행 전체에 다음의 서식을 적용하시오
  (글꼴 : 파랑, 굵게).

[제2작업] 목표값 찾기 및 필터 (80점)

☞ "제1작업" 시트의 「B4:H12」 영역을 복사하여 "제2작업" 시트의 「B2」 셀부터 모두 붙여넣기를 한 후 다음의 조건과 같이 작업하시오.

≪조건≫

(1) 목표값 찾기 – 「B11:G11」 셀을 병합하여 "후원금액의 전체 평균"을 입력한 후 「H11」 셀에 후원금액의 전체 평균을 구하시오(AVERAGE 함수, 테두리, 가운데 맞춤).
– '후원금액의 전체 평균'이 '4,400'이 되려면 L1-312의 후원금액이 얼마가 되어야 하는지 목표값을 구하시오.

(2) 고급 필터 – 회원구분이 '단체'가 아니면서 수량(단위:그루)이 '50' 이상인 자료의 데이터만 추출하시오.
– 조건 범위 : 「B14」 셀부터 입력하시오.
– 복사 위치 : 「B18」 셀부터 나타나도록 하시오.

[제3작업] 정렬 및 부분합 (80점)

☞ "제1작업" 시트의 「B4:H12」 영역을 복사하여 "제3작업" 시트의 「B2」 셀부터 모두 붙여넣기를 한 후 다음의 조건과 같이 작업하시오.

≪조건≫

(1) 부분합 – ≪출력형태≫처럼 정렬하고, 관리코드의 개수와 후원금액의 평균을 구하시오.
(2) 윤곽 – 지우시오.
(3) 나머지 사항은 ≪출력형태≫에 맞게 작성하시오.

≪출력형태≫

	A	B	C	D	E	F	G	H
1								
2		관리코드	나무종류	회원구분	식재일	후원금액	수량 (단위:그루)	나무두께 (cm)
3		R3-301	물푸레나무	주민	2013-04-26	140천원	3	12
4		C4-201	느릅나무	주민	2014-04-05	250천원	5	18
5				주민 평균		195천원		
6		2		주민 개수				
7		L1-312	왕벚나무	단체	2010-10-20	4,000천원	40	15
8		L2-100	왕벚나무	단체	2010-03-31	3,000천원	30	10
9		C4-202	느릅나무	단체	2013-10-26	2,500천원	50	12
10				단체 평균		3,167천원		
11		3		단체 개수				
12		R2-101	물푸레나무	기업	2013-04-26	10,500천원	150	12
13		L3-202	왕벚나무	기업	2014-10-05	10,000천원	100	15
14		R1-120	물푸레나무	기업	2014-11-15	4,200천원	60	12
15				기업 평균		8,233천원		
16		3		기업 개수				
17				전체 평균		4,324천원		
18		8		전체 개수				

[제4작업] 그래프 (100점)

☞ "제1작업" 시트를 이용하여 조건에 따라 ≪출력형태≫와 같이 작업하시오.

≪조건≫

(1) 차트 종류 ⇒ 〈묶은 세로 막대형〉으로 작업하시오.
(2) 데이터 범위 ⇒ "제1작업" 시트의 내용을 이용하여 작업하시오.
(3) 위치 ⇒ "새 시트"로 이동하고, "제4작업"으로 시트 이름을 바꾸시오.
(4) 차트 디자인 도구 ⇒ 레이아웃 3, 스타일 1을 선택하여 ≪출력형태≫에 맞게 작업하시오.
(5) 영역 서식 ⇒ 차트 : 글꼴(굴림, 11pt), 채우기 효과(질감-파랑 박엽지)
    그림 : 채우기(흰색, 배경1)
(6) 제목 서식 ⇒ 차트 제목 : 글꼴(굴림, 굵게, 20pt), 채우기(흰색, 배경1), 테두리
(7) 서식 ⇒ 수량(단위:그루) 계열의 차트 종류를 〈표식이 있는 꺾은선형〉으로 변경한 후 보조 축으로 지정하시오.
    계열 : ≪출력형태≫를 참조하여 표식(마름모, 크기 10)과 레이블 값을 표시하시오.
    눈금선 : 선 스타일-파선
    축 : ≪출력형태≫를 참조하시오.
(8) 범례 ⇒ 범례명을 변경하고 ≪출력형태≫를 참조하시오.
(9) 도형 ⇒ '타원형 설명선'을 삽입한 후 ≪출력형태≫와 같이 내용을 입력하시오.
(10) 나머지 사항은 ≪출력형태≫에 맞게 작성하시오.

≪출력형태≫

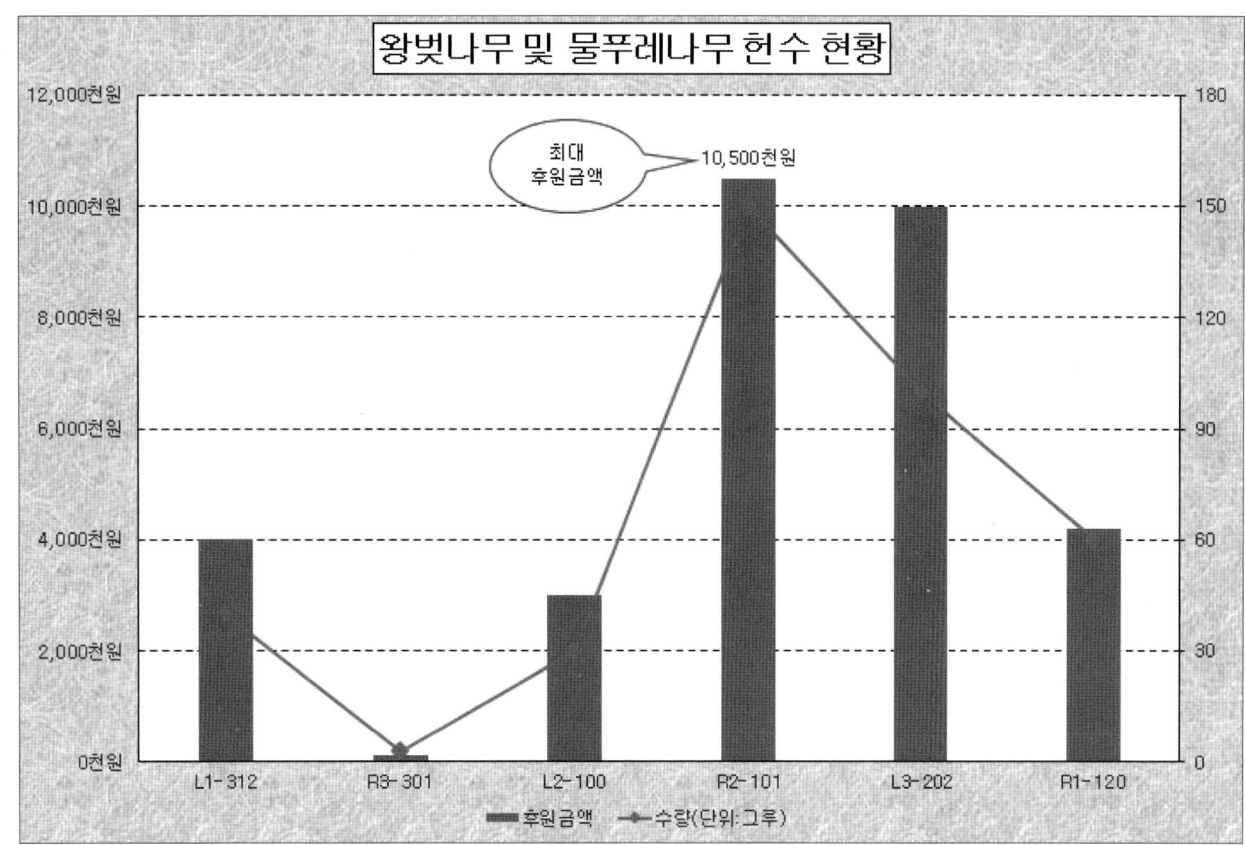

주의 ☞ 시트명 순서가 차례대로 "제1작업", "제2작업", "제3작업", "제4작업"이 되도록 할 것.

제 17 회 정보기술자격(ITQ) 기출제문제

MS오피스

과목	코드	문제유형	시험시간	수험번호	성명
한글엑셀	1122	B	60분		

수험자 유의사항

- 수험자는 문제지를 받는 즉시 문제지와 **수험표상의 시험과목(프로그램)이 동일한지 반드시 확인**하여야 합니다.
- 파일명은 본인의 "수험번호-성명"으로 입력하여 답안폴더(내 PC₩문서₩ITQ)에 하나의 파일로 저장해야 하며, 답안문서 파일명이 "수험번호-성명"과 일치하지 않거나, 답안파일을 전송하지 않아 미제출로 처리될 경우 실격 처리합니다(예:12345678-홍길동.xlsx).
- 답안 작성을 마치면 파일을 저장하고, '답안 전송' 버튼을 선택하여 감독위원 PC로 답안을 전송하십시오. 수험생 정보와 저장한 파일명이 다를 경우 전송되지 않으므로 주의하시기 바랍니다.
- 답안 작성 중에도 **주기적으로 저장하고, '답안 전송'** 하여야 문제 발생을 줄일 수 있습니다. 작업한 내용을 저장하지 않고 전송할 경우 이전에 저장된 내용이 전송되오니 이점 유의하시기 바랍니다.
- 답안문서는 지정된 경로 외의 다른 보조기억장치에 저장하는 경우, 지정된 시험 시간 외에 작성된 파일을 활용할 경우, 기타 통신수단(이메일, 메신저, 네트워크 등)을 이용하여 타인에게 전달 또는 외부 반출하는 경우는 부정 처리합니다.
- 시험 중 부주의 또는 고의로 시스템을 파손한 경우는 수험자가 변상해야 하며, 〈수험자 유의사항〉에 기재된 방법대로 이행하지 않아 생기는 불이익은 수험생 당사자의 책임임을 알려 드립니다.
- 문제의 조건은 MS오피스 2016 버전으로 설정되어 있으니 유의하시기 바랍니다.
- 시험을 완료한 수험자는 답안파일이 전송되었는지 확인한 후 감독위원의 지시에 따라 문제지를 제출하고 퇴실합니다.

답안 작성요령

- 온라인 답안 작성 절차
  수험자 등록 ⇒ 시험 시작 ⇒ 답안파일 저장 ⇒ 답안 전송 ⇒ 시험 종료
- 문제는 총 4단계, 즉 제1작업부터 제4작업까지 구성되어 있으며 반드시 제1작업부터 순서대로 작성하고 조건대로 작업하시오.
- 모든 작업시트의 A열은 열 너비 '1'로, 나머지 열은 적당하게 조절하시오.
- 모든 작업시트의 테두리는 ≪출력형태≫와 같이 작업하시오.
- 해당 작업란에서는 각각 제시된 조건에 따라 ≪출력형태≫와 같이 작업하시오.
- 답안 시트 이름은 "제1작업", "제2작업", "제3작업", "제4작업"이어야 하며 답안 시트 이외의 것은 감점 처리됩니다.
- 각 시트를 파일로 나누어 작업해서 저장할 경우 실격 처리됩니다.

kpc 한국생산성본부

[제1작업] 표 서식 작성 및 값 계산 (240점)

☞ 다음은 '카드 이용 명세 현황'에 대한 자료이다. 자료를 입력하고 조건에 맞도록 작업하시오.

≪출력형태≫

관리코드	고객명	결제은행	생년월일	결제금액 (단위:천원)	이용한도 (단위:십만원)	누적포인트	결제일	회원등급
N1-225	윤한솔	한진은행	1977-09-16	724	40	1,936	(1)	(2)
N2-010	서민석	행복은행	1987-11-16	64	40	409	(1)	(2)
P3-210	김영웅	다연은행	1985-09-05	1,060	32	290	(1)	(2)
N4-915	박진희	한진은행	1974-12-06	25	60	30	(1)	(2)
N3-125	정성재	다연은행	1982-05-09	945	90	820	(1)	(2)
P2-425	김은주	행복은행	1990-06-21	2,490	200	345	(1)	(2)
P4-815	박재량	다연은행	1972-04-09	1,364	100	1,280	(1)	(2)
P7-410	곽소형	한진은행	1992-03-08	1,538	120	564	(1)	(2)
다연은행의 이용한도(단위:십만원) 평균			(3)			한진은행의 결제금액(단위:천원) 합계		(5)
최대 결제금액(단위:천원)			(4)			고객명	윤한솔	누적포인트	(6)

제목: 카드 이용 명세 현황

결재 / 담당 / 대리 / 팀장

≪조건≫

- 모든 데이터의 서식에는 글꼴(굴림, 11pt), 정렬은 숫자 및 회계 서식은 오른쪽 정렬, 나머지 서식은 가운데 정렬로 작성하며 예외적인 것은 ≪출력형태≫를 참조하시오.
- 제 목 ⇒ 도형(사다리꼴)과 그림자(오프셋 오른쪽)를 이용하여 작성하고
  "카드 이용 명세 현황"을 입력한 후 다음 서식을 적용하시오
  (글꼴-굴림, 24pt, 검정, 굵게, 채우기-노랑).
- 임의의 셀에 결재란을 작성하여 그림으로 복사 기능을 이용하여 붙이기 하시오(단, 원본 삭제).
- 「B4:J4, G14, I14」 영역은 '주황'으로 채우기 하시오.
- 유효성 검사를 이용하여 「H14」 셀에 고객명(「C5:C12」 영역)이 선택 표시되도록 하시오.
- 셀 서식 ⇒ 「H5:H12」 영역에 셀 서식을 이용하여 숫자 뒤에 '점'을 표시하시오(예 : 1,936점).
- 「F5:F12」 영역에 대해 '결제금액'으로 이름정의를 하시오.

☞ (1)~(6) 셀은 반드시 **주어진 함수를 이용**하여 값을 구하시오(결과값을 직접 입력하면 해당 셀은 0점 처리됨).

(1) 결제일 ⇒ 관리코드의 마지막 두 글자를 추출한 값에 '일'을 붙이오
   (RIGHT 함수, & 연산자)(예 : 25일).
(2) 회원등급 ⇒ 관리코드의 다섯 번째 글자가 1이면 '브론즈', 그 외에는 공백으로 표시하시오
   (IF, MID 함수).
(3) 다연은행의 이용한도(단위:십만원) 평균 ⇒ (SUMIF, COUNTIF 함수)
(4) 최대 결제금액(단위:천원) ⇒ 정의된 이름(결제금액)을 이용하여 구하시오(MAX 함수).
(5) 한진은행의 결제금액(단위:천원) 합계 ⇒ 조건은 입력데이터를 이용하시오(DSUM 함수).
(6) 누적포인트 ⇒ 「H14」 셀에서 선택한 고객명에 대한 누적포인트를 구하시오(VLOOKUP 함수).
(7) 조건부 서식의 수식을 이용하여 누적포인트가 '800' 이상인 행 전체에 다음의 서식을 적용하시오
   (글꼴 : 파랑, 굵게).

[제2작업] 목표값 찾기 및 필터 (80점)

☞ **"제1작업"** 시트의 「B4:H12」 영역을 복사하여 **"제2작업"** 시트의 「B2」 셀부터 모두 붙여넣기를 한 후 다음의 조건과 같이 작업하시오.

《조건》

(1) 목표값 찾기 – 「B11:G11」 셀을 병합하여 "결제금액(단위:천원)의 전체 평균"을 입력한 후 「H11」 셀에 결제금액(단위:천원)의 전체 평균을 구하시오(AVERAGE 함수, 테두리, 가운데 맞춤).
 – '결제금액(단위:천원)의 전체 평균'이 '1,050'이 되려면 윤한솔의 결제금액(단위:천원)이 얼마가 되어야 하는지 목표값을 구하시오.

(2) 고급 필터 – 결제은행이 '한진은행'이 아니면서 이용한도(단위:십만원)가 '100' 이하인 자료의 데이터만 추출하시오.
 – 조건 범위 : 「B14」 셀부터 입력하시오.
 – 복사 위치 : 「B18」 셀부터 나타나도록 하시오.

[제3작업] 정렬 및 부분합 (80점)

☞ **"제1작업"** 시트의 「B4:H12」 영역을 복사하여 **"제3작업"** 시트의 「B2」 셀부터 모두 붙여넣기를 한 후 다음의 조건과 같이 작업하시오.

《조건》

(1) 부분합 – 《출력형태》처럼 정렬하고, 고객명의 개수와 결제금액(단위:천원)의 평균을 구하시오.
(2) 윤곽 – 지우시오.
(3) 나머지 사항은 《출력형태》에 맞게 작성하시오.

《출력형태》

▲ A	B	C	D	E	F	G	H
1							
2	관리코드	고객명	결제은행	생년월일	결제금액 (단위:천원)	이용한도 (단위:십만원)	누적포인트
3	N2-010	서민석	행복은행	1987-11-16	64	40	409점
4	P2-425	김은주	행복은행	1990-06-21	2,490	200	345점
5			행복은행 평균		1,277		
6		2	행복은행 개수				
7	N1-225	윤한솔	한진은행	1977-09-16	724	40	1,936점
8	N4-915	박진희	한진은행	1974-12-06	25	60	30점
9	P7-410	곽소형	한진은행	1992-03-08	1,538	120	564점
10			한진은행 평균		762		
11		3	한진은행 개수				
12	P3-210	김영웅	다연은행	1985-09-05	1,060	32	290점
13	N3-125	정성재	다연은행	1982-05-09	945	90	820점
14	P4-815	박재량	다연은행	1972-04-09	1,364	100	1,280점
15			다연은행 평균		1,123		
16		3	다연은행 개수				
17			전체 평균		1,026		
18		8	전체 개수				

[제4작업] 그래프 (100점)

☞ "제1작업" 시트를 이용하여 조건에 따라 ≪출력형태≫와 같이 작업하시오.

≪조건≫

(1) 차트 종류 ⇒ 〈묶은 세로 막대형〉으로 작업하시오.
(2) 데이터 범위 ⇒ "제1작업" 시트의 내용을 이용하여 작업하시오.
(3) 위치 ⇒ "새 시트"로 이동하고, "제4작업"으로 시트 이름을 바꾸시오.
(4) 차트 디자인 도구 ⇒ 레이아웃 3, 스타일 1을 선택하여 ≪출력형태≫에 맞게 작업하시오.
(5) 영역 서식 ⇒ 차트 : 글꼴(굴림, 11pt), 채우기 효과(질감-파랑 박엽지)
   그림 : 채우기(흰색, 배경1)
(6) 제목 서식 ⇒ 차트 제목 : 글꼴(굴림, 굵게, 20pt), 채우기(흰색, 배경1), 테두리
(7) 서식 ⇒ 누적포인트 계열의 차트 종류를 〈표식이 있는 꺾은선형〉으로 변경한 후 보조 축으로 지정하시오.
   계열 : ≪출력형태≫를 참조하여 표식(마름모, 크기 10)과 레이블 값을 표시하시오.
   눈금선 : 선 스타일-파선
   축 : ≪출력형태≫를 참조하시오.
(8) 범례 ⇒ 범례명을 변경하고 ≪출력형태≫를 참조하시오.
(9) 도형 ⇒ '타원형 설명선'을 삽입한 후 ≪출력형태≫와 같이 내용을 입력하시오.
(10) 나머지 사항은 ≪출력형태≫에 맞게 작성하시오.

≪출력형태≫

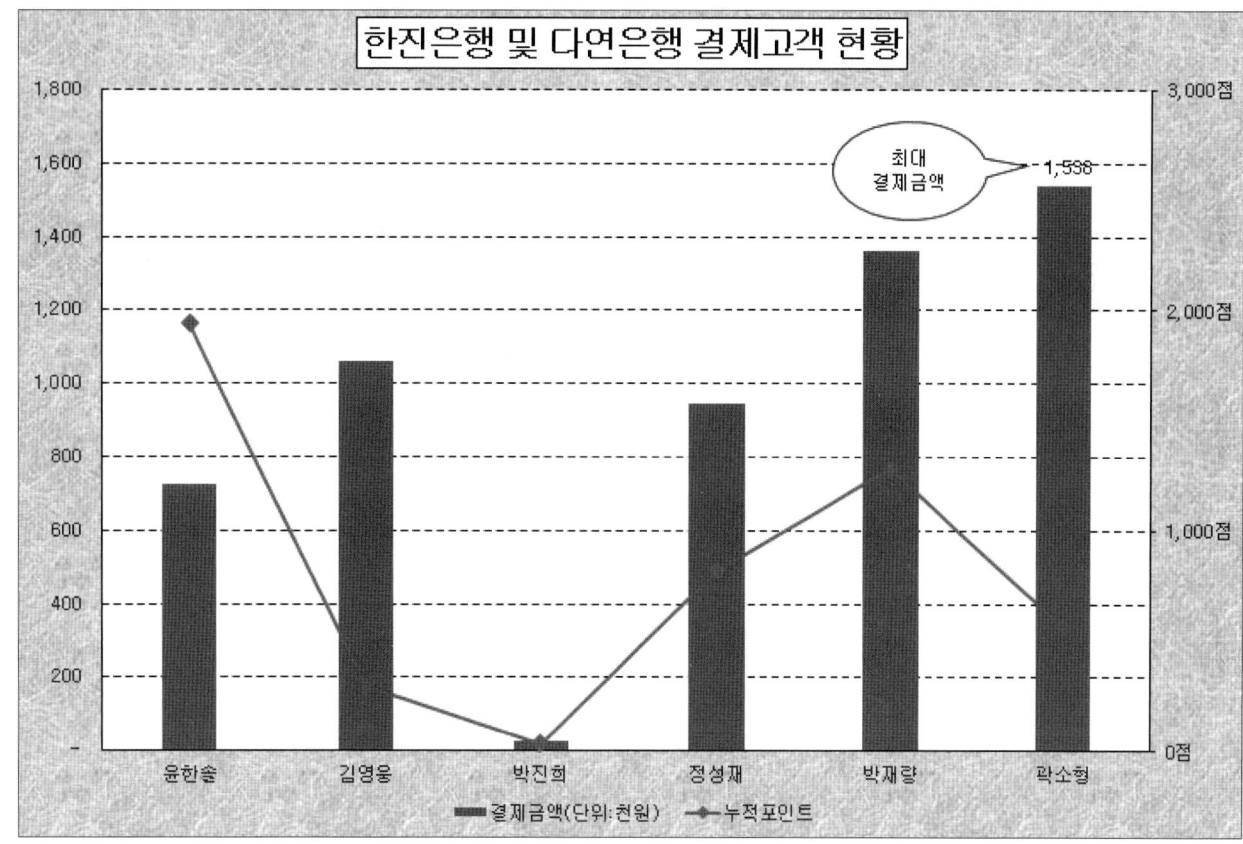

주의 ☞ 시트명 순서가 차례대로 "제1작업", "제2작업", "제3작업", "제4작업"이 되도록 할 것.

제18회 정보기술자격(ITQ) 기출제문제

MS오피스

과목	코드	문제유형	시험시간	수험번호	성명
한글엑셀	1122	C	60분		

수험자 유의사항

- 수험자는 문제지를 받는 즉시 문제지와 **수험표상의 시험과목(프로그램)이 동일한지 반드시 확인**하여야 합니다.
- 파일명은 본인의 "수험번호-성명"으로 입력하여 답안폴더(내 PC₩문서₩ITQ)에 하나의 파일로 저장해야 하며, 답안문서 파일명이 "수험번호-성명"과 일치하지 않거나, 답안파일을 전송하지 않아 미제출로 처리될 경우 실격 처리합니다(예:12345678-홍길동.xlsx).
- 답안 작성을 마치면 파일을 저장하고, '답안 전송' 버튼을 선택하여 감독위원 PC로 답안을 전송하십시오. 수험생 정보와 저장한 파일명이 다를 경우 전송되지 않으므로 주의하시기 바랍니다.
- 답안 작성 중에도 **주기적으로 저장하고, '답안 전송'**하여야 문제 발생을 줄일 수 있습니다. 작업한 내용을 저장하지 않고 전송할 경우 이전에 저장된 내용이 전송되오니 이점 유의하시기 바랍니다.
- 답안문서는 지정된 경로 외의 다른 보조기억장치에 저장하는 경우, 지정된 시험 시간 외에 작성된 파일을 활용할 경우, 기타 통신수단(이메일, 메신저, 네트워크 등)을 이용하여 타인에게 전달 또는 외부 반출하는 경우는 부정 처리합니다.
- 시험 중 부주의 또는 고의로 시스템을 파손한 경우는 수험자가 변상해야 하며, 〈수험자 유의사항〉에 기재된 방법대로 이행하지 않아 생기는 불이익은 수험생 당사자의 책임임을 알려 드립니다.
- 문제의 조건은 MS오피스 2016 버전으로 설정되어 있으니 유의하시기 바랍니다.
- 시험을 완료한 수험자는 답안파일이 전송되었는지 확인한 후 감독위원의 지시에 따라 문제지를 제출하고 퇴실합니다.

답안 작성요령

- 온라인 답안 작성 절차
  수험자 등록 ⇒ 시험 시작 ⇒ 답안파일 저장 ⇒ 답안 전송 ⇒ 시험 종료
- 문제는 총 4단계, 즉 제1작업부터 제4작업까지 구성되어 있으며 반드시 제1작업부터 순서대로 작성하고 조건대로 작업하시오.
- 모든 작업시트의 A열은 열 너비 '1'로, 나머지 열은 적당하게 조절하시오.
- 모든 작업시트의 테두리는 ≪출력형태≫와 같이 작업하시오.
- 해당 작업란에서는 각각 제시된 조건에 따라 ≪출력형태≫와 같이 작업하시오.
- 답안 시트 이름은 "제1작업", "제2작업", "제3작업", "제4작업"이어야 하며 답안 시트 이외의 것은 감점 처리됩니다.
- 각 시트를 파일로 나누어 작업해서 저장할 경우 실격 처리됩니다.

kpc 한국생산성본부

[제1작업] 표 서식 작성 및 값 계산 (240점)

☞ 다음은 '튼튼정형외과 5월 진료 현황'에 대한 자료이다. 자료를 입력하고 조건에 맞도록 작업하시오.

≪출력형태≫

	A	B	C	D	E	F	G	H	I	J
1								확인	담당	대리	과장
2			튼튼정형외과 5월 진료 현황								
3											
4		진료코드	환자명	진료날짜	진료실	치료부위	진료비(단위:원)	만족도	만족도 순위	치료내용
5		W1161	고강표	2022-05-10	1진료실	허리	75,000	85	(1)	(2)
6		N2262	송현미	2022-05-02	2진료실	목	150,000	90	(1)	(2)
7		W1251	한철수	2022-05-21	1진료실	허리	170,000	82	(1)	(2)
8		W3342	김윤희	2022-05-09	3진료실	허리	26,000	79	(1)	(2)
9		K2171	박주승	2022-05-12	2진료실	무릎	80,000	92	(1)	(2)
10		A1312	이은주	2022-05-17	1진료실	무릎	32,000	86	(1)	(2)
11		N2331	조성수	2022-05-21	3진료실	목	28,000	98	(1)	(2)
12		K1362	김수연	2022-05-07	1진료실	무릎	35,000	80	(1)	(2)
13		허리치료 진료 건수			(3)			최대 진료비(단위:원)			(5)
14		1진료실 진료비(단위:원) 평균			(4)			진료코드	W1161	진료실	(6)

≪조건≫

○ 모든 데이터의 서식에는 글꼴(굴림, 11pt), 정렬은 숫자 및 회계 서식은 오른쪽 정렬, 나머지 서식은 가운데 정렬로 작성하며 예외적인 것은 ≪출력형태≫를 참조하시오.
○ 제 목 ⇒ 도형(사다리꼴)과 그림자(오프셋 오른쪽)를 이용하여 작성하고
 "튼튼정형외과 5월 진료 현황"을 입력한 후 다음 서식을 적용하시오
 (글꼴-굴림, 24pt, 검정, 굵게, 채우기-노랑).
○ 임의의 셀에 결재란을 작성하여 그림으로 복사 기능을 이용하여 붙이기 하시오(단, 원본 삭제).
○「B4:J4, G14, I14」영역은 '주황'으로 채우기 하시오.
○ 유효성 검사를 이용하여「H14」셀에 진료코드(「B5:B12」영역)가 선택 표시되도록 하시오.
○ 셀 서식 ⇒「H5:H12」영역에 셀 서식을 이용하여 숫자 뒤에 '점'을 표시하시오(예 : 85점).
○「F5:F12」영역에 대해 '치료부위'로 이름정의를 하시오.

☞ (1)~(6) 셀은 반드시 **주어진 함수를 이용**하여 값을 구하시오(결과값을 직접 입력하면 해당 셀은 0점 처리됨).

(1) 만족도 순위 ⇒ 만족도의 내림차순 순위를 1~3까지 구하고, 그 외에는 공백으로 표시하시오
 (IF, RANK.EQ 함수).
(2) 치료내용 ⇒ 진료코드의 세 번째 값이 1이면 '충격파', 2이면 '도수치료', 3이면 '물리치료'로 구하시오
 (CHOOSE, MID 함수).
(3) 허리치료 진료 건수 ⇒ 결과값에 '건'을 붙이시오. 정의된 이름(치료부위)을 이용하여 구하시오
 (COUNTIF 함수, & 연산자)(예 : 1건).
(4) 1진료실 진료비(단위:원) 평균 ⇒ 조건은 입력데이터를 이용하시오(DAVERAGE 함수).
(5) 최대 진료비(단위:원) ⇒ (MAX 함수)
(6) 진료실 ⇒「H14」셀에서 선택한 진료코드에 대한 진료실을 구하시오(VLOOKUP 함수).
(7) 조건부 서식의 수식을 이용하여 진료비(단위:원)가 '80,000' 이상인 행 전체에 다음의 서식을 적용하시오(글꼴 : 파랑, 굵게).

[제2작업] 필터 및 서식 (80점)

☞ "제1작업" 시트의 「B4:H12」 영역을 복사하여 "제2작업" 시트의 「B2」 셀부터 모두 붙여넣기를 한 후 다음의 조건과 같이 작업하시오.

≪조건≫

(1) 고급 필터 – 진료코드가 'W'로 시작하거나, 진료비(단위:원)가 '100,000' 이상인 자료의 진료코드, 환자명, 치료부위, 진료비(단위:원) 데이터만 추출하시오.
 – 조건 범위 : 「B14」셀부터 입력하시오.
 – 복사 위치 : 「B18」셀부터 나타나도록 하시오.

(2) 표 서식 – 고급필터의 결과셀을 채우기 없음으로 설정한 후 '표 스타일 보통 6'의 서식을 적용하시오.
 – 머리글 행, 줄무늬 행을 적용하시오.

[제3작업] 피벗테이블 (80점)

☞ "제1작업" 시트를 이용하여 "제3작업" 시트에 조건에 따라 ≪출력형태≫와 같이 작업하시오.

≪조건≫

(1) 진료날짜 및 치료부위별 환자명의 개수와 진료비(단위:원)의 평균을 구하시오.
(2) 진료날짜를 그룹화하고, 치료부위를 ≪출력형태≫와 같이 정렬하시오.
(3) 레이블이 있는 셀 병합 및 가운데 맞춤 적용 및 빈 셀은 '**'로 표시하시오.
(4) 행의 총합계는 지우고, 나머지 사항은 ≪출력형태≫에 맞게 작성하시오.

≪출력형태≫

	치료부위	허리		무릎		목	
진료날짜	개수 : 환자명	평균 : 진료비(단위:원)	개수 : 환자명	평균 : 진료비(단위:원)	개수 : 환자명	평균 : 진료비(단위:원)
2022-05-02 - 2022-05-08	**	**	1	35,000	1	150,000
2022-05-09 - 2022-05-15	2	50,500	1	80,000	**	**
2022-05-16 - 2022-05-22	1	170,000	1	32,000	1	28,000
총합계	3	90,333	3	49,000	2	89,000

[제4작업] 그래프 (100점)

☞ "제1작업" 시트를 이용하여 조건에 따라 ≪출력형태≫와 같이 작업하시오.

≪조건≫

(1) 차트 종류 ⇒ 〈묶은 세로 막대형〉으로 작업하시오.
(2) 데이터 범위 ⇒ "제1작업" 시트의 내용을 이용하여 작업하시오.
(3) 위치 ⇒ "새 시트"로 이동하고, "제4작업"으로 시트 이름을 바꾸시오.
(4) 차트 디자인 도구 ⇒ 레이아웃 3, 스타일 1을 선택하여 ≪출력형태≫에 맞게 작업하시오.
(5) 영역 서식 ⇒ 차트 : 글꼴(굴림, 11pt), 채우기 효과(질감-파랑 박엽지)
　　　　　　　　그림 : 채우기(흰색, 배경1)
(6) 제목 서식 ⇒ 차트 제목 : 글꼴(굴림, 굵게, 20pt), 채우기(흰색, 배경1), 테두리
(7) 서식 ⇒ 진료비(단위:원) 계열의 차트 종류를 〈표식이 있는 꺾은선형〉으로 변경한 후 보조 축으로 지정하시오.
　　　　　계열 : ≪출력형태≫를 참조하여 표식(세모, 크기 10)과 레이블 값을 표시하시오.
　　　　　눈금선 : 선 스타일-파선
　　　　　축 : ≪출력형태≫를 참조하시오.
(8) 범례 ⇒ 범례명을 변경하고 ≪출력형태≫를 참조하시오.
(9) 도형 ⇒ '모서리가 둥근 사각형 설명선'을 삽입한 후 ≪출력형태≫와 같이 내용을 입력하시오.
(10) 나머지 사항은 ≪출력형태≫에 맞게 작성하시오.

≪출력형태≫

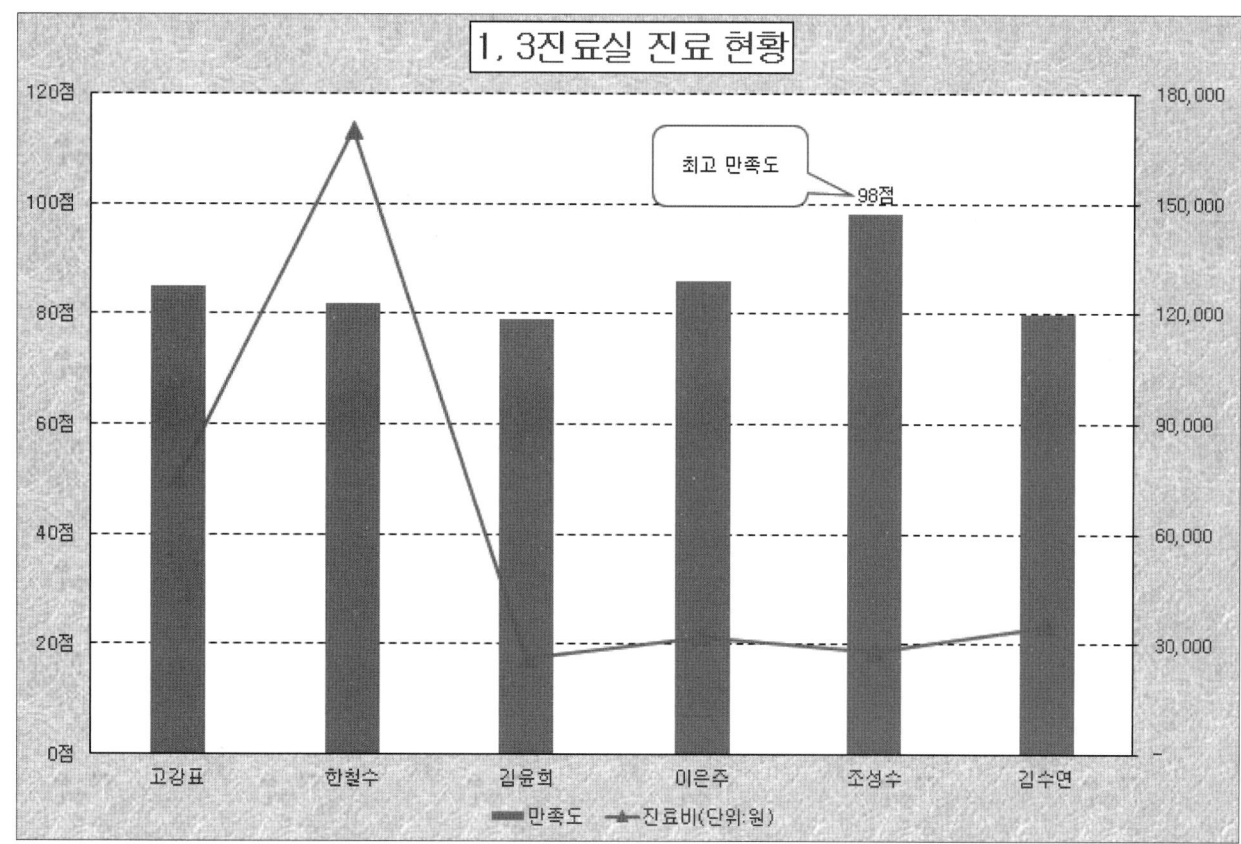

주의 ☞ 시트명 순서가 차례대로 "제1작업", "제2작업", "제3작업", "제4작업"이 되도록 할 것.

제01회 기출제문제
(1) =H5*CHOOSE(RIGHT(B5,1),1%,0.5%,0)
(2) =IF(WEEKDAY(F5,2))=6,"오전 10시","오전 8시")
(3) =DAVERAGE(B4:H12,H4,D4:D5)
(4) =COUNTIF(F5:F12,")=2023-5-1")&"개"
(5) =LARGE(여행경비,1)
(6) =VLOOKUP(H14,C5:H12,5,FALSE)

제02회 기출제문제
(1) =IF(F5)=1000,H5*50%,IF(F5)=500,H5*30%,H5*20%))
(2) =CHOOSE(RIGHT(B5,1),"그린에너지","미래전자","한국전자")
(3) =ROUND(DAVERAGE(B4:H12,H4,D4:D5),-3)
(4) =COUNTIF(D5:D12,"구조체형")&"개"
(5) =SMALL(용량,1)
(6) =VLOOKUP(H14,C5:H12,6,FALSE)

제03회 기출제문제
(1) =RANK.EQ(E5,$E$5:$E$12,1)&"위"
(2) =CHOOSE(RIGHT(B5,1),"1층","2층","3층")
(3) =ROUND(DAVERAGE(B4:H12,H4,D4:D5),-4)
(4) =COUNTIF(업종,"서비스")
(5) =MAX(G5:G12)
(6) =VLOOKUP(H14,C5:H12,4,FALSE)

제04회 기출제문제
(1) =CHOOSE(MID(B5,2,1),"아파트","빌라","오피스텔")
(2) =ROUND(IF(H5="전체",F5*30%,F5*20%),-5)
(3) =COUNTIF(D5:D12,"서울")&"건"
(4) =DSUM(B4:H12,F4,H4:H5)
(5) =MAX(공사기간)
(6) =VLOOKUP(H14,B5:H12,5,FALSE)

제05회 기출제문제
(1) =CHOOSE(WEEKDAY(H5,2),"월요일","화요일","수요일","목요일","금요일","토요일","일요일")
(2) =IF(G5>=5,"출장일수 많음","")
(3) =SUMIF(E5:E12,"인사부",G5:G12)/COUNTIF(E5:E12,"인사부")
(4) =DSUM(B4:H12,G4,D4:D5)&"일"
(5) =MAX(출장비)
(6) =VLOOKUP(H14,B5:H12,6,FALSE)

제06회 기출제문제
(1) =YEAR(D5)&"년식"
(2) =CHOOSE(RIGHT(B5,1),"중형","대형","승합")
(3) =SUMIF(E5:E12,"기아자동차",F5:F12)/COUNTIF(E5:E12,"기아자동차")
(4) =DSUM(B4:H12,G4,E4:E5)
(5) =MAX(렌트비용)
(6) =VLOOKUP(H14,B5:H12,5,FALSE)

제07회 기출제문제
(1) =IF(E5="교육","민수진",IF(E5="건강","변정훈",IF(E5="문화","신동진")))
(2) =CHOOSE(WEEKDAY(F5,2),F5+3,F5+3,F5+3,F5+3,F5+3,F5+5,F5+5)
(3) =ROUNDUP(DAVERAGE(B4:H12,H4,E4:E5),0)
(4) =COUNTIF(E5:E12,E7)&"건"
(5) =LARGE(활동비,1)
(6) =VLOOKUP(H14,C5:H12,6,FALSE)

제08회 기출제문제
(1) =RANK.EQ(F5,$F$5:$F$12,1)&"위"
(2) =IF(RIGHT(B5,1)="1","세계3대",IF(RIGHT(B5,1)="2","세계4대",""))
(3) =MAX(H5:H12)
(4) =SUMIF(주최국,"한국",H5:H12)/COUNTIF(주최국,"한국")
(5) =DAVERAGE(B4:H12,G4,E4:E5)
(6) =VLOOKUP(H14,B5:H12,3,FALSE)

제09회 기출제문제
(1) =IF(RIGHT(B5,1)="1","어학실","컴퓨터실")
(2) =CHOOSE(WEEKDAY(G5,2),"월요일","화요일","수요일","목요일","금요일","토요일","일요일")
(3) =DSUM(B4:H12,F4,E4:E5)
(4) =DAVERAGE(B4:H12,H4,E4:E5)
(5) =MAX(수강인원)&"명"
(6) =VLOOKUP(H14,B5:H12,5,FALSE)

제10회 기출제문제
(1) =RANK.EQ(H5,$H$5:$H$12,0)
(2) =IF(MID(B5,4,1)="1","네이버",IF(MID(B5,4,1)="2","구글","다음"))
(3) =INDEX(B5:H12,MATCH("어린이 문학",C5:C12,0),7)&"점"
(4) =DAVERAGE(B4:H12,F4,D4:D5)
(5) =LARGE(클릭비율,1)
(6) =VLOOKUP(H14,C5:H12,4,FALSE)

제11회 기출제문제
(1) =RANK.EQ(F5,$F$5:$F$12,0)&"위"
(2) =CHOOSE(RIGHT(B5,1),"서아시아","동아시아","미주")
(3) =COUNTIF(용도,"*호텔*")
(4) =INDEX(B5:H12,MATCH("아브라즈 알 바이트",C5:C12,0),6)
(5) =MAX(H5:H12)
(6) =VLOOKUP(H14,C5:H12,6,FALSE)

제12회 기출제문제
(1) =RIGHT(B5,1)*1000
(2) =IF(RANK.EQ(H5,$H$5:$H$12,0)<=3,RANK.EQ(H5,$H$5:$H$12,0)&"위","")
(3) =INDEX(B5:H12,MATCH("드래곤 플라워",C5:C12,0),7)
(4) =COUNTIF(공연장,"영등포아트홀")
(5) =MAX(G5:G12)
(6) =VLOOKUP(H14,C5:H12,5,FALSE)

제13회 기출제문제
(1) =CHOOSE(MID(B5,3,1),"건조분쇄","미생물발효","냉장형")
(2) =RANK.EQ(H5,$H$5:$H$12,0)
(3) =DCOUNTA(B4:H12,E4,E4:E5)&"개"
(4) =SUMIF(유통사,"웰빙케어",F5:F12)/COUNTIF(유통사,"웰빙케어")
(5) =MAX(G5:G12)
(6) =VLOOKUP(H14,B5:H12,7,FALSE)

제14회 기출제문제
(1) =RANK.EQ(F5,$F$5:$F$12,0)&"위"
(2) =CHOOSE(WEEKDAY(E5,2),"월요일","화요일","수요일","목요일","금요일","토요일","일요일")
(3) =SUMIF(분류,"과학",F5:F12)/COUNTIF(분류,"과학")
(4) =DSUM(B4:H12,G4,D4:D5)
(5) =MAX(F5:F12)
(6) =VLOOKUP(H14,C5:H12,5,FALSE)

제15회 기출제문제
(1) =IF(G5/2<H5,"A","B")
(2) =CHOOSE(MID(B5,2,1),"대형","중형","소형")
(3) =ROUND(DAVERAGE(B4:H12,F4,C4:C5),-3)
(4) =COUNTIF(G5:G12,"<100")&"개"
(5) =MIN(본인부담금)
(6) =VLOOKUP(H14,D5:H12,3,FALSE)

제16회 기출제문제
(1) =IF(LEFT(B5,1)="L","좌안",IF(LEFT(B5,1)="R","우안",""))
(2) =YEAR(E5)&"년"
(3) =LARGE(후원금액,2)
(4) =SUMIF(C5:C12,"물푸레나무",G5:G12)/COUNTIF(C5:C12,"물푸레나무")
(5) =DSUM(B4:H12,G4,D4:D5)
(6) =VLOOKUP(H14,B5:H12,5,FALSE)

제17회 기출제문제
(1) =RIGHT(B5,2)&"일"
(2) =IF(MID(B5,5,1)="1","브론즈","")
(3) =SUMIF(D5:D12,"다연은행",G5:G12)/COUNTIF(D5:D12,"다연은행")
(4) =MAX(결제금액)
(5) =DSUM(B4:H12,F4,D4:D5)
(6) =VLOOKUP(H14,C5:H12,6,FALSE)

제18회 기출제문제
(1) =IF(RANK.EQ(H5,$H$5:$H$12,0)<=3,RANK.EQ(H5,$H$5:$H$12,0),"")
(2) =CHOOSE(MID(B5,3,1),"충격파","도수치료","물리치료")
(3) =COUNTIF(치료부위,"허리")&"건"
(4) =DAVERAGE(B4:H12,G4,E4:E5)
(5) =MAX(G5:G12)
(6) =VLOOKUP(H14,B4:H12,4,0)